Michael Sika

Mein Protokoll

Michael Sika

Mein Protokoll

Innenansichten einer Republik

Die Deutsche Bibliothek – CIP-Einheitsaufnahme
Sika, Michael:
Mein Protokoll : Innenansichten einer Republik / Michael Sika. –
St. Pölten ; Wien ; Linz : NP-Buchverl., 2000
ISBN 3-85326-152-3

2. Auflage 2000

© 2000 by
NP BUCHVERLAG
Niederösterreichisches Pressehaus
St. Pölten – Wien – Linz

Alle Rechte vorbehalten

Grafische Gestaltung:
Kurt Hamtil, Wien

Umschlagfoto:
Günther Kargl, Krems

Gesamtherstellung:
Niederösterreichisches Pressehaus
Druck- und Verlagsgesellschaft mbH
A-3100 St. Pölten, Gutenbergstraße 12

ISBN 3-85326-152-3

Inhalt

Prolog	7
Vom Hauptmann zum General	12
Panzer und Anarchisten	18
Mysterium Ministerium	23
Kandidat und Präsident	28
Die Herren von der Staatspolizei	32
Ein Minister im Nachthemd	38
Kommissar Computer	40
Die Gendarmerie wird schlanker	42
Als der Wolf kam	46
Die Organisierte Kriminalität	50
Polizeiakademie für Mitteleuropa	54
Donauturm und Ankara	55
Zwischen Breakfast und Teatime	57
Der Schwager des Milliardärs	59
Krise in Salzburg	62
Ein Mörder auf Reisen	64
DNA-Analyse wird salonfähig	69
Zuhälter und Motorradfan	76
Im Reich der Mitte	79
Die ersten Bomben	82
Die falsche Etage	98
Wie sicher wohnen Kanzler?	100
Der Terror geht weiter	103
Smoking und „Weiße Mäuse"	108
Vier Leichen in Oberwart	110
„Lauschangriff" im Parlament	113
Der „verheimlichte" Bekennerbrief	117
Drei Täterprofile	121
Im Sinkflug Ballast abgeworfen	123
Wie ein Minister gegangen wird	129
Er schuf die moderne Polizei	132
Welche Dossiers gibt es?	133
Feier im Ballsaal	136

Zwei Tote in Ebergassing 139
Minister mit Vergangenheit? 144
Wer spionierte für den Osten? 149
Die „rote Fini" 154
Krisen im Juni 1995 156
Wildes Kurdistan in Österreich 164
Spundus vor der Verhandlung 167
Als „Pumuckl" ins rechte Eck gehetzt 173
Ein Buch als Zeichen 177
Aktion „Wühlmaus" 179
Opernball und Memoiren 186
Briefkästen als Täterfalle 192
Dschedda und wieder Ankara 195
Pleiten, Pech und Pannen 197
Stalins Erben 205
Reformen – so oder so 221
Wasseranalyse und Bomber-Buch 230
Von Einem zu Schlögl 238
Schlacht um neue Paragraphen 247
„Ich glaube, wir haben ihn!" 255
Nachfolger, bitte warten! 268
STAPO, HNA und Geheimdienst 275
Die Flucht des Millionärs 280
Zilk – ein Spion? 286
„Die Justiz ist eine Katastrophe!" 289
Geld hat kein Mascherl 294
Gefallene Engel 299
Die Dealer im „Willkommen" 304
Karlis „Glück" am Ende 320
Auch de facto in Pension 332
Epilog 335

Chronik der Ereignisse 337
Personenregister 345

Prolog

Alles findet ein Ende. Selbst eine Beamtenkarriere, auch wenn sie Jahrzehnte währt und sich wie eine endlose Straße im Horizont zu verlieren scheint.

Am Donnerstag, dem 30. Dezember 1999, war für mich die Zeit für das letzte Adieu gekommen. Bevor ich in den Lift vor meinem Büro stieg, wandte ich mich noch einmal um, zu meiner Sekretärin, die in der Tür stand, die Hand winkend zum Gruß erhoben.

In den vergangenen Tagen und Wochen hatte ich hohe Auszeichnungen des Bundes und der Stadt Wien erhalten, war in den verschiedensten Gremien feierlich verabschiedet worden. Zeitungen hatten überwiegend freundliche Bilanz-Interviews gebracht und Innenminister Karl Schlögl als Höhepunkt einen strahlenden Empfang im Palais Pallavicini gegeben.

Auch bei dieser Gelegenheit hatte ich mich nicht zurückhalten können und zum Gaudium mancher Teilnehmer Schlögl als „Lichtgestalt nach einer Zeit der Finsternis" bezeichnet, was natürlich alle auf die Ära Caspar Einems münzten.

Nahezu neun Jahre hatte ich im neuen Haus des Innenministeriums am Wiener Minoritenplatz gearbeitet und die Verantwortung für die Sicherheit in unserem Land getragen. Ich war der Mann, der wie die Figur eines Wetterhäuschens meist dann in der Öffentlichkeit erschienen war und Erklärungen abgegeben hatte, wenn es mediales Schlagwetter um dieses Ministerium gab. Bei blankem Himmel aber war stets der jeweilige Minister als Strahlemann ins Bild gekommen. Einen Teil meiner Bezüge könnte man aus dieser Sicht wohl auch als Schmerzensgeld betrachten.

Nun stand ich unmittelbar vor dem „Generaldirektor für die öffentliche Sicherheit a. D." Nach fast 41 Jahren im Polizeidienst. Beim Abschied kann man da schon etwas sentimental werden, sagte ich zu mir, als ich aus dem Haus ging.

Allerdings war ich auch ein wenig erleichtert, weil in rund 30 Stunden die Last der Verantwortung von mir genommen würde und ich letztlich sagen konnte: „Gut is gangen, nix is gschehn." Immer hatte es ja in den vergangenen Jahren nicht nach einem guten Abgang ausgesehen. Es war eine spannende, interessante Zeit, die ich erlebt hatte, vor allem in meiner letzten Funktion. In einer meiner Abschiedsreden hatte ich es so ausgedrückt: „Vier Jahre Franz Löschnak, drei Jahre Karl Schlögl und zwei Jahre Caspar Einem – macht insgesamt sieben gute Jahre."

Es hatte dramatische Situationen gegeben. Augenblicke des Triumphes genauso wie Momente der Niederlagen. Ein ständiges Auf und Ab. Was blieb, war die Befriedigung, in den vergangenen Jahren viel bewegt und nahezu alles, was ich mir zum Ziel gesetzt hatte, auch erreicht zu haben.

Ich war nun doch bis zur letzten Minute geblieben und mein Freund und Nachfolger Erik Buxbaum hatte 3.256 Tage warten müssen, bis er endlich in meine Fußstapfen treten konnte. Aber der Minister hatte es so gewollt. Er hatte mich nur schweren Herzens ziehen lassen und im Laufe des Jahres 1999 mehr über die „Möglichkeit meiner Verjüngung" nachgedacht als über meine Nachfolge. Sehr zum Ärger seiner Parteifreunde, die im Hinblick auf die Oktoberwahlen in diesem Jahr eine viel frühere Entscheidung über die Person des neuen – und natürlich wieder roten – Generaldirektors für die öffentliche Sicherheit gewünscht hätten.

Buxbaum also musste warten bis zur letzten Sekunde dieses Jahrtausends. Ich wünsche ihm viel Glück und verspreche, ihm Ratschläge nur dann zu geben, wenn er sie haben will.

Was ich „zu meiner Zeit" erlebt habe, will ich hier erzählen. Soweit dies möglich ist, ohne Zurückhaltung. Manches aber, aus verständlichen Gründen, bloß andeutungsweise. Besonders heikle Themen haben sich zwischen die Zeilen verirrt. Bei aller Emotion war ich bemüht, den Weg der Fairness nicht zu verlassen. Der Fairness, die ich für meine Person in dieser Zeit vor allem von Seiten der Medien oftmals vermisst habe.

Es hat sich vieles angesammelt in den neun Jahren meiner Tätigkeit als „oberster Polizist" und unter drei Innenministern. Der große Kriminalfall Briefbomben wurde nach Überwindung interner Schwierigkeiten aufgeklärt, die Exekutive erhielt weitgehend die Erlaubnis für den Einsatz neuer Ermittlungsmethoden, eine DNA-Datenbank entstand und so manche Neuerung in den Bereichen Technik und Ausrüstung wurde eingeführt. Die große Gendarmeriereform ging erfolgreich über die Bühne, es wurde der Grenzdienst aufgestellt sowie ein Konzept über den neuen Staatsschutz entworfen und man entwickelte Pläne zur Gründung eines Zentralen Kriminalamtes.

Nie zuvor hatte sich ein Generaldirektor für die öffentliche Sicherheit so häufig den Medien gestellt wie ich. Die Zeiten, in denen Österreichs höchster Sicherheitschef ein geheimnisumwitterter „Mann ohne Gesicht" gewesen ist, waren endgültig vorbei. Während mein Vorgänger Robert Danzinger in seinen letzten neun Dienstjahren 33 Auftritte in Nachrichtensendungen des Fernsehens hatte, musste mich das TV-Publikum in der gleichen Zeitspanne 265-mal „ertragen", meist als Überbringer schlechter Nachrichten, denn die guten verkündete der Minister.

All die Jahre hatte ich es oft auch mit Medien zu tun, die der Zeitgeist gar weit nach links geweht hat und die mich am liebsten in der Versenkung verschwinden sehen wollten. Doch nicht nur von außen wurde an meinem Sessel gesägt – es gab zeitweise auch Strömungen im Haus, gegen die ich anzuschwimmen hatte. Und viel Missgunst. Schon nach zwei oder drei Monaten im Ministerium wurde von „Freunden" das Gerücht ausgestreut, ich müsse in Kürze meinen Hut nehmen. Man führte mehrere Begründungen an, zur freien Auswahl sozusagen. Weil der Minister mit mir nicht zufrieden sei; weil ich krank sei; weil ich mich der Aufgabe nicht gewachsen fühlte ... Ich revanchierte mich, indem ich bei Interviews vom „Krokodilsumpf" Innenministerium sprach.

Mehr unter die Haut ging mir die Intention eines Ministers, aus der Polizei – übertrieben formuliert – einen Verein Palmwedel schwingender Parkwächter zu machen, wogegen ich – so gut ich konnte – auftrat. Was mir bisweilen den Vorwurf von Zeitungen eintrug, ich spielte mich als „heimlicher" Innenminister auf. Von manchen wurde ich sogar als „unheimlicher" Innenminister bezeichnet, dann wieder als Lakai der SPÖ und gleich darauf als ein Konfident der Freiheitlichen, weil sich diese im Parlament gern auf Aussagen von mir beriefen. Zu viel der Ehre – oder der Befürchtung!

In meinen Augen ist Loyalität eine der wichtigsten Eigenschaften eines Beamten. Ich habe sie nach Möglichkeit immer geübt. In jenen Ausnahmefällen, in denen ich dem Minister nicht alles zur Kenntnis brachte, tat ich es wohl überlegt und mit schlechtem Gewissen. Und nur zu ganz heiklen Anlässen, aus Sorge um die Sicherheit in der Republik.

Loyalität ist keine Einbahnstraße! Loyalität sollte auch von oben nach unten gelebt werden. Das war in den neun Jahren leider nicht immer der Fall.

Ich war im Ministerium beileibe kein Wolf im Schafspelz. Ich habe auch nicht den Schranzen am Hof gespielt wie manche andere. Das half mir, viel Energie zu sparen. Denn Minister sind in der Regel wie Frauen: Sie wollen Komplimente hören, doch wehe, man macht sie auf ein Fältchen aufmerksam.

Man hat mir oft vorgeworfen, ich sei beides: ein Moralist *und* ein Schwarzmaler.

Ein Moralist, weil ich Kritik an der Gesellschaft übte. Da fragten dann Journalisten: „Ja, darf er denn das?" (Der dumme Beamte!) Und wenn ich darauf erklärte, dass die Polizei ohne die Hilfe der Gesellschaft – beispielsweise im Kampf gegen den Drogenhandel, bei Gewalt in der Familie, bei Disziplinlosigkeiten im Straßenverkehr – chancenlos sei, und aus dieser Problematik die Legitimation ableitete, über den Zustand der Gesellschaft zu sprechen, akzeptierten sie das einfach nicht. Wobei ich selbst heute noch nicht zu entscheiden vermag, ob sie das Problem nicht verstanden oder ob sie es nicht haben verstehen wollen. Diese Frage stellt – nach meiner Erfahrung – nahezu die einzige Unwägbarkeit in der Beurteilung durchschnittlicher Journalisten dar.

Ein Schwarzmaler aber sei ich, weil ich nicht müde wurde, vor der Organisierten Kriminalität (OK) zu warnen und mehr Mittel zu ihrer Bekämpfung zu fordern. Die Realität hat mir letztlich Recht gegeben. Die Existenz der OK wird immer seltener in Frage gestellt, die Auswirkungen des Organisierten Verbrechens auf Staat und Gesellschaft treten immer klarer zu Tage.

Ich habe viel gesehen in diesen Jahren. Politiker, die bedenkenlos Umgang mit Personen pflegten, die von Geheimdiensten aus aller Welt argwöhnisch beobachtet wurden. Die sich bereitwillig von der Wirtschaft sponsern ließen. Die intervenierten, kreuz und quer intrigierten. Ich habe ungetreue Manager gesehen, ins Zwielicht geratene Bankdirektoren. Die Arbeit ausländischer Geheimdienste in Österreich.

Prolog

Ich habe Korruption gesehen, Misswirtschaft und Ungerechtigkeit. Ich habe vermutlich zu viel gesehen in all den Jahren.

Als der Silvesterrummel vorbei war und ich mein Diensthandy abgegeben hatte, nahm ich mir in aller Ruhe meine Aufzeichnungen und Kalendereintragungen vor. Es hatte sich einiges angesammelt in den letzten Jahren. Ich durchforstete mein Gedächtnis nach all den Ereignissen in meiner Zeit als Generaldirektor, erinnerte mich der vielen Papiere mit dem Aufdruck „Verschluss" oder „Vertraulich", die über meinen Tisch gegangen waren, und an jene Informationen, die nach dem Motto „Ein Schriftl ist ein Giftl" nur mündlich erfolgten.

Über all das will ich hier berichten, Mitstreiter und Gegner beim Namen nennen, Erfolge und Pannen beschreiben – ein Bericht aus dem Innenleben des Innenministeriums und dieser Republik.

Verschweigen will ich auch nicht jene Ereignisse, die sich nach den Nationalratswahlen im Oktober 1999, bis zur Regierungsbildung im Februar 2000, hinter den Kulissen abgespielt haben und in die ich verwickelt war.

Vom Hauptmann zum General

Sommer 1990. Ich bin seit 31 Jahren bei der Wiener Polizei, einen Tag vor meinem 26. Geburtstag habe ich, nach Jus-Studium und Gerichtspraxis, dort am 1. Juni 1959 begonnen.

Ich durchlief verschiedene Dienststellen, ehe ich im zweiten Bezirk zum Stadthauptmann bestellt wurde. Die Leopoldstadt ist für die Polizei kein einfacher Bezirk. Hier residiert die OPEC, die Schaltstelle der Ölscheichs, hier gibt es auch die größte jüdische Gemeinde in Wien. Zentren des Sports, wie das Stadion und die Rennbahnen, erfordern oft Polizeiüberwachung, ebenso der berühmt-berüchtigte Mexiko-Platz, wo man von billigen Hemden bis zu illegalen Waffen alles bekommt. Der Prater ist ein Freizeitzentrum und lockt mit unzähligen Spielhallen. Im Stuwer-Viertel zieht der Straßenstrich Freier an, in der Venediger Au suchen Männer Gleichgesinnte.

„Stadthauptmann", das ist ein schöner, martialischer Titel, zu dem auch eine schmucke Uniform gehört, mit violetten Generalsstreifen an der Hose. Natürlich benützt man diese Uniform nur bei offiziellen Anlässen, ich habe sie im Laufe meiner vierjährigen Tätigkeit im Bezirk etwa zwanzigmal angezogen. Vielleicht sollte ich besser sagen: anziehen müssen.

Für den 2. Juli bin ich zum Bundesminister geladen.

Ich gehe zu Fuß durch die Herrengasse, werde im Amtsgebäude zur Ministerstiege gewiesen und warte in einem stuckverzierten achteckigen Vorraum.

Dann holt mich Minister Franz Löschnak in sein Büro. Er sucht einen Praktiker als Nachfolger für den scheidenden Leiter der Gruppe Bundespolizei und bietet mir diesen Posten an. Ich sträube mich, Löschnak gibt mir bis September Bedenkzeit.

Ich lehne schließlich ab. Doch am Tag nach den Wahlen vom Sonntag, dem 7. Oktober, meldet sich wieder das Büro des Ministers. Ich soll um 16.45 Uhr kommen. Löschnak ist sehr locker, er nimmt an, dass er Minister bleiben wird, und er bietet mir neuerlich die Leitung der Bundespolizei an. Da ich weder Ja noch Nein sage, entlässt er mich mit den Worten, dass ich bald von ihm hören werde, dann aber müsse ich mich entscheiden.

Am 14. Oktober macht eine Unglücksmeldung die Runde in der Polizei: Robert Danzinger, Generaldirektor für die öffentliche Sicherheit, ist in seinem Sommerhaus in Niederösterreich im Alter von 63 Jahren verstorben. Die Todesursache – Herzversagen.

Dem Vernehmen nach soll Löschnak wohl dem Menschen, nicht aber dem Funktionsträger nachgetrauert haben. Danzinger war ein untadeliger Beamter, der eher unauffällig seine Fäden zog und viele schwierige Situationen, zum Beispiel die Krise während der Besetzung der Hainburger Au, durch taktisch kluge Zurückhaltung unbeschadet überstand. Er verfügte im Ministerium über eine beträchtliche Hausmacht und war ein wegen seiner schonungslosen Kritik gefürchteter Chef.

Dem reformfreudigen Löschnak muss der dienstalte Generaldirektor in seiner Unerschütterlichkeit wie ein Granitblock erschienen sein, der durch nichts bewegt werden konnte. Nicht weiter verwunderlich, dass Löschnak einen Nachfolger suchte, der mehr Beweglichkeit versprach. Der Minister war selbst Beamter gewesen, ihm war die Mentalität der Staatsdiener vertraut. Aus seiner Sicht, vor allem aber nach all den Erfahrungen, die er mit Danzingers „Flexibilität" gemacht hatte, war es verständlich, dass er keinen Ministerialbeamten nachfolgen lassen wollte.

Löschnak war Realist und kannte die Menschen. Zu seinen hervorstechenden Eigenschaften zählte, die Dinge stets beim Namen zu nennen. Als er Innenminister geworden war und zum ersten Mal das Haus betrat, verblüffte er den Präsidialchef mit der sachkundigen Frage nach problematischen Mitarbeitern: „Habt's Trankler im Haus?" Was dieser darauf antwortete, entzieht sich meiner Kenntnis.

Im Vordergrund standen jedoch zwei Problemkreise, die Löschnak sehr zu schaffen machten: die Fremdenpolitik und das schlagartige Ansteigen der Kriminalität nach der Ostöffnung. Für das Fremdenwesen hatte der Minister in Manfred Matzka einen exzellenten Mann als „Hitzeschild", der ihm den Rücken frei hielt.

Für die Bekämpfung der Kriminalität suchte der Minister einen Mann „von der Front". Einen Mann mit Erfahrung, in gesetztem Alter, denn für Löschnak hatte der Generaldirektor – wie er sich ausdrückte – die Funktion einer „Spange", die die Sicherheitsverwaltung zusammenhält. Und da war eher eine „Vaterfigur" gefragt.

Die Kriminalität war nach der Ostöffnung tatsächlich explodiert. Betrug die Gesamtzahl der angezeigten Delikte in Österreich vor der politischen Wende etwa 350.000 im Jahr, so wuchs sie Anfang der neunziger Jahre auf über 500.000 an – und das bei einer eher bescheidenen Aufklärungsquote.

Die Bevölkerung war beunruhigt, besonders in den Städten. Sie verlangte vom Innenminister Maßnahmen. Vor allem ein härteres Vorgehen gegen Ausländer, die immer mehr für die Eskalation im Kriminalitätsbereich verantwortlich gemacht wurden.

Die Jünger des ehemaligen Justizministers Christian Broda verstanden die Welt nicht mehr. Sie mussten sich von der Illusion einer „gefängnislosen Gesellschaft", von der Umwandlung der Polizei in einen Sozialverein und ähnlichen Vorstellungen über Nacht verabschieden. Sie mussten vor allem mit ansehen, wie das Image der Polizei, das in den achtziger Jahren nicht gerade hoch gewesen war, in dem Maße stieg, in dem die Bevölkerung vermeinte, diese Institution zu benötigen. Ein Phänomen, das immer wieder festzustellen ist und sich gegenwärtig auch am Beispiel New York zeigt. Je besser sich dort die Sicherheitslage entwickelt, desto lauter werden die Proteste gegen die Vorgangsweise der Polizei. Als die Stadt im Sumpf der Kriminalität unterzugehen drohte, war der Bevölkerung jedes Mittel recht gewesen, das die Polizei anwandte.

Die zwiespältige Einstellung zum Polizeigeschäft wurde zeitweilig sogar vom politisch Verantwortlichen für das Innenministerium geteilt. So befand in den siebziger Jahren Innenminister Otto Rösch, man könne der Bevölkerung den Anblick der Dienstwaffe nicht zumuten, und ließ den Beamten so weite Uniformblusen anmessen, dass die Pistole versteckt darunter mitgeführt werden konnte. Ich selbst habe so einen „Umstandsrock" getragen. Er hängt heute noch im Kasten. Jetzt passt er mir größenmäßig ganz gut.

Als mich am 9. November, drei Wochen nach Danzingers Tod, Minister Löschnak neuerlich zu sich rufen ließ, stellte ich auf dem Weg zu seinem Büro so meine Überlegungen an. Zweimal hatte ich ja sein Angebot ausgeschlagen. Jetzt kombinierte ich, dass er den Wiener Polizeipräsidenten Günther Bögl zum Generaldirektor machen und mir dessen Posten anbieten werde.

Doch es kam anders.

Dieser 9. November war ein trüber, regnerischer Tag. Der Portier im Ministerium machte das übliche Theater, er kannte mich immer noch nicht. „Wia haaßen S'? Sika?" Dann durfte ich ins berühmte Oktogon, den achteckigen Warteraum vor dem Ministerbüro. Löschnak holte mich persönlich ab und kam gleich zur Sache. Er bot mir die Funktion des Generaldirektors an, formulierte sein Angebot aber fast wie einen Befehl.

Da war Schluss mit der Verweigerung, jede Jungfrau gibt zu guter Letzt nach und ich war nicht standhafter. Einen derartigen Karrieresprung konnte man nicht ablehnen. Schließlich war der Generaldirektor für die öffentliche Sicherheit die bedeutendste Funktion im Führungsteam des Ministeriums.

Die vorerst inoffizielle Entscheidung des Ministers trug ihm einen Krieg mit der Personalvertretung ein, die damals schon Erik Buxbaum in dieser Funktion sehen wollte. „Ich werde alle Bewerbungen prüfen", ließ Löschnak die Gewerkschaftswünsche zunächst einmal abprallen. Zu mir sagte er nur: „Ein kurzes Bewerbungsschreiben genügt." Auch das erschien mir fast wie ein Befehl, also schrieb ich eine Seite und drei Zeilen.

Danach die quälende Zeit der Ungewissheit! Aus dem Ministerium war nicht viel zu erfahren. Nur, dass die Personalvertretung alle Tricks ausspielte, um mich zu verhindern. Das Jahr verging ohne Entscheidung. Nach dem Dreikönigstag des Jahres 1991 kam schließlich die Aufforderung, mich am 9. Jänner im Ministerium zu einem „Hearing" einzufinden.

Was ich damals nicht wusste: Hearings werden vielfach dann angesetzt, wenn ein Minister für seine längst schon getroffene Entscheidung eine letzte Argumentationshilfe gegenüber der Öffentlichkeit braucht. Und genau so verlief das Hearing auch.

Es fand im Arbeitszimmer des Präsidialchefs Werner Hampel unter dessen Vorsitz statt. Bei dem Gespräch zugegen waren noch Abteilungsleiter Franz Einzinger und Tassilo Böhm, der Personalvertreter, der bei Minister Löschnak so vehement gegen mich aufgetreten war und bis zuletzt versucht hatte, seinen Kandidaten Erik Buxbaum durchzubringen.

Beim Hearing war er allerdings butterweich. Offensichtlich hatte er eingesehen, dass weiterer Widerstand zwecklos war.

Böhm hatte die Entscheidung in Sachen Generaldirektor anscheinend überhaupt das Rückgrat gebrochen: Der unter Minister Karl Blecha in Personalfragen wohl mächtigste Mann des Innenministeriums ging kurz darauf sang- und klanglos in Pension.

Am 11. Jänner 1991, einem Freitag, präsentierte mich Minister Löschnak den Medien. Der Groll meiner lieben Gegner aber dauerte an und sie verbreiteten das Gerücht, ich sei nur deswegen avanciert, weil ich mit dem Minister regelmäßig Tennis gespielt hätte.

Das war natürlich Unsinn. Ich hatte mit Löschnak nie einen Ballwechsel, höchstens vereinzelt einen Wortwechsel. Und auch da ließ ich ihn nur gewinnen, wenn er mich überzeugen konnte.

Nach der Pressekonferenz schickte mich der Minister zu einem Meeting im Seminarhotel Tulbingerkogel, zur Abschlusssitzung einer Arbeitsgruppe, die sich mit dem Aufbau der geplanten Sicherheitsakademie beschäftigt hatte. Eine quälende Veranstaltung über Stunden, die mich fast dazu brachte, aus diesem eben angetretenen Job gleich wieder auszusteigen.

Im Hotel erreichte mich dann ein Anruf des Redakteurs Robert Stoppacher vom ORF-Radio.

In der Vergangenheit, zuletzt als Stadthauptmann von Wien-Leopoldstadt, hatte ich nur losen und meist korrekten Kontakt zu Journalisten gehabt. Dieser Anruf am 11. Jänner zeigte mir jedoch, dass von nun an die Uhren anders gehen würden. Denn Stoppacher fragte mich, wie ich damit leben könne, an die Spitze der Sicherheitsverwaltung aufzurücken, wo ich doch zuvor in jenem Wiener Kommissariat Chef gewesen sei, in dem am meisten geprügelt werde.

Ich war über diesen unsachlichen Anwurf mehr als bestürzt und weiß nicht, ob ich besonders schlagfertig reagiert habe.

Die Polizei in der Leopoldstadt war damals jedenfalls nicht schlechter oder besser als in anderen Bezirken, wobei man freilich bedenken muss, dass rund um ein Vergnügungsviertel wie dem Prater zwischen der Exekutive und dem Publikum mitunter ein anderer Ton herrscht als etwa in der Innenstadt.

Wie gesagt, ich weiß heute nicht mehr, was ich darauf geantwortet habe. Jedenfalls war ich erleichtert, dass dieses Interview dann nicht gesendet wurde. Die Journalisten hatten nämlich ein wichtigeres Thema gefunden: die Ereignisse im Zusammenhang mit dem Golfkrieg nach dem Überfall des Irak auf Kuwait.

Diese einseitigen, ja zum Teil gehässigen Fragestellungen der Journalisten aber sollten sich in der Folge wie ein roter Faden durch meine Jahre als Generaldirektor ziehen.

Panzer und Anarchisten

Die Regierung hatte am 5. Februar 1991 dem starken diplomatischen Druck nachgegeben und dem Transport von maximal 103 amerikanischen Bergepanzern vom NATO-Land Deutschland in das NATO-Land Italien über österreichisches Gebiet zugestimmt. Soweit ich mich erinnern kann, hatte nur Frauenministerin Johanna Dohnal dagegen Einwände erhoben.

Die Bergepanzer sollten auf dem Schienenweg durch Tirol geschleust werden. Es gab nur diese eine Strecke, die befahren werden konnte. Denn der damalige Landeshauptmann von Kärnten, Jörg Haider, hatte die Grenzen seines Landes dichtgemacht – mit der Begründung, die Gefahr für die Bevölkerung sei zu groß.

Die Staatspolizei vibrierte vor Nervosität, hatten doch westliche Geheimdienste eindringlich vor terroristischen Aktionen gewarnt. Angeblich hatte Saddam Hussein schon im Oktober 1990 bei einem Geheimtreffen mit Repräsentanten der wichtigsten arabischen Terrgruppen die Zusage erhalten, dass im Falle einer Eskalation der Golfkrise weltweit Anschläge zur Unterstützung der irakischen Position verübt würden.

In der Staatspolizei wurden umfangreiche Sicherheitsvorkehrungen getroffen, die über den Objektschutz für Botschaften und wichtige Einrichtungen weit hinausgingen. Die arabische Szene in Österreich kam unter verstärkte Beobachtung, Flüge aus und nach Nahost wurden strenger überwacht. Abgehörte Telefonate erbrachten gewisse Verdachtsmomente, jedoch keine stichhaltigen Beweise für geplante Anschläge. Eine ins Auge gefasste Urlaubssperre für Polizisten wurde abgeblasen.

Rückblickend kann man sagen, dass übernervös agiert wurde. Anschläge auf Botschaften blieben jedenfalls aus. Die berühmten „schlafenden Zellen", von denen Staatspolizisten so gern berichten, legten sich offensichtlich wieder zur Ruhe – wenn sie jemals wach gewesen waren.

Am Tag nach dem Regierungsbeschluss ging bei den Österreichischen Bundesbahnen ein Drohbrief ein, in dem für den Fall der Durchfuhr der Panzer die Blockierung und Sprengung von Bahngeleisen sowie von Masten angekündigt wurde. Schlagwort: Keine US/EG-Neuordnung im arabischen Raum mit österreichischer Unterstützung!

Zwei Tage später erfolgte beim „Kurier" ein anonymer Anruf, wonach in einem Bahnhof in Tirol tief gefrorenes Glyzerin explodieren werde. Im Kommandoraum der Generaldirektion für die öffentliche Sicherheit wurden am selben Tag zwei anonyme Anrufe registriert, in denen die Sprengung der Bahnlinie angedroht wurde.

Der Kommandoraum ist das Nervenzentrum des Ministeriums. Hier laufen per Fax und Telefon auch die Meldungen der Sicherheitsdienststellen aus ganz Österreich ein, mehrere Beamte sind rund um die Uhr im Einsatz und geben die Nachrichten an den Generaldirektor oder den Minister weiter.

Ich hatte nach der Attentatsdrohung die Sicherheitsdirektion Tirol über notwendige weitere Schritte instruiert und um Ausarbeitung sowie Vorlage eines detaillierten Einsatzplanes ersucht.

Drei Tage später trat in Innsbruck, im Büro der „Grün-Alternativen Tirol", eine „Plattform für Frieden und Neutralität" mit einer Erklärung an die Öffentlichkeit, mit der eine „friedliche" Blockade der Bahnlinie im Falle der Durchfuhr der Panzer angekündigt wurde.

In der Nacht zum 9. Februar verübten unbekannte Täter einen Sprengstoffanschlag auf die Westbahn im Bereich von Brixlegg. Ein Gleispaar wurde durch die Wucht der Explosion zerstört, der Krater, der dabei entstand, hatte einen Durchmesser von 1,5 m und eine Tiefe von 70 cm. Eine zweite, im Schotter des Nebengeleises vergrabene Sprengladung war nicht detoniert und konnte entschärft werden.

Die Bauart der Bomben wies auf eine Täterschaft hin, die zuvor schon bei Anschlägen im Raum von Wien mehrfach in Erscheinung getreten war. So war bereits am 4. Februar ein Anschlag auf das Hauptlager der BP-Austria in Wien-Simmering versucht worden, wobei sich im ultralinken „TATblatt" eine unbekannte Gruppe unter dem Titel „Kein Blut für Öl" zu dieser Aktion bekannt hatte. In der Zeitschrift „Radikal" der deutschen Terrororganisation RAF bekannte sich eine österreichische Gruppe zum Anschlag auf die Westbahn.

Der Transport der Panzer erfolgte am 12., 13. und 14. Februar. Es wurden täglich zwei Züge geführt.

Am ersten Tag blockierten Demonstranten an vier Stellen die Brennerbahn. Bei der gewaltsamen Auflösung der Blockade durch die Exekutive wurden 58 Personen vorübergehend festgenommen.

Am zweiten Tag kam es zu sieben Blockaden, wobei sich mehrere Personen an zwei Stellen nahe Matrei an die Geleise ketteten und mit Bolzenschneidern losgemacht werden mussten. Insgesamt wurden 40 Personen vorübergehend festgenommen.

Am dritten Tag blockierten Demonstranten an fünf Stellen die Bahn. Wieder kam es zu Ankettungen, doch wurden die Züge dadurch nur geringfügig aufgehalten. Das Ergebnis der Aktion: 30 Festnahmen.

Insgesamt wurden an den drei Tagen auf sechs Zügen 95 US-Bergepanzer durch Tirol geführt, dazu anderes Ladegut und Zubehör. Die Fracht blieb unbeschädigt, der ausgeklügelte Einsatz der Exekutive war erfolgreich verlaufen.

Zum ersten Mal wurde damals von Teilen der Linkspresse mein Kopf gefordert, wobei sie mit diesem meinem Körperteil auch in den folgenden Jahren immer wieder unfreundlich umging. Allerdings, das muss ich sagen, war ich an diesem ersten Anlass auch nicht ganz schuldlos.

Als es am 14. Februar entlang der Westbahnstrecke in Tirol turbulent zuging, weil Demonstranten einen Zug blockierten, wurde im Verlaufe des allgemeinen Getümmels beim Räumen der Geleise auch ein Fotograf der Austria Presse Agentur niedergerissen und festgenommen. Auf die Frage von Journalisten, wie denn so etwas passieren konnte und warum man so hart mit einem Pressemann umgegangen sei, ließ ich diplomatische Zurückhaltung vermissen. Ich antwortete: „Ein Kriegsberichterstatter trägt eben ein gewisses Risiko!" Für die Linksaußen der Journalistik war damit das Feindbild Sika schon sehr früh geboren.

Man hat im linken Lager die Anarchoszene, wie sie damals in Tirol auftrat, lange Zeit falsch eingeschätzt. Ich erinnere mich noch an die Zeit, in der mit dem Wohlwollen der sozialistischen Wiener Stadtverwaltung Anfang der achtziger Jahre das „Autonome Kulturzentrum" in der Gassergasse eingerichtet wurde. In der falschen Annahme, den vielleicht etwas zu linken – aber letztlich harmlosen – „Brüdern" sowohl eine Heimstätte als auch ein Ventil geben zu müssen, um die „möglicherweise in Rudimenten doch vorhandene Aggressivität" durch Kunstausübung abbauen zu können.

Ich war damals Leiter des Polizeikommissariats Margareten und für die Gassergasse zuständig. Innenminister Erwin Lanc hatte angeordnet, dass zur Eröffnung des Ga-Ga-Kulturzentrums die Polizeimusik spielen sollte. Sie entledigte sich dieser Aufgabe ohne jede Ambition unter der mit blutroter Farbe gemalten Aufschrift „Scheißbullen" an der Wand. Die Beamten spielten mit Leichenbittermiene Märsche im Takt langsamer Walzer. Missmutige Gesichter auch ringsum. Anarchisten sind nicht fröhlich. Und die Bevölkerung plagte eine böse Vorahnung.

Minderjährige Mädchen, die ausgerissen waren, wurden dort versteckt, es wurde „gegiftelt" – und das alles unter dem Deckmantel der „alternativen Kultur". Ich habe das hautnah miterlebt und ich erinnere mich auch einer Reihe von Personen, die heute prominent sind und sogar im Nationalrat sitzen, die damals Gäste im Ga-Ga waren.

Wir mussten die Gassergasse räumen, die Situation war unzumutbar geworden. Die Gemeinde Wien stellte dann einigen Gruppen Wohnungen in der Aegidigasse in Mariahilf zur Verfügung. Nach kurzer Zeit besetzten die Anarchisten das ganze Haus, der Ärger begann von neuem.

Ich hatte dienstlich jedoch nichts mehr damit zu tun. Ich weiß nur, dass im August 1988 die Polizei über richterlichen Auftrag das zur Festung verbarrikadierte Haus zu räumen hatte. Die „Alternativen" schleuderten brennende Matratzen aus den Fenstern, es hagelte Steine und Metallgegenstände auf die Polizei, die Aktion forderte auf beiden Seiten dutzende Verletzte. 67 Personen wurden festgenommen.

Kurz danach fanden die aus der Aegidigasse ausquartierten Anarchisten im so genannten Kirchweger-Haus der KPÖ in Favoriten Unterschlupf. Bald rissen sie auch dort die Herrschaft an sich.

Einer der Wortführer der Hausbesetzer war der damals 23-jährige Gregor Thaler, Sohn eines Tiroler KPÖ-Funktionärs. Sieben Jahre später, im April 1995, kommt der junge Mann beim missglückten Sprengstoffanschlag auf den Hochspannungsmast in Ebergassing ums Leben, mit ihm sein Gefährte Peter Konicek.

Bei der Räumung der Aegidigasse 1988 war auch Caspar Einem aufgetaucht. Der ehemalige Bewährungshelfer stand damals im Dienst der Arbeiterkammer. Er habe bei dem Konflikt zwischen den Hausbesetzern und der Exekutive vermitteln wollen, erklärte er später. Jedenfalls war er damals mit Gregor Thaler in Kontakt gekommen.

Gegenüber der Anarchoszene hatte man stets größte Geduld bewiesen, hatte sie in Schutz genommen, jedoch nicht erfasst, dass zwischen der linkslinken und der rechtsextremistischen Szene im Endeffekt kaum ein wesentlicher Unterschied bestand.

Allerdings ist den Anarchisten mittlerweile der Sprit ausgegangen – sie haben sich totgelaufen. Heute gibt es sie nur mehr in Ansätzen. Es ist ihnen die Ideologie abhanden gekommen, wenn man in diesem Zusammenhang überhaupt von Ideologie sprechen kann. Die Ereignisse nach der Regierungsbildung im Februar 2000 haben jedoch gezeigt, dass sich ein gewaltbereiter Bodensatz erhalten hatte, der sofort wieder aktiv wurde, als es zu Großdemonstrationen gegen die Regierung kam. Immer darauf aus, sich an friedliche Aktionen anzuhängen, um Chaos zu stiften.

Die Anschläge im Zusammenhang mit dem Golfkrieg – sowie eine Reihe weiterer Terrorakte der Linksextremisten – konnten wir erst nach dem am 11. April 1995 verübten Attentat auf den Strommast in Ebergassing klären. Die bei der versuchten Sprengung der für die Versorgung Wiens wichtigen Hochspannungsleitung ums Leben gekommenen Täter (Peter Konicek und Gregor Thaler) gehörten zusammen mit dem seither flüchtigen Bassam Al-Taher jener Gruppierung an, die unter anderem mitverantwortlich war für die Bomben auf das BP-Lager und die Westbahnstrecke.

Mysterium Ministerium

In Erinnerung blieb mir der Brief eines Bürgers, weil er in der Anschrift einen „Freud'schen Versprecher" enthielt: Innen*misterium* stand dort zu lesen.

Was durchaus mein Verständnis fand, sofern er das Wort von Mysterium ableitete, also von etwas Geheimnisvollem.

Tatsächlich stand ich, als ich im Jänner 1991 ins Ministerium wechselte, vor einem Wald von geheimnisvollen Dingen, die ich erst nach und nach enträtseln konnte. Die seltsamen Mechanismen, die das Werkel laufen lassen oder blockieren. Das Spiel der Informanten, Intriganten und Illoyalen. Der verhängnisvolle Einfluss der Politik in Sachfragen. Die Bedeutung einzelner Funktionsträger außerhalb des hierarchischen Gefüges. Bis hin zu so banalen Dingen wie dem allgemeinen Grußzeremoniell im Haus.

In der Früh beginnt es mit einem knappen, trutzigen „Morgen". Eher ein Hinweis darauf, dass man alles, was ansteht, lieber morgen täte, denn ein Gruß. Ab 10 Uhr in den langen Gängen der beiden Häuser dann ein hoffnungsfrohes „Mahlzeit", in dem unverkennbar die Vorfreude auf Mittagspause und genussvolle Nahrungsaufnahme mitschwingt. Ab 14 Uhr bereits das „Wiederschaun", als könnte man dadurch das Dienstende herbeigrüßen.

Als ich ins Haus kam, standen mir die meisten skeptisch bis ablehnend gegenüber. Einen Karrieresprung, wie ich ihn gemacht hatte, kann ein Ministerialer nicht so leicht verdauen. Damals war im Ressort noch das hierarchische Nachrücken in Übung. Zudem war das Misstrauen gegen die da unten im Haus zumindest genauso ausgeprägt wie das Misstrauen der Nachgeordneten gegen die da oben. Und ich war nun einmal einer, der nach oben gekommen war. Das bekam ich auch zu spüren. Mit kleinen Nadelstichen.

Zum Beispiel durch die Verbannung meines Autos in den untersten und letzten Winkel der Parkgarage im Haus. Dazu kam die zögernde Rückgabe von Fernseher, Videorekorder und Radio, die nach dem Tod meines Vorgängers aus dem Büro geschafft worden waren. Eine ähnliche Situation hat nach dem Regierungswechsel im Februar 2000 so mancher Minister auch erleben müssen.

Als Mitte der achtziger Jahre das Bundesamtsgebäude am Minoritenplatz errichtet wurde, sah die Planung im dritten Stock das Büro des Innenministers vor. Ein sechzig Quadratmeter großes Arbeitszimmer, mit Nebenräumen und einem kleinen Besprechungssaal.

Karl Blecha hatte damals die Räumlichkeiten besichtigt und sich entschieden, doch lieber im alten Haus in der Herrengasse zu bleiben. Dafür sollte der Generaldirektor für die öffentliche Sicherheit dieses Büro beziehen. Eine gute Entscheidung für beide Teile. Blecha residierte im repräsentativeren und geräumigeren Palais, Danzinger erhielt ein modernes Büro mit allen Schikanen und als Draufgabe einen schönen Blick über Ballhausplatz, Heldenplatz und Burggarten, der es so nebenbei möglich machte, alle Ereignisse zwischen Hofburg und Bundeskanzleramt vom Fenster aus zu registrieren – von der Demonstration bis zur Demission einer Bundesregierung.

Mitte Jänner 1991 übernahm ich dieses Büro so, wie es mein Vorgänger verlassen hatte, wenn man von den Dingen absieht, die man – aus welchen bösartigen Gründen immer – entfernt hatte. Ich betrat dieses Büro in aller Bescheidenheit, fast mit ein bisschen Ehrfurcht, und habe in all den Jahren meiner Amtszeit daran auch nichts verändert. Lediglich die Sitzgarnitur, die mit hellem Samt überzogen war, musste im Laufe der Zeit ersetzt werden, nachdem die Bank unter der Last zweier Besucher zusammengebrochen war.

Das Wort „Kabinett" hat mehrere Bedeutungen. Zum einen bezeichnet man damit einen kleinen Wohnraum, zum anderen einen speziell gekelterten Wein. Seit dem 17. Jahrhundert ist darunter auch die Gesamtheit der Minister einer Regierung zu verstehen. Mir aber geht es hier um ein anderes Kabinett. Um das Kabinett des Ministers.

Dazu eine Anekdote.

Eines Morgens berichtete mir meine Frau, in der Nacht habe jemand vom Kommandoraum angerufen und mich sprechen wollen. Sie habe dem Beamten jedoch gesagt, ich schliefe schon und sie wolle mich nicht wecken. Der Beamte meinte darauf, er werde es in der Früh wieder versuchen, die Sache sei nicht so wichtig, er habe jedenfalls schon den KGB verständigt.

Mysterium Ministerium

Ich war einigermaßen erstaunt. Was sollte hier der KGB? „Hat er nicht vielleicht KBM gesagt?", fragte ich. Meine Frau leichthin: „Wäre auch möglich – was ist der Unterschied?" Ich klärte sie auf: „KGB war ein sowjetischer Geheimdienst, KBM ist das Kabinett des Bundesministers. Wenn man es aber genau nimmt, besteht zwischen beidem gar kein so großer Unterschied."

Es hat sich in Österreich eingebürgert, dass sich jeder Bundesminister – und natürlich auch der Bundeskanzler – ein „Kabinett" einrichtet. Eine Ansammlung politisch verlässlicher Leute, die im verkleinerten Maßstab praktisch die beamtete Struktur des Ministeriums widerspiegeln.

Im Innenministerium waren das zu meiner Zeit an die fünfzehn Personen. Einige davon hatten einen Stammplatz im Kabinett, andere wieder kamen jeweils mit dem Ministerwechsel neu hinzu. Die Kabinettsmitglieder betreuen das Tätigkeitsgebiet einzelner Sektionen des Ministeriums, es gibt aber auch jemanden im Kabinett, der nur für Interventionen zuständig ist. Die Pressesprecher sind laut Amtskalender ebenfalls dem Kabinett zuzurechnen.

Natürlich sind die Wirkungsweise und die Kompetenzen des Kabinetts in keinem Gesetz festgelegt. Es ist ein juristisches Nullum, aber wie viele Dinge, die es nicht geben dürfte, höchst langlebig. Sehr oft gibt sich das Kabinett wichtiger als der Minister, machen die Kabinettsmitglieder eigene Politik und führen ein „Schattenministerium".

Ich bekam eines Tages einen Akt auf den Tisch, in dem vermerkt war, „über Weisung des Kabinetts" sei dieses und jenes zu machen. Ich ging mit dem Akt zum Minister und bat ihn: „Bitte, mach deinen Leuten klar, dass das Kabinett keine Weisungen zu geben hat, dass es bestenfalls Weisungen des Ministers weitergibt." Löschnak sah sich den Vermerk an und sagte: „Na, eigentlich weiß ich von der Sache nix." Was bestätigte, dass das Kabinett mehr oder weniger eigenmächtig gehandelt hatte.

Ich hielt dann auch meine Leute dazu an, die Formulierung „über Weisung des Kabinetts" nicht zu verwenden. Schließlich wurde ein Vordruck hergestellt, der klar zum Ausdruck brachte, dass „im Auftrag des Ministers" um dieses und jenes ersucht werde.

In Wahrheit war damit aber gar nichts geändert worden. Vordrucke sind geduldig. Ob der Minister den im Vordruck vermerkten Wunsch tatsächlich geäußert hat, weiß man deswegen ja auch nicht.

Das Eigenleben der Kabinette, die geheimen Machtspiele und politischen Alleingänge mancher Kabinettsmitglieder – oft auch gegen die Interessen der Minister – stellen zweifellos ein Problem dar, das letztlich zu Reibereien untereinander und mit den Spitzenbeamten des Hauses führen muss.

Man soll sich da nichts vormachen. Denn in der Regel stehen einander zwei Lager gegenüber. Auf der einen Seite der Minister, der die Probleme des Ministeriums gut, weniger gut oder gar nicht kennt, sowie die Leute des Kabinetts, denen er zwar vertraut, die aber die Sachlage ebenfalls gut, weniger gut oder gar nicht kennen. Auf der anderen Seite die Beamten, die in den meisten Fällen wirkliche Fachleute sind. Da kommt es dann sehr auf den Minister an, ob er seine persönlichen Berater und Vertrauten im Griff hat und es ihm gelingt, zwischen Kabinett und Beamten – bei den unterschiedlichsten Interessenlagen – eine Art Teamarbeit zu Stande zu bringen.

Ein weiterer kritischer Punkt sind die Indiskretionen, die immer wieder auch über das Kabinett aus den Ministerien dringen. Das schafft für die Spitzenbeamten sehr oft Loyalitätsprobleme. Vor allem in sensiblen Bereichen – und das Innenministerium hat viele sensible Bereiche. Eigentlich sollte man dieses oder jenes dem Minister sagen. Man scheut aber davor zurück, weil höchste Geheimhaltung geboten ist und stets die Gefahr besteht, dass der Minister, der ja den Menschen in seiner Umgebung gewöhnlich blind vertraut, doch etwas weitererzählt, obwohl man ihn ersucht hat, niemandem etwas zu sagen. Und es ist schwierig, wenn nicht gar unmöglich, ihn darauf aufmerksam zu machen, dass Mitarbeiter, die er selbst ausgewählt hat und die seine engsten Vertrauten sind, eigentlich nicht unbedingt als vertrauenswürdig anzusehen sind. Noch dazu, wo man in der Regel kaum Beweise für einen Vertrauensbruch in der Vergangenheit hat, sondern meistens nur mehr oder weniger stichhaltige Verdachtsgründe oder Mutmaßungen. In heiklen Fällen musste ich da oft den einen oder anderen Eiertanz aufführen.

Natürlich ist das Kabinett auch eine Kaderschmiede par excellence. Reinhard Steinert schied mit Jahresende 1999 aus dem Kabinett Schlögls aus, in dem er für Personalangelegenheiten der Bundespolizei zuständig war, und wurde oberster Chef der Bundespolizei. Ossi

Strohmeyer, im Kabinett für Gendarmeriefragen zuständig, schied ebenfalls aus und wurde Gendarmeriezentralkommandant. Beide waren zuvor schon in den betreffenden Gruppen als Abteilungsleiter tätig gewesen, und zwar mit ausgezeichnetem Erfolg. Sie können als Glücksfälle von Experten in einem Kabinett bezeichnet werden.

Es trachtet natürlich jeder Minister, seine engsten Mitarbeiter gut zu versorgen. Vor allem, wenn ihn politische Todesahnungen erfüllen oder sein Abschied aus dem Haus sicher ist. Dann zerstiebt das Kabinett zumeist in alle Winde. Allerdings sind es im Allgemeinen günstige Winde, die für eine sanfte Landung in guten Positionen sorgen.

Im Laufe der Zeit erkannte ich einen Nachteil in der räumlichen Distanz zum Minister, der ja in der Herrengasse residiert. Nähe zu ihm bedeutet eine bessere Möglichkeit der Einflussnahme, eine Chance, die eigene Position zu stärken. Daher lauerten stets auch Einflüsterer im „Kabinett" und in den Vorhallen auf eine Gelegenheit, ins Heiligtum vordringen zu können, um den Minister zu beschwatzen und ihre Unentbehrlichkeit anzudeuten. Leute, die glaubten, es notwendig zu haben, antichambrierten beim Kabinettschef, um Gewogenheit zu erzeugen, für sich Stimmung zu machen. So manche ministerielle Karriere hat daher nicht im „Schlafzimmer" ihren Ausgang genommen, sondern im „Kabinett".

Minister sind die Monarchen unserer republikanischen Zeit. Sie halten – der eine mehr, der andere weniger – Hof, haben ihren Hofstaat, ihre Zuträger und Schranzen.

Caspar Einem zum Beispiel versammelte jeden Abend in seinem Arbeitszimmer einen Kreis von Personen um sich, vorwiegend Mitarbeiter aus dem Kabinett, die ihm zuzuhören hatten und bekräftigen sollten, was für ein exzellenter Minister er sei. Diesem Kreis anzugehören, verschaffte zweifellos vorteilhafte Sympathie. Trotzdem habe ich es nach Möglichkeit vermieden, an diesen „Sitzungen" teilzunehmen.

Kandidat und Präsident

Im Untersuchungsausschuss des Nationalrates zur Causa „Lucona" war einmal die Rede auf eine geheimnisumwitterte Zusammenkunft von Spitzenbeamten aus dem Außen-, dem Verteidigungs- und dem Innenministerium gekommen. Was damals als besonders mysteriös dargestellt wurde, war in Wahrheit ein Routinevorgang, der monatlich stattfand und immer noch, jetzt vielleicht etwas seltener, die drei Spitzenbeamten zusammenführt.

Es handelt sich dabei um streng vertrauliche „Dreier-Gespräche", an denen der Generalsekretär des Außenamtes, der Generaltruppeninspektor und der Generaldirektor für die öffentliche Sicherheit teilnehmen. Sie dienen der gegenseitigen Information. Während der Jugoslawienkrise erwies sich diese Einrichtung als besonders wichtig.

Als ich Generaldirektor wurde, waren meine Partner Karl Majcen vom Bundesheer und Thomas Klestil vom Außenministerium. Eines dieser Gespräche fand an dem Tag statt, als Klestil zum Präsidentschaftskandidaten nominiert worden war. Ich kann mich noch gut erinnern, dass ich damals zu Klestil gesagt habe: „Ich bin felsenfest überzeugt, du hast beste Chancen, Bundespräsident zu werden." Eine Aussage, die im völligen Widerspruch zur Papierform stand, denn Klestils Konkurrent war der SPÖ-Minister Rudolf Streicher.

Die Chemie zwischen Thomas Klestil und mir stimmte vom ersten Tag an. Ich schätzte seine offensive, zupackende Art, an die Probleme heranzugehen. Er war ein brillanter Generalsekretär im Außenamt, mit dem man etwas bewegen konnte.

Die große Erfahrung als Diplomat kam Klestil ganz besonders zugute, als er in die Hofburg wechselte und sich dort auf Anhieb in seinem neuen Aufgabengebiet bewährte. Wir verloren nie den Kontakt zueinander. In vielen vertraulichen Gesprächen konnte ich feststellen, wie ernst er die Aufgabe als Staatsoberhaupt nahm und wie verantwortungsvoll er seine Entscheidungen traf.

Als ich während der Ministerschaft Einems große Probleme hatte, trat Thomas Klestil für mich ein und stärkte mir dadurch entscheidend den Rücken. Er tat das von sich aus – ich selber hätte es nie über mich gebracht, ihn darum zu bitten.

Klestil konsultierte mich häufig in Sicherheitsfragen. Wenn Staatsbesuche vorzubereiten waren oder große Veranstaltungen unter Beteiligung von Staatsoberhäuptern. Aber auch, wenn es Schwierigkeiten mit Personenschutzbeamten gab bzw. mit jenen Staatspolizisten, die die desolate Amtsvilla auf der Hohen Warte zu bewachen hatten. Er ersuchte mich auch, die Sicherheit seiner Residenz zu überprüfen.

Klestil wurde kritisiert, weil er sich Gedanken um eine neue Residenz machte. Kleinkarierte Österreicher warfen ihm vor, ihm sei die Villa, die schon vielen Präsidenten vor ihm zu deren Zufriedenheit als Heimstätte gedient habe, zu wenig prunkvoll. Er wolle auf Kosten der Steuerzahler ... wo er doch ohnehin die Hofburg habe ... und dergleichen mehr.

Ich kenne diese Villa, sie ist extrem feucht, abgewohnt, weist Bauschäden auf und ist so klein, dass der Bundespräsident, wenn er einmal im Jahr für eine größere Anzahl von Persönlichkeiten aus Österreich einen Empfang geben will, auf den Sommer warten muss, weil dann auch Terrasse und Garten zur Verfügung stehen. Regen wäre eine Katastrophe – das Haus würde nicht alle Gäste fassen.

Über die Sicherheit der Residenz des Bundespräsidenten breite ich lieber den Mantel des Schweigens. Aus Gründen der Sicherheit. Nur so viel: der notwendige Standard wird nicht annähernd erreicht. Es müsste sehr viel investiert werden, um den Status entscheidend zu verbessern.

Der Präsident wird praktisch rund um die Uhr bewacht. In der Hofburg und auf der Hohen Warte durch Beamte der Wiener Staatspolizei. Auf Reisen wird die Gruppe der Staatspolizisten durch Kollegen des Gendarmerie-Einsatzkommandos verstärkt.

Ich habe schon bei Klestils Vorgängern beobachtet, dass die Beamten mehr als Kammerdiener agierten bzw. agieren mussten denn als Personenschützer.

Bei der Eröffnung einer Messe spielte sich das so ab: Der Bundespräsident fährt mit Begleitung vor. Er entledigt sich in der Vorhalle seines Mantels, übergibt diesen dem Kriminalbeamten. Die Begleiter tun es ebenso. Der Kriminalbeamte bricht fast zusammen unter der Last der Mäntel. Ich frage mich, wie der Personenschützer als wandelnder Kleiderständer einen plötzlichen Angriff auf den Präsidenten abzuwehren im Stande sei?

Kriminalbeamte als Schirm-, als Kofferträger, Kriminalbeamte als Aktenaufbewahrer ... Die Personenschützer sind zu „Mädchen für alles" geworden. Mit der Konsequenz, dass es immer wieder Querelen gibt, weil die Herren natürlich wissen, dass sie mehr tun, als sie müssten.

Der schlimmste und heikelste Fall dieser Art ereignete sich 1992. Da kam eines Tages einer jener Beamten, den ich noch aus meiner Zeit bei der Polizei kannte, zu mir, um mir eine vertrauliche Mitteilung zu machen. Er berichtete, er habe den Verdacht, der Präsident stehe einer seiner Mitarbeiterinnen näher, als das üblich sei. Dieses besondere Naheverhältnis sei durch die Hofburg mit ihren geheimen Gängen und Winkeln begünstigt. Schon die Habsburger hätten die Geografie des Hauses zu ähnlichen Zwecken genützt.

Nun wusste ich, dass der Bundespräsident damals bereits von seiner Frau getrennt lebte, fand es jedoch nicht wert, darüber auch nur ein Wort zu verlieren. So eine Konstellation gibt es zwischen Boden- und Neusiedler See vieltausendmal.

Ich fragte den Beamten daher, warum er mir das erzähle. Er drückte herum und erklärte mir schließlich, dass er sich mit dieser Dame nicht verstehe. Sie wolle ihn nicht in der Hofburg haben. Für den Fall, dass sie Schritte ergreife, werde auch er wissen, was zu tun sei.

Ich war ehrlich entsetzt und hielt ihm vor, ein derartiges Verhalten sei dem Bundespräsidenten gegenüber illoyal. Ich warnte ihn, auch nur ein Sterbenswort weiterzuerzählen, zumal er doch nur einen vagen Verdacht habe. Da lachte er und sagte, er habe praktisch den Beweis. Der Bundespräsident verbringe das Wochenende häufig in seinem Privathaus in der Steiermark. Er werde von der Wirtin eines nahen Gasthauses mit Essen versorgt.

Aufmerksam sei er geworden, als die Wirtin ihm einmal erzählte, sie freue sich, dass es dem Herrn Bundespräsidenten so schmecke, er habe Appetit für zwei. Da habe er sich ein bisschen in der Umgebung umgesehen und, siehe da, zweimal ums Eck einen Wagen mit Tiroler Kennzeichen entdeckt. Er habe festgestellt, dass es ein Leihwagen war, den jene Mitarbeiterin des Präsidenten gemietet hatte. Da habe er natürlich eins und eins zusammengezählt und gewusst, dass in dem Haus, das er mit seinen Kollegen aus einiger Entfernung bewachte, nicht der Bundespräsident allein sei und für zwei esse, sondern zu zweit sei und nur für einen esse.

Ich warnte den Beamten noch einmal und drohte ihm Übles an, sollte etwas davon an die Öffentlichkeit dringen. Dann ließ ich mir umgehend einen Termin beim Bundespräsidenten geben und informierte ihn.

Klestil war sehr bedrückt über diese Situation. Über den Beamten war er verärgert und klagte, dieser sei frech, ja aufsässig und stehe im Verdacht, Informationen aus dem Haus zu tragen.

Ich riet dem Präsidenten, zunächst nichts zu unternehmen und noch zuzuwarten. Dem Beamten sei zuzutrauen, mit dieser Geschichte in die Medien zu gehen, sollte es Maßnahmen gegen ihn geben.

Ich stellte mir die Schlagzeilen in den Zeitungen und den Aufschrei der Moralisten vor, die ja bekanntlich in Österreich besonders aktiv sind, wenn es um die Moral der anderen geht, und nahm mir vor, alles zu tun, um dem Präsidenten einen Skandal zu ersparen. Ich war und bin der Meinung, dass jedem Menschen, auch dem ersten Bürger im Staat, das Scheitern seiner Ehe zuzugestehen ist.

Zur Jahreswende 1992/93 wandte sich der Bundespräsident mit seinem Eheproblem über die Zeitschrift NEWS an die Öffentlichkeit. Klestil wusste zu diesem Zeitpunkt, dass es ihm nicht mehr lange gelingen werde, die Sache geheim zu halten. Vor allem aber war ihm klar geworden, dass es ihm unmöglich war, sein Eheproblem einvernehmlich zu lösen, bevor die Öffentlichkeit davon erfuhr. Daher sein für mich durchaus nachvollziehbarer Entschluss, die Bürger zu informieren.

Ich war froh über diese Lösung, weil ich bezweifelte, dass der Staatspolizist auf die Dauer seinen Mund gehalten hätte.

Wie ich später erfuhr, soll dieser Mann zuletzt beim Bundespräsidenten vorgesprochen und versucht haben, ihn mit seinem Wissen unter Druck zu setzen. Eine beschämende Haltung.

Er wurde übrigens bald danach aus der Hofburg in die Zentrale der Wiener Staatspolizei rückversetzt. Es gab noch unzählige Querelen mit ihm, bis er endlich nach einigen Monaten aus dem Polizeidienst ausschied. Ein oder zwei Jahre später schickte er mir eine Ansichtskarte aus dem Urlaub. Das Bild zeigte die Kehrseiten von vier nackten Kindern am Strand. Der Gruß aus dem Urlaub war ganz offensichtlich nicht als Liebesbeweis gedacht.

Die Herren von der Staatspolizei

Eine der wichtigsten Organisationen innerhalb der Generaldirektion für die öffentliche Sicherheit ist die Staatspolizei, formell als Gruppe II/C geführt. Als ich ins Ministerium kam, leitete sie seit kurzem Oswald Kessler.

Kesslers Karriere hatte noch unter Minister Karl Blecha begonnen, der im Herbst 1987 innerhalb der Staatspolizei die Sonderabteilung EBT (Einsatzgruppe zur Bekämpfung des Terrorismus) ins Leben rief und sich als deren Chef den treuen Parteigänger Kessler – damals war er 33 Jahre alt – von der Wiener Staatspolizei holte. Wie vorausblickend Kessler seine Mitarbeiter auswählte, zeigte die nächste Wahl der Personalvertreter: Von 21 abgegebenen gültigen Stimmen entfielen ebenso viele auf die Fraktion sozialistischer Gewerkschafter.

Nach Blechas eher unrühmlichem Abgang hatte Franz Löschnak im Februar 1989 das Innenministerium übernommen. Er machte Kessler zum Leiter der Gruppe II/C, also der Staatspolizei. Neuer EBT-Chef wurde damals Josef Dick.

Einer alten Tradition folgend, hatte der STAPO-Chef einen direkten Draht zum Minister und auch einen wöchentlichen Jour fixe bei ihm. Mir berichtete Kessler jedoch kaum jemals, was er Löschnak rapportiert hatte. Ich sprach den Minister darauf an und gab ihm zu verstehen, dass ich es nicht in Ordnung finde, wenn er sich mit einem mir unterstellten Gruppenleiter zu einem Jour fixe trifft, ich aber nicht dabei bin bzw. über den Inhalt der Gespräche nicht wirklich etwas erfahre. Daraufhin erwiderte er: „Schau, ich sag' dir ganz ehrlich, es ist vielleicht eh besser für dich, wenn du nicht dabei bist."

Ich musste das akzeptieren, fragte Kessler nur ab und zu, was er mit dem Minister besprochen habe. Zwingen konnte ich ihn nicht, mir zu antworten. Gehirnwäsche ist in der Dienstpragmatik nicht vorgesehen. Ich kam ohnehin bald darauf, dass der STAPO-Chef dem Minister alle möglichen Dinge erzählte, die freilich nur selten das gehalten haben, was sie versprachen. Für mich war verwunderlich, dass Löschnak, dieser nüchterne und klar denkende Mann, immer wieder darauf hereinfiel.

Die Herren von der Staatspolizei

Ich legte in der Folge weniger Wert auf Informationen durch Kessler, sondern begann mir andere Quellen zu erschließen, die auch aus dem Bereich der Beamtenschaft kamen. Ich baute mir als alter Kriminalpolizist meine speziellen „Zunds" auf, war dann über wesentliche Dinge besser informiert.

Diese Beamten kamen von Zeit zu Zeit zu mir und berichteten, wie der Hase läuft. Das war die effizientere Form der Informationsbeschaffung als jene über Kessler, der mir, offen gestanden, nicht wirklich lag und dessen Vielrederei ich nicht ertragen konnte. Diese Spezial-„zunds" habe ich bis zum Ende meiner Dienstzeit beibehalten.

Minister Caspar Einem schätzte die Staatspolizei überhaupt nicht; ließ sie zunächst einmal links liegen. Zu seiner Zeit war zuerst Hein-Jürgen Mastalier STAPO-Chef, ein äußerst loyaler Beamter, der mich fast täglich in der Früh anrief und mir die Neuigkeiten berichtete. Mit ihm hatte der Minister auch keinen Jour fixe.

Auf Mastalier folgte Peter Heindl aus Einems Kabinett als Leiter der Staatspolizei; das blieb er auch unter Minister Karl Schlögl und dessen Nachfolger Ernst Strasser.

Großes Aufsehen erregte im Ministerium die Enttarnung eines „gefallenen Engels", eines Beamten, der auf beiden Schultern trug. Der Mann galt als der „Sir" der Wiener Staatspolizei: teurer Maßanzug, dezente Krawatte, das Haar korrekt gescheitelt. Ein leichter Hauch von Eau de Cologne überspielte den Geruch der Zigaretten, die Gustav Hochenbichler genussvoll rauchte. 1991 geriet der damals Sechsundfünfzigjährige in den Verdacht, eine Doppelrolle zu spielen.

Österreich, insbesondere Wien, war seit 1945 im Kalten Krieg ein beliebter Umschlagplatz für Spione aus aller Herren Länder. Die STAPO wusste das natürlich, doch war ihr in den meisten Fällen durch die Gesetzeslage die Hände gebunden. Sofern nicht zum Schaden der Republik Österreich spioniert wurde, durften unsere Leute nur zuschauen und sich ihren Teil dabei denken. Doch blieb uns keineswegs verborgen, dass sowohl der Osten wie auch der Westen größtes Interesse an den Vorgängen in der Republik hatten, ob sie nun politischer, wirtschaftlicher oder gesellschaftlicher Natur waren. Hin und wieder ging uns auch ein Agent ins Netz.

33

Erst nach dem Fall der Mauer 1989 und dem Zusammenbruch des Kommunismus in der Sowjetunion wurden uns die Augen geöffnet. Vieles von dem, was wir wussten, jedoch nicht beweisen konnten, bestätigte sich jetzt. Topspione wurden zu Überläufern und kleine graue Mäuslein, vor allem aus östlichen Spionagezentralen, wechselten die Seiten und legten im Westen Geständnisse ab.

Auf diesem Wege dürfte der amerikanische Geheimdienst auch zu Informationen über Hochenbichler gekommen sein. Anfang April 1991 gab dann die CIA dem Chef der Staatspolizei, Oswald Kessler, einen Tipp. Es waren Hinweise, doch keine Beweise.

Erwin Kemper, aus Niederösterreich ausgeborgter Staatspolizist in der EBT, wurde von Kessler auf Hochenbichlers Spur gesetzt. Er sollte die fehlenden Beweise beschaffen.

Kessler hatte unter dem Wiener STAPO-„Sir" seine Laufbahn begonnen und manche Kollegen wussten von angeblichen Hahnenkämpfen der beiden um die Gunst derselben Damen, die allerdings Hochenbichler immer wieder für sich entschieden hatte. Doch jetzt war Kessler der Oberboss und wenn es einen dunklen Punkt in Hochenbichlers Leben geben sollte, wäre das ein später Triumph für den ehrgeizigen Gruppenleiter.

Während Kemper recherchierte, wurde Hochenbichler auf Betreiben Kesslers von der Schaltstelle in der Wiener Staatspolizei wegbefördert und übernahm Ende April 1991 eine andere Abteilung in der Bundespolizeidirektion Wien.

In der bürgerlichen Tageszeitung „Die Presse" erschien daraufhin am 30. April ein offensichtlich lancierter Angriff auf die Personalpolitik des damaligen Innenministers Franz Löschnak:

„Hofrat Gustav Hochenbichler, von dem Polizeipräsident Bögl immer wieder gesagt hatte, dass er der klassische und logische Nachfolger des in Pension gegangenen Wiener Staatspolizeichefs Werner Liebhart sei, sollte als DDR-Spion ‚entlarvt' werden. Dies gelang zwar nicht, aber Bögl musste auf Ministerweisung Hochenbichler fallen lassen."

Bereits zu diesem Zeitpunkt wusste also Hochenbichler, dass gegen ihn von seinem „Freund" Kessler ermittelt wurde. Aber erst 1994 genehmigte Untersuchungsrichter Georg Olschak Hausdurchsuchungen in Hochenbichlers Büro, in dessen Stadtwohnung und in dessen zweitem

Quartier in Gars am Kamp. Vorerhebungen nach § 256 StGB (Geheimer Nachrichtendienst zum Nachteil Österreichs) und § 310 StGB (Verrat von Amtsgeheimnissen) wurden eingeleitet.

Am 2. März 1995 hatte sich der Fall dann endgültig erledigt: Hochenbichler erlag einem Krebsleiden. Da gegen Tote nicht weiter ermittelt wird, wurden die Akten geschlossen und ins Archiv gestellt.

Dabei war dies der einzige Fall der letzten Zeit, der beweiskräftig abgeschlossen war. Zum einen auf Grund eines Notizbuches, das bei der Hausdurchsuchung gefunden wurde und genaue Angaben über die Treffen mit seinen Führungsoffizieren und die Abschottung vor behördlicher Überwachung enthielt. Zum anderen durch die Aussagen eines ostdeutschen Ehepaares, das ein Gästehaus des DDR-Staatssicherheitsdienstes verwaltete und Hochenbichler zweifelsfrei als Gast identifizierte. Zuletzt durch den Nachweis mehrerer verdeckt durchgeführter Flüge in den Osten.

Bei vielen anderen Verdächtigen war es vor allem auch mangels Mithilfe der deutschen Behörden nicht möglich, eine derart kompakte Beweislage herzustellen. Vermutlich wäre bei einem günstigeren Verlauf der Ermittlungen die eine oder andere politische Karriere in Österreich gar nicht erst zu Stande gekommen oder vorzeitig beendet worden.

In diesem Zusammenhang sei auch der Fall Mitrochin erwähnt, der uns zu Ohren kam, lange bevor dieser KGB-Mann seine zum Bestseller gewordenen Erinnerungen 1999 auf den Buchmarkt brachte. Wassili Mitrochin, Archivar des KGB, hatte Jahre hindurch Archivstücke abgeschrieben und entwendet, ehe er 1992 mit dem gesamten Material zum britischen Geheimdienst überlief.

Vier Jahre später, im Jänner 1996, erhielt die STAPO von den britischen Kollegen erstmals Kenntnis von diesem Mann und konkrete Hinweise auf die Tätigkeit des KGB in Österreich. An die 200 Verdachtsfälle wurden uns bis 1999 bekannt gegeben, die alle sorgsam überprüft und nach Möglichkeit nachvollzogen wurden. Der britische Geheimdienst hatte uns allerdings zu gewissen Auflagen verpflichtet, wie mit diesen Informationen umzugehen sei.

Um die Quelle zu schützen, musste alles „streng vertraulich" behandelt und vor jeder Kontaktaufnahme mit Verdächtigen der britische

Dienst informiert werden. Weiters hatte man uns jegliche gerichtliche Verwertung untersagt. Darauf einzugehen fiel uns deswegen leicht, weil Mitrochin nur bis 1985 Zugang zu den KGB-Akten gehabt hatte und Straftaten, die in der Zeit davor begangen wurden, bereits verjährt waren.

Wir mussten jedoch auch zur Kenntnis nehmen, dass einige der belasteten Spione im Polizeiapparat bereits verstorben waren, also nicht mehr zur Rechenschaft gezogen werden konnten. Allerdings bestand – und besteht noch immer – ein großes historisches Interesse an der Aufarbeitung der Spionagetätigkeiten.

Das Agentennetz des KGB in Österreich reichte praktisch in alle Felder von Politik, Wissenschaft, Behörden, Medien und Gesellschaft. Besonderes Augenmerk richteten KGB-Agenten auf den Polizeiapparat, insbesondere auf die Staatspolizei.

Unter diesen 200 Verdachtsfällen befand sich auch ein Agent mit dem Decknamen „Sorokin", der sich im Zuge der Ermittlungen als Gustav Hochenbichler entpuppte. Hochenbichler war ja als STASI-Agent bereits enttarnt worden und verstorben. Immerhin wussten wir nun, dass dieser hohe STAPO-Beamte ein Topinformant gewesen war, der offenbar vom KGB geführt und an die Spionagetruppe des Markus Wolf in Ostberlin unter dem Decknamen „Bau" „verliehen" wurde. Vom KGB soll Hochenbichler alles in allem 50.000 Schilling erhalten haben.

Ein anderer mutmaßlicher Agent, diesmal aus dem Bundeskanzleramt und sehr lebendig, wurde von uns erst gar nicht ins Gebet genommen. Er hatte in der Briefbomben-Causa immer wieder das Interesse der Öffentlichkeit auf sich gezogen und für Verwirrung gesorgt. Bei Mitrochin lief er unter dem Decknamen „Yershov" und soll 1980 rekrutiert worden sein. Die STAPO hatte diesen Beamten allerdings schon einige Male überprüft, war aber nicht fündig geworden. Dass ihn der Russe „geschmissen" hatte, blieb natürlich nicht sehr lange „streng geheim" – Printmedien boten dem Mann Gelegenheit für großflächige Stellungnahmen. Wie zu erwarten war, wies er jeglichen Verdacht von sich. Er arbeitet nach wie vor als Redakteur im Bundeskanzleramt.

Wir vom Innenministerium hielten uns da heraus und gaben keinen öffentlichen Kommentar dazu ab, auch um die Briten nicht zu verärgern.

Bemerkenswert war eine angebliche Operation „Edelweiß", bei der ein Agent unter dem Decknamen „Shvert" Ende 1965 und im Februar 1966 Geheimdokumente aus den Safes der Staatspolizei beschaffen sollte. Leider konnte nicht mehr nachvollzogen werden, welche Beamte damals Dienst hatten. Alle Unterlagen darüber waren schon vernichtet.

Ein Minister im Nachthemd

Im Frühsommer 1991 trieb die Krise in Jugoslawien ihrem Höhepunkt zu. Es war eine Auseinandersetzung zwischen der Zentralgewalt in Belgrad, den Serben, und den Teilstaaten. Marschall Tito hatte das Land noch zusammengehalten, doch nach seinem Tod zerbrach die künstliche Gemeinschaft. Überall, in Kroatien, in Bosnien, in Slowenien, war man unzufrieden mit dem serbischen Einfluss, man fühlte sich wirtschaftlich ausgenützt und politisch unterrepräsentiert.

Milan Kučan, politischer Führer in Slowenien, sah seine Stunde gekommen. Gleichzeitig mit Kroatien erklärte er auch für seine Teilrepublik am 25. Juni 1991 die Unabhängigkeit. Von österreichischer Seite unterstützte vor allem Außenminister Alois Mock diese Bestrebungen.

Gemeinsam mit Bundesminister Franz Löschnak stattete ich damals mit einer Gruppe aus dem Innenministerium Bulgarien einen offiziellen Besuch ab. In Sofia residierten wir in einem ehemaligen Palast der Kommunisten. Gut und gern hätten darin 600 Personen Platz gehabt – wir waren zu sechst.

Um ein Uhr nachts ließ der Minister plötzlich alle zusammentrommeln. „Sitzung in seiner Suite", alarmierte uns der zur Delegation gehörende Beamte des Gendarmerie-Einsatzkommandos. Löschnak empfing uns, in ein zitronengelbes Nachthemd gehüllt, auf einem Sofa sitzend in seinem Schlafzimmer. Wir trugen Räuberzivil und waren sicherlich witzig anzusehen. Der Anlass hingegen war sehr ernst. Schwere Kämpfe in Slowenien, angeblich mehr als 100 Tote.

Der Minister wollte unsere Meinung hören, ob nicht zumindest er mit mir – vielleicht in einer gecharterten Maschine der Polster-Air – sogleich zurück nach Wien fliegen sollte. Wir kamen zu dem Schluss, noch bis zum Morgen zuzuwarten. Beim Frühstück entschied der Minister über bulgarisches Drängen, dem Programm gemäß erst mittags abzureisen.

Inzwischen waren die Kämpfe in Slowenien in vollem Gange. Das österreichische Fernsehen brachte Anfang Juli Bilder von der Grenze. Man sah die Einschläge von Granaten, Rauchwolken, hörte Flieger donnern. Im Lande herrschte eine gedrückte Stimmung. Die Bevölkerung empfand es als Erleichterung, dass das Bundesheer an der Grenze in Stellung gegangen war. Allerdings zu spät, wie allgemein bekrittelt wurde.

Ich begleitete damals den Minister häufig zu Sitzungen des „Krima", das ist die Abkürzung für „Krisenmanagement". Unter der Leitung des Bundeskanzlers versammelten sich die zuständigen Bundesminister mit ihren wichtigsten Beamten im Kleinen Ministerratssaal.

Bei einer dieser Sitzungen stellte der Klubobmann der SPÖ, Peter Kostelka, Verteidigungsminister Werner Fasslabend zur Rede. Ob es denn notwendig und angebracht sei, die österreichischen Panzer mit gegen Slowenien gerichteten Geschützrohren auf die Grenze zufahren zu lassen, wollte er wissen. Der Bundesminister zuckte nur kurz mit den Augenbrauen und antwortete trocken: „Wäre es Ihnen umgekehrt lieber?, Herr Kollege. Wenn die Kanonen gegen Österreich gerichtet wären?"

Die Staatspolizei bekam später auch Informationen über Geheimverhandlungen zwischen slowenischen und italienischen Stellen, die für Österreich große Bedeutung hatten. Italien wollte Slowenien sein Stück der Adriaküste bei Portorož abluchsen und bot dafür an, die Slowenen bei ihrem Versuch zu unterstützen, grenznahe Teile von Kärnten zu bekommen. Diese Pläne, auf welcher Ebene immer sie besprochen wurden, legte Italien jedoch ad acta, als Österreich der EU beitrat.

Kommissar Computer

In Kriminalromanen werden sie erwähnt, in TV-Serien überführen sie oft den Täter: Fingerabdrücke, jene krausen Linien an der Innenseite der Fingerspitzen, die als Spur am Tatort bisweilen zurückbleiben. Für die Polizei stellen Fingerabdrücke wichtige Sachbeweise dar. Voraussetzung allerdings ist, dass sie gesammelt und so geordnet werden, dass sichergestellte Abdrücke mit vorhandenen verglichen werden können. Eine mühsame und Zeit raubende Arbeit.

Ab Juni 1991 wurde das anders. Im Büro für Erkennungsdienst, Kriminaltechnik und Fahndung (EKF) stellten wir bei einer Pressekonferenz das AFIS (Automatisches Fingerabdruck-Identifikationssystem) vor.

Da Minister Löschnak verhindert war, hatte er mich gebeten, ihn zu vertreten. Es war ein stolzer Augenblick, als der Computer angeworfen wurde, der einen Fingerabdruck innerhalb von 20 Minuten identifizierte. Früher hat man dazu Tage, wenn nicht Wochen gebraucht. Österreich hatte mit AFIS in Europa – wie später noch in anderen Bereichen – eine Vorreiterrolle übernommen, was der Presse gegenüber zu Recht herausgestrichen wurde.

Mein Verdienst in dieser Sache war gleich null. Es war ein Projekt meines Vorgängers gewesen, dessen Realisierung er leider nicht mehr erleben konnte.

Ich erwähne die Inbetriebnahme des AFIS aus mehreren Gründen.

Zum einen, weil dieser Anlass vor Augen führt, dass die österreichische Polizei nicht in allen Bereichen der internationalen Entwicklung nachhinkt.

Zum anderen, weil damit im Büro für Erkennungsdienst der Startschuss für einen umfassenden Innovationsschub gegeben wurde.

Das alte Erkennungsamt war eine weitgehend vernachlässigte Institution gewesen. Nicht nur in puncto Ausstattung, auch was das Personal betraf. Kriminalbeamte, die in Wien disziplinär aus der Bahn geraten waren, sind in der Regel dorthin – vorzugsweise in die „Dezi" (Zehnfingersammlung) – gesteckt worden. Das Erkennungsamt bekam daher das Image eines „Strafbataillons". Besondere Leistungen konnten auf diese Weise kaum erwartet werden.

Dazu kam noch, dass Ausforschungen auf Grund von Fingerabdrücken durch das bestehende Naheverhältnis zum Sicherheitsbüro (Unterbringung im selben Gebäude) in der Regel den Beamten des SB zugespielt wurden. Dies wiederum verringerte den Elan der Kriminalbeamten der Bezirke, Fingerabdrücke zu sichern und einzusenden, da den Erfolg ja doch andere einheimsen würden.

Als ich noch Referent bei der Polizei war, behalf ich mich damit, die Abdrücke, die ich zur Überprüfung an das Erkennungsamt einschickte, unspektakulären Straftaten zuzuordnen, die das Sicherheitsbüro vermutlich nicht interessieren würden. Dies hatte jedoch den Nachteil, dass man im Erkennungsamt die Auswertung der „Tapper" vernachlässigte und scheinbar wichtigere Spuren vorzog. Ein Problem ohne Ende, das erst durch AFIS gelöst werden sollte.

Aus heutiger Sicht ist allerdings anzumerken, dass derartige Projekte von Anfang an vor allem personell ausreichend ausgestattet und von Vorgesetzten kontrollierend begleitet werden müssen. Es war daher ein Fehler, die Sache dann einfach laufen zu lassen. Jahre später hat man einen horrenden Rückstand in der Bearbeitung der Fingerabdruckblätter feststellen müssen. Einen Rückstand von nicht weniger als 30.000 Blättern, der die Vorteile der Automatisierung völlig zunichte machte und Wartezeiten wie in der Ära der händischen Auswertung zur Folge hatte. Mittlerweile ist der Fehler erkannt und die Sanierung eingeleitet. Ich hoffe, dass man hinsichtlich anderer bahnbrechender Errungenschaften – wie zum Beispiel der DNA-Datenbank – aus dem Schaden klug geworden ist und derartigen Missentwicklungen künftig vorbeugt.

Die Gendarmerie wird schlanker

Ein böser Spruch lautet: „Die Gendarmerie wird nur durch die Verkalkung zusammengehalten."

Trifft dieser Spruch zu, so muss die Gendarmerie ganz schön verkalkt sein, denn nach meiner Erfahrung hält sie eisern zusammen – vor allem gegen alle Einflüsse von außen.

Als ich ins Ministerium wechselte, hatte ich als g'standener Polizist kaum eine Vorstellung von der Gendarmerie. Ressortchef Franz Löschnak ging zu dieser Zeit mit der Idee schwanger, eine Strukturreform dieses Exekutivkörpers in die Wege zu leiten. Er stützte sich dabei zum Teil auf die Studie einer Schweizer Firma, die die Gendarmerie in Salzburg unter die Lupe genommen hatte.

Derartige Beratungsfirmen waren in den achtziger und auch Anfang der neunziger Jahre noch wie die Schwammerln aus dem Boden geschossen und beackerten den Markt. Sie waren von unterschiedlicher Qualität. Der Vorteil, den sie boten, war, dass man sich auf sie berufen konnte. Wenn man beispielsweise dem Rechnungshof oder dem Finanzministerium gegenüber sagen konnte, wir haben eine Studie dieser oder jener Firma und setzen jetzt deren Vorschläge um, entstand ehrfurchtsvolles Schweigen – und man hatte schon gewonnen. Dabei war die Firma in der Regel ohnehin nur auf Grund von Befragungen unserer Leute auf ihre glorreichen Vorschläge gekommen. Eigentlich hätten wir diese Ergebnisse auch selbst erzielen können – ohne Firma. So eine Vorgangsweise läge aber nicht im Trend der Zeit und man könnte sich auch auf niemanden berufen.

Es käme halt nur ein bisserl billiger.

Der schwierigste Brocken war die Beseitigung der unwirtschaftlichen kleinen Posten, die mit einem bis drei Mann besetzt waren, und auch das nicht rund um die Uhr. Hier gab es Widerstände auf allen Linien. Insbesondere die Bürgermeister stiegen reihenweise auf die Barrikaden. Natürlich unter dem populären Vorwand, die Sicherheit würde unter der Schließung der Posten leiden. In Wahrheit war es eine Prestigesache für den Ortschef, einen Gendarmerieposten in seiner Gemeinde zu haben.

Im Jahr 1991 gab es in den 2.300 österreichischen Gemeinden 1.025 Gendarmerieposten. Dieses Verhältnis entsprach eher dem historischen System des Überwachungsstaates, in dem der Ortsgendarm zum Zweck der Erhaltung des Regimes vor allem staatspolizeiliche Aufgaben hatte.

Den Überwachungsstaat aber gab es nicht mehr, es galt auch kein „Regime" aufrechtzuerhalten, weshalb die Kleinstposten, abgesehen von ihrer Unwirtschaftlichkeit, überflüssig waren.

68 Posten in fünf Bundesländern standen letztlich zur Zusammenlegung an. Der Minister wollte mit allen Bürgermeistern reden. So kam es an einem heißen Julitag zu einem wahren Auftrieb an Bürgermeistern im Innenministerium. In meinen Notizen lese ich:

8 Uhr: Gespräch mit Bürgermeistern aus dem Burgenland
9.30 Uhr: Bürgermeister aus Niederösterreich
11.30 Uhr: Bürgermeister aus der Steiermark
15 Uhr: Bürgermeister aus Oberösterreich
17 Uhr: Bürgermeister aus Salzburg

Zwischen 13.15 Uhr und 15 Uhr, steht weiters in meinen Notizen, Gespräche mit den Sicherheitsdirektoren und Landesgendarmeriekommandanten von Salzburg und Oberösterreich in meinem Büro zum Thema Postenzusammenlegungen. Dann wieder zum Minister und zu den Bürgermeistern. Diese Gespräche endeten um 18.15 Uhr und gingen in eine Abschlussbesprechung beim Minister über, die lange nach 19 Uhr ihr Ende fand. Die Bilanz des „Tages der Zusammenlegung": Es konnte keine Einigung erzielt werden.

Die Bürgermeister ließen sich nicht überzeugen. Was sie allerdings nicht wussten: Für den Minister standen die Zusammenlegungen fest, die Gespräche hatten praktisch nur Showcharakter und sollten vermeiden, dass ihm vorgeworfen würde, die Sache übers Knie gebrochen zu haben. So hatten die Bürgermeister zumindest nach außen hin ihre Chance gehabt. Das ist eben Politik! Und noch ein Atout spielte der meisterhafte Taktiker Löschnak aus: Dort, wo der Widerstand besonders groß war, sagte der Minister eine Überprüfung vor Ort durch General Johann Seiser bzw. durch mich zu. Auch das war nur der Versuch, die bittere Medizin in kleinen Dosen zu verabreichen.

Die Gendarmerie wird schlanker

In der Folge waren Seiser und ich einige Male unterwegs, führten an Ort und Stelle „verständnisvolle" Gespräche. Allein, die Würfel waren gefallen und in den folgenden Monaten wurden die Zusammenlegungen umgesetzt.

Aus heutiger Sicht ist zu sagen, dass sich die Maßnahmen voll bewährten.

Die von den Bürgermeistern befürchtete Verdünnung der Sicherheit ist keineswegs eingetreten, ganz im Gegenteil. Durch die Intensivierung der Streifentätigkeit, die sich erst infolge der Zusammenlegungen ergeben hatte, wurden mehr Gendarmen auf die Straße gebracht. Und ich glaube, es leuchtet ein, dass ein Beamter auf Streife mehr Sicherheit gewährleistet als einer, der am Posten schnarcht.

Wahr ist vielmehr, dass noch mehr Gendarmerieposten zusammengelegt werden könnten. Meiner Erinnerung nach hatten die Arbeitskreise nicht weniger als 260 Posten zur Zusammenlegung vorgeschlagen. Der Minister hatte vernünftig taktiert und in langen internen Gesprächen 68 davon ausgewählt. Auch das ist Politik.

Heute würde sich ein Innenminister an derartig umfangreichen strukturellen Veränderungen wahrscheinlich die Zähne ausbeißen.

Die Postenreduktion war nur in der Außensicht das Kernstück der Reform. In Wahrheit aber stellte sie lediglich eine kosmetisch notwendige Operation dar. Kern der Strukturreform war die Verlagerung des Arbeitsschwerpunktes hin zu den Bezirkskommanden, die in ihrer Bedeutung stark aufgewertet wurden. Aus diesem Grund wurde die Position des Bezirkskommandanten Offizieren anvertraut. Dies hatte neue Probleme zur Folge: Es standen weder Planstellen noch Offiziere in ausreichendem Maße zur Verfügung.

Löschnak jedoch machte es möglich. Er beschaffte die Planstellen und ließ die bisherigen Kommandanten aus dem Bereich der dienstführenden Beamten in Schnellsiederkursen zu Offizieren ausbilden.

Das alles ist in ein paar Sätzen sehr leicht niedergeschrieben. Was dies aber an Überlegungen, Planungen und Vorbereitungen bedeutete, kann nur der ermessen, der diese Strukturreform miterlebt hat. Sie war eine von Löschnaks Glanztaten, aber auch eine Bewährungsprobe für den „Traditionsverein" Gendarmerie.

Das Gendarmeriezentralkommando, die Landeskommanden – sie leisteten Großartiges. Das war auch der Grund, weshalb ich Jahre später, als es um den Aufbau eines Grenzschutzes Richtung Osten bis zur Schengen-Reife ging, so vehement dafür eintrat, einen „Grenzdienst" im Rahmen der Bundesgendarmerie einzurichten, weil mir klar war, dass ein solches Vorhaben nur die Gendarmerie bewältigen könne.

Als der Wolf kam

Anfang September 1991 flog Markus „Mischa" Wolf, oberster Ostberliner Agentenchef a. D., von Moskau nach Wien. Er war auf der Flucht, die Bundesrepublik Deutschland hatte gegen ihn Haftbefehl erlassen.

Österreich war nicht zum ersten Mal sein Reiseziel gewesen. Als sich Markus Wolf im Herbst 1990 aus Deutschland absetzte, reiste er zunächst mit dem Auto über Tschechien in unser Land und versuchte, von Wien aus nach Israel zu gelangen. Avisierte Flugtickets, angeblich von einer israelischen Zeitung organisiert, lagen allerdings nicht bereit. Wolf rief eine geheime Telefonnummer in Budapest an und nannte ein Codewort, um aus Österreich nach Moskau geschleust zu werden. Zu diesem Zeitpunkt funktionierte die Seilschaft noch: Markus Wolf und seine Gattin Andrea wurden an der österreichisch-ungarischen Grenze von Geheimdienstlern in Empfang genommen und nach Moskau gebracht.

Dass sich Markus Wolf in Moskau aufhielt, war nicht lange geheim zu halten. Sein Plan, Moskau wieder zu verlassen, machte allem Anschein nach ebenso schnell die Runde. An der Gerüchtebörse notierten die Städte Wien und Budapest ganz oben. Natürlich hatte auch STAPO-Chef Oswald Kessler davon Wind bekommen und spitzte die Ohren.

Trotzdem gelang es dem alten Spionageprofi Wolf, alle zu übertölpeln. Die Behörden ebenso wie Journalisten, die ihn genauso jagten wie die deutsche Bundesanwaltschaft.

Später habe ich erfahren, wie er mit Hilfe eines befreundeten Ehepaares und eines vertrauten Justitiars durch die Maschen geschlüpft ist. Der Hamburger Rechtsanwalt Johann Schwenn kaufte am Moskauer Flughafen vier Tickets: eines für sich nach Paris, eines für seinen Freund und Klienten Markus Wolf ebenfalls nach Paris. Zwei weitere Tickets löste der Rechtsanwalt für den französischen Journalisten und Filmemacher Maurice Naschmann und dessen Gattin nach Wien. Kurz vor dem Einchecken in die Maschine wurden die Tickets dann getauscht. Das Ehepaar Naschmann flog unter den Namen Wolf und Schwenn nach Paris, Rechtsanwalt Schwenn und Markus Wolf auf die Namen des Ehepaares Naschmann nach Wien. Niemand hatte das zunächst überrissen. Weder dem Zoll noch der Polizei war aufgefallen, dass zwei Männer als Ehepaar von Moskau nach Wien eincheckten. Die Frau des Spionagechefs, Andrea, konnte sich unbehelligt bewegen und folgte ihrem Mann über Berlin etwas später nach Wien.

Rechtsanwalt Schwenn hatte am 6. September 1991 am Flughafen Wien-Schwechat seinen hochkarätigen Schützling dem SPÖ-Anwalt Herbert Schachter übergeben. Zu diesem Zeitpunkt waren dem Spionagechef auch schon die Beamten der Staatspolizei auf den Fersen. Der deutsche Haftbefehl konnte in Österreich nicht vollzogen werden. Man musste entweder zuwarten, bis Wolf um politisches Asyl ansuchte, oder ein Verfahren unter dem Verdacht der „geheimen Nachrichtentätigkeit zum Nachteil Österreichs" einleiten. Man entschied sich für Letzteres, Staatsanwalt Josef Redl stellte beim U-Richter den entsprechenden Antrag.

Zunächst quartierte sich der Spionagechef in einer kleinen Pension in Wien-Donaustadt ein, dann übersiedelte er in den etwas nobleren Cityklub in Wien-Vösendorf. Stets waren Beamte der Staatspolizei in seiner Nähe, um ihn abzuschirmen, aber auch zu beschützen. Weniger vor Attentätern als vor sensationslüsternen Journalisten, die auf Exklusivinterviews mit diesem Topagenten, um den sich so viele Legenden rankten, aus waren.

In der zwischen Rathaus und Parlament gelegenen Kanzlei des Rechtsanwaltes Schachter durfte Staatspolizeichef Kessler dann Wolf befragen. Der blockte von Anfang an ab und „enthüllte" nur, was schon vier Jahre zuvor in Hans Pretterebners Buch „Der Fall Lucona" zu lesen stand: die Wiener Firma „Rudolf Sacher GmbH" hätte der DDR geheime Unterlagen aus dem Elektronikbereich geliefert.

Ein Asylantrag Wolfs wurde von Österreich abgelehnt, das Verfahren gegen ihn im Dezember desselben Jahres allerdings abgebrochen. Der Vorwurf der Spionage zum Nachteil Österreichs wäre zum größten Teil verjährt gewesen oder nicht mehr beweisbar. Wolf selbst gab sich ja verschlossen wie eine Auster. Ein Profi eben.

Seine letzte Unterkunft hier zu Lande war eine kleine Pension im Weinort Donnersbach im Burgenland, bei Verwandten eines Staatspolizisten. Zuletzt hatten es die Burschen mit Wolf noch auf „österreichisch" versucht. Die ausgiebigen Heurigentouren haben den ehemaligen Agentenchef vielleicht amüsiert, gesprächiger ist er allerdings nicht geworden.

Nach einem juristischen Hin und Her entschloss sich Markus Wolf dann doch, freiwillig nach Deutschland zurückzukehren und sich den Behörden zu stellen. An der österreichisch-bayerischen Grenze wurde er von Beamten des Verfassungsschutzes verhaftet.

Im Dezember 1993 wurde Markus Wolf in Deutschland wegen Landesverrates zu sechs Jahren Haft verurteilt. Nach der Entscheidung des deutschen Bundesverfassungsgerichtes, hauptamtliche Mitarbeiter der DDR-Spionage weitgehend von Strafverfolgung zu verschonen, wurde das Urteil im Oktober 1995 aufgehoben und im Mai 1997 gegen Wolf ein eingeschränktes Verfahren eröffnet. Wegen Beteiligung an Menschenverschleppungen – ein solcher Fall spielte sich in den sechziger Jahren auch in Österreich ab – wurde Markus „Mischa" Wolf schließlich rechtskräftig zu zwei Jahren Haft auf Bewährung „verdonnert".

Die wahre Rolle der STASI in Österreich ist eigentlich nie ausgeleuchtet worden. Bemerkenswert in diesem Zusammenhang war die Vermutung, dass Wolf schon seinerzeit, als er noch hochaktiv gewesen war, Österreich immer wieder besucht hatte. Wir haben festgestellt, dass er beispielsweise auch Kontakt mit Otto B. in Wien-Donaustadt hatte. B. war in den siebziger Jahren Geschäftsführer des skandalumwitterten „Bauring", einer Baugesellschaft im Eigentum der Gemeinde Wien.

Es ging damals um Betrug und Untreue mit einer Schadenssumme von 110 Millionen Schilling, die durch Geschäfte im Nahen Osten entstanden war. B. war in seinen frühen Jahren Kaderkommunist gewesen und hatte offenbar seine alten Verbindungen aufrechterhalten. Es wäre heute noch interessant zu erfahren, ob nicht auch im Bauringskandal die STASI – vielleicht in Form einer so genannten Geldbeschaffungsaktion – mitgemischt hatte. Doch wie so vieles wird auch das im Dunkeln bleiben.

Als dann die Mauer fiel und man hoffen konnte, mehr Licht in die Agententätigkeit zu bringen, entpuppte sich auch diese Hoffnung als Schlag ins Wasser. Die so genannte Aufarbeitung der STASI-Aktivitäten in Österreich stoppte letztendlich eine streichelweiche Justiz. Das

Innenministerium hatte den Staatsanwaltschaften Verdachtsmomente gegen 67 Personen angezeigt (darunter waren acht Beamte, zwölf Unternehmer, drei Journalisten und ein Nationalratsabgeordneter). Lediglich ein Verdächtiger wurde verurteilt, ein Verfahren ist immer noch – mehr als zehn Jahre nach dem Fall der Mauer – anhängig.

Die Veröffentlichung dieser Zahlen im Staatsschutzbericht führte zu einer heftigen Reaktion der Justiz. Diese stellte fest, dass ein Großteil der Anzeigen knapp vor der Verjährung erstattet worden war. Darüber hinaus sei das strafrechtlich relevante Substrat der meisten Anzeigen so dürftig gewesen, dass nichts anderes als deren „Zurücklegung" in Frage kam.

Eine die Aussage der Justiz relativierende Gegendarstellung der STAPO blieb mehr oder minder unbeachtet. Nach meiner Beurteilung ist der Ausdruck „streichelweich" auch nach diesem Pingpong der Meinungen durchaus angemessen.

Die Organisierte Kriminalität

Schon als Leiter des Polizeikommissariats Leopoldstadt war mir klar geworden, dass sich mit der Ostöffnung die Kriminalität nicht nur quantitativ verändert hatte, sondern auch in der Qualität. Dass sie internationaler, professioneller und aggressiver geworden war. Damals bereits versuchte ich, mit meinen bescheidenen Mitteln auf diese neue Situation aufmerksam zu machen.

Nach meinem Wechsel an die Spitze der Generaldirektion für die öffentliche Sicherheit konnte ich diese verhängnisvolle Entwicklung umfassender beobachten und im Laufe des Jahres 1991 in den Medien wiederholt darauf hinweisen. Allerdings ohne besonderen Widerhall.

Das Fatale an der Lage ist, dass Organisierte Kriminalität (OK) von der Bevölkerung nicht so ohne weiteres wahrgenommen werden kann. Wenn ein Auto gestohlen wird, steckt vielleicht eine Bande dahinter, die den Wagen in den Osten verschiebt; es kann aber auch, um ein simples Beispiel zu wählen, ein Präsenzdiener sein, der ihn benützt, um rechtzeitig zum Zapfenstreich in der Kaserne zu sein. Es erschien mir daher wichtig, Politik und Öffentlichkeit für die Gefahren der OK zu sensibilisieren, da hier für Staat und Gesellschaft ernste Probleme entstanden. Ich beschloss, zusammen mit einer Tageszeitung einen Frontalangriff auf die Bewusstseinslage der Öffentlichkeit zu starten.

Vorbereitet durch eine Artikelserie im „Kurier", hielt ich am 18. Oktober 1991 im Rahmen des „Forum Sicheres Österreich" in Litschau einen Vortrag unter dem Titel „Die unsichtbare Gefahr", der gute mediale Beachtung fand. Zitate aus dieser Rede sollen zeigen, auf welche Weise ich versuchte, die völlig unbedarfte Öffentlichkeit auf die Problematik einzustellen.

„Die Frage, ob es Organisierte Kriminalität in Österreich gibt, muss leider eindeutig bejaht werden. Sie ist bei uns in den verschiedensten Erscheinungsformen anzutreffen. Bereits in einem größeren Umfang, als uns lieb sein kann. Und die Chancen, sie entscheidend zurückzudrängen, sind – aus mehrfachen Gründen – recht gering. Einer der Gründe ist die unglaubliche Flexibilität, mit der die Organisationen vorgehen und alle nur denkbaren Profitmöglichkeiten ausschöpfen. Eine Flexibilität, die weit über dem liegt, was in der privaten Wirtschaft erreicht werden kann – von der öffentlichen Verwaltung ganz zu schweigen. Hier muss man natürlich den Einwand gelten lassen, dass es recht einfach ist, flexibel zu sein, wenn man sich an keine Vorschriften zu halten hat und keinerlei bürokratischen Zwängen unterliegt."

Bei späteren Vorträgen habe ich dann immer mit dem Schmäh gearbeitet, den Zuhörern zu sagen, ich wüsste ein unfehlbares Mittel, die OK zum Stillstand zu bringen. Indem man ihr nämlich unsere Bürokratie gibt.

Ein weiteres Zitat aus dem Vortrag:

„Jedenfalls ist es hoch an der Zeit, die Öffentlichkeit auf die unsichtbare Gefahr aufmerksam zu machen, die uns droht. Es gilt, das Bewusstsein für die Organisierte Kriminalität in allen gesellschaftlichen Bereichen zu steigern, wobei die Medien sehr hilfreich sein können. Wir müssen vom ‚Allein-gegen-die-Mafia'-Klischee wegkommen, das zwischen der Öffentlichkeit und einer nüchternen Einschätzung der Situation steht. Wir dürfen nicht aufhören zu mahnen und zu warnen. Denn eines ist sicher: Der von der Organisierten Kriminalität verursachte Schaden wird, werden keine Abwehrmaßnahmen ergriffen, so gravierend sein, dass Wirtschaft und Gesellschaft in zunehmendem Maße beeinträchtigt werden. Das könnte schließlich zur langsamen Ausblutung des Sozialstaates führen."

In der Folge zog ich wie ein Wanderprediger durch die Lande und sprach zum Thema OK. Im Rahmen der von den Landesorganisationen des „Kuratorium Sicheres Österreich" veranstalteten Vortragsabende genauso wie in anderen Vereinen und Institutionen. Doch das Thema fand nur langsam Beachtung. Vor allem jene, die einer weiteren Liberalisierung des Strafrechtes das Wort redeten, hielten sich ostentativ die Ohren zu.

Damals entstand auch – wohl ebenfalls aus dieser Ecke kommend – der boshafte Ausspruch: „Sika, der Erfinder der Organisierten Kriminalität in Österreich." Und noch Jahre später nahmen mich im Parlament besonders naive Abgeordnete zur Seite, um mich verschämt zu fragen: „Gibt's die OK wirklich?"

Natürlich genügte es nicht, nur Aufklärungsarbeit zu leisten und die Bevölkerung zu sensibilisieren, um der OK Paroli bieten zu können. Es galt auch die Sicherheitsexekutive zu mobilisieren und Abwehrstrukturen gegen das Organisierte Verbrechen zu schaffen. Ich arbeitete daher in der Folge ein Maßnahmenpaket aus, das ich Löschnak vorlegte. Nach Billigung durch den Minister wurde es nach und nach umgesetzt. Es sah unter anderem die Gründung der EDOK (Einheit zur Bekämpfung der OK) und die Schaffung einer speziellen OK-Datei vor.

Dieses Paket an Strukturmaßnahmen wurde in der zweiten Hälfte der neunziger Jahre durch eine großzügige Erweiterung des rechtlichen Instrumentariums der Kriminalpolizei (Lauschangriff, Rasterfahndung, Zeugenschutz, verdeckte Ermittlung etc.) ergänzt.

Auch bei Auslandsreisen beschäftigte mich das Thema intensiv. So etwa, als ich 1992 die USA besuchte und über die Arbeit des FBI auf dem Gebiet der OK Eindrücke sammeln konnte. (Diesbezüglich haben die Amerikaner schon seit den zwanziger Jahren Erfahrung.) Während man bei uns versucht, sämtliche Verdachtsmomente einigermaßen zu behandeln – ungeachtet des Problems, sich zu verzetteln –, nehmen sich die Amerikaner einen Fall nach dem anderen vor. Ist ein Fall gelöst, kommt der nächste dran. Was daneben geschieht, wird kaum beachtet.

Im Grunde genommen kann man keiner der beiden Methoden den Vorzug geben. Die Amerikaner gehen außerdem wesentlich aggressiver vor als wir, setzen auch den bei uns verbotenen Agent provocateur ein, und sie greifen zu Mitteln, die bei uns undenkbar wären.

Zum Abschied meines Besuchs beim FBI bekam ich ein T-Shirt geschenkt, mit dem Aufdruck einer Filmgesellschaft. Ich war einigermaßen verwundert, denn üblicherweise überreichen sie Sheriffsterne oder Cowboyhüte. Daher fragte ich, was es mit dem T-Shirt auf sich habe. Die Antwort zeigte mir, wie aufwändig in den USA gearbeitet wird: Das FBI hatte vor einiger Zeit eine eigene Filmgesellschaft gegründet, um Malversationen in der Gewerkschaft der Filmschaffenden aufzudecken. Man hat alles gehabt: Kamerateams, ein Studio, Schauspieler und sogar Geschenkartikel, wie eben diese T-Shirts. Als der Fall geklärt war, wurde die Firma wieder geschlossen.

Ein Jahr später flog ich wieder in die USA, besuchte abermals das FBI. Der Chef der Kriminalpolizei, Herbert Fuchs, war mein Begleiter. Die Flugreise verlief sehr angenehm, man war um mein leibliches Wohl bemüht wie nie zuvor. Fuchs fand schließlich eine Erklärung für das Verhalten der Crew. In der Bordliste war ich als „Head of the International Organized Crime" geführt. Wir waren einigermaßen amüsiert.

Am Abend des zweiten Tages fand ein Empfang des österreichischen Botschafters in dessen Residenz statt, zu dem eine Anzahl einflussreicher Leute, einschließlich FBI- und CIA-Direktoren, geladen war. Botschafter war damals der heutige Kabinettsdirektor des Bundespräsidenten, Dr. Helmut Türk, der in den USA großes Ansehen genoss.

In meiner Tischrede verabsäumte ich es nicht, das Erlebnis im Flugzeug den amerikanischen Freunden zu erzählen und den Schluss daraus zu ziehen, dass offensichtlich noch viel Arbeit bei der Bekämpfung der internationalen Kriminalität vor uns liege. Abschließend erklärte ich unter dem Gelächter der Gäste, dass es mein Wunsch sei, in einigen Jahren wieder als „Kopf der Organisierten Kriminalität" über den Großen Teich zu fliegen und von den Stewardessen mit Ablehnung behandelt zu werden. Dann wüsste ich, dass wir den Kampf gewonnen haben.

Mein Bemühen um die Sache wurde anlässlich der zahlreichen Verabschiedungen, denen ich zu Jahresende 1999 „unterzogen wurde", ausführlich gewürdigt.

Der gesellschaftskritische linke „Falter" allerdings warf mir in einer Glosse wadelbeißerisch vor, „es verstanden zu haben, die Journalisten mit dem Schreckgespenst der Organisierten Kriminalität für die Zwecke des Apparats zu instrumentalisieren". Und zwar just zu dem Zeitpunkt, als die Regierungschefs der EU auf einem Sondergipfel über das drängende Problem OK berieten.

Die Glosse, die noch andere Untergriffe gegen mich enthielt, war mir einen Leserbrief wert. Die auf das obige Zitat bezogenen letzten zwei Sätze des Briefes, die da lauteten: „Zuletzt möchte ich noch auf den Sondergipfel in Tampere verweisen, auf dem es die Regierungschefs für notwendig befunden haben, sich mit dem ‚Schreckgespenst' Organisierte Kriminalität als wichtigem Problem auseinanderzusetzen. Hoffentlich behaupten Sie jetzt nicht, ich hätte auch die Regierungschefs instrumentalisiert", wurden wohlweislich nicht veröffentlicht. Woraus zu ersehen ist, dass „kritisch" nicht unbedingt etwas mit „selbstkritisch" zu tun haben muss.

Polizeiakademie für Mitteleuropa

Im Juli 1991 fand in der ungarischen Botschaft das erste Gespräch über die Gründung einer österreichisch-ungarischen Polizeiakademie statt.

Die Idee ging vom Wiener Polizeipräsidenten Günther Bögl und dem in Wien akkreditierten ungarischen Diplomaten Gábor Fontanyi aus. Ich schaltete mich voll ein, weil mir die Idee gefiel. Eine Akademie zu gründen, in der junge Polizeibeamte zweier Länder miteinander auf der Schulbank sitzen, um später, wenn sie in Spitzenpositionen aufgerückt sind, sozusagen als Schulkollegen über die Grenzen hinweg gemeinsame Probleme leichter lösen zu können.

Die Akademie wurde 1992 eröffnet. Im Jahr darauf fand sie ihre Ausweitung zur MEPA, der Mitteleuropäischen Polizeiakademie. Heute gehören ihr acht Länder an. Neben den EU-Ländern Deutschland und Österreich noch die Schweiz, die EU-Beitrittskandidaten Slowenien, Ungarn, Tschechien und Polen sowie die Slowakei.

Hauptzweck der MEPA ist die Bekämpfung der Organisierten Kriminalität. Sie ist eine Wanderakademie, das heißt, sie hat keinen fixen Standort. Sie wird traditionell in Wien eröffnet und in Budapest beendet. Dazwischen gibt es Stationen in allen Mitgliedsländern. Dadurch sind die „Schüler" in der Lage, die in den einzelnen Ländern herrschenden Verhältnisse, Polizeistrukturen etc. praxisnahe kennen zu lernen.

Es ist eine ganz besondere Akademie, die auch in der EU Anerkennung findet. Immer wieder wird man im Schulungsbereich auf sie angesprochen.

In den ersten Jahren war die Akademie ein zartes Pflänzlein, an das nahezu niemand im Innenministerium geglaubt hat. Es wurde belächelt und gering geschätzt. Ich habe es gehegt und gepflegt und wahrscheinlich am Verdorren gehindert. Heute ist die MEPA ein starker Baum, an dem niemand mehr zweifelt und zu dem sich jeder im Ressort bekennt.

Donauturm und Ankara

Ende November 1991 stattete der letzte sowjetische Innenminister, Viktor Barannikow, mit seiner Gemahlin, einer üppigen Blondine, Wien einen Routinebesuch ab. Die Gäste kamen mit einer Regierungsmaschine, die durch ihre bullige Bauart unser Interesse erweckte: Die Triebwerke waren oben auf den Tragflächen angebracht – ein seltsamer Vogel. Angeblich konnte er auf extrem kurzen Pisten starten und landen. Auffallend war, dass das Flugzeug, von der Bugkanzel abgesehen, über keinerlei Fenster verfügte. Was natürlich unsere Fantasie gehörig anregte.

Der bulligen Maschine entstieg eine Reihe bulliger Menschen. Der Minister, seine Frau, stiernackige Leibwächter. Barannikow war ein freundlicher, grobschlachtiger, lauter Mann. Wenn er lachte, und das tat er oft, entblößte er eine Reihe weit auseinander stehender Zähne.

Der Besuch verlief in sehr freundlicher Atmosphäre. Am zweiten Tag wurde das Mittagessen auf dem Wiener Donauturm eingenommen. Die Fernsicht war durch Nebel beeinträchtigt, was den hohen Gast keineswegs störte. Ihn faszinierte, dass sich das Lokal drehte, und er sagte: „Das ist wunderbar, da kommen wir immer wieder an der Bar vorbei."

Als Barannikow Wien verließ, erhielt er von Minister Löschnak einen Beinschinken, Landbrot und Wein als Gastgeschenk. Das passte zu dem Mann, der gern aß und trank. Barannikow war sehr nachdenklich beim Abschied. Er schien zu ahnen, dass seine Tage als Minister gezählt waren.

Anfang Dezember flog ich mit Oswald Kessler, dem STAPO-Chef, auf Einladung des türkischen Nachrichtendienstes MIT nach Ankara. Es war eine interessante Reise, auf der wir auch Gelegenheit hatten, die Zentrale zu besuchen, was sonst kaum jemandem gestattet wird. Sie befindet sich am Rande der Stadt auf einem großen, umzäunten Gelände, das streng bewacht ist. Innerhalb des Zaunes befinden sich nicht nur die Verwaltungsgebäude, sondern auch die Wohnhäuser sämtlicher Bediensteten, Freizeiteinrichtungen, Geschäfte, Kindergarten und Schulen. Eine eigene Welt hinter Gittern, wenig einladend, ja beklemmend. Inmitten des Areals liegt die elegante Villa des Chefs, eines kleinen, säbelbeinigen Obristen.

Die Gespräche, die sich in der Hauptsache um die Kurdenproblematik drehten, verliefen freundlich, aber wenig informativ – wie nicht anders zu erwarten war. Wir mussten allerdings feststellen, dass die Türken sehr gut über unsere SPÖ-Politiker, die sich der Kurden annahmen, Bescheid wussten.

Zuletzt flogen wir für einen Tag nach Istanbul, wo wir am Abend in einem eleganten Lokal am Bosporus mit dem Polizeipräsidenten und einigen seiner Spitzenbeamten ein ausgezeichnetes Fischessen hatten.

Wir verließen die Türkei um einige Erfahrungen reicher. Zwei Tage später vernahmen wir zu unserem Entsetzen, dass einer der Teilnehmer an dem Abendessen, eine Art Polizei-Vizepräsident, in Istanbul von Extremisten erschossen worden war. Jetzt wunderten wir uns nicht mehr, dass man uns dort in einem als Lieferwagen eines Elektrikers getarnten Auto befördert hatte.

Zwischen Breakfast und Teatime

Etwas habe ich in diesem ersten Jahr als Generaldirektor für die öffentliche Sicherheit vermisst – meine traditionelle Reise nach England, zumeist in der ersten Septemberhälfte. Am Flughafen in London nahm ich mir einen Leihwagen und kutschierte eine Woche durchs Land. Ich reiste dabei nach einem genauen Plan, den ich zuvor in Wien mühsam erstellt hatte. Mein Ziel war es, möglichst viele alte Landhäuser zu besichtigen, die es dort bekanntlich in großer Zahl gibt.

Das Problem dabei? Die Engländer sind keineswegs das, was man morgenaktiv nennt. So beginnt das „Leben" in der Regel zwischen neun und zehn. Es geht ihnen anscheinend so wie den Reptilien, die auch erst munter werden, wenn die Morgensonne sie wärmt. Die Aufseher in Landhäusern und anderen besichtigungswürdigen Gebäuden sind zudem meist Senioren, die allein schon auf Grund ihres Alters eine längere Auftauphase brauchen und daher erst zu Mittag „ready" sind.

Dann gibt es als nächsten Problempunkt die „teatime". Diese Übung nachmittäglichen Teetrinkens macht die Engländer offensichtlich – zumindest zeitweise – arbeitsunfähig. Die Senioren jedenfalls sind nach der Teestunde nicht mehr einsatzfähig. Die Öffnungszeiten der diversen Schlösser und Landhäuser – zwischen „Auftauphase" und „teatime" eingezwängt – sind daher recht kurz. Das ist es, was die Erarbeitung der Reiseroute so langwierig und schwierig gestaltet. Mehr als zwei Häuser pro Nachmittag lassen sich da zumeist nicht besichtigen. Mit einer Parforcejagd dazwischen, denn die Besichtigungsobjekte liegen ja in der Regel einige Meilen voneinander entfernt.

Der Aufenthalt in England bereitete mir immer große Freude. Auf mehr als zehn Reisen durchstreifte ich den Süden des Landes und Teile Mittelenglands. Wohnte in einfachen Häusern ebenso wie in Schlosshotels und Burgen, ja einmal sogar in einem ehemaligen Armenhaus, zu dem ich mich als damals nicht besonders gut verdienender Polizeibeamter besonders hingezogen fühlte.

Die häufigen Besuche auf der Insel hinterließen ihre Spuren. Ich richtete mein Speisezimmer überwiegend englisch ein. Mit schönen, alten Möbeln, deren Erwerb in Österreich gar nicht so leicht zu bewerkstelligen war.

Meine umfangreiche Bibliothek wurde durch zahllose Bildbände über England erweitert, die mir in erster Linie von meiner Umgebung zu allen möglichen Anlässen geschenkt wurden.

Mit dem Wechsel ins Ministerium endete die Serie von Englandreisen. Es blieb einfach keine Zeit mehr für Urlaube. Mit Mühe gelang es mir, meinem zweiten Hobby, dem Skifahren, wenigstens einige Tage im Winter zu frönen. Allerdings mit der Einschränkung, täglich am Telefon hängen zu müssen. Oder, in der letzten Zeit, das Handy dauernd mitzuschleppen.

Zu Jahresende 1991 blickte ich durchaus optimistisch in die Zukunft. Viele Projekte konnten begonnen werden.

Ich habe meine Notizblöcke und meinen Kalender zu Rate gezogen und festgestellt, dass ich bereits im Jänner in Beratungen über das Sicherheitspolizeigesetz eingebunden war.

Im Februar 1991 gab es ein erstes Gespräch mit Hans Dieter Schweisgut vom Finanzministerium über eine Neuordnung der Grenzüberwachung. Schweisgut unterstand die Zollwache. Später wurde in die Beratungen auch das Bundesheer einbezogen. Jahre danach kam es schließlich zur Bildung des „Grenzdienstes" im Rahmen der Bundesgendarmerie und zum Schengen-Beitritt.

Ich hatte mich einigermaßen in der Generaldirektion eingelebt, mich an den sehr intensiven Arbeitsrhythmus gewöhnt und konnte zufrieden von mir behaupten, vor den kritischen Blicken der Bewohner des Krokodilsumpfes Innenministerium bestanden zu haben.

Sogar eine Panne trug dazu bei.

Der Schwager des Milliardärs

Ein Außenstehender würde es kaum glauben: Von einer der spektakulärsten Entführungsaktionen Österreichs, die in Kärnten ihren Ausgang nahm, erfuhren wir im Innenministerium erst durch einen Anruf aus dem Ausland!

Am Morgen des 19. Dezember 1991, einem Donnerstag, wurde in St. Leonhard der sechsundzwanzigjährige Günther Ragger, der Schwager des mit einer Kärntnerin verheirateten Milliardärs Karl Friedrich Flick, gekidnappt. Einer der Entführer meldete sich kurz darauf in München bei Flick und forderte 70 Millionen Schilling Lösegeld.

Zwei Kärntner Gendarmen machten sich sofort nach München auf den Weg, allerdings ohne das Innenministerium zu verständigen. Man hätte sowohl die Tat selbst als auch die Auslandsdienstreise melden müssen. Erst durch einen Anruf der Münchner Polizei, dass dort „zwei Typen" erschienen seien, die behaupteten, Kärntner Gendarmen zu sein, wurden wir auf den Fall aufmerksam.

Die Kidnapper arbeiteten äußerst schnell. Zunächst sollte das Lösegeld, das Flick zu bezahlen bereit war, von einem mit einem Funktelefon ausgerüsteten Geldboten in der Nacht zum Freitag aus dem Intercityzug „Wiener Symphoniker" geworfen werden. Sie hatten jedoch nicht bedacht, dass der Zug vollklimatisiert war und daher die Fenster nicht geöffnet werden konnten.

Dann befahlen die Gangster dem Geldboten, in Attnang-Puchheim – planmäßiger Stopp um 22.40 Uhr – auszusteigen und in der Pizzeria „Pepone" auf weitere Anweisungen zu warten.

Drei Stunden später meldeten sich die Entführer – wieder telefonisch. Per Taxi sollte der Bote nun den Geldkoffer zu einer Kirche bringen lassen. Der Taxifahrer bemerkte während der Fahrt jedoch die Verfolger und fuhr – zur Gendarmerie. Die Beschattung des Lösegeldtransportes war offenkundig so wenig professionell vor sich gegangen, dass nicht nur der Taxifahrer, sondern auch die Entführer merken mussten, dass sie verfolgt wurden.

Minister Löschnak war über den von Anfang an desaströsen Verlauf der Amtshandlung verärgert und beorderte mich am frühen Nachmittag des 20. Dezember zu sich. Er gab mir Weisung, mich unmittelbar in die Ermittlungen einzuschalten und in der Generaldirektion einen Krisenstab einzurichten. Ich tat das unverzüglich.

Von diesem Zeitpunkt an lief die Amtshandlung wie geschmiert. Doch war dies, offen gestanden, weder mir noch dem Krisenstab zuzuschreiben. Wir hatten einfach Glück – und die Entführer waren in gewisser Weise Stümper. Die Klärung dieses Falles verschaffte mir im Haus allerdings einen ersten Nimbus. Man sagte allgemein: „Wenn der Sika etwas in die Hand nimmt, dann ..." So ist es halt im Leben!

Aber weiter im Ablauf der Ereignisse. In der Nacht zum Samstag war wieder eine Lösegeldübergabe vereinbart worden, diesmal in Wien. Treffpunkt: der Westbahnhof. Einer der Entführer war mit dem Auto dorthin unterwegs. Er wurde von einem Wagen der Wiener Polizei verfolgt und observiert. Diesem Pkw folgte wiederum ein Wagen mit Zagreber Kennzeichen, in dem sich – natürlich ohne Auftrag – Kärntner Gendarmen befanden. So ging es in einer Kavalkade quer durch Wien.

Nachdem Slavko Ivis – so hieß einer der Entführer – das Lösegeld am Bahnhof übernommen hatte, fuhr er zum Südbahnhof und deponierte einen Teil davon in Schließfächern. Den Rest des Geldes brachte er in ein Wiener Hotel.

In der Zwischenzeit war Ragger in einem Kastenwagen kreuz und quer durch Österreich gefahren und schließlich nach Wien gebracht worden. Dort wurde er nach der Geldübernahme von dem Komplizen vor dem Café Dommayer in Hietzing freigelassen. Als sich Ragger meldete und feststand, dass er sich außer Gefahr befand, erfolgte das Kommando zum Zugriff auf Ivis. Er wurde im Hotel verhaftet, ein Großteil des Lösegeldes sichergestellt.

Erst später stellte sich heraus, dass der Drahtzieher der Entführung, der Grazer Gerhard Möser, in der kurzen Zeit, in der die Verfolger Slavko Ivis verloren hatten, 200.000 Schilling aus dem Lösegeld abgezweigt hatte und in die USA geflohen war. Ein kleiner Schönheitsfehler in der letztlich erfolgreichen Amtshandlung.

Möser wurde später in Amerika verhaftet und in Österreich vor Gericht gestellt. Er, der in der Grazer Schickimicki-Szene als „Mr.

Bojangels" bekannt war, erhielt eine Haftstrafe von zwölf Jahren. Ivis und sein Komplize wurden zu je vier Jahren verurteilt.

In den Medien kamen wir milde davon. Die Geschichte hatte viel Staub aufgewirbelt, handelte es sich doch um den vierten großen Entführungsfall der letzten zwanzig Jahre.

1971 war Hans Bensdorp aus der Schokoladen-Dynastie gekidnappt worden, 1977 der Strumpfkönig Walter Michael Palmers und Lotte Böhm, die Ehefrau des Textilkaufmanns Böhm. Allerdings konnte die Polizei für sich in Anspruch nehmen, alle diese Fälle geklärt zu haben.

Trotzdem musste es diesmal Konsequenzen geben. Ich zitiere aus meinen Notizen, die ich zu diesem Fall gemacht habe:

> Die Entführung des Flick-Schwagers zeigt die Schwächen unseres Systems auf. In Fällen, die über mehrere Bundesländer oder gar ins Ausland gehen, fehlt die Koordination. Hier wollten die Kärntner alles alleine tun, obwohl die Geschichte bis nach München spielte. Wir wurden nicht bzw. viel zu spät verständigt, dann gab es mit der Geldübergabe in Salzburg einige Pannen. So wurde vereinbart, das Geld aus dem Zug zu werfen, obwohl es sich um vollklimatisierte Waggons handelte, bei denen sich bekanntlich die Fenster nicht öffnen lassen. Die Observationen waren nicht professionell genug und dergleichen. Weitere negative Punkte: die Quatschsucht der Kollegen, die alles an die Medien weitergeben; der Umstand, daß die Zeitungsleute unseren Funk abhören können, daher alle unsere Schritte verfolgen; die mangelnde Kooperationsbereitschaft einiger Kollegen; Mängel in der technischen Ausrüstung ...

Die Folge: eine ausführliche Nachbesprechung unter meiner Leitung, bei der ich vor allem den Kärntnern gehörig den Kopf wusch, sowie ein Erlass, der das Vorgehen in ähnlichen Fällen für die Zukunft neu regelte.

Allerdings – gequatscht wird immer noch zu viel und oft zum Nachteil von Amtshandlungen; der Informationspflicht an die Vorgesetzten wird nach wie vor nur ungenügend oder schleppend nachgekommen. Vielfach aus falschem Ehrgeiz.

Krise in Salzburg

Am 7. Februar 1992 kam es bei einer Übung des Mobilen Einsatzkommandos der Salzburger Polizei zu einem Schießunfall. Das MEK probierte Angriff und Verteidigung mit Schusswaffen. Einige der Waffen waren jedoch anstatt mit Platzpatronen mit scharfer Munition geladen. Drei Polizisten wurden an den Beinen angeschossen. Unglückselige Umstände, aber auch Schlamperei waren die Ursache dieses Unfalls bei dem, Gott sei Dank, nicht Schlimmeres passiert ist.

Die Zeitungen berichteten wieder einmal in großer Aufmachung und auch ich wurde mit folgenden Worten zitiert: „Es gibt in Salzburg mehrere schwierige Persönlichkeiten unter einem Dach, die nicht miteinander können oder wollen!"

Und das war bei Gott nicht gelogen.

Der Schießunfall selbst war zwar bedauerlich. In der Sache wesentlicher aber war die bereits angesprochene Führungsschwäche in der Salzburger Polizeidirektion unter dem damaligen Polizeidirektor Ernst Strasser, der mit seinem Führungsstab, in dem sich zum Teil problematische Persönlichkeiten befanden, in ständige Querelen verwickelt war.

Unter dem Druck der Medien stellte Minister Löschnak die Forderung auf, in Salzburg endlich durchzugreifen.

Allerdings war das leichter gesagt als getan. Strasser hatte keine silbernen Löffel gestohlen. Er erfüllte bloß seine Aufgabe nicht so, wie man es von ihm erwartete. Das Beamtendienstrechtsgesetz sieht in so einem Fall eine Sofortmaßnahme nicht vor. Das war das Problem. Denn es sollte unverzüglich Konsequenzen geben.

Die Köpfe rauchten. Endlich verfiel man auf eine einzigartige Idee, die freilich nirgendwo gesetzliche Deckung fand. Man bat Strasser und den Salzburger Sicherheitsdirektor Anton Stenitzer, den die Causa nur insofern berührte, als er zum Ärger des Ministers den Polizeidirektor über die Medien kritisiert hatte, zu einem Gespräch nach Wien. Löschnak machte beiden Herren unmissverständlich klar, dass sie nur zwei Möglichkeiten hätten: entweder für einen Monat dienstzugeteilt im Ministerium zu verweilen oder vier Wochen auf Urlaub zu gehen. Um so ein Spatium zur Abkühlung der Gemüter zu schaffen.

Als Verwalter der Geschäfte sollten einstweilen die Sicherheitsdirektoren von Oberösterreich und Vorarlberg, Heimo Siegl und Elmar Marent, fungieren.

Nach einem ernsten Gespräch willigten Strasser und Stenitzer ein. Somit war das Instrument des „freiwilligen Zwangsurlaubes" geboren.

Für mich war diese Aktion das Musterbeispiel einer politischen Taktik, sich in einer unangenehmen Situation Luft zu verschaffen. Die Medien waren verblüfft und hielten den Atem an. Alle fragten sich: Was kommt bei dieser Geschichte heraus?

Löschnak war's zufrieden, zog sich aus dieser Affäre zurück und legte sie – wie viele andere Dinge auch – mir in den Schoß.

Im Zuge einer Pressekonferenz in Salzburg hatte ich das Ende des Zwangsurlaubes der beiden Herren anzukündigen. Es war komisch – diese Pressekonferenz war wahrscheinlich eine meiner besten, trotz des hoffnungslosen Themas. Allerdings machten es mir die Journalisten nicht schwer. Keine Frage zur rechtlichen Grundlage der Vorgangsweise gegen die beiden Chefs, zum Beamtendienstrechtsgesetz etc. Man hätte mich nach Strich und Faden „aufmachen" können, wäre man rechtlich besser informiert gewesen. Es gab zwar einige Querelen in den Salzburger Medien, im Grunde aber wurde die ganze Geschichte doch als Erfolg gehandelt.

Im Anschluss daran wurden schrittweise personelle Konsequenzen gezogen, um eine Beruhigung des Klimas in der Polizeidirektion herzustellen, wie ich in der Pressekonferenz angekündigt hatte.

Anton Stenitzer macht heute noch Dienst, Strasser schickte man einige Zeit danach „unter Qualen" in Pension. Es war das eine recht schwierige, langwierige Prozedur.

Heute macht eine im Wesentlichen andere Mannschaft Dienst bei der Polizeidirektion Salzburg, aber Troubles gibt es nach wie vor. Das ist in keiner anderen Direktion so ausgeprägt wie dort. Salzburg ist sicher keine einfache Stadt. Es ist eine Stadt mit viel gesellschaftlichem „Filz". Auch Strassers Nachfolger, Karl Schweiger, ist wegen verschiedener Affären seiner Beamten (unter anderem im Rotlicht- und Suchtgiftmilieu) nicht unumstritten. Dessen ungeachtet hatte Schweiger eine Zeit lang politische Ambitionen und sich auch um meine Nachfolge beworben.

Ein Mörder auf Reisen

Nur wenige Stunden vor der Eröffnung des Opernballs erreichte am 27. Februar 1992 das Innenministerium eine Aufsehen erregende Meldung aus den USA: In Miami ist der 42-jährige Steirer Jack Unterweger auf Grund unserer Interpol-Fahndung verhaftet worden. Dennoch sollte es noch mehr als zwei Jahre dauern, ehe die Akten über diesen Mann, der als „Weltreisender in Sachen Mord" unter Verdacht stand, geschlossen werden konnten.

Unterweger war weder für die Polizei noch für die Justiz ein unbeschriebenes Blatt.

Bereits im Dezember 1974 hatte er in der Nähe von Frankfurt die 18-jährige Margret Schäfer auf brutalste Weise getötet. Zuerst schlug er mit einer Stahlrute auf sie ein, dann erdrosselte er sie mit ihrem Büstenhalter. Ein Motiv für diese Tat konnte nicht gefunden werden. Im Oktober 1976 wurde Unterweger wegen dieses Mordes zu lebenslanger Haft verurteilt.

Sein weiterer Lebensweg präsentiert sich uns so: Aus der Strafanstalt Stein korrespondiert er mit zahlreichen Frauen, auch mit einer reichen Unternehmerin. Er beginnt literarisch zu arbeiten, vor allem schreibt er, nicht sehr wahrheitsgetreu, über sein Leben.

Im Dezember 1984 darf der Häftling vor versammelter Prominenz im „Kultursaal" des Gefängnisses aus seinen Werken lesen. Das Fernsehen ist dabei, Günther Nenning begleitet die Lesung ein, der Abt eines niederösterreichischen Stiftes blickt gottgefällig.

Im September 1989 wird Häftling Unterweger sogar zum „Wettlesen" im Rahmen des Ingeborg-Bachmann-Preises nach Klagenfurt eingeladen.

Der Sexualforscher Dr. Ernest Borneman schreibt an Justizminister Egmont Foregger, er kenne Unterweger zwar nicht persönlich, doch habe er seinen Roman „Fegefeuer" gelesen. Borneman tritt für eine bedingte Entlassung ein, weil dieser Mann das Zeug habe, „nicht rückfällig zu werden". Die Haft sei ihm „zur Warnung geworden".

Weitere Prominenz aus Kultur und Politik interveniert für den „Häfen-Poeten", der am 23. Mai 1990 dann auch bedingt aus der Haft entlassen wird.

Wieder in Freiheit, legt er sich einen gebrauchten Mercedes 450 SEL, Farbe Rot, und das Wunschkennzeichen „W – Jack 1" zu.

Monate später kommt es zu einer Reihe von Frauenmorden, die offenkundig einem bestimmten Schema folgen.

Im September 1990 wird in Prag die Gelegenheitsprostituierte Blanka Bockova erdrosselt. Ihre Leiche liegt in einem Bachbett. Unterweger war zur Tatzeit in Prag.

Im Oktober 1990 verschwindet die steirische Prostituierte Brunhilde Masser. Anfang Jänner 1991 wird sie in einem Bachbett bei Gratkorn tot aufgefunden. Spuren deuten auf Erdrosselung hin. Unterweger war im Oktober in dieser Gegend.

Im November 1990 wird Unterwegers in der Strafanstalt Stein geschriebenes Stück „Kerker" im Wiener „Theater der Tribüne" uraufgeführt. Für viele ist die Karriere des vom Mörder zum Schriftsteller gewandelten Steirers ein Beweis für gelungene Resozialisierung.

Im Dezember 1990 wird die Leiche der Prostituierten Heidemarie Hammerer in Lustenau in einem Waldstück entdeckt; sie weist deutliche Strangulierungsspuren auf. An den Kleidungsstücken der Ermordeten werden rote und grüne Fasern gefunden, von denen man später feststellte, dass sie von einem Schal Unterwegers stammten. Am Tag nach dem Mord wird im ORF-Studio Dornbirn ein Hörspiel Unterwegers in seiner Anwesenheit aufgenommen.

Im März 1991 verschwindet aus Graz die Prostituierte Elfriede Schrempf. Ihre skelettierte Leiche wird im Oktober 1992 in einem Wald nahe Weitendorf gefunden. Unterweger war zu der Zeit, als Schrempf verschwand, in Graz.

Anfang April 1991 wird die Prostituierte Silvia Zagler aus Wien getötet. Die nackte, halbverweste Leiche entdeckt man drei Monate später in einem Waldstück in Wolfsgraben nahe der Stadt. Die Todesursache konnte nicht mehr festgestellt werden. Unterweger kontaktierte immer wieder Strichmädchen in der Wiener Hütteldorfer Straße, wo auch Zagler ihre Freier traf.

Mitte April 1991 verschwindet die drogenabhängige Gelegenheitsprostituierte Sabine Moitzi von ihrem Standplatz in der Wiener Johnstraße. Einen Monat später wird ihre Leiche bei der Kreuzeichenwiese im Schottenwald gefunden. Die Frau wurde mit ihrer Strumpfhose erdrosselt. Unterweger verkehrte im Strichgebiet der Moitzi.

Ende April 1991 verschwindet die Prostituierte Regina Prem von ihrem Standplatz Linzer Straße in Wien-Fünfhaus. Ihre Leiche wird ein Jahr später bei der Rohrerwiese am Hermannskogel entdeckt. Die Todesursache war nicht mehr feststellbar. Noch ehe man ihre Leiche fand, lagen eines Tages auf dem Briefkasten vor dem Haus des Ehemanns der Abgängigen Zigarettenpackungen der von Regina Prem bevorzugten Marke „Players Nr. 5". In einer davon steckte das Bild des Sohnes des Ehepaares Prem.

Im Mai 1991 wird die Prostituierte Karin Eroğlu in Wien mit ihrem Body erdrosselt und in einem Waldstück bei Gablitz versteckt. Auch am „Arbeitsplatz" von Eroğlu war Unterweger häufig gesehen worden.

Dann geschieht etwas Ungewöhnliches: Am 3. Juni 1991 besucht Jack Unterweger den Chef des Wiener Sicherheitsbüros, Max Edelbacher, und interviewt ihn für eine ORF-Radiosendung zu den abgängigen bzw. ermordeten Prostituierten. War es Naivität oder Frechheit, die ihn in die Höhle des Löwen trieb?

Die Kriminalisten begannen jedenfalls zu ermitteln und observierten Unterweger, doch das Ergebnis war gleich null. Am 10. Juni notierten die Beamten, dass der Mann nach Los Angeles abgeflogen sei.

Zehn Tage später, am 20. Juni, wird dort die Prostituierte Shannon Exley mit ihrem Büstenhalter erdrosselt. Am 30. Juni wird die Prostituierte Irene Rodriques ermordet aufgefunden, ebenfalls mit ihrem Büstenhalter stranguliert. Wenige Tage später wird die Leiche der Prostituierten Sherri Long entdeckt. Auch sie wurde mit ihrem Büstenhalter erdrosselt.

Am 16. Juli kehrt Unterweger wieder nach Wien zurück. Irgendwie bekam die Presse Wind von unserem Verdacht, denn der „Kurier" schrieb am 1. September, dass ein ehemaliger Lebenslanger der gesuchte Dirnenmörder sein könnte. Sein Spitzname: „Jack the Struggler".

Und wieder erscheint daraufhin Unterweger unaufgefordert bei Sicherheitsbüro-Chef Edelbacher, zeigt ihm lächelnd Bilder von Los Angeles und versucht herauszufinden, was die Polizei weiß. Das ist dem langmütigen Beamten schließlich zu viel, er konfrontiert Unterweger mit dem vorliegenden Tatverdacht gegen ihn und lädt ihn für den 22. Oktober zu einer Einvernahme vor.

Zwar konnte dabei Unterweger keine Alibis für die Tatzeiten angeben, doch fehlte es auch den Beamten an stichhaltigen Beweisen. Ähnlich erging es den Kriminalisten in Graz, die Unterweger im November 1991 und im Jänner 1992 zu weiteren Mordfällen einvernahmen.

In meinen Aufzeichnungen finde ich für den Februar 1992 folgende Notiz:

> Unterweger kommt schon Mitte 1991 bei der Bearbeitung zahlreicher Frauenmorde in Österreich ins Spiel. Man findet zunächst aber kein Mittel, ihn wirklich in die Zange zu nehmen. Die Sache ist heikel. Unterweger gilt als Paradefall für Resozialisierung und hat einflußreiche Freunde. Anfang Feber 92 wird die Verdachtslage gegen Unterweger so ernst, daß man daran denkt, einen Haftbefehl gegen ihn zu erwirken. Gleichzeitig stellt man ihn unter Observation.
> Kriminalisten aus Vorarlberg, Steiermark, Niederösterreich und Wien treffen im Wiener Sicherheitsbüro zusammen. Die Grazer bringen einen Haftbefehl mit. Wir bilden eine Sonderkommission unter der Leitung von Ministerialrat Karl Danich, dem Chef der Interpol. Bei uns im Haus weiß nur der Minister von dieser Sache.
> Die Kriminalisten wollen am 15. Februar einschreiten. Alle Pläne kommen aber durcheinander, weil Unterweger am 13. Februar mittags die Observationsgruppe abschüttelt und sich ins Ausland absetzt.

Obwohl die Kollegen in der Schweiz sofort alarmiert werden, gelingt es Unterweger, mit seiner Freundin Bianca aus einem Ort in der Nähe von St. Gallen, wo das Mädchen als Serviererin gearbeitet hat, abzuhauen. Seine Spur verliert sich. Später konnte über seine Visakarte festgestellt werden, dass er nach Frankreich floh, seinen Wagen in der Nähe des Flughafens Orly abstellte und dann nach Miami abflog.

Leider stand alles schon am 14. Februar abends bzw. am 15. Februar morgens in der Zeitung. Schuld daran waren offensichtlich die Grazer Kollegen, denn die „Kleine Zeitung" war es, die vorpreschte und nur vom „Kurier" knapp abgefangen werden konnte.

Große Aufregung in der Exekutive, Beschuldigungen gehen hin und her, der Minister, der zwei Tage auf der Turracher Höhe Ski läuft, ist bitterböse. Polizeipräsident Günther Bögl sitzt mir heftig im Genick und ruft mich pausenlos an. Es ist ein unruhiges Wochenende.

Am 27. Februar 1992 bin ich wegen des Opernballs, der harmlos verläuft, im Büro. Ich habe meinen Urlaub unterbrochen und mich aus Saalbach abholen lassen. Gegen Abend erreicht mich dann die Nachricht, dass Unterweger in Miami festgenommen wurde. Ich veranlasse, dass Bianca unverzüglich nach Wien gebracht wird. Ich möchte nicht, dass sie vor ihrer Befragung der Presse in die Hände fällt.

Alles Weitere war zuerst Sache der amerikanischen Polizei und dann des Gerichts. Den US-Kriminalisten und Experten für Spurenkunde gelang es, für die Morde an den Prostituierten in Kalifornien starke Indizien gegen Unterweger zu finden. Einer der wesentlichsten Beweise, dass eine einzige Person die drei Morde verübt haben könnte, waren die Knoten, mit denen die Strangulierungswerkzeuge geknüpft worden waren.

Lynne Herold, FBI-Spezialistin für Fesselungen und Strangulation, hatte festgestellt, dass die Büstenhalter, mit denen die drei Frauen erdrosselt worden waren, alle in der gleichen Art zu einer Schlinge gedreht und so verknotet wurden, dass sie sich beim Versuch der Opfer, sich zu befreien, immer fester schlossen. Später stellte sie fest, dass der gleiche Knoten auch bei der Strangulierung von Sabine Moitzi und Karin Eroğlu in Österreich geknüpft worden ist.

Unterweger wird nach Österreich überstellt und von einem Grazer Geschworenengericht im Juni 1994 in neun der elf angeklagten Mordfälle für schuldig erkannt und zu lebenslanger Haft verurteilt. In der Nacht nach dem Urteilsspruch erhängt sich Jack Unterweger in seiner Zelle. Die Schlinge ist genau so geknotet wie bei den ermordeten Frauen.

Streng juristisch betrachtet, war allerdings das Urteil gegen Unterweger nicht rechtskräftig, da sein Verteidiger sofort nach dem Wahrspruch der Geschworenen Rechtsmittel anmeldete und es nach dem Selbstmord Unterwegers darüber keine Sachentscheidung mehr gab.

DNA-Analyse wird salonfähig

Der Fall Unterweger brachte Österreichs Exekutive und auch den Gerichten wertvolle neue Erkenntnisse, vor allem was die Tatortarbeit – im Speziellen die Spurensicherung – betraf. Sodann die Wichtigkeit des „Täterprofilings" und insbesondere die in den USA angewandte DNA-Analyse, von der in Österreich bis dahin nur Spezialisten gehört hatten.

In den Vereinigten Staaten war zu dieser Zeit die DNA-Analyse bereits eine gängige Methode der Kriminalisten. Sie wurde auch im Fall Unterweger bei den Opfern in Kalifornien angewendet. So stellte man Sperma aus dem After der ermordeten Frauen sicher, das allerdings durch Kot verunreinigt war, weshalb die Analyse letztlich nicht jene Genauigkeit besaß, die bei einer sauberen biologischen Spur zu erzielen ist. Diesen Umstand nahm man in Österreich zum Anlass, die DNA-Analyse als unsicher zu bezeichnen, ohne das Spezifikum dieses Beispiels zu berücksichtigen.

Im Verlauf des Prozesses bat ich Interpolchef Herbert Beuchert, sich einmal genauer mit der DNA-Analyse zu beschäftigen.

Am Institut für Rechtsmedizin in Bern waren zwei Österreicher, nämlich Prof. Dr. Joachim Dirnhofer und Dozent Dr. Manfred Hochmeister, in dieser Sparte mit großem Erfolg tätig. Dirnhofer galt als der „DNA-Papst" Europas. Beuchert nahm Kontakt mit den beiden Wissenschaftern auf und konnte sie für einen Vortrag in Wien gewinnen. Es war das im Jahre 1993. Eine Schar hochrangiger Kriminalisten war von den Ausführungen der beiden Spezialisten tief beeindruckt.

Zu den Zuhörern zählte auch ein junger Psychologe, der seit einiger Zeit in der Generaldirektion Dienst machte.

Eines Tages im Sommer 1992 rief mich Max Edelbacher, der Chef des Wiener Sicherheitsbüros, an und legte mir einen jungen Mann ans Herz, der bei ihm probeweise dienstzugeteilt war. Es handelte sich um einen Innsbrucker Polizisten, der nebenbei Psychologie studiert hatte und sich jetzt der Kriminalpsychologie widmen wollte.

Thomas Müller, so hieß der Mann, bekam also einen Termin und stellte sich an einem heißen Augusttag bei mir vor. Er war ein schlanker, selbstbewusster junger Mann, dem, wie man in Wien sagt, der Tiroler ganz schön ins G'nack schlug. Er erzählte mir seine Geschichte, seine visionären Vorstellungen eines Kriminalpsychologischen Dienstes und wirkte dabei sehr sympathisch. Mir gefiel die Begeisterung, mit der er seine Sache vortrug.

Nun hatte ich damals die Zusage des Ministers auf die Planstelle eines Akademikers, den ich zu meiner Unterstützung gut gebrauchen konnte. Ich war ja als Generaldirektor mehr oder minder auf mich allein gestellt und sollte einen Juristen als Helfer zugeteilt bekommen.

Ich hatte von jeher ein Faible für die kriminalpolizeiliche Arbeit und konnte mir durchaus vorstellen, welche Hilfestellung ein Kriminalpsychologe ermittelnden Beamten geben konnte. Müller hatte in Quantico, der „FBI-Universität", viele jener psychologischen Tricks kennen gelernt, die in den USA bei der Verbrecherjagd eingesetzt werden. Er war auch in die Geheimnisse des „Täterprofilings" eingeweiht worden. Darunter versteht man, laienhaft ausgedrückt, die Methode, aus der Vorgangsweise eines unbekannten Täters, aus der Art der Straftat, aus den durch die Tatbestandsaufnahme gewonnenen Erkenntnissen (Spuren, Zeugenaussagen etc.) Rückschlüsse auf die Person des Täters zu ziehen. Und zwar als Hilfsmittel für die Kriminalisten, denen auf diese Weise eine Erfolg versprechende Richtung für die Tätersuche angezeigt werden kann.

Und so entschied sich mein Schicksal! Ich setzte Müller kurz entschlossen auf die mir zugewiesene Planstelle und gründete so den Kriminalpsychologischen Dienst. Mit dem Erfolg, dass ich bis zu meinem Ausscheiden aus dem aktiven Dienst keinen Helfer mehr bekam und die „Hack'n" allein machen musste.

Vielleicht hätte ich ein leichteres Leben gehabt, wenn ich mir einen Helfer geholt hätte, unterm Strich aber glaube ich, dass meine Entscheidung richtig war und Müller für das Ministerium ein großer Gewinn wurde.

Müller verstand es vor allem in der schwierigen Anfangsphase, sich im Inland bestens zu verkaufen und fand darüber hinaus auch im Ausland gute Resonanz. Er wurde bald ein begehrter Referent in allen Teilen der Welt.

Meine Zusammenarbeit mit ihm war immer eng, vertrauensvoll und gut. Und es gab auch private Kontakte.

DNA-Analyse wird salonfähig

In den Jahren 1994 und 1995 war das Haus voll beschäftigt mit dem Briefbomben-Terror und anderen Problemen. DNA-Analyse und die Idee einer Datenbank mussten auf die lange Bank geschoben werden.

Erst im Jahr 1996 gab es eine Atempause, um das Projekt zunächst einmal gedanklich zu erfassen. Thomas Müller war es, der mir von der Datenbank der Engländer berichtete und von den großen Erfolgen, die sie mit dieser Einrichtung hatten.

So fand sich das Triumvirat, bestehend aus Herbert Beuchert, Thomas Müller und meiner Wenigkeit, zusammen, um das Projekt vorzubereiten und durchzuführen.

Müller sollte ein geeignetes Institut finden, das die Analysen machen konnte, und die Kosten des technischen Aufwandes kalkulieren, Beuchert übernahm die Aufgabe, die rechtlichen und administrativen Schritte abzuklären. Ich wiederum sollte Hindernisse, welcher Art auch immer, aus dem Weg räumen.

Ich hätte keine besseren Partner finden können. Beide arbeiteten mit viel Enthusiasmus an dem Projekt. Der Tiroler Müller brachte die Gerichtsmedizin Innsbruck als Institut ins Spiel, und zwar nicht aus lokalpatriotischen Erwägungen, sondern wegen der Sachkompetenz der dort tätigen Wissenschafter. Müller war auch fleißig unterwegs, um Sponsoren für die technische Ausstattung des Instituts zu finden und spann unter anderem Fäden zur Österreichischen Nationalbank. Ende September 1996 sprach ich bei Generaldirektor Adolf Wala vor, der mir seine Hilfe zusagte.

Tatsächlich fand Adolf Wala eine Möglichkeit, das Innsbrucker Institut mit Geldmitteln zur Anschaffung der notwendigsten technischen Geräte zu unterstützen, womit die Basis für den Start des Projektes geschaffen war.

Was ist nun diese geheimnisvolle DNA? Was vermag sie? Wie funktioniert die Datenbank?

Die DNA ist eine chemische Substanz in jedem Zellkern mit einer Abfolge von 3,5 Milliarden chemischer Bausteine. Sie ist in jeder Körperzelle, in Blut, Haaren, Speichel oder Haut gleich. Ein DNA-Profil kommt nur einmal in der Natur vor. Ausgenommen bei eineiigen Zwillingen. Die Zellkerninformationen eines Menschen lassen sich in einer Zahlenpaarreihe ausdrücken, wobei jede Ziffer ein Erbmerkmal der Mutter oder des Vaters beschreibt.

Das DNA-Profil wird in einer Formel ausgedrückt, die sich zum Vergleich mit den Formeln Tatverdächtiger aus der Datenbank oder aus Tatortspuren eignet. Daraus ergibt sich die Möglichkeit, Spurenverursacher zu identifizieren.

Die Ingredienzen der Datenbank sind: der DNA-Computer im EKF, dem Büro für Erkennungsdienst in Wien; die Datenbank in der EDV-Zentrale des Innenministeriums, in die die DNA-Daten von Verdächtigen und Spuren eingegeben werden, die am Tatort ungelöster Fälle gesichert wurden; und das Institut in Innsbruck, in dem das biologische Material ausgewertet wird.

Wesentlich ist der Umstand, dass im Interesse der Datensicherheit eine scharfe Trennlinie zwischen Ermittlern und den Laborbediensteten verläuft. Das heißt, die Auswerter erfahren keine Daten der Träger des Materials, das sie untersuchen. Sie können daher die DNA-Informationen keinem bestimmten Menschen zuordnen, sondern kennen nur einen siebenstelligen Code, der allein das Untersuchungsmaterial zuordnet. Andrerseits behält sich die Exekutive kein DNA-Material. Das schließt Missbrauch nach menschlichem Ermessen aus.

Anfang Oktober 1997 konnte die DNA-Datenbank ihren provisorischen Betrieb aufnehmen. Viele Stunden des Überlegens, Diskutierens und Experimentierens waren in diese Einrichtung investiert worden, die eine „kriminalistische Revolution" bedeutet, einen großen Schritt vorwärts in der Bekämpfung der Schwerkriminalität.

Wir entschlossen uns, das benötigte DNA-Material durch Abrieb der Wangenschleimhaut mittels gezahnten Zellstoffstäbchens zu gewinnen. Das schien uns die praktikabelste und schonendste Methode zu sein. Daneben wurde ein Katalog ausgearbeitet, der eine DNA-Analyse bei leichten oder Bagatelldelikten ausschloss und nur bei Sexual- und Gewaltverbrechen angewendet werden darf.

Mit Misstrauen und Vorurteilen schlagen sich die Verantwortlichen teilweise heute noch herum. Wir konnten noch so eindringlich auf die absolute Datensicherheit hinweisen sowie auf den Unsinn der Behauptung, man könne durch die DNA Krankheitsbilder oder

Erbanlagen feststellen. Die wirklichen Zweifler wird man nie überzeugen können. Wahrscheinlich wollen sie gar nicht überzeugt werden.

Eines ist allerdings klar: die Erfolge der DNA-Datenbank in den ersten Jahren haben sie praktisch unangreifbar gemacht. Kein Politiker würde sich heute trauen, sie ernstlich zum Ziel seiner Angriffe zu machen. Vor allem jene nicht, die mit dem „Leid der Frauen" Politik machen. Denn bei keiner Sparte des Verbrechens ist der Fortschritt durch die Datenbank eindrucksvoller dargestellt als bei Sexualdelikten.

Ein zweiter Punkt sollte auch noch angesprochen werden: War Österreich schon bei AFIS, der Fingerabdruckdatenbank, ein Vorreiter in Europa gewesen, so war das bei der DNA-Datenbank ebenso der Fall. Ein Zeichen dafür, dass die österreichische Sicherheitsverwaltung sehr wohl mitreden kann im Konzert der europäischen Länder, wenn es um Effizienz und Qualität der Arbeit geht sowie um innovatives Denken.

Ein großes Anliegen war uns in der weiteren Folge die Rückerfassung der in den Strafanstalten sitzenden Rechtsbrecher. Wir erwarteten uns einiges davon, deren DNA-Formeln an der Spurenbank vorbeiführen zu können. Allerdings hatten wir in diesem Punkt Probleme mit der Justiz, die dem gesamten Themenbereich DNA-Analyse zunächst reserviert gegenüberstand.

In Strafanstalten war eine Abnahme der biologischen Proben nur erlaubt, wenn der Häftling dazu seine Zustimmung gab. Jene Strafgefangenen, die eine Abnahme verweigerten, mussten zur nächsten Sicherheitsdienststelle „ausgeführt" werden, wo nach den Vorschriften des Sicherheitspolizeigesetzes vorgegangen werden konnte, das keine derartigen Einschränkungen vorsieht. Eine komplizierte Geschichte, die meinen Freund Herbert Beuchert in Weißglut brachte und zu einer scharfen Kritik veranlasste, was wiederum die Justiz empörte. Sektionschef Roland Miklau rief mich bitterböse an und erklärte, jetzt sei „das Fass voll". Ich versuchte ihn zu beruhigen und wies darauf hin, dass es natürlich ein gewisses Risiko darstelle, mit Schwerverbrechern kreuz und quer durch die Gegend zu fahren, nur um eine DNA-Probe zu erhalten.

DNA-Analyse wird salonfähig

Für Österreich wünsche ich mir, dass die Bearbeitung der Spuren regional von den einzelnen Gerichtsmedizinischen Instituten übernommen wird. Mit Salzburg haben wir ja schon einen Anfang gemacht. Voraussetzung dafür wäre natürlich ein einheitlicher wissenschaftlicher Standard, der jedoch in absehbarer Zeit zu erreichen sein müsste. Dadurch wäre Innsbruck entlastet. Das Tiroler Institut entwickelt sich in der Methodik zu immer größerer Genauigkeit und Präzision und stellt derzeit in Österreich zweifellos das Maß aller Dinge dar.

International wünsche ich mir – zumindest im EU-Raum, wenn möglich auch darüber hinaus – in allen Ländern technisch und im Regulativ einheitliche DNA-Datenbanken zur Verbesserung der überregionalen Kriminalitätsbekämpfung.

Ausgehend von einem spektakulären Mädchenmord in Deutschland, nach dem den männlichen Bewohnern mehrerer Ortschaften DNA-Abstriche genommen wurden, griff auch der Chef des Wiener Sicherheitsbüros, Max Edelbacher, im März 1999 die Idee auf, in Wien-Favoriten ein Massen-Screening an etwa 3.000 Männern vornehmen zu lassen. Dieser Plan weckte die Hoffnung, in den Ermittlungen zur Aufklärung der ungeklärten Mordfälle Alexandra Schriefl (20), Christina Beranek (10) und Nicole Strau (8), die zwischen 1988 und 1990 Aufsehen erregt hatten, entscheidend weiterzukommen.

Mittlerweile ist es um diese Pläne wieder still geworden, die in ihrer Realisierung sehr kostspielig wären – man spricht von etwa 10 Millionen Schilling – und nach so langer Zeit nicht wirklich Erfolg versprechend. Von rechtlichen und anderen Bedenken ganz zu schweigen.

Max, der zahlreiche Bücher zu Sicherheitsthemen geschrieben hat und deshalb den Spitznamen „Karl May der Wiener Polizei" trägt, hat hier wohl „ein bisschen zu früh geschossen".

Bis Ende 1999 lagen in der Datenbank 23.000 Datensätze von Verdächtigen ein, 3.500 Tatortspuren wie Blut, Sperma, Haare wurden registriert. Der Erfolg kann sich sehen lassen: Geklärt wurden in diesem Zeitraum drei Morde und etwa 50 Vergewaltigungen, für die keine anderen Ermittlungsansätze vorhanden waren. Einem Täter konnten auf Grund der DNA-Analyse sieben Vergewaltigungen nachgewiesen werden.

Die Leistungsfähigkeit einer DNA-Datenbank steigt naturgemäß mit der Zahl der einliegenden Datensätze. Nach englischen Erfahrungen beginnt sie bei 50.000 wirklich effizient zu werden.

Die DNA-Datenbank ist die Torte, ViCLAS der Zuckerguss!" Ein Ausspruch des Kriminalpsychologen Thomas Müller. Dieses „Violent Crime Linkage Analysis System" war sozusagen der letzte Streich der Zusammenarbeit zwischen dem Psychologen und mir. Müller brachte dieses System aus Kanada mit, stellte es mir vor und vermochte mich davon zu überzeugen, dass es eine wertvolle Ergänzung zur DNA-Datenbank bedeutet.

Während bei der DNA-Analyse biologische Spuren eines Täters ausgewertet werden, macht das Computersystem bei ViCLAS eine Art „psychischen Fingerabdruck" des Verhaltens eines Täters sichtbar. ViCLAS sammelt also Informationen über Verhaltensmerkmale von Tätern.

In Österreich war ViCLAS seit 1997 im Test- und ist seit 1. Jänner 2000 im Vollbetrieb. Es gibt fünf Außenstellen mit speziell ausgebildeten Beamten, die jährlich rund 2.400 ViCLAS-relevante Fälle auswerten werden. Pro Fall ist ein Katalog von 168 Fragen zu erstellen. Dieses Analysesystem stellt ein weiteres wertvolles Hilfsmittel im Kampf gegen Gewalt- und Sexualkriminalität dar.

Österreich war ein Wegbereiterland für ViCLAS in Europa. Dank Thomas Müller, der unermüdlich die europäische Trommel rührte, befinden sich heute die meisten EU-Länder auf dem Weg zu ViCLAS und ist eine Vernetzung der nationalen Dateien im Gespräch.

Zuhälter und Motorradfan

Für eine mögliche hieb- und stichfeste Klärung eines oberösterreichischen Kriminalfalles kam die Einrichtung der DNA-Datenbank zu spät. Ich meine damit den Fall Foco.

Am 13. März 1986 wurde in Linz auf dem Gleiskörper der Westbahnstrecke die Leiche der Prostituierten Elfi Hochgatter gefunden, nur wenige hundert Meter von ihrem Arbeitsplatz, dem „Studio Exclusiv", und dem benachbarten „Bunny-Club" entfernt.

Aus dem Milieu kamen Hinweise auf Tibor Foco, der ins Zuhältergewerbe eingestiegen war, um sich Geld für sein Hobby Motorradrennen zu verschaffen. Nach außen hin unterhielt er nur eine Werkstätte im Haus des „Bunny-Clubs", Hochgatter schaffte jedoch für ihn an.

Die Kriminalisten rekonstruierten die Tat so: Foco und sein Kumpan hätten mit der Prostituierten Regina Ungar die vorher verprügelte Hochgatter zum Bahndamm gebracht, Ungar erhielt eine Pistole in die Hand gedrückt und Foco presste Ungars Zeigefinger durch. Hochgatter war tot.

Knapp ein Jahr später, im März 1987, wurde Tibor Foco zu lebenslanger Haft verurteilt. Sein Komplize bekam 15 Jahre. Regina Ungar, auf deren Aussage die Anklage basierte, wurde wegen „entschuldigendem Notstand" freigesprochen.

In der Folge verstand es der Anwalt Focos, Zweifel an den Ermittlungsergebnissen zu schüren, manche Medien griffen das Thema des „schuldlos" verurteilten „Rennfahrers" begierig auf, schließlich widerrief die inzwischen nach Amerika übersiedelte Kronzeugin Ungar ihre Aussage. Einmalig in Österreichs Justizgeschichte war dann noch das Auftreten der ehemaligen Geschworenen, die öffentlich ihren Spruch als verfehlt bezeichneten.

Schließlich wurde der Foco-Komplize in einem neuen Prozess freigesprochen und auch das Verfahren gegen Foco sollte neu durchgeführt werden. Er wartete jedoch nicht darauf, sondern drehte der Justiz am 27. April 1995 eine lange Nase und floh. Er war aus der Zelle in die Linzer Kepler-Universität, wo er Jus studierte, ausgeführt worden. Vor dem Seminarraum 312 lief er dem ihn begleitenden Justizwachebeamten einfach davon, Helfer hatten ein Motorrad bereitgestellt und trotz einer Alarmfahndung blieb er verschwunden.

Als der Mordfall Hochgatter untersucht wurde, war die DNA-Analyse noch nicht bekannt und die Tatortarbeit steckte in den Kinderschuhen. Ebenso der Umgang mit den Beweismitteln. Sowohl bei Polizei als auch bei Gericht. Daher ist es nicht ganz fair, aus dem heutigen Wissen die Kriminalisten der damaligen Zeit zu verurteilen.

Verfolgt man heute die Tatortarbeit, dann hat man das Gefühl, dass Operateure am Werk sind. Die Beamten sind mit Ganzkörperoveralls, Hauben und Handschuhen bekleidet, damit sie die Spuren nicht kontaminieren und nicht etwa Haare der Beamten am Tatort gefunden werden und Rätsel aufgeben.

Ich musste mich mit dem Fall Foco beschäftigen, weil von Medien, von den Eltern des Verurteilten und nicht zuletzt von der Zeugin Renate Ungar Vorwürfe gegen die Polizei wegen unsachlicher, schlampiger Vorgangsweise erhoben wurden. Ich ließ die Vorwürfe untersuchen und sprach auch mit den Eltern, die natürlich von der Unschuld ihres Sohnes felsenfest überzeugt sind.

Die Untersuchungen brachten keine konkreten Hinweise auf unsachliches Verhalten der Polizei, höchstens auf einige Schönheitsfehler – aber nicht mehr. Wie zum Beispiel die Tatsache, dass ein Kriminalbeamter, der in den Fall involviert war, später Focos Frau geheiratet hatte, oder dass Linzer Kriminalbeamte Kontakte zur Rotlicht-Szene hatten.

Und da war die Geschichte mit dem blutverschmierten Papiertaschentuch. Es wurde am Tatort gefunden und spielte eine wichtige Rolle im Zusammenhang mit der Aussage der Zeugin Ungar.

Hätte man damals eine DNA-Analyse machen können, wäre der Fall Foco heute kein Fall mehr. So hat man das Blut auf dem Taschentuch auf herkömmliche Art in der Gerichtsmedizin Salzburg untersucht und dabei – wie später in Stellungnahmen erklärt – „verbraucht". Das heißt, es war das Taschentuch nach der Behandlung durch die Gerichtsmediziner weiß und nach deren Ansicht kein Blut mehr vorhanden, weshalb man den Spurenträger vernichtete!

Als Professor Scheithauer, der Chef der Gerichtsmedizin in Innsbruck, dessen Institut die DNA-Analysen durchführt, davon hörte, schlug er die Hände über dem Kopf zusammen. Denn ein derartiges Taschentuch könne noch so weiß sein, es enthalte doch ausreichend Blutreste für eine DNA-Analyse. Dann hätte man mit absoluter Sicherheit sagen können, ob Ungar gelogen hatte oder nicht.

Ich habe mich wirklich eingehend mit dem Fall beschäftigt. Auch mit allen Fehlern, die gemacht wurden. Bis hin zur Tatsache, dass bei Gericht Beweisstücke verschwunden sind. Trotzdem glaube ich – und das ist meine persönliche Meinung – nicht an ein Fehlurteil!

Im Reich der Mitte

Im Herbst des Jahres 1992 begleitete ich Minister Löschnak nach China. Es war der offizielle Besuch einer großen Delegation, der auch die Sicherheitssprecher der Parlamentsparteien angehörten: Robert Elmecker von der SPÖ, Hubert Pirker von der ÖVP, Helene Partik-Pablé von den Freiheitlichen und der Grün-Abgeordnete Rudolf Anschober. Es war eine höchst interessante Reise, nicht nur aus touristischer Sicht.

Bei den Fachgesprächen wurde sowohl von Löschnak als auch von den Sicherheitssprechern – hier insbesondere von Anschober – die Menschenrechtssituation in China angesprochen, was die Gastgeber verärgerte. Der chinesische Innenminister wies Vorhaltungen entschieden zurück und meinte, man könne 1,2 Milliarden Menschen nicht anders als mit Härte regieren, das sollten wir mit unseren lächerlichen acht Millionen doch endlich kapieren. Da er uns das offenbar nicht zutraute, beendete er bald das Gespräch und ließ sich in der Folge nicht mehr blicken.

Rudi Anschober meldete sich in Peking krank und fehlte bei unseren Exkursionen. Es stellte sich allerdings heraus, dass die Krankheit nur vorgetäuscht war und der gute Mann den Aufenthalt dazu benützt hatte, mit Oppositionellen im Untergrund Kontakt aufzunehmen. Das war sehr unvorsichtig und gefährdete zweifellos die ganze Delegation. Löschnak sprach ein ernstes Wort mit ihm und verbat sich für die Zukunft solche Extratouren.

Auf der weiteren Reise wurde Anschober dann tatsächlich marod und bettlägerig. So ausgleichend kann Gerechtigkeit sein.

Wir waren uns sicher, dass uns die Chinesen sehr genau beobachteten und ihnen auch die Exkursionen Anschobers nicht verborgen geblieben waren. Einen Hinweis auf die diesbezügliche Vorgangsweise der Gastgeber erhielten wir bei unserem Auszug aus dem Hotel in Peking.

Ich muss vorausschicken, dass wir es uns bei unserem Aufenthalt in Peking zur Gewohnheit gemacht hatten, uns jeden Abend auch mit Angehörigen der Botschaft in der Suite des Ministers zu einem Abendtrunk zu versammeln. Es wurde zwar nur mäßig getrunken, aber infolge der großen Personenzahl doch einige Flaschen geleert, die der Minister in einen unbenützten Schrank stellte.

Am Tag der Abreise – wir hatten uns schon alle in der Halle versammelt – vermisste ich meinen Reisewecker und eilte zurück in mein Zimmer. Dabei kam ich an der Suite des Ministers vorbei. Die Türe stand offen und ich sah, wie einige Polizisten gerade die Zimmer durchsuchten, auch den Inhalt des Papierkorbes. Einer der Polizisten stand staunend vor dem offenen Schrank mit den vielen leeren Flaschen. Und ich bin überzeugt, seit diesem Tag steht im Dossier des chinesischen Geheimdienstes über Franz Löschnak: Alkoholiker?

Von Peking fuhren wir in großen Limousinen auf schlechten Straßen stundenlang in die ehemalige Sommerresidenz des Kaisers, nach Tschendö.

Es war eine interessante Fahrt durch bergiges Land, immer wieder begleitet von der Großen Mauer, die man auf den Höhen sah. Es war unglaublich heiß an diesem Tag, die Fahrt sehr anstrengend.

Wir kamen auf einen kleinen Pass, der offensichtlich eine Distriktgrenze bildete. Jedenfalls stand dort am Straßenrand eine Gruppe würdiger Herren, die uns schon erwarteten. Die Kolonne kam zum Stillstand. Die Wartenden schritten auf das Fahrzeug des Ministers zu, dessen Chauffeur eilfertig die Tür zum Fond öffnete und so den Blick auf einen Mann freigab, der gerade verzweifelt versuchte, seine Schuhe anzuziehen, was natürlich in der Hektik nicht so gut gelang. In solchen Situationen sind die Chinesen Weltmeister der Diskretion. Sie stoppten ihren Gang, verzogen keine Miene und betrachteten mit ausdruckslosen Augen das Bemühen des Gastes. Als auch der zweite Schuh saß, setzten sie ihren Weg zum Auto fort und über ihre Gesichter glitt ein freundliches Lächeln der Begrüßung.

Den Abschluss der Reise bildete ein Kurzaufenthalt in Hongkong. Es war das natürlich schon außerhalb des offiziellen Programms. Jetzt war Elmecker krank und die Delegation mehr oder minder in Auflösung begriffen. Wie das so ist bei Gruppenreisen, die in ihr Endstadium treten.

Am Nachmittag hatten wir ein Treffen mit einem prominenten Auslandsösterreicher, mit Helmut Sohmen, in dem Hotel, in dem wir abgestiegen waren. Sohmen, der auch dem Beraterkreis Vranitzkys in Wirtschaftsfragen angehörte, ist Eigentümer einer der größten Privatreedereien im asiatischen Raum. Verheiratet mit einer Chinesin, deren Vater das Reederei-Imperium aufgebaut hatte, das dann auf den Schwiegersohn übergegangen war.

Das Zusammentreffen mit ihm war sehr eindrucksvoll. Natürlich sprachen wir auch über die in wenigen Jahren bevorstehende Übergabe Hongkongs an China. Sohmen äußerte sich optimistisch.

Für den Abend stellte er uns seine Jacht für eine Hafenrundfahrt zur Verfügung. Er selbst hatte andere Verpflichtungen und konnte an der Fahrt nicht teilnehmen.

Es war eine fantastische Fahrt mit Blick auf die prachtvolle nächtliche Skyline von Hongkong. Dazu gab es hervorragende österreichische Speisen, denen wir nach dem tagelangen chinesischen Essen mit Begeisterung zusprachen. Das Backhenderl beeindruckte Löschnak dermaßen, dass er mir spontan das Du-Wort anbot.

Ich verstand dies als ehrende Anerkennung.

Die ersten Bomben

Im Jänner 1992 gelang es der Wiener Staatspolizei, die rechtsradikale „Wehrsportgruppe Trenck" auszuheben. Den Namen borgten sich die Neonazis von der historischen Gestalt „Trenck, der Pandur" aus, der zur Zeit Maria Theresias als wüster Geheimagent unter anderem gegen die Preußen kämpfte.

Die militante Gruppe hatte den Sturz der Regierung mit Waffengewalt geplant. Da der Kronzeuge der Anklage vor dem Prozess bei einem Verkehrsunfall ums Leben gekommen war, sprachen die Geschworenen die Angeklagten im Herbst 1994 frei.

Der Begriff „Neonazi" wurde zum Tagesgespräch. Wer sollte damit gemeint sein? Nimmt man als Maßstab das im Mai 1945 beschlossene „Verbotsgesetz", so werden darin strenge Strafen, bis zu lebenslanger Haft, jenen angedroht, die zur Untergrabung der Selbstständigkeit und Unabhängigkeit Österreichs eine nationalsozialistische Organisation wieder aufbauen oder eine ähnliche gründen oder in ihr mitarbeiten. Später kam noch eine Strafbestimmung gegen jene hinzu, die nationalsozialistische Verbrechen gegen die Menschlichkeit leugnen.

Wer derartige Delikte begeht, ist also ein Neonazi.

Zur Aufklärung der Tatbestände ist die Staatspolizei zuständig, vor allem die Abteilungen I in den Sicherheits- und Polizeidirektionen. Die Beamten prüfen die diversen Flugblätter und Schriften, observieren Zusammenkünfte und halten auch Kontakte mit ausländischen Dienststellen.

Die 1987 unter Innenminister Karl Blecha gegründete „Einsatzgruppe zur Bekämpfung des Terrorismus" (EBT) hatte ursprünglich nichts mit der Verfolgung von österreichischen Neonazis zu tun, sondern sollte die extremen ausländischen Gruppierungen kontrollieren.

Im Jahr 1990 gab es nur eine einzige gerichtliche Verurteilung nach dem Verbotsgesetz. Etliche Personen schrammten davor schon knapp daran vorbei, wie etwa der in der Burschenschaft „Olympia" tätige Norbert Burger. Er hatte 1966 eine „Nationaldemokratische Partei" gegründet. Vorzeigemitglied wurde der ehemalige SS-Führer Otto Skorzeny, als Befreier Mussolinis ein braunes Idol. Als enger Mitarbeiter des Parteichefs arbeitete Gerd Honsik in der NDP mit.

Burger verteidigte den Südtirol-Terrorismus, bei der Bundespräsidentenwahl 1980 erhielt er sogar 140.000 Stimmen. 1988 wurde seine Partei verboten.

Aus dem Ausland – aus Deutschland und Frankreich, aber auch aus Amerika – schwappte dann in den siebziger und achtziger Jahren der so genannte „Revisionismus" nach Österreich über. Die Geschichte sollte revidiert werden, Hitlers Kriegsschuld und die Gräuel in den Konzentrationslagern wurden bestritten.

Junge Honsik-Lehrlinge traten auf den Plan: der in Vorarlberg lebende Walter Ochensberger, Jahrgang 1942, der Wiener Astronomiestudent Gottfried Küssel, Jahrgang 1958, der Steirer Franz Radl, Jahrgang 1967.

Die Staatspolizei wusste über die Aktivitäten in dieser Szene gut Bescheid. Eine der ersten Eintragungen über Küssel findet sich in einem Bericht vom 1. November 1978. Damals fand eine Trauerfeier am Grab Skorzenys im Döblinger Friedhof statt, Küssel war dabei.

1986 gründete der Student dann die „Volkstreue Außerparlamentarische Opposition", die VAPO. Hans Jörg Schimanek jun. aus Langenlois wurde Mitglied. Internationale Fernsehstationen waren es, die die ansonsten hauptsächlich an Biertischen agierenden VAPO-Führer vor einem Millionenpublikum aufwerteten.

Reporter aus Deutschland, Frankreich, Norwegen und den USA wurden im Dezember 1991 zu einer Übung der „Wehrsportgruppe Langenlois" unter der Leitung von Schimanek jun. eingeladen. Der deutsche TV-Sender „Tele 5" brachte einen Bericht, in dem das Schießen mit Plastikkugeln gezeigt wurde, nach mehreren Proben war auch die Demonstration eines „Gurgelschnittes" im Kasten gewesen.

Der amerikanische TV-Sender „ABC" ließ ebenfalls im Dezember 1991 Gottfried Küssel, der vor ein Hitlerbild gesetzt wird, live von seinem Star Ted Koppel interviewen.

Diese Filme sind ausschlaggebend, dass die zuständige Staatsanwaltschaft St. Pölten die Einleitung der Voruntersuchung gegen Küssel und Schimanek jun. beantragt. Bei einer Hausdurchsuchung in der Wiener Wohnung Küssels werden nicht nur Nazi-Devotionalien gefunden, sondern auch ein umfangreiches Telefonregister, das man als „Who

Die ersten Bomben

is who" der Neonazi-Szene bezeichnen könnte. Im Herbst 1993 wird der Astronomiestudent von den Geschworenen zu zehn Jahren Haft verurteilt.

Soweit ich mich erinnere, hatte damals die Staatspolizei die Szene unter Kontrolle. Anfang der neunziger Jahre saßen zwischen zwanzig und dreißig Personen hinter Gittern oder erwarteten Strafverfahren nach dem Verbotsgesetz. Darunter befand sich auch Franz Radl. Im August 1993, kurz vor dem Küssel-Prozess, waren in Wien und Niederösterreich noch 26 Hausdurchsuchungen vorgenommen und neonazistisches Propagandamaterial beschlagnahmt worden. Bis Dezember dieses Jahres hatte die Staatspolizei 183 Delikte mit rechtsextremem Hintergrund geklärt.

Der 3. Dezember 1993 fällt auf einen Freitag. Straßen und Geschäfte sind weihnachtlich geschmückt. Die Menschen bereiten sich auf ein friedliches Wochenende im Advent vor. Niemand ahnt zu diesem Zeitpunkt, dass das bevorstehende Wochenende weder friedlich noch weihnachtlich sein wird und über Österreich einer der spektakulärsten Kriminalfälle der Zweiten Republik hereinbricht. Er wird das Land noch Jahre beschäftigen.

In meinen Aufzeichnungen finde ich über diesen Tag folgende Eintragungen:

8 Uhr – Besprechung betreffend Flughafen Schwechat.
9 Uhr – Besprechung, Einrichtung eines Sirene-Büros.
10 Uhr – Sitzung betreffend „Meldestelle" Geldwäsche mit Bankenvertretern und Kollegen aus dem Finanzministerium.
Die Sitzung dauert bis 12 Uhr, dann muß ich kurz zum Minister. Bei mir warten schon der Schweizer Kollege Rudi Wyss und Gruppenleiter Fuchs auf mich, mit denen ich mittagessen gehen soll. Während ich sie begrüße und einige Worte mit ihnen wechsle, kommt die Meldung von der Explosion einer Briefbombe beim ORF.
Es ist eine Nachricht, die mich veranlaßt, das Mittagessen abzusagen. Zumal ich um 13 Uhr den Minister vertreten muß, um den Vorstand der IPA zu empfangen.

Mittlerweile hat der Kommandoraum ergänzt, dass nicht nur in der ORF-Minderheitenredaktion eine Briefbombe explodiert war und Silvana Meixner schwer verletzt hatte, sondern dass fast zeitgleich auch auf August Janisch, den Pfarrer in Hartberg, ein ähnliches Attentat verübt worden war.
Weiter in meinen Aufzeichnungen:

Um 13.45 Uhr die Sitzung zur Nachbesprechung des verunglückten Einsatzes in Kaisermühlen. Sie dauert fast zwei Stunden und ist ziemlich anstrengend. Um 15.30 Uhr kommt Generalsekretär Wolfgang Schallenberg vom Außenamt zu mir. Wegen der Situation um die kurdische PKK. Ab 16.15 Uhr kann ich mich kurz meiner Arbeit widmen. Telefonate, ein Stapel von Akten. Um 16.30 Uhr ruft Stoppacher wegen eines Telefoninterviews für die 17-Uhr-Nachrichten an. Thema: Briefbomben. Dann reißen die Anrufe nicht mehr ab. Das Fernsehen sagt sich für die ZiB 1 an. Das Team kommt um 18 Uhr. Um 18.30 Uhr erhalte ich den ersten Bericht der EBT über die beiden Briefbomben. Es besteht kein Zweifel, dass zwischen beiden Straftaten ein Zusammenhang besteht.
Habe Kontakt mit dem Minister. Er schickt mich auch in die ZiB 2. Ich fahre nach 19 Uhr heim, esse etwas. Erstmals seit dem Frühstück. Um 21 Uhr mache ich mich auf die Reise Richtung Küniglberg. Ich kenne den Weg noch nicht so gut und verfahre mich einmal, komme aber gerade noch zurecht zum Schminken. Die Sendung verläuft gut. Nur nach dem Ende bin ich – ohne es zu wissen – noch im Bild, als ich mich des Mikrofons entledigen will. Das sieht komisch aus. Ich komme erschöpft heim.

An diesem Abend wusste ich nicht, dass mir die Fahrt auf den Küniglberg noch zur Routine werden sollte. Ich ahnte nicht im Geringsten, was in dieser Causa noch vor mir lag und wie sehr sie zu einer Zerreißprobe für meine Karriere werden würde.

Der folgende Samstag führt den Minister, das Kabinett und einige Spitzenbeamte zu einer Besprechung in Perchtoldsdorf zusammen. Bei einem Heurigen werden die anstehenden Probleme besprochen, immer wieder gestört durch Telefonanrufe für den Minister oder für mich. Es ist schon wieder eine Briefbombe aufgetaucht. Adressiert an Caritas-Präsident Helmut Schüller. Die Bombe konnte aber entschärft werden. Der weitere Tag verläuft unruhig, es gibt nichts Neues von den Ermittlern.

Am Sonntag, dem 5. Dezember, beschließt Minister Franz Löschnak, eine Sonderkommission einzusetzen. Schmähhalber, um Initiative zu zeigen. Die „Sonderkommission" besteht nämlich nur aus jenen Beamten der EBT, die ohnehin an dem Fall arbeiten. Die wahre Sonderkommission „Briefbomben" wurde erst drei Jahre später unter Minister Caspar Einem gebildet.

Am Abend ruft mich STAPO-Chef Kessler ganz aufgeregt an. Wiens Bürgermeister Helmut Zilk sei in seiner Wohnung in der Naglergasse durch die Explosion einer Briefbombe schwer verletzt worden. Ich ziehe meinen Mantel über, fahre Hals über Kopf ins Ministerium. Ich treffe den Pressesprecher des Ministers, Walter Kratzer, und eile mit ihm zur EBT. Dort ist der Teufel los. Kessler, der gerade von der Wohnung des Bürgermeisters zurückgekehrt ist, gibt mir einen ersten Bericht. Er lässt keinen Zweifel daran, dass diese Briefbombe mit jenen der letzten Tage in Zusammenhang steht.

Dann fällt das Fernsehen über mich her. Ich gebe, so wie ich bin, nämlich im Wintermantel, ein Statement ab, was in einem Büroraum sehr seltsam aussieht. Allerdings trage ich unter dem Mantel eine alte Weste, die ich dem ORF-Publikum vorenthalten wollte.

Schließlich verlasse ich das Tollhaus und fahre mit Kratzer auf den Künigiberg, wo der Minister um 22 Uhr in der ZiB 2 auftreten soll. Anschließend ist noch ein „Runder Tisch" mit Kanzler Vranitzky und den Klubchefs der Parteien geplant.

Ich komme erst um 1.45 Uhr nach Hause.

Es wird eine kurze Nacht. Ich schlafe höchstens zwei Stunden und sitze am Montag schon vor 7 Uhr früh wieder im Büro.

Minister Löschnak gibt am 6. Dezember eine Pressekonferenz zu den Briefbomben. Nach einer Schilderung des bisher bekannten Sachverhaltes spricht er eine allgemeine Warnung vor verdächtigen

Briefsendungen aus. Zu diesem Zeitpunkt wissen wir noch nicht, was uns an diesem Tag bevorsteht.

Als ich nach der Pressekonferenz in mein Büro komme, erwartet mich eine Überraschung – der ORF hat sich in meinem Arbeitszimmer eingenistet. Es steht ein Stativ herum, Kabel laufen kreuz und quer durch den Raum. Ich bin „hellauf begeistert", kann an der Situation aber zunächst nichts ändern. Erst am folgenden Tag gelingt es mir, die ORF-Crew zu einer Übersiedlung in meinen Besprechungsraum zu bewegen.

An diesem 6. Dezember tauchen weitere sechs Briefbomben auf. Eine davon explodiert und verletzt die Angestellte einer Anwaltskanzlei. Die übrigen Poststücke können entschärft werden.

An diesem Tag erlebe ich die Hölle. Die Telefone laufen heiß. Journalisten, Prominente, die sich gefährdet fühlen, Meldungen über verdächtige Briefsendungen, Hinweise. Dazwischen Fernsehinterviews für die beiden ZiB-Sendungen und andere Sendungen, Radiointerviews. Und dazu die Ungewissheit, was sich noch alles ereignen könnte.

Ich verbreite Warnungen an die Bevölkerung, weise darauf hin, dass durchaus noch Briefbomben unterwegs sein könnten, was nach Aussage der Beamten der Aufgabepostämter möglich wäre. Ich versuche, bei den Interviews ruhig zu erscheinen, um einer allgemeinen Hysterie vorzubeugen.

Der Dienstag verläuft ohne Bombenalarm, aber hektisch wie die Tage zuvor. Den Mittwoch, den Marienfeiertag, verbringe ich am Telefon.

Es kommen keine weiteren Bomben.

Die Attentatsserie hatte uns völlig überrascht. Wir fragten uns, ob wir in der Vergangenheit etwas verabsäumt hätten. Aus heutiger Sicht wissen wir, dass das nicht der Fall war. Gegen fanatische Einzeltäter ist nun einmal kein Kraut gewachsen.

In diesen ersten Dezembertagen waren wir uns alle einig und vermuteten einen Einzeltäter. Der „Kurier" schrieb am 8. Dezember: „Nach wie vor meinen führende Beamte der Sonderkommission, dass ein psychopathischer, nicht unintelligenter Einzeltäter hinter der Bombenserie steckt." Tatsächlich wies nichts zwingend auf die Täterschaft einer Gruppe hin, wenn man von der Bekennung „Wir wehren uns" absieht.

Die ersten Bomben

Zu Recht wurde von Seiten der Staatspolizei auf den Umstand hingewiesen, dass in den Jahren 1992/93 alle führenden Köpfe der Neonazi-Szene in Österreich hinter Gitter gebracht worden seien. Und Kessler sagte in einem Interview: „Wir trauen es der VAPO und ähnlichen Gruppierungen nicht zu, derartige Bomben zu bauen."

Thomas Müller, unser Kriminalpsychologe, der vom ersten Tag an in die Ermittlungen eingebunden war, erstellte auf Grund der wenigen bekannten Fakten und insbesondere der Schriftbilder auf den Kuverts ein Täterprofil. Bereits am 8. Dezember präsentierte er es den Spitzenbeamten der Staatspolizei in den Räumlichkeiten der EBT.

Um diese Präsentation rankt sich eine unglaubliche Geschichte, die ich selbst erst Jahre später erfuhr.

Müller entwarf das Profil eines technisch versierten, fremdenfeindlichen Einzeltäters um die fünfzig, der im Süden Österreichs in einem Ort mit den Endbuchstaben „tz" leben dürfte, also möglicherweise Hochosterwitz oder Leibnitz. Das nur fünf Tage nach der Explosion der ersten Briefbombe erstellte Profil traf in unglaublicher Weise auf den Jahre später entlarvten Franz Fuchs zu.

Ebenso sensationell aber ist der Umstand, dass ein Kriminalbeamter unter bis heute ungeklärten Begleitumständen die Ausführungen Müllers mittels Videokamera aufnahm. Müller wusste nichts von diesem „Lauschangriff" und bekam erst Jahre später das Videoband in die Hand. Unklar ist bis heute, welche Motivation dieser Dokumentation zu Grunde lag, wer sie anfertigte und wer sie veranlasste. Auch konnte nicht geklärt werden, aus welcher Position die Aufnahme gemacht wurde. Durchs Schlüsselloch oder aus einer anderen Tarnung heraus?

Ich war bei diesem Vortrag Müllers leider nicht anwesend. Kessler informierte mich auch nicht über die Erkenntnisse des Psychologen. Und schon gar nicht von der Existenz eines Videobandes. Ich kann allerdings nicht sagen, ob er davon wusste. Erst im Jahr 1998 erzählte mir Müller von diesem ersten Täterprofil, von dem Mitschnitt und verschaffte mir die Gelegenheit, dieses einmalige Videodokument anzuschauen. Es zeigt Müller in einem sehr engen Bildausschnitt beim Vortrag, man kann seine Ausführungen in schlechter Tonqualität hören. Ebenso die Rückfragen von Kessler und dem Leiter der EBT. Aus der

Beschaffenheit des Mitschnitts ist zu erkennen, dass er „verdeckt" angefertigt worden sein muss.
Heute erntet man auf die Frage nach dem Entstehen dieses Videobandes nur Kopfschütteln.

Natürlich ergibt sich jetzt die Frage, weshalb die weitere Fahndung nicht auf diesem Profil aufbaute und was das für diesen Fall bedeutet hätte.
Es wäre – wie immer – ein Fehler, sie aus heutiger Sicht und mit dem heutigen Wissensstand zu beantworten. Das Täterprofiling war damals noch nicht so anerkannt wie heute, auf die zwar so genannte, aber nicht existente Sonderkommission kamen ununterbrochen neue, zum Teil Erfolg versprechende Hinweise zu, die die Perspektiven ständig veränderten. Vielleicht hätte die konsequentere Beachtung dieses Profils zu einer früheren Klärung des Falles beigetragen. Mit Sicherheit lässt sich das aber nicht behaupten.
Es kam nämlich zu einem Ereignis, das dem Fall eine ganz andere und – wie man heute weiß – durchaus unglückliche Wendung geben sollte.
Aber zuvor noch einige Sätze zur ersten Bilanz: Wir konnten uns nicht vorwerfen, dass wir die Attentate durch irgendwelche Vorkehrungen hätten verhindern können. Wir mussten uns allerdings eingestehen, dass wir für derartige Vorfälle nicht ausreichend gerüstet waren. Die EBT hauste in unzureichenden Räumlichkeiten, die für die Arbeit dieser Art Sonderkommission ungeeignet waren. Es gab keine EDV-Ausstattung, die Bomben-Entschärfer waren technisch mangelhaft ausgerüstet, die Tatortarbeit nicht auf dem heutigen hohen Stand, die Öffentlichkeitsarbeit und Medienbetreuung wenig professionell, um nur einige Punkte zu nennen. Vor allem fehlte es an Erfahrung in der Bewältigung von Terror.
Heute kann ich sagen, dass der Briefbombenfall der Kriminalitäts- bzw. Terrorbekämpfung in Österreich entscheidende Impulse verliehen hat. Das war das Heilsame an dieser Tragödie.

Doch zurück zum unglückseligen Ereignis, das uns letztlich entscheidend zurückwerfen sollte. Am Donnerstag, dem 9. Dezember 1993, wurde ich um die Mittagszeit davon verständigt, dass am Grenzübergang Hatě-Kleinhaugsdorf ein gewisser Ing. Peter Binder vom tschechischen Zoll festgenommen worden sei. In seinem Auto habe man diverse Langwaffen und Chemikalien gefunden. Das Interessante daran sei, dass Binder durch eine Trafikantin in Krems als jener Mann identifiziert wurde, der vor einigen Tagen eine Anzahl von Sieben-Schilling-Briefmarken mit dem Motiv Loretto gekauft hatte. Derartige Marken klebten auf den Kuverts der Briefbomben.

Binder sei Techniker, früher Mitglied der VAPO gewesen und als Anhänger Küssels zu bezeichnen.

Kurz darauf gab es eine zweite Festnahme in Schwechat. Bei der anschließenden Durchsuchung von Alexander Wolferts Wohnung wurde eine Art Werkstatt gefunden, in der ohne Zweifel mit Sprengstoff experimentiert worden war. Kessler war im siebenten Himmel: „Der Durchbruch ist geschafft."

Um 17.30 Uhr gab es eine Besprechung beim Minister, dem ich vorschlug, das dürre Faktum der Festnahme zweier Verdächtiger bekannt zu geben, darüber hinaus aber im Interesse der Amtshandlung totale Nachrichtensperre anzuordnen. Das befreite mich für den Abend von Interviews. Allerdings musste ich den Journalisten die Nachrichtensperre erklären und allein das hielt mich bis 21 Uhr im Büro.

Am folgenden Freitag stellte sich heraus, was eine „totale Nachrichtensperre" des Innenministers bedeutete.

„Kurier" und „täglich Alles" brachten detaillierte Berichte über die Festnahmen. So hatten der Minister und ich gesteigerten Erklärungsbedarf gegenüber den Medien.

Ich sage es offen – das ständige Interviewgeben hing mir schon beim Hals heraus. Ich musste ständig vor Kamera oder Mikrofon mauern, konnte und durfte nie sagen, was wirklich los war. Dadurch wirkte ich zwar ruhig und gelassen, zugleich aber auch trocken und steif. Viele Leute, mit denen ich zu tun hatte, sahen sich bemüßigt, mich darauf anzusprechen und mir, je nachdem, wie sie zu mir standen, entweder zu sagen: „Mein Gott, Sie wirken so beruhigend" oder „Man merkt, dass Sie das nicht gelernt haben, darum sind Sie so steif."

Die Kollegen waren überwiegend kritisch und vor allem neiderfüllt, weil ich so viel Publicity hatte. Sprüche wie: „Dem sitzt ja der ORF am

Schreibtisch" oder „Was ist das erste Wort, das ein Baby in Österreich lernt? – SIKA." kursierten im Haus.

Die Zeitungen sprachen nach den beiden Festnahmen von ersten Erfolgen und großer Erleichterung der Bevölkerung. Man brachte Fotos von Löschnak und von mir. „Der erfolgreiche Minister und der Mann hinter ihm." Ich hätte sie ausschneiden und einrahmen sollen, denn später blieben derartige Huldigungen aus.

Kessler war euphorisch, vergessen die Ein-Täter-Theorie und das Täterprofil Müllers. Vergessen auch die Aussage, Neonazis seien zu dumm, derartige Bomben zu bauen. Medien und eine gewisse Öffentlichkeit griffen die „Wendung" freudig auf. Neonazis eigneten sich für derartige Attentate entschieden besser als ein möglicherweise psychopathischer Einzeltäter.

Ich selbst war zunächst skeptisch, ließ mich aber – ich muss es gestehen – nach und nach vom Optimismus Kesslers und seiner Staatspolizei anstecken.

Es wurde auf „Teufel komm raus" gegen Binder und Wolfert ermittelt. Die Mosaiksteinchen, die damals zusammengetragen wurden, schienen bedeutsam. Allerdings war bald klar, dass es sich weder bei Binder noch bei Wolfert, die jeden Zusammenhang mit den Briefbomben leugneten, um das „Bombenhirn" handeln konnte. Keiner der beiden Verdächtigen hatte nur annähernd jene Kenntnisse und Fertigkeiten, die zur Erzeugung dieser außergewöhnlichen Briefbomben notwendig waren.

Nun suchte man das Bombenhirn in Deutschland, Kollegen aus dem Bundeskriminalamt reisten an, um uns zu unterstützen.

Die erste mediale Anerkennung wich bald einer kritischeren Schreibweise bis hin zum zerstörerischen Versuch, Chefs und Mitglieder der Sonderkommission auseinander zu dividieren. So ätzte beispielsweise das „profil" vom 13. Dezember 1993 gegen Kessler und mich:

„Oswald Kessler, smarter Chef der Staatspolizei, lieferte seinen Beamten die abwegigsten Tätervarianten. Erst tippte er auf einen geistesgestörten älteren Mann als Bastler der Briefbomben, dann glaubte er, einen rachsüchtigen Türken als Täter entlarvt zu haben. ... Eines der Kessler-Indizien: der Mann wohne in der Nähe der Graf Starhemberg-

Gasse. Zu diesem Zeitpunkt saß einer der – mutmaßlich wahren – Täter, ein Hardcore-Neonazi, vermutlich schon in einem tschechischen Kotter in Znaim. ... Die Spezialisten der EBT hatten die rechtsextreme Szene von Beginn an im Visier und behielten so gegen ihren Chef und den Generaldirektor Sika recht. Beide hatten stets behauptet, die heimische rechtsextreme Szene gut genug zu kennen."

Der Vorwurf gegen Kessler allerdings war nicht ganz unbegründet. So klagten Mitglieder der Sonderkommission, dass der STAPO-Chef sie jeden Tag auf andere Ziele hetze und er damit der Ermittlungsarbeit jegliche Linie nehme. Das dürfte sich letztlich bis zum „profil" herumgesprochen haben.

Der 14. Dezember brachte zwei Ereignisse. Zunächst die Festnahme von Sohn und Vater Franz Radl in Wien und Fürstenfeld. Franz Radl jun. war ein Küssel-Jünger und mit ihm zusammen inhaftiert gewesen. Er war mit Küssel im Gefängnis in regem Briefkontakt gestanden, wobei der Inhalt der Kassiber auf konspirative Pläne schließen ließ. Radl galt in der Szene als eine Art Chefideologe, der auch mit Binder in Verbindung stand.

Am Abend explodierte dann in Wien-Floridsdorf eine Telefonzelle. Die Täter, zwei Buben, konnten bald ausgeforscht werden, wobei diese Amtshandlung von der Wiener Staatspolizei mit äußerster Diskretion gegenüber den Medien geführt wurde. War doch die Mutter des einen Buben in der SPÖ verankert. An sich ein Bubenstreich ohne direkten Zusammenhang mit den Briefbomben, der allerdings einige Monate später im Konnex mit einem angeblichen Bekennerschreiben eine gewisse Bedeutung erlangen sollte.

In den folgenden Tagen entwickelte sich das gewohnte österreichische Polit-Hickhack. Jörg Haider meldete sich zu Wort und bezeichnete die Festnahme der VAPO-Männer als Theaterdonner. „Leute werden an den Pranger gestellt, die weder Täter sein wollen noch können." Pilz und andere Grüne beschweren sich darüber, dass sie nicht oder zu wenig durch die Polizei geschützt würden. Was „Die Presse" zu dem bissigen Kommentar veranlasste: „Genau aus dieser Ecke kamen nämlich vor noch nicht allzu langer Zeit die ebenso bitteren Vorwürfe, die Staatspolizei bespitzele nur ehrsame Bürger und sei am besten abzuschaffen, zumindest aber in ihren Möglichkeiten radikal einzuschränken. Sollte es hier einen staatspolitischen Lernprozeß gegeben haben, wäre das der erste erfreuliche Punkt der ganzen schlimmen Causa."

Die Medien begannen in immer schärferer Form die Arbeit der STAPO zu kritisieren, Ermittlungsschritte in Frage zu stellen. Minister Löschnak geriet mehr und mehr unter Druck.

Natürlich gab es auch das beliebte österreichische Gesellschaftsspiel des „Zitateklaubens". Haider griff mich an, weil ich gesagt hätte, die „Rechtsradikalen seien zu dumm zum Bombenbauen". Löschnak verteidigte mich umgehend. Erstens sei dieses Zitat nicht von mir, sondern von Kessler und zweitens habe es dieser anders gemeint. Andere stießen sich an der Äußerung „Wir haben die rechtsradikale Szene im Griff" und verwiesen darauf, dass im Zusammenhang mit den Briefbomben täglich neue Leute aus dieser Szene festgenommen würden und bei Hausdurchsuchungen regelmäßig Waffen, Sprengstoff etc. sichergestellt würden.

Rückblickend kann man sagen, dass beide Zitate, von wem immer sie auch stammten, in der Grundaussage richtig waren. Nur wenige Leute in Österreich wären im Stande, Briefbomben dieser Qualität zu bauen. Im rechten Eck wohl kaum jemand. Und letztlich hat sich herausgestellt, dass dieser Bombenterror zwischen 1993 und 1996 mit den Rechtsradikalen nichts zu tun hatte.

In Wahrheit spielen sie – von der Staatspolizei wohl beobachtet – in Österreich nach wie vor nur eine bescheidene Rolle, auch wenn das manche nicht wahrhaben wollen, die bei jeder Gelegenheit das „braune Gespenst" beschwören.

Verhängnisvoll war der Umstand, dass es keine straffe Führung der Ermittlungen und keine echte Sonderkommission gab. Leiter der EBT und damit der Quasi-SOKO war damals Josef Dick. Allerdings mischte sich STAPO-Chef Oswald Kessler pausenlos in dessen Belange ein und stiftete mit seinen sprunghaften Weisungen oft Verwirrung bei den Ermittlern.

Der Generaldirektor, also ich, sollte nach Vorstellung des Ministers die Koordination zwischen der EBT und den anderen an den Erhebungen beteiligten Organisationseinheiten besorgen und die Oberaufsicht ausüben.

Einems Verdienst war es, wirklich eine „Sonderkommission Briefbomben" ins Leben zu rufen, der Beamte zugeteilt waren, die ausschließlich in Sachen Briefbomben ermittelten. Eine SOKO mit klaren Befehlsstrukturen, im Wesentlichen räumlich und organisatorisch von der EBT getrennt.

Eine derartige Konstruktion wäre von Beginn der Ermittlungen an einzurichten gewesen. Mit einem Generaldirektor, der nicht Chefermittler ist, sondern sicherzustellen hat, dass die Beamten der SOKO alle Voraussetzungen erhalten, ihre Arbeit effizient verrichten zu können. Und natürlich dafür verantwortlich ist, dass es nach Möglichkeit auch Resultate gibt.

So aber war der Karren ein für alle Mal verfahren und bis zum Abschluss der Ermittlungen nur mit Schlagseite zu bewegen.

Bei Durchsicht meiner Aufzeichnungen und dem Studium der Zeitungsberichte ist mir bewusst geworden, dass es eine Fehleinschätzung war, dieses ausschließliche Suchen im rechten Eck ab Mitte Dezember 1993 nur dem Druck der Medien bzw. der Öffentlichkeit zuzuschreiben, wie ich das in einigen Interviews zum Ausdruck brachte. Natürlich war dieser Druck vorhanden.

Es gab allerdings auch eine nicht geringe Zahl von Beamten der EBT, die – und das bis Ende 1997! – der festen Überzeugung war, hinter den Briefbomben stecke eine rechtsradikale Gruppierung, und gegen die Ein-Täter-Theorie mehr oder minder offen opponierte. Was bedeutet, dass es nicht nur einen Druck von außen, sondern auch von innen gab, der immer wieder ein mediales Echo fand.

So ist auch zu erklären, dass an sich schwache Indizien oder wacklige Beweise gegen Radl und Binder überbewertet wurden. Wie zum Beispiel die Aussage der Trafikantin in Krems, von der behauptet wurde, sie hätte Binder als Käufer der Briefmarken erkannt. Was so nicht stimmte. Nach ihren Angaben war noch vor der Festnahme Binders ein Phantombild gezeichnet worden, das nach Ansicht der Beamten Binder ähnelte, worauf die Fahndung nach ihm eingeleitet wurde.

Unter dem steigenden Druck der Öffentlichkeit beschlossen Löschnak und ich in einem kurzen „Strategiegespräch", noch vor Weihnachten in die Offensive zu gehen.

Am 18. Dezember hatte ich in der Radioreihe „Im Journal zu Gast" Gelegenheit, einige grundsätzliche Bemerkungen anzubringen. Wenn ich mir die APA-Meldung über diese Sendung durchlese, dann kann ich heute noch jede Zeile unterschreiben. Rückschauend war dieser Radioauftritt deshalb von Bedeutung, weil ich erstmals für die Öffentlichkeit den „Lauschangriff" zur Debatte stellte, was in den folgenden Wochen diverse Reaktionen auslösen sollte.

Für den 22. Dezember plante der Innenminister eine Pressekonferenz zum Briefbombenfall, die ich mit Kessler bestreiten sollte. Er selbst wollte hinter dem Vorhang bleiben.

Ich erinnere mich mit Schaudern an diesen Auftritt. Er fand im Großen Vortragssaal des Innenministeriums unter großer Beteiligung in- und ausländischer Journalisten statt. Wir waren gut vorbereitet und veranstalteten eine perfekte Show. Vorher hatte der Grün-Abgeordnete Peter Pilz eine Pressekonferenz gegeben, in der er das Innenministerium heftig angegriffen und die Köpfe von Löschnak, Sika und Kessler verlangt hatte.

Dementsprechend gespannt waren die Journalisten nun auf unsere Ausführungen.

Mir bereitet die Erinnerung an unsere Show deshalb Unbehagen, weil wir mit Vollgas auf einer falschen Spur unterwegs waren, überzeugend wirkten und es uns wirklich gelungen ist, Druck wegzunehmen. Und das unter Vortäuschung falscher Tatsachen. Und es tröstet mich heute nur wenig, dass wir uns dessen damals nicht bewusst waren.

Wir zeigten als „kleinen atmosphärischen Tupfer" ein neonazistisches Video, in dem unter anderem mit dem Tenor „Unsere Heimat ist uns fremd geworden" die Sendung der ORF-Minderheitenredaktion „Heimat, fremde Heimat" zu rechtsradikaler Propaganda benützt wurde und das Briefbombenopfer Silvana Meixner zu sehen war. Ich las eine Passage aus einem Kassiber vor, den wir sichergestellt hatten, in dem von der Bildung geheimer Kader die Rede war und davon, dass man sich daran gewöhnen müsse, in militärischen und geheimdienstlichen Begriffen zu denken. Beides machte Eindruck. – Doch wenn mich etwas tröstet, dann der Umstand, dass wir im Hinblick auf das Verbotsgesetz – wie ja auch der spätere Prozess erwies – voll auf dem richtigen Kurs waren.

Die Reaktionen in den Medien waren überwiegend positiv. Allerdings tat sich eine neue Front auf. Die Justiz war empört darüber, dass in der Pressekonferenz „Beweise" gegen die Inhaftierten offen gelegt worden seien. Das Innenministerium konterte, es seien nur einige Indizien vorgestellt worden – Beweise seien ja leider nicht vorhanden – und außerdem sei die Vorgangsweise zwischen Justiz – und Innenminister abgesprochen gewesen. Dieser Diskurs rührte an ein Problem, das immer wieder auftritt. Der Innenminister wird in einem Kriminalfall wegen Erfolglosigkeit der Polizei politisch angegriffen, gerät unter Druck. Dann zeigen sich doch erste Erfolge, die der Minister sofort zu politischen Befreiungsschlägen nützen möchte. Allerdings wäre er in diesem Fall an die Zustimmung des U-Richters gebunden, die dieser zumeist nur ungern gibt, weil ihn die politischen Zwänge des Ministers nicht interessieren und es natürlich vom Standpunkt der Aufklärung einer Straftat in der Regel besser ist, zu schweigen.

Löschnak hatte richtig taktiert – die Pressekonferenz hatte uns ein wenig Luft verschafft. So klang das Jahr 1993 nach den Turbulenzen der letzten Wochen relativ ruhig aus.

Auch der Jänner 1994 brachte an der „Briefbomben-Front" wenig Neues. Es wurde emsig ermittelt, dem Bombenbauer kam man aber keinen Schritt näher.

Kessler strahlte weiter Optimismus aus, doch so manchem in unserem Verein kamen langsam Zweifel, ob man tatsächlich auf der richtigen Spur war. Ich gehörte auch zur Gruppe der Zweifler, hatte aber die Pflicht, die Sache wacker nach außen zu vertreten. Mein Bauchweh, das ich dabei hatte, durfte ich mir nicht anmerken lassen. So schrieb beispielsweise der „Kurier" nach einem Gespräch mit mir am 2. Februar 1994:

„Die skeptische Bewertung der Briefbombenermittlungen durch manche Beobachter sei völlig unzutreffend, behauptete Österreichs Sicherheitschef Sika. Die beiden Hauptverdächtigen würden durch zum Teil noch nicht bekanntgegebene Indizien ganz schwer belastet."

Nun war das natürlich nicht gelogen. Es gab tatsächlich Indizien, die vor allem Binder belasteten. Das machte die Sache so schwierig. Binder hatte sich mit Sprengstoff befasst, hatte mit Nitroglyzerin experimentiert, und dies sicher nicht nur aus Lust an der Chemie. Man hatte bei ihm Literatur über den Bau von Bomben – insbesondere von Briefbomben – gefunden.

Bei Wolfert waren tatsächlich Experimente mit Sprengstoff gemacht worden. Und die Symbolik, die man in den zehn Briefbomben zu sehen glaubte – zehn Bomben als Rache für zehn Jahre Freiheitsentzug für Küssel –, hatte, wenn man wollte, etwas für sich. Dass es Kontakte von Radl und Binder zu Küssel gegeben hatte, war evident.

Dann war da noch die Symbolik zur Türkenbefreiung, die aus der Bekennung, den Aufgabeorten der Bombenbriefe und den Absendern herausgelesen wurde. Und die man in erster Linie dem „Chefideologen" Radl zuschrieb. Die Verdachtslage war also keineswegs konstruiert, wie man aus heutiger Sicht vermuten könnte.

Die falsche Etage

Was damals fehlte, war die kriminalpolizeiliche Sicht der Dinge. Tatsächlich wurde erst dann zielgerichtet gearbeitet, als es gelang, den politischen Aspekt der Briefbomben-Causa in den Hintergrund zu drängen. Kriminalpolizeilich zu arbeiten heißt unter anderem, in alle Richtungen zu ermitteln.

Dies wurde in der Phase Radl-Binder verabsäumt. Es wurde fast ausschließlich im Umfeld der Verdächtigen ermittelt, in der deutschen Neonazi-Szene, bei ehemaligen Südtirolaktivisten, und darauf viel Zeit und Energie verwendet.

Mitte April 1994 ging die Vollanzeige gegen Radl und Binder zur Staatsanwaltschaft Wien. Ein mit Indizien gespicktes Elaborat, das zeigte, mit welcher Akribie hier Mosaiksteinchen zusammengetragen und zusammengefügt worden waren. Tausende Aktenseiten mit Verhörprotokollen, Ergebnissen von Hausdurchsuchungen und verschiedene Gutachten wurden mitgeliefert. Die Beamten hatten sich größte Mühe gegeben und zweifellos gute Arbeit geleistet, wie auch von Staatsanwalt Sepp Dieter Fasching anerkannt wurde. Die Medien beurteilten die Indizienlage bei Binder als vermutlich ausreichend, bei Radl als eher dünn.

Es blieb allerdings der Schönheitsfehler, dass der Bombenbauer trotz intensiver Suche im In- und Ausland nicht gefunden worden war. Aber man hoffte nach wie vor, in Deutschland fündig zu werden. Für Radl und Binder aber war jetzt die Justiz am Zug.

In diesen Tagen erschien in der Zeitschrift TOP ein Interview mit mir, das zusätzlichen Staub aufwirbelte. Im Gespräch mit Hans Pretterebner gelang es mir, in der Briefbombenfahndung eine Kurskorrektur anzubringen, indem ich offen zugab: „Ich fürchte, dass wir bis jetzt in einer Etage fahndeten, wo es den Täter gar nicht gibt."

Ich untermauerte das mit einem Hinweis auf Wolfgang Neugebauer vom Dokumentationsarchiv des österreichischen Widerstands, der mir gegenüber bestätigt hatte, dass ihm die Diktion der Bekennerschreiben in Neonazi-Schriften noch nie untergekommen sei.

Ich sagte im TOP-Interview weiters: „Wir würden es nicht aushalten zu sagen, dass wir gar nicht glauben, dass es Neonazis waren."

Die falsche Etage

Vor allem in linken Kreisen wurden mir diese Aussagen übel angerechnet. Und der Spruch von der „falschen Etage" geisterte sogar durchs Plenum des Nationalrates, wo ihn Abgeordnete der verschiedensten Parteien für ihre Argumentation verwendeten.

Ich hatte mit diesem Interview wohl den Anfang zu einer „Entpolitisierung" der Briefbombenfahndung gemacht. Es schien mir schon damals – also noch vor dem Radl-Binder-Prozess – wichtig, von einer rein staatspolizeilichen auf eine kriminalpolizeiliche Ermittlungsschiene zu wechseln.

Ein Weg, der sich letztlich bezahlt machen sollte.

Mittlerweile hatte es in aller Stille eine nicht unwesentliche personelle Veränderung im Führungsteam der Briefbombenfahnder gegeben. Josef Dick war als Nachfolger von Herbert Fuchs Gruppenleiter für die Kriminalpolizei geworden und Erich Zwettler hatte von ihm die Leitung der EBT übernommen. Für Dick ein Traumlos. Nicht nur, dass er zum Gruppenleiter avanciert war. Was fast mehr zählte: er war den Chefposten in der EBT losgeworden, der damals nur mit einem Schleudersitz zu vergleichen war. Und er hatte nichts mehr mit dem bevorstehenden Radl-Binder-Prozess zu tun, dem so mancher mit gemischten Gefühlen entgegensah.

Wie sicher wohnen Kanzler?

Abseits der Ermittlungen um die Briefbomben-Attentäter wurde die Polizei im März 1994 mit einem anderen Problem konfrontiert: Wie schützt man Politiker und wie bewacht man ihre Wohnung? Der Anlass – bei Kanzler Franz Vranitzky war eingebrochen worden. „Zwei Cobra-Männer verschliefen Einbruch beim Bundeskanzler", titelte damals der „Kurier". Eine peinliche Situation für das Gendarmerie-Einsatzkommando „Cobra", das für die Bewachung zuständig war, eine peinliche Situation aber auch für das Innenministerium.

Vranitzky wohnte damals – und wohnt heute noch – in einem Reihenhaus in der Wiener Sieveringer Straße. Die Wohnung hat eine große Terrasse, die zu einem Garten führt. Nun ist die Bewachung eines Staatsmannes vom guten Willen des zu Bewachenden abhängig.

Die Frau des Kanzlers wollte nicht haben, dass fünf Meter vor ihr ein Mann der Cobra steht, wenn sie auf der Terrasse in der Sonne liegt. Den Bewachern wurde daher ein Raum im Keller zugewiesen, von wo sie die Aufnahmen der Videokameras sehen konnten, die auf dem Gang zur Wohnung, in der Garage, jedoch nicht an der Gartenfront montiert waren.

Zusätzlich patrouillierte ein Beamter rund um das Haus, aber auch er konnte von außen wegen des dichten Gebüsches den Garten oder die Terrasse nicht einsehen. Eine Alarmanlage war zwar installiert, als aber das Ehepaar Vranitzky im März 1994 auf Urlaub nach Venedig flog, hatte es diese nicht eingeschaltet.

Damals saß also ein Cobra-Mann im Keller, der andere machte den Rundgang um das Haus, keiner aber hatte die Chance, den Garten und die Terrasse zu beobachten. Just über die Terrasse drang ein Einbrecher in das Haus ein, erbeutete Schmuck im Wert von etwa 200.000 Schilling und verschwand ungesehen. Die Alarmanlage war ja nicht eingeschaltet.

In der Folge wurde die Familie etwas zugänglicher. Ein neues Konzept wurde ausgearbeitet, eine sehr gute Alarmanlage eingebaut, die allerdings im Eigentum des Innenministeriums blieb und nach Vranitzkys Ausscheiden aus der Regierung wieder abmontiert wurde.

Ich habe immer dafür plädiert, dass man dem amtierenden Bundeskanzler eine Villa zur Verfügung stellt – wie man es ja auch beim

Bundespräsidenten macht –, die man ordentlich sichern kann. Solange er im Amt ist, könnte er dort wohnen und es gäbe keine Probleme.

Gleich nachdem im Jänner 1997 Viktor Klima zum Bundeskanzler ernannt worden war, war ich an einem Sonntagvormittag in sein Haus in Wien-Schwechat eingeladen, um mir mit dem damaligen Chef des Gendarmerie-Einsatzkommandos, Brigadier Johannes Pechter, ein Bild von den künftigen Sicherheitsvorkehrungen zu machen.

Das schlichte, einstöckige Einfamilienhaus mit einer Grundfläche von etwa 100 Quadratmetern ist von einem kleinen Garten umgeben, in der Nähe befinden sich Heurigenlokale.

Zu unserem Entsetzen stellten wir fest, dass dieses Haus völlig ungesichert war. Die beiden Hunde der Klimas würden wahrscheinlich weder einen Einbrecher und schon gar nicht einen Attentäter abschrecken.

Eine Gefährdung sahen wir darin, dass ein Scharfschütze aus etwa 150 Meter Entfernung, von der Krone eines Geländehügels aus, jeden, der in das Haus ging, hätte töten können.

Unsere Vorschläge, zum Beispiel schusssicheres Fensterglas, lehnte der Kanzler jedoch rundweg ab. Das sei ihm zu kostspielig, meinte er. Auch wolle er nicht haben, dass später einmal in der Zeitung stehe, welch großer Aufwand um seine Person gemacht werde.

Wir fanden schließlich eine Bauchwehlösung. Auf einem nahe gelegenen Parkplatz wurde ein Kombi der Polizei Schwechat postiert und mit zwei Polizisten besetzt. Sie konnten das Klima-Haus nicht besonders gut beobachten, aber eine bessere Lösung gab es nicht. Einer der beiden Beamten marschierte immer um den Häuserblock. Das hieß, dass es einem Eindringling, der von der Gartenseite her kam, ungefähr zehn Minuten lang möglich war, unbeobachtet über den Zaun zu steigen. Was das für einen durchtrainierten Attentäter bedeutet, brauche ich wohl nicht näher zu erläutern.

Hinzu kam noch, dass Bundeskanzler Klima gern versuchte, sich dem Personenschutz zu entziehen. Das war auch der Grund, weshalb er sich von den Spezialisten des Gendarmerie-Einsatzkommandos getrennt hatte und sich Staatspolizisten als Leibwächter zuteilen ließ. Im Unterschied zu den hochmotivierten Cobra-Männern machte es den Staatspolizisten wenig aus, schon früher nach Hause geschickt zu werden. Waren sie erst einmal weg, hatte der Kanzler endlich den gewünschten privaten Freiraum.

Da Viktor Klima seit Februar 2000 nicht mehr Bundeskanzler ist, hat sich dieses Problem erledigt. Mein Nachfolger hat jetzt dafür zu sorgen, dass Wolfgang Schüssels Wohnung entsprechend gesichert wird. Die Schwierigkeiten werden die gleichen sein.

Der Terror geht weiter

Im Laufe des Jahres 1994 wurden erste Konsequenzen aus der misslichen Situation der Fahnder nach der Briefbombenserie 1993 gezogen. Es gab eine ernsthafte Suche nach neuen Büroräumen für die EBT, die EDV-Ausstattung dieser Einheit wurde auf einen modernen Stand gebracht und auch die technische Ausrüstung der Entschärfer nach und nach verbessert.

Die Arbeiten zur Liquidierung des Briefbombenfalles verliefen nach Erstattung der Vollanzeige gegen Radl und Binder im Schritttempo. Alles wartete auf den Prozess. Staatsanwalt Sepp Dieter Fasching hatte ja angekündigt, im Herbst 1994 die Anklage gegen Peter Binder und Franz Radl fertig gestellt zu haben.

Doch früher als erwartet gab es einen neuen Anschlag.

Am 24. August 1994 wird in den frühen Morgenstunden vor einer zweisprachigen Schule in Klagenfurt eine Rohrbombe gefunden. Den Bombenleger hat der Gendarmeriebeamte Wolfgang Schifferl vom Balkon vis-a-vis beobachtet und beschreibt ihn als 20 bis 40 Jahre alt, 175 cm groß, schlank, dunkles Haar. Der Polizist Theodor Kelz lässt die Bombe zum Flughafen transportieren, damit sie dort in der Röntgenstraße untersucht werden kann. Doch der Sprengsatz explodiert. Kelz verliert beide Hände, zwei Beamte werden leicht verletzt.

Mich erreichte die Nachricht in Pretoria, wo ich einen kurzen Südafrika-Aufenthalt abschloss. Ich flog unverzüglich nach Wien zurück.

Als weitere Konsequenz aus den Briefbomben war verfügt worden, dass derart sensible Tatorte in erster Linie durch das EKF (Erkennungsdienst) Wien bzw. die Kriminalabteilung Niederösterreich zu bearbeiten seien. Dies sollte äußerste Präzision bei der Spurensuche und der Sicherung der Spuren garantieren und vor allem die Kontaminierung der Spuren weitgehend verhindern. Trotz aller Bemühungen war die Ausbeute aus der Suche am Tat- bzw. Explosionsort wenig zielführend. Als guter Ansatz erwies sich ein qualitativ halbwegs zufrieden stellender Schuhabdruck. Darüber hinaus gab es Hinweise auf einen verdächtigen Pkw und ein Phantombild, das allerdings in der Folge mehr Verwirrung stiftete, als es hilfreich war.

Zunächst war völlig unklar, wie dieser Anschlag auf die zweisprachige Volksschule einzustufen sei. Ich wurde allen Ernstes gefragt, ob nicht Schüler hinter dem Attentat stecken könnten. Schüler, die unwillig seien, nach den Ferien wieder die Schule zu besuchen. Ich konnte nur kopfschüttelnd darauf hinweisen, dass der Bau einer derartigen Bombe vermutlich sogar einen Universitätsprofessor vor Probleme stellen würde.

Minister Löschnak war schlecht beraten, hinter dem Anschlag eine Rotlichtfehde zu vermuten. Offensichtlich hatte ihm dies Kessler eingeredet. Worauf die Puffbesitzer Kärntens lautstark protestierten.

Im Fall der Klagenfurter Bombe zeigte sich das Misstrauen gegen die Beamten der EBT in den Bundesländern besonders deutlich. Man warf den EBTlern vor, überheblich zu sein, wie James Bonds aufzutreten, mit teuren Sonnenbrillen und affektiertem Gehabe. Und letztlich auch nicht mehr Sachkenntnis zu haben als jeder andere „Kieberer". Als mich der Minister eines Tages darauf ansprach, verwies ich trocken darauf, dass die Beamten nichts anderes täten, als ihrem Gruppenleiter nachzueifern.

Am 4. Oktober 1994, fünf Tage vor der Nationalratswahl, gab es neuerlich Alarmstufe I. Vier Briefbomben langten ein, die aber alle rechtzeitig entschärft werden konnten. Eine dazu passende Theorie wird in NEWS entworfen – die vier Bomben seien die Rache für die vier Jahre Haft, die der Neonazi Günther Reinthaler ausgefasst hatte. Der Schönheitsfehler dabei – das Urteil war bereits am 5. Juli 1993 ergangen!

Für das „profil" wiederum deuteten die vier Briefbomben auf jene vier Neonazis hin, die als Zeugen im Küssel-Prozess ausgesagt hatten und von der Richterin Klothilde Eckbrecht im Gerichtssaal verhaftet worden waren.

So versuchte jedes Magazin, sich eine eigene Theorie zurechtzuzimmern.

Unter den Adressaten der vier Briefbomben befand sich auch eine Ausländerberatungsstelle in Dornbirn und diese Bombe löste besondere Kritik an uns aus.

Die Entschärfer trafen erst nach stundenlanger Fahrt in Vorarlberg ein, was Medien und Politiker zu der Kritik veranlasste, dass man mit dem Hubschrauber rascher hätte sein können. An diesem Abend wurde ich wieder einmal in die ZiB 2 geschickt und dort mit diesem Vorwurf konfrontiert. Ich war in einem Dilemma. Denn einerseits konnte die Kritik leicht widerlegt werden, andrerseits wurde dadurch aber der Täterschaft eine wichtige Information gegeben. Ich hatte abzuwägen und entschloss mich zur Widerlegung der Kritik, indem ich darauf hinwies, dass zur Entschärfung von Bomben Chemikalien, nämlich flüssiger Stickstoff, notwendig seien, die wegen Explosionsgefahr nicht mit dem Hubschrauber transportiert werden dürften. Ich ging davon aus, dass die Methode des Einfrierens von Bomben zur Ausschaltung der Energiequellen dem Erbauer komplizierter Briefbomben nicht unbekannt sein könne.

Prompt wurde ich wegen meiner Aussage kritisiert. Man warf mir vor, ich hätte die Täter gewarnt und dadurch für die Zukunft die Entschärfer in Gefahr gebracht. Ich machte mir – offen gestanden – deswegen Vorwürfe und hoffte, dass es keine „Zukunft" geben würde.

Die Untersuchungen der Bomben erbrachten keine entscheidenden Hinweise auf die Täterschaft. Die neuen Briefbomben wiesen Unterschiede zu jenen der Serie 1993 auf. Anderer Sprengstoff, Metallröhrchen statt Plastik als Hülle etc. Vor allem aber einen „Konstruktionsfehler" in der Energieversorgung, der sie nicht hatte explodieren lassen. Erst später erkannte man, dass dies von der Täterschaft beabsichtigt war.

Man warf uns vor, die Bevölkerung zu spät gewarnt zu haben, dass wieder Bomben unterwegs seien. Das war in der Causa Briefbomben ein ewiges Thema. Die Medien überwachten und kommentierten jeden unserer Schritte, was nur deshalb möglich war, weil die „Quasi-SOKO" durchlässig war wie ein löchriger Regenschirm. Daher standen der Minister und ich auch dauernd im Regen und mussten immer wieder erklären und begründen. Und wenn einmal etwas für kurze Zeit geheim gehalten werden konnte, dann mussten wir eben die Geheimhaltung erklären und begründen.

Wir waren gehörig in die Defensive gedrängt worden.

Vielleicht aus diesem Grund sprach der Minister knapp vor der Wahl im Oktober 1994 von einer „heißen Spur". Leider war dies ein

Der Terror geht weiter

Alleingang des Chefs und mit mir nicht abgesprochen. Ich erklärte nämlich den Medien – sozusagen im gleichen Atemzug –, dass es nichts Neues gebe, was natürlich sofort hämisch kommentiert wurde. Spätestens damals wurde mir klar, wie notwendig es wäre, einen Pressesprecher der Ermittler zu installieren, der nach genauen Weisungen zum Tagesgeschehen Auskunft zu geben hätte und dadurch vor allem den Minister, aber auch mich entlasten würde. Bis zum Einsatz dieses Mannes sollte jedoch noch mehr als ein Jahr vergehen.

Die nächsten Troubles verursachte der Bekennerbrief an den slowenischen Außenminister Lojze Peterle. Er war mit 8. September 1994 datiert, wurde aber laut Poststempel erst am 3. Oktober in Kirchdorf/Tirol aufgegeben. Am 6. Oktober gelangte er ins slowenische Außenamt. Von dort wurde er nach Studium des Inhalts via Interpol nach Wien geschickt, wo er in der zweiten Oktoberwoche im Innenministerium einlangte. Politiker und Medien, die sich unentwegt darüber alterierten, dass die Polizei so durchlässig sei, waren empört, erst Ende Oktober von dem Brief zu erfahren, und erhoben bittere Vorwürfe gegen das Ressort. Daran waren wir mittlerweile schon gewöhnt.

Wesentlich interessanter war der Inhalt des Briefes, weil er mit einer Bekennung zur ersten Briefbombenserie und zur Rohrbombe in Klagenfurt versehen war. Der Verfasser des Briefes führte zum Beweis der Richtigkeit seiner Angaben hinsichtlich der Rohrbombe die Nummer eines Bauteiles an, die der Öffentlichkeit nicht bekannt sein konnte. Es bestand daher die größte Wahrscheinlichkeit, dass auch die Bekennung zur Briefbombenserie 1993 der Realität entsprach. Da die Bekennungen in den Briefbomben 1994 erstmals auf die BBA bzw. die Salzburger Eidgenossenschaft hinweisen und auch der Peterle-Brief dieses Logo zeigte, konnte unschwer der Schluss gezogen werden, dass beide Briefbombenserien, die Rohrbombe Klagenfurt und der Peterle-Brief auf ein und dieselbe Täterschaft zurückzuführen waren.

Unter anderem galt der Peterle-Brief auch der Entlastung von Radl-Binder. Allerdings mit dem Erfolg, dass Teile der Medien und der Öffentlichkeit nun unter Hinweis auf die BBA resp. die zitierten Kampftrupps erst recht daran glaubten, ein rechtsradikales Netzwerk stecke hinter den Anschlägen und Radl-Binder seien Mitglieder dieser Gruppierung.

Die Stimmung im Haus war nach dieser Entwicklung eher gemischt. Niemand kannte eine Bajuwarische Befreiungsarmee, das Bombenhirn war weiterhin im Nebel und hinsichtlich Radl-Binder bestand bestenfalls eine halbwegs dichte Indizienlage. Dazu kam, dass sich die Erstellung der Anklageschrift gegen die beiden unerklärlich lang hinzog.

Kessler und der Leiter des Rechtsextremismus-Referates in der EBT aber hielten das Fähnlein hoch und verhinderten – wahrscheinlich im besten Glauben –, dass ihre Mitarbeiter zu zweifeln begannen. Zu zweifeln an der Schuld von Radl-Binder, zu zweifeln an der Existenz eines rechtsradikalen Netzwerkes.

Einen Riesenwirbel gab es dann Mitte Oktober 1994. EBT-Beamte waren nach Klagenfurt gefahren, um dort von der Richterin Anneliese Goritschnigg-Fritsch Hausdurchsuchungsbefehle für Neonazi-Wohnungen zu erwirken. Wegen der gebotenen Eile wurden sie vorerst nur mündlich erteilt und so schwärmten die Beamten am Morgen des 20. Oktober aus. Das Peinliche daran: In der schon am Vorabend erhältlichen Ausgabe von NEWS waren die Namen der Verdächtigen genannt worden. Die interne Untersuchung, wie diese Details in die Redaktion gelangt sind, blieb wie üblich ergebnislos.

Die Wahl vom 9. Oktober 1994 brachte eine empfindliche Niederlage für die Koalition. Die SPÖ verlor 15 Mandate, die ÖVP acht. Die Freiheitlichen, mit nunmehr 42 Sitzen im Nationalrat, konnten einen großen Erfolg verzeichnen.

Franz Löschnak wollte nach dieser Wahlschlappe sein Ministeramt aufgeben. Ich bat ihn dringend, das Haus nicht zu verlassen, redete ihm zu, zu bleiben. In meiner Gegenwart rief er schließlich Bundeskanzler Franz Vranitzky an: „Du, ich habe es mir überlegt, ich bleibe."

Wahrscheinlich aber war schon damals sein Schicksal besiegelt, seine Ablöse nur noch eine Frage der Zeit.

Löschnak musste schließlich den Kelch bis zur Neige leeren.

Smoking und „Weiße Mäuse"

Von Zeit zu Zeit flatterten Einladungen zu Staatsbanketten aus der Präsidentschaftskanzlei ins Haus. Zumeist aus Anlass von Besuchen ausländischer Staats- oder Regierungschefs.

Da holte ich dann meinen Smoking aus dem Kasten und eilte – in der Regel spätabends – vom Büro in die Hofburg. Große Wagenauffahrt, Polizisten, „Weiße Mäuse" mit ihren Maschinen. Soldaten der Garde, stramm wie Steinskulpturen, beim Eingang und im Stiegenhaus gleichmäßig verteilt, die unauffälligen Herren der Staatspolizei allüberall, Blumenschmuck und elegante Herrschaften, die dem Festakt zueilen. Es versammelt sich die Crème de la Crème der Gesellschaft. Politiker, Diplomaten, Künstler, bedeutende Wirtschaftstreibende, Spitzenbeamte, Journalisten. Die meisten Leute kennen einander, man ist quasi unter sich. Außenseiter sind nicht zu vermuten. Wenn man davon absieht, dass Diplomaten und Begleiter des Staatsgastes ebenfalls geladen sind und zumeist etwas verloren herumstehen, die Tapetentüren beobachten und offensichtlich in jedem Moment das Erscheinen Kaiser Franz Josephs erwarten. Es wird Sekt gereicht und Orangensaft, kleine Häppchen.

Schließlich kommt der „Zeremonienmeister" und veranlasst die Gäste, ein Spalier zu bilden, durch das die Staatsoberhäupter in einen Salon schreiten, in dem dann die Vorstellung vonstatten geht.

Beim Betreten der Prunkräume hat jeder Gast nach Vorweisen seiner Einladung ein Kärtchen mit seinem Namen und ein weiteres mit einer Skizze der Tafel und Kennzeichnung seines Sitzplatzes erhalten. Diese Kärtchen treten jetzt in Aktion.

Die Gästeschar formiert sich in einer langen Reihe zur Vorstellung. Ich habe bei dieser Gelegenheit immer mit der Bemerkung Furore gemacht: „In der Hofburg muss man sich zum Essen anstellen."

Tatsächlich wird jeder Einzelne dem hohen Gast durch den Bundespräsidenten vorgestellt. Kärtchen Nr. 1 ist der „Zeremoniendame" zu überreichen, die links vom Bundespräsidenten steht und ihn informiert, wer der Vorzustellende ist. In den meisten Fällen weiß er das ohnehin. Dann wird man also vorgestellt. Der Staatsgast reicht die schlaffe Hand und blickt interessiert an einem vorbei.

Nach der Vorstellung darf man den Bankettsaal betreten, der prachtvoll geschmückt ist. Blumen, Leuchter mit brennenden Kerzen. Damen und Herren, die kreuz und quer ihren Platz suchen. Die riesige Tafel hat die Form eines kleinen „m". Am Quertisch sitzen die Staatsoberhäupter und Regierungsmitglieder, an den drei Fingern die übrigen Gäste. Die höherrangigen am oberen Ende, sodass man an der Sitzordnung die gesellschaftliche Bedeutung der einzelnen Gäste erkennen kann.

Auf der Empore spielt ein Streichquartett, an der Tafel übt man sich in Konversation. Man hat Damen und Herren sowie in- und ausländische Gäste wohl gemischt.

Ich erinnere mich besonders an den Besuch des chinesischen Staatspräsidenten Li Peng im Jahr 1994. Da saß ich zwischen zwei Chinesen, die beide keiner mir geläufigen Sprache mächtig waren. Und meine Kenntnisse des Chinesischen beschränken sich auf das Wort „gambe", was so viel wie „Prost" bedeutet. Wir saßen da wie die Ölgötzen und blickten stumm vor uns hin, während sich im Saal vor Hitze die Kerzen bogen.

Ansprachen der Staatsoberhäupter, Hymnen. Scharen von Kellnern, die im Rudel servieren. Sie treten wie ein Ballett auf und sind irgendwie ein männliches Pendant zu Helmut Qualtingers „Demelinerinnen".

Musik, Geruch nach Kerzen, Essen und feinen Damen.

Einmal saß ich neben dem Maler Ernst Fuchs. Er konnte sich kaum beruhigen, weil ihn einer der höchsten Repräsentanten der Republik einer ausländischen Dame als Hundertwasser vorgestellt hatte.

Vier Leichen in Oberwart

Der 5. Februar 1995, ein Sonntag, war grau und feucht. Es hatte die ganze Nacht geregnet. Ich saß am frühen Vormittag, wie am Wochenende üblich, zu Hause über meinen Akten, um besonders schwierige Fälle in Ruhe studieren zu können, als das Telefon läutete. Der Kommandoraum teilte mir mit, dass in Oberwart, am Rande einer Roma-Siedlung, vier männliche Leichen gefunden worden seien. Die Toten wiesen schwere äußere Verletzungen auf. Nach Ansicht der örtlichen Gendarmerie sei eine Fehde unter Roma, mit einer Pumpgun ausgetragen, nicht auszuschließen. Eine Kommission sei unterwegs.

Ich rief sofort den Minister an. Wir beschlossen, die weitere Entwicklung des Falles abzuwarten und dann die nächsten Schritte einvernehmlich in die Wege zu leiten.

Gegen Mittag stand fest, dass keine Pumpgun, sondern Sprengstoff im Spiel gewesen war.

Kurzfristig gab es sogar eine Unfallversion. Niemand dachte zunächst an eine Fortsetzung des Bombenterrors.

Ich fuhr nicht nach Oberwart, sondern ließ mich zu Hause auf dem Laufenden halten. Ich wollte nicht wieder in die Rolle des Chefermittlers gedrängt werden. Löschnak war damit einverstanden – auch nachdem die Information eingelangt war, dass ein Attentat des „Bombenhirns" verübt worden sein dürfte.

Mit dem heimtückischen Anschlag erreichte die Bombenserie ihren entsetzlichen Höhepunkt. Österreich hielt den Atem an. Die Menschen waren erschüttert und verlangten ein Ende des Schreckens. Das brachte neuen Druck für Minister und Ermittler, zumal die Skepsis an einer Täterschaft von Radl-Binder an der ersten Briefbombenserie durch die weiteren Anschläge, durch die Bekennungen etc. immer größer geworden war. Allerdings erhielt auch die These, die rechtsradikale Gruppe wolle die beiden inhaftierten Neonazis „freibomben", neue Nahrung.

Wenn ich heute die Zeitungsberichte von damals durchlese, drängt sich mir der Gedanke auf, dass man Journalisten – insbesondere Verfasser von Glossen, Feuilletons und Leitartikeln – von Zeit zu Zeit zwingen sollte, in ihren alten Arbeiten nachzulesen, damit sie sehen, ob ihre Einschätzungen, Beurteilungen oder aber auch „Verurteilungen" zutreffend waren. Sozusagen als heilsame Medizin gegen journalistische Überheblichkeit. Aber Journalisten, und übrigens auch Politiker, gehören nicht zu jenen Menschen, die ihr Haupt verhüllen, wenn sie gefehlt haben. Das tun sie höchstens, wenn sie ihren Job verlieren.

Einige Zitate von damals: „Sogar Bastler können mehr als unsere Staatspolizei." – „Außerdem ist klar, daß die rechtsradikale Szene, von der unser Innenminister behauptete, die Staatspolizei habe diese im Griff, weiterhin Bomben werfen kann, wann sie will." – „Von der Terrorgruppe fehlt nach acht Monaten Ermittlungen so gut wie jede Spur." – „Versagen der Behörden – oder womöglich sogar fehlender Wille der Polizei, rechtsextreme Attentate aufzuklären." In diesem Ton also rauschte es quer durch den Blätterwald!

Heute wissen wir, dass die Suche im rechtsradikalen Eck, und die Fixierung darauf, ein Fehler war. Dass ein Einzeltäter hinter den Attentaten stand, der zwar aus fremdenfeindlichen, rassistischen Motiven handelte, deswegen aber keinesfalls als Neonazi zu bezeichnen war. Dass die Behauptung, die rechtsradikale Szene im Griff zu haben, durchaus der Realität entsprach – damals wie heute. Ich hatte Recht, als ich am Abend des 6. Februar 1995 am „Runden Tisch" des Fernsehens versprach: „Eines Tages haben wir diesen Täter!"

Das hat mir damals Spott und Häme in den Medien eingetragen.

Der Fall des UNA-Bombers in den USA zeigt, wie schwierig es ist, einen im Wesentlichen unauffällig lebenden Einzeltäter, dessen Motivation im Kopf verborgen ist, als terroristischen Serientäter auszuforschen.

Zwischen Mai 1978 und April 1995 verübte Theodore Kaczynski 16 Rohr- und Paketbombenanschläge, die drei Tote und 22 Verletzte forderten. 18 Jahre fahndete das FBI erfolglos, bis endlich im Frühjahr 1996 ein Hinweis des Bruders die Polizei auf die Spur des Täters brachte.

Der Fall Kaczynski weist viele Parallelen zur österreichischen Briefbomben-Causa auf. Nur in einem Punkt ist eine wesentliche Abweichung festzustellen: Die amerikanische Öffentlichkeit und vor allem die Medien waren verständnisvoller und geduldiger gegenüber der Polizei. Sie spielten vor allem das Argument, dass letztlich ein zielgenauer Hinweis von außen den Fahndungserfolg ermöglicht hatte, nicht in der Form aus, wie das in Österreich, dem Land der Nörgler, mit viel weniger Berechtigung der Fall war.

Zurück zum „Runden Tisch" im Fernsehen am Abend des 6. Februar 1995.

Wie üblich suchte ich vor der Sendung den Schminkraum auf. Die Maskenbildnerin fragte mich, wie ich denn den Schnurrbart haben wolle. Ich war mehr als verblüfft und fragte: „Was für einen Schnurrbart?" Die Dame antwortete, sie sei von der Regie angewiesen worden, einem der Teilnehmer einen Schnurrbart zu verpassen. Sie klang beleidigt.

Da kam eine Stimme vom Nebensessel, auf dem ebenfalls ein Herr für den Auftritt vorbereitet wurde: „Der Bart gehört mir." Es war die Stimme des Journalisten Wolfgang Purtscheller. So lernte ich ihn auch persönlich kennen.

Beruflich hatte ich schon vorher unliebsame Bekanntschaft mit ihm gemacht. Purtscheller gab sich als großer Aufdecker aus, der sich in die rechte Szene eingeschlichen habe und großartige Ergebnisse seiner Tätigkeit als „Undercover-Journalist" aufweisen könne. De facto waren es aber eher „Undercover-Ergebnisse". Sensationelles hat er nie aufgedeckt.

Bei seinem Auftritt im Fernsehen wollte er aus „Sicherheitsgründen" unerkannt bleiben. Also kam er mit falschem Bart und Sonnenbrille ins Studio.

Auch dieser „Runde Tisch" bestätigte meine Erfahrungen aus den vergangenen Jahren: Durch Auswahl und Quantität der Diskutanten wird die Richtung des Gesprächs bestimmt und letztlich das Ergebnis der Diskussion vorprogrammiert. Wenn auf zwei Pro-Redner fünf Kontra-Redner kommen, die mehr als die doppelte Redezeit haben, lässt sich unschwer voraussagen, wer zuletzt die Nase vorn haben wird. So hat man im ORF mitunter gearbeitet – nicht als Informationsanstalt, sondern als Politanstalt. Das hat mich stets geärgert. Zumal ich regelmäßig der Ein- oder Zweimannpartei angehörte.

„Lauschangriff" im Parlament

Waffenkauf, Parteiprovisionen, illegaler Lauschangriff im Parlament – das waren zu Beginn des Jahres 1995 die bitteren Zutaten einer Affäre, die für mich bis heute keineswegs restlos geklärt ist. Dass dadurch die Regierungsparteien SPÖ und ÖVP unter Vranitzky und Busek ins schiefe Licht geraten sind, musste ich hinnehmen. Nicht hinnehmen wollte ich den Verdacht, es könnte in diese Affäre auch die Staatspolizei unter Oswald Kessler verwickelt gewesen sein.

Wieder waren es bloß Gerüchte, waren es Tratschereien unter den Beamten im Haus, die letztlich darauf hinausliefen, die STAPO hätte nachgeholfen, um die Schwarzen, die ÖVP, zu „legen". Aber ein altes Sprichwort sagt auch: Kein Rauch ohne Feuer ...

Die Vorgeschichte wird noch vielen Leserinnen und Lesern in Erinnerung sein und ist kurz erzählt. NEWS enthüllte in seiner Ausgabe vom 25. Jänner 1995 (Titel: „Die Waffen-Millionen"), wie sich angeblich SPÖ und ÖVP illegale Provisionen aus einem Kauf von Hubschraubern für das österreichische Bundesheer aufteilen wollten. Grundlage für diesen Bericht war ein Gespräch zwischen dem damaligen Bundesgeschäftsführer der SPÖ, Peter Marizzi, und dem Wehrsprecher der ÖVP, Hermann Kraft – auf einem Tonband dokumentiert.

Zwischen Dezember 1993 und Februar 1994 sei das brisante Gespräch unter den beiden Politikern im Parlament verbotenerweise belauscht und aufgezeichnet worden.

Zusätzliche Brisanz erhielt diese Affäre durch Graf Alfons Mensdorff-Pouilly. Er war immerhin der frisch gebackene Ehemann der damaligen Umweltministerin Maria Rauch-Kallat und als potenzieller Vermittler für das Hubschraubergeschäft in dem Gespräch mehrmals genannt worden. Über ihn sollten auch Provisionsmillionen in die roten und schwarzen Parteikassen fließen.

Wie dieses Gespräch angeblich angepeilt und abgehört wurde, wie es technisch entstanden ist, haben unsere Spezialisten bis heute nicht nachvollziehen können. Weder Peter Marizzi noch Hermann Kraft konnte oder wollte sich genau an den Tag und den Ort ihres verhängnisvollen Plausches erinnern. Jene Räumlichkeiten im Parlament, die uns seinerzeit Marizzi genannt hatte, schieden jedenfalls aus.

„Lauschangriff" im Parlament

Am folgerichtigsten erschien uns, dass einer der Gesprächspartner selbst „verkabelt" gewesen war, um den anderen aufs Glatteis zu führen. Da fiel der Verdacht natürlich sofort auf den SP-Bundesgeschäftsführer, weil in dieser Sache die ÖVP, nämlich Graf Mensdorff-Pouilly als Provisionsvermittler und Kraft als Kontaktmann sowie politischer Intervenierer, den schwarzen Peter hatte.

Marizzi bestritt jedoch vehement, Provokateur gewesen zu sein, vielmehr wollte er nur „ein bisschen Sherlock Holmes spielen". Auch in den eigenen Reihen hielt man das offenbar nicht für sehr glaubwürdig. Für den Bundesgeschäftsführer kam schon wenige Tage nach dem NEWS-Artikel das politische Aus, Hermann Kraft strich noch am gleichen Tag die Segel als Nationalrat und Wehrsprecher der ÖVP.

Die veröffentlichte Meinung machte sich wieder Sorgen um die Republik, Erinnerungen an „Sümpfe und saure Wiesen" wurden geweckt, Hubertus Czernin vom „profil" leitete damals seinen Leitartikel unter dem Titel „Gauner gegen Gauner" mit den Zeilen „Das eigentlich Gefährliche an der Provisionsaffäre: Sie läßt sich mit wenigen Federstrichen zum Sittenbild der Republik mißbrauchen" ein.

Meine Sorge hingegen galt einmal mehr der Staatspolizei und ihren Mitarbeitern, von denen einige im Zusammenhang mit dem dubiosen „Lauschangriff" in ein schiefes Licht geraten sollten.

Am 26. Juni 1995 übermittelte mir Minister Einem ein Schreiben, das an Frau Minister Rauch-Kallat gegangen war. Es war die Kopie einer dreiseitigen anonymen Anzeige an die Wiener Staatsanwaltschaft, in der Beamte der EBT im Zusammenhang mit der „Marizzi-Kraft-Affäre" schwerstens belastet wurden. Das Ganze sei von Marizzi selbst in Zusammenarbeit mit dem Innenministerium inszeniert worden.

Von einer „Abhörfalle" war die Rede, und dass der „damalige Staatspolizeichef Dr. Oswald Kessler in Eigenregie die Abhöraktion begünstigt und auch nach innen und außen abgeschirmt" habe. Und weiter: „Mit Kesslers Rückendeckung wurde der EBT-Beamte Herbert Z. ermutigt, zusammen mit dem damaligen SP-Geschäftsführer Peter Marizzi die Zielperson Kraft zu manipulieren. So kam es, daß die Sondergruppe EBT im BMfI für innenpolitische Grabenkämpfe mißbraucht wurde."

Neben den Politikern Marizzi und Kraft geriet auch Graf Mensdorff-Pouilly immer mehr ins Schussfeld der Öffentlichkeit, vor allem deshalb, weil er Konsulent ausgerechnet jener britischen Lieferfirma war, die einen milliardenschweren Hubschrauberkauf einfädeln sollte. In der anonymen Anzeige wurde die EBT auch beschuldigt, „den Inhalt des abgehörten Gespräches zu benutzen, Graf Mensdorff unter dem Vorwand des ‚Personenschutzes' zu kontaktieren".

Für mich drängte sich der Verdacht auf, dass diese anonyme Anzeige nur von einem Insider der EBT verfasst worden sein konnte. Wie mir in den folgenden Wochen von Vertrauten „häppchenweise" zugetragen wurde, bestand zwischen Peter Marizzi und Beamten der EBT ein intensiver Kontakt, der noch aus der Zeit der ersten Briefbombenserie vom Dezember 1993 herrührte. Weiters stellte sich heraus, dass Inspektor Siegfried K. Mitte 1994 an einer „Information" arbeitete, in der es um illegalen Waffen- und Suchtgifthandel, Korruption und Amtsmissbrauch ging. Neben dem ehemaligen Verteidigungsminister Robert Lichal, dem mittlerweile verstorbenen Waffenhändler Walter Schön und seiner ÖRLIKON sowie einem mafiosen internationalen Waffenschieber mit dem Spitznamen „Monsieur Felix" wurde auch der Konsulent der britischen AEROSPACE, Graf Alfons Mensdorff-Pouilly, aufgelistet. Später hätten sich die Ermittlungen auf den Grafen konzentriert, um, wie einem Vertrauten von mir mitgeteilt wurde, einer „gesellschaftspolitischen Verpflichtung nachzukommen".

Während diese Verdächtigungen immer wieder bestritten wurden und bis heute auch nicht bewiesen werden konnten, ist das in der anonymen Anzeige angesprochene „Personenschutzprogramm" für Graf Mensdorff-Pouilly allerdings aktenkundig.

Ende Juli 1994, an einem Spätnachmittag, fand in den Büroräumen des Grafen in der Wiener Kärntner Straße eine Besprechung von EBT-Beamten und dem gräflichen Ehepaar statt. Der Graf hatte Anzeige erstattet, nachdem er Drohanrufe und Drohbriefe erhalten hatte und die Reifen seines Mercedes aufgeschlitzt und Radmuttern gelockert worden waren. Der Ministergatte sollte nun vor „terroristischen Anschlägen" geschützt und Fahndungsmaßnahmen nach den Urhebern eingeleitet werden. Vorgeschlagen wurden – wie üblich bei solchen Bedrohungs-

„Lauschangriff" im Parlament

bildern – Objektschutz, Telefonüberwachung, ständige Überprüfung der näheren Umgebung des Grafen sowie die Überwachung seiner Liegenschaften im Burgenland. Mit den Ermittlungen betraut wurde der spätere Pressesprecher in der Briefbomben-Causa, Chefinspektor Robert Sturm.

Ich meine dazu ganz wertfrei: Diese Maßnahmen hätten natürlich auch dazu dienen können, den Grafen lückenlos zu überwachen, ihn quasi auszuspionieren.

Wäre dem so, müsste die EBT bei den Drohanrufen, Drohbriefen und den Manipulationen am Auto des Grafen auch die Hand im Spiel gehabt haben.

Der „verheimlichte" Bekennerbrief

Mitte Februar 1995 gab es den nächsten medialen Aufruhr. Der selbst ernannte Aufdecker im rechtsradikalen Milieu, Wolfgang Purtscheller, brachte im Magazin NEWS in großer Aufmachung die Meldung, ein authentischer Bekennerbrief sei mehr als ein Jahr auf meinem Schreibtisch gelegen, ohne dass es eine behördliche Reaktion gegeben habe. Diesem Schreiben, das an den Generaldirektor Sika gerichtet gewesen sei, sei auch ein Brief an Bürgermeister Helmut Zilk beigelegt gewesen. Zilk aber habe nie davon erfahren.

Große Aufregung! Interviews mit mir, mit Zilk. Der äußerte Kritik an Kessler. Die Medien hatten nun neuen Stoff, uns in den Dreck zu ziehen.

Der Sachverhalt war von Purtscheller allerdings völlig verdreht dargestellt worden. Vor allem recherchierte er nicht bei mir. Dann hätte er nämlich erfahren, dass der Originalbrief nicht zu mir gekommen, sondern sofort der kriminaltechnischen Untersuchung übergeben worden war. Ich hatte den Brief Wochen später in einer Ablichtung erhalten, und zwar als einen von vielen „Bekennerschreiben", die uns damals erreichten. Nebenbei ist bis heute nicht geklärt, ob der Brief tatsächlich von Franz Fuchs stammte. Fuchs hat sich, meines Wissens, dazu nie eindeutig geäußert. Schriftsachverständige brachten auch kein klares Resultat zu Stande. Er wurde schließlich – als vermutlich nicht authentisch – abgelegt.

Als die authentischen Bekennerschreiben auftauchten und in ihnen behauptet wurde, es seien Briefe „unterdrückt" worden, wurden alle abgelegten Schreiben einer neuerlichen Prüfung unterzogen und auch der „Sika-Brief" wieder hervorgeholt, der in Stil und Inhalt noch am besten zu den authentischen Schreiben passte.

Vom Inhalt her waren einige Details interessant: die Ausdrücke „Knallfrösche" für Briefbomben und „Krambambulicocktail" für die Anschläge um die Krampuszeit des Jahres 1993. Interessant war auch der Umstand, dass von 40 hergestellten Briefbomben die Rede war, und letztlich, dass die Sprengung einer Telefonzelle in Wien-Floridsdorf – mit einem anderen Sprengstoff als Nitroglyzerin – angekündigt wurde, „um dem Brief Nachdruck zu verleihen", wie es hieß.

Der „verheimlichte" Bekennerbrief

Die Sprengung der Telefonzelle habe ich bereits erwähnt, sie erfolgte am 14. Dezember 1993. Der Brief wurde aber erst am 20. Dezember in Perchtoldsdorf aufgegeben. Ein deutlicher Schönheitsfehler – der Schreiber des Briefes konnte alle Details den Zeitungen entnehmen, bevor er den Brief entwarf.

Zwei Punkte aber beschäftigten mich im Zusammenhang mit dem Schreiben sehr: die Diskussion um die unterbliebene Verständigung Zilks und die Frage, wie Purtscheller zu dem Brief gekommen war bzw. aus welchen Motiven man ihm den Brief zugespielt hatte.

Da ich selbst erst Mitte oder Ende Jänner 1994 von der Existenz des an mich gerichteten Briefes erfahren hatte, war mir nichts anderes möglich, als die Verantwortlichen zu fragen, was veranlasst worden sei. Man sagte mir damals sinngemäß, auf eine Verständigung Zilks sei mit Rücksicht auf seinen Gesundheitszustand verzichtet worden. Er wurde außerdem intensiv bewacht und letztlich sei der Brief als nicht authentisch angesehen worden.

Was mich auch nicht glücklich stimmte. Allerdings erschien mir nicht sinnvoll, die eine Briefseite an Zilk, die beigelegt war, mit einmonatiger Verspätung dem Bürgermeister zu überreichen. Was wahrscheinlich doch ein Fehler war.

Eines der Hauptprobleme in dieser Zeit war der Umgang mit den so genannten Bekennerschreiben, von denen ja, wie wir heute wissen, nur ein kleiner Prozentsatz authentisch war. In diesen Briefen waren in der Regel Namen von Persönlichkeiten des In-, aber auch des Auslandes angeführt. Es stellte sich nun die prinzipielle Frage, inwieweit diese Personen zu verständigen waren. Die Beamten, die die Aufgabe hatten, die Briefe zu beurteilen, gingen ihrer Ausbildung gemäß immer davon aus, ob sich aus dem Text eine Drohung gegen einzelne Personen herauslesen lasse. Was meistens nicht der Fall war. Daher wurde auch nicht verständigt. Dies erwies sich im Laufe der Zeit als Kardinalfehler. Denn immer, wenn so ein Brief in die Medien gelangte, erhob sich ein Sturm der Entrüstung unter allen im Schreiben genannten Personen, weil sie nicht verständigt worden waren. Und man lastete diesen Umstand sofort der Staatspolizei und dem Generaldirektor an. Es war nun wirklich schwierig, den Beamten klarzumachen, dass alle genannten Personen

Der „verheimlichte" Bekennerbrief

und Institutionen automatisch zu verständigen seien. Die Beamten konterten natürlich und sagten: Warum sollen wir Menschen verständigen, die gar nicht Gegenstand von Drohungen sind? Erzeugen wir da nicht Hysterie?

Es war ein langer Lehr- und Lernprozess, alle Rädchen in unserem Apparat darauf einzustellen, dass Amtshandlungen im terroristischen Bereich eine eigene Gesetzmäßigkeit haben, die uns von außen aufgezwungen wird.

Wer aber hat Purtscheller den Sika-Brief zugespielt – und warum? Für mich ist diese Frage heute so gut wie beantwortet. Meines Erachtens kam das Schreiben direkt aus der Kernzelle der Staatspolizei zu dem Journalisten. Und zwar durchaus aus dem Motiv, mir zu schaden.

Man hat in dieser Abteilung, in der man sich vor allem auch mit Analyse beschäftigt, dem Sika-Brief immer große – und wie sich letztlich herausgestellt hat –, zu große Bedeutung beigemessen. Jedenfalls zeigte mir diese Geschichte wieder einmal deutlich, dass ich auch in den eigenen Reihen nicht nur Fans hatte.

Am 16. Februar 1995 wetterten Grüne und das Liberale Forum gegen das Innenministerium und verlangten in Zusammenhang mit der Zurückhaltung eines „ernstzunehmenden Bekennerbriefes", Löschnak möge Sika, Kessler und Bögl entlassen: „Spätestens mit der Explosion der Telefonzelle hätte das Bekennerschreiben im Mittelpunkt der Ermittlungen stehen müssen." Und dies zu einem Zeitpunkt, als die Chronologie der Ereignisse, den Sika-Brief betreffend, vom Innenministerium bereits klargestellt war. Wahrlich ein Zeichen mangelnder Qualität politischer Argumentation!

In der Rückschau kann ich über das Medienspektakel und die Rülpser diverser Politiker um diesen Brief nur lachen. Er war in Wahrheit all die Aufregung nicht wert.

Das Ausland beobachtete die Querelen rund um die Fahndung nach den Bombenattentätern mit steigender Verwunderung. So schrieb beispielsweise die „Frankfurter Allgemeine Zeitung" im Februar 1995 in einem Leitartikel:

„Wegen gelegentlicher Pannen und Skandale oder wegen des einen oder anderen schwarzen Schafes sollten auch die schärfsten Kritiker und publizistischen Fahnder nicht die Augen davor verschließen, daß Österreichs Exekutivbeamte im internationalen Vergleich gut dastehen. ... Wie immer zieht der Innenminister die Pfeile auf sich, wenn es Fehlschläge gibt oder nicht schon am Tag nach dem Geschehen Täter präsentiert werden können. Wer wollte es dem seit Jahren untadeligen Löschnak verdenken, daß ihm angesichts absurder Vorwürfe der Kragen platzt."

Und der Kragen platzte Löschnak tatsächlich. In den Chor der Kritiker hatten in diesen Tagen nämlich auch namhafte Exponenten der SPÖ eingestimmt. Ziel der Angriffe, die zum Teil gegen mich gerichtet wurden, war letztlich natürlich Genosse Löschnak. Ich wurde nur stellvertretend geprügelt. Der Minister schlug zurück und forderte die „Parteifreunde" Zilk, Kostelka und Häupl auf, sich über die Fakten zu informieren, bevor sie öffentliche Erklärungen abgeben.

Die Animosität speziell zwischen Häupl und dem Innenminister war unübersehbar und hatte ihren letzten Grund im Interesse Löschnaks an der Zilk-Nachfolge. Häupl konnte auch seine Abneigung gegen mich, den „Löschnak-Mann", nur schwer verbergen und verpaßte mir in seiner groben Art einen medialen Rüffel. Er war noch nie ein Mann der feinen Klinge.

Drei Täterprofile

Für den 7. März 1995 lud Innenminister Franz Löschnak zu einer Pressekonferenz in den Festsaal des Palais in die Herrengasse. „Neue Fahndungsmaßnahmen" sollten verkündet werden, am wichtigsten war die Präsentation eines „Drei-Täter-Profils".

Dem war eine lange interne Diskussion vorausgegangen. Intern vertraten vor allem unser Psychologe Thomas Müller und ich die Ein-Täter-Theorie. Dagegen wurde eingewendet, dass die Öffentlichkeit von der Existenz eines „Universalgenies" nicht zu überzeugen sein werde. Eines Mannes, den höchstes technisches Können und historisches Wissen gleichermaßen auszeichnen und der auch die Fähigkeit besitzt, sich schriftlich hervorragend zu artikulieren.

Es wurde für die Veröffentlichung unser internes Täterprofil absichtlich etwas unscharf auf zwei bzw. drei Personen aufgeteilt. So gab es also einen historisch gebildeten Schreiber, einen technisch versierten Bombenbauer und einen Bombenleger, der laut Zeugenaussage zum Beispiel in Klagenfurt aktiv geworden war.

Diese Präsentation machte den armen Thomas Müller unglücklich und befriedigte auch mich nicht restlos. Aber es war meines Erachtens besser, ein auf drei Personen aufgeteiltes Täterprofil zu veröffentlichen und als Fahndungsgrundlage zu verwenden, als einfach nur weiterzuwurschteln.

In dieser Pressekonferenz verkündete Löschnak auch die Aufstockung der Belohnung für Hinweise, die zur Ausforschung der Täter führten, auf zehn Millionen Schilling. Er sagte das ganz locker. Dass daraus ein Problem entstand, das uns weit über die Klärung des Falles hinaus beschäftigen sollte, ahnte damals keiner. Niemand dachte daran, diese Auslobung zu Papier zu bringen und sie budgetär zu bedecken. Offensichtlich rechnete niemand so ganz mit der Klärung des Falles.

Wie dem auch sei, als Minister Schlögl zweieinhalb Jahre später, nach der Festnahme von Franz Fuchs, die Klärung des Falles verkündete, wurde er von einem Journalisten gefragt, ob nun die Belohnung zur Auszahlung komme. Bekanntlich hatten ja zwei Frauen die Verständigung der Gendarmerie veranlasst, weil sie sich belästigt fühlten.

Schlögl bejahte in seiner Euphorie – und sollte das in der Folge noch bereuen.

Doch zurück zur Pressekonferenz. So problematisch die „Vergewaltigung" des Müller'schen Täterprofils auch sein mochte, ein Fortschritt war zu verzeichnen. Erstmals konnte es zu einer österreichweiten Fahndung kommen, die auf Basis eines Kompendiums stattfand, das alle Erkenntnisse aus den Attentaten und Bekennerschreiben sowie die Täterprofile zusammenfasste. 30.000 Beamte sollten anhand dieser Zusammenfassung vor allem bei intensiv durchgeführten Verkehrskontrollen nach den Tätern fahnden, wobei insbesondere auf die psychologische Wirkung einer medialen Ankündigung derartiger Razzien gesetzt wurde. Der oder die Täter sollten sich auf den Fahrten zu Aufgabe- und Tatorten verunsichert und im Bewegungsraum eingeschränkt fühlen. Ein erster Versuch, die Initiative zu übernehmen und mit psychologischen Tricks einem Fahndungserfolg zumindest näher zu kommen. Ganz abgesehen von der Chance, im Zuge der Kontrollen tatsächlich auf eine heiße Spur zu stoßen.

Es fiel damals niemandem auf, dass wir uns mit diesem Drei-Täter-Profil eigentlich von unserem Verdacht gegen Radl-Binder, die ja noch immer auf ihren Prozess warteten, distanzierten. Welche Funktion hatten die beiden noch, wenn es zumindest zwei wichtigere Männer gab? Bei Binder konnte man immerhin argumentieren, dass er vielleicht nur Zulieferer von Bombenmaterialien war. Aber was war mit dem „Chefideologen" Radl? Wie passte der ins Bild? Ich war froh, bei der Pressekonferenz keine dieser Fragen gestellt bekommen zu haben.

Die österreichweite Fahndung erzeugte österreichweites Aufsehen. Da und dort gab es Beschwerden wegen Staus durch Verkehrskontrollen. Das war vorderhand der einzige „Erfolg".

Im Sinkflug Ballast abgeworfen

Mitte März 1995 preschte NEWS mit der Nachricht vor, noch in diesem Monat sollte Oswald Kessler als Staatspolizei-Chef abgelöst werden. Als Grund wurde unter anderem ein restlos gestörtes Verhältnis zwischen Kessler und mir angeführt.

Was eine Untertreibung war. Zu diesem Zeitpunkt gab es nämlich überhaupt kein Verhältnis mehr zwischen uns.

Tatsache war, dass Löschnak nach einem ernsten Gespräch mit mir diesen Schritt erwog. Ich nannte Kessler immer den „Halbstunden-Mann". Er konnte bis zu einer halben Stunde unglaublich überzeugend vortragen. Hörte man allerdings länger als diese halbe Stunde zu, kamen Zweifel auf. Der Vortrag floss nach allen Seiten auseinander wie ein zu wenig konsistenter Teig.

Löschnak dürfte Kessler weniger als eine halbe Stunde zugehört haben, bevor er ihn im Herbst 1990 zum Gruppenleiter machte. Der Minister hatte überhaupt ein Faible dafür, junge Leute in Spitzenpositionen zu hieven. Ich hatte mit dieser Vorliebe nur wenig Freude. Natürlich machte das was her, einen jungen Beamten an die Spitze einer großen Organisation zu setzen. Das signalisierte Modernität, Fortschritt, Dynamik und verlieh dem Politiker das Flair eines mit der Zeit gehenden Machers. Ich gab jedoch immer zu bedenken, dass diese glänzende Schauseite auch eine weniger brillante Kehrseite hat: Auf lange Sicht zerstört man damit die natürlich gewachsene Hierarchie, die das Korsett jeder Organisation ist.

Kessler blendeten der Aufstieg, die Popularität, das Interesse der Medien. Er badete in der öffentlichen Aufmerksamkeit und war sehr bemüht, sich Bedeutung zu geben. Über diesem Bemühen blieb die Arbeit in seiner Gruppe auf der Strecke. Anstatt zu reorganisieren, die Qualität der Staatspolizei zu verbessern, für Kanzleitechnik und dergleichen zu sorgen, quirlte er durch die Gegend und freute sich, in aller Munde zu sein.

In Besprechungen glänzte er mit seinem Namensgedächtnis, schüttelte die Namen arabischer und anderer Terroristen reihenweise aus dem Ärmel. Wirkliche Erfolge hatte die STAPO in seiner Zeit aber kaum.

Und wenn, dann gab es Gerüchte, die die Erfolge relativierten oder überhaupt in Frage stellten.

Ich hielt es allerdings für meine Pflicht, dem Minister meine Meinung über Kessler immer wieder darzulegen und ihm auch all jene Gerüchte nahe zu bringen, die dem STAPO-Chef „unreine Gangart" nachsagten. Und die Gerüchte wollten nicht verstummen.

Es beschäftigten sich viele mit der Person Kessler. Leute aus der Branche, die anzügliche Bemerkungen machten, Spitzenpolitiker, die mich fragten, ob ich glaube, dass Kessler ein Dossier über sie habe.

Löschnak war oft und oft unzufrieden mit Kessler und sagte ihm das auch sehr deutlich. Ich kann mich an eine dieser Kopfwäschen erinnern. Kessler war ganz bleich, als der Minister seine Vorhaltungen machte. Er fasste sich aber rasch, nützte eine Atempause Löschnaks und begann einen seiner berühmten Vorträge. Er erzählte uns, dass es der EBT gelungen sei, in die Organisierte Kriminalität einzudringen und dass demnächst unglaubliche Ergebnisse zu erwarten seien. Als Kessler gegangen war, fragte Löschnak, sichtlich beeindruckt, was ich von der Sache hielte. „Wir werden nie mehr etwas davon hören", prophezeite ich. Und behielt Recht.

Ich glaube, Löschnak war sehr bald davon überzeugt, mit Kessler einen Fehlgriff getan zu haben. Es hinderte ihn aber seine Loyalität daran, Konsequenzen zu ziehen. Wenn der Minister jemandem ein Amt gegeben hatte, dann entzog er ihm nicht so schnell das Vertrauen.

Und Kessler nützte das weidlich aus. Er jammerte Löschnak immer wieder wegen seines schlechten Einkommens an und der Minister half, wo er konnte. Er verschaffte seinem Jungstar sogar einen Konsulentenvertrag bei der Gemeinde Wien, als „Sicherheitsbeauftragter für die Wiener Hochquellwasserleitung", mit einem monatlichen Salär von 8.000 Schilling.

Zuletzt aber schlug auch für Kessler die Stunde des Abschieds. Er wurde keineswegs deshalb geschasst, weil er sich mit zwei Kollegen für NEWS hatte fotografieren lassen, wie in den Medien immer wieder kolportiert wurde. Ausschlaggebend waren sicherlich die Misserfolge in der Briefbomben-Causa, die brenzliche Situation nach Oberwart – und böse Gerüchte.

Schwierig war es, zu entscheiden, wohin man Kessler versetzen sollte. Ich war dafür, ihn aus dem Ressort zu entfernen. Oder nach Brüssel zu schicken. Dagegen wehrte sich Kessler aber. Er hätte jedoch nichts dagegen gehabt, einen gut dotierten Konsulentenposten zu bekommen. Hier bot sich einer bei der OMV an. Der wurde dann aber für den SPÖ-Abgeordneten Peter Marizzi reserviert.

Was macht man also mit einem sehr jungen Spitzenbeamten, der keine silbernen Löffel gestohlen hat, sondern „nur" erfolglos ist und in seinem Verhalten sprunghaft, extravagant, mediengeil und überheblich? Eine gute Frage! Als einziger Ausweg bot sich schließlich an, Kessler aus der Generaldirektion zu entfernen und zum Chef der EDV zu machen.

Ich habe dieses Manöver immer mit einem Ballon verglichen, der in Richtung eines Berges getrieben wird. Da muss der Ballonfahrer Ballast abwerfen, um vielleicht doch noch drüberzukommen. Löschnak warf noch mehr Ballast ab. Abgelöst wurde auch Bernhard Schießl, der Gruppenleiter Bundespolizei. Er war durch eine schwere Krankheit erheblich behindert. Sein Abgang überraschte niemanden.

Dann musste Wiens Polizeipräsident Günther Bögl über die Klinge springen. Löschnak war, glaube ich, nie ein wirklicher Bögl-Fan. Der Polizeipräsident war aus vielerlei Gründen umstritten – vor allem in den Medien. Eigentlich weniger wegen seiner Amtsführung. Man warf ihm finanzielle Probleme vor, zu reichlichen Umgang mit Alkohol, behauptete, er sei ein Spieler und hätte fragwürdigen Umgang.

Bögl war mit Gewissheit kein Spieler und auch der Alkohol kein wirkliches Problem. Schwierigkeiten hatte er mit seiner Frau, die vielleicht zu aufwändig lebte. Das brachte ihn in die Medien. Löschnak, der ein sehr akkurater Mensch ist, schätzte die G'schichterln nicht, die man sich über die Bögls erzählte. Vor allem aus der Zeit, in der sie die Dienstwohnung in der Polizeidirektion bewohnten.

Aus meiner Sicht war Bögl ein guter, ein ideenreicher Polizeipräsident. Ideen begleiteten ihn wie Schmetterlinge, die sein Haupt umschwirrten. Er brauchte allerdings Mitarbeiter, um sie zu fangen. Als er ging, gab es mehr als hundert Reformkommissionen, die über seinen Ideen brüteten. Ob sie viel ausgebrütet haben, entzieht sich meiner Kenntnis.

Als 1990 eine Razzia im Zusammenhang mit einer Party des Wiener „Geschäftsmannes" Heinz Bachheimer, alias „Roter Heinzi", im Lusthaus stattfand, wurde dieser Einsatz offensichtlich verraten. Es gab zu dieser Geschichte sogar eine ministerielle Untersuchung, bei der auch Günther Bögl in Verdacht geriet. Sie brachte letztlich kein brauchbares Ergebnis.

Löschnak sah Bögl jedenfalls als Belastung an und brachte ihn 1995 in einem Vieraugengespräch zu dem Entschluss, in Pension zu gehen.

Über die Nachfolge von Schießl und Bögl gab es harte interne Gespräche. Ich forcierte Erik Buxbaum als Gruppenleiter Bundespolizei und Peter Stiedl als neuen Polizeipräsidenten. Löschnak war vor allem über meine Vorstellungen den Gruppenleiter betreffend nicht sehr erfreut. Er hatte wenig Vorliebe für Buxbaum.

Dem Vernehmen nach hatte es vor meiner Bestellung zum Generaldirektor zwischen Löschnak und Buxbaum über dessen Bewerbung für diese Funktion eine Auseinandersetzung gegeben. Darüber hinaus schätzte der Minister den Widerspruchsgeist des damaligen Abteilungsleiters nicht. Oftmals, wenn Löschnak bei Besprechungen eine Idee präsentierte und Beifall heischend in die Runde blickte, meldete sich Buxbaum zu Wort und erklärte dem Minister, warum diese Idee vielleicht doch nicht so gut sei. Löschnak äußerte einmal zu mir: „Der Buxbaum geht mir auf die Nerven. Der erzählt mir immer, warum etwas nicht geht. Der soll mir lieber sagen, wie es sich trotzdem machen lässt."

Ich riet daraufhin Buxbaum, sich doch ein wenig zurückzunehmen und er hat das auch beherzigt. Ich allerdings schätzte seine Gabe, Schwierigkeiten vorherzusehen, und kalkulierte seine Einwände immer in meine Überlegungen mit ein.Löschnak ließ sich zuletzt aber doch breitschlagen und akzeptierte Buxbaum.

Bei Stiedl bestanden zwei Hürden. Zum einen wollte er nicht Polizeipräsident werden, zum anderen war er nicht der Wunschkandidat des Wiener Bürgermeisters. Stiedl, vormals Leiter der Wirtschaftspolizei und danach Präsidialchef im Innenministerium, war wegen seiner Fachkompetenz, seiner Gelassenheit und seines untadeligen Charakters für dieses Amt geradezu prädestiniert.

In einem langen, sehr persönlichen Gespräch konnte ich den Widerstand Stiedls „brechen" und Löschnak gelang es, auch die zweite Hürde beiseite zu schaffen. Ich glaube, dass die anfänglichen Vorbehalte aus Wien gegenüber Stiedl in der Vorstellung bestanden, er könnte möglicherweise Interventionen aus der Stadt nicht mit derselben Bereitwilligkeit nachgeben, wie dies bei anderen Kandidaten vorausgesetzt wurde.

Manche glaubten, noch ein Opfer fordern zu müssen, nämlich mich. Dazu sei der damalige Sicherheitssprecher der Liberalen im Nationalrat, Hans Helmut Moser, zitiert, der sich über die APA zu Wort meldete:

„Mit dem Bauernopfer Kessler dürfe es der Innenminister nicht bewenden lassen. Wenn sich etwa Sika einer längst fälligen Strukturbereinigung in der Exekutive widersetzt, zeigt dies, daß er sich von der Realität längst entfernt hat. Dann sind die notwendigen Reformen nur über einen personellen Wechsel möglich."

Kein Mensch verstand, was Moser meinte.

Von welchen Strukturbereinigungen sprach er? Wann hatte ich mich widersetzt?

Allgemeines Kopfschütteln. Mir war jetzt zumindest klar, warum der Liberale Sicherheitssprecher besonderen Wert darauf legte, durch Anführung seines zweiten Vornamens Distanz zu Österreichs größtem Komiker Hans Moser zu schaffen.

Am 20. März 1995 verlautbarte Minister Löschnak über die APA seine Personalentscheidungen. So sollte Polizeipräsident Günther Bögl mit 30. Juni in Pension gehen, Schießl mit Jahresende. Kessler werde die Gruppe EDV übernehmen und durch den Kärntner Staatspolizisten Hein Jürgen Mastalier ersetzt.

Bei Mastalier bestand allerdings ein Problem. Er wollte nicht für ständig nach Wien gehen, war daher nur eine Zwischenlösung, was ich sehr bedauerte. Denn Mastalier war mit seiner kriminal- wie staatspolizeilichen Erfahrung für mich ein idealer Kandidat. Es sollte sich dann auch für die Zeit, die er im Haus war, eine ideale Zusammenarbeit ergeben.

Im Sinkflug Ballast abgeworfen

Löschnaks „Umbauprogramm" wurde von den Medien zwiespältig aufgenommen. Die Zeitungen titelten von „Löschnak macht reinen Tisch" über „Köpferollen an der Polizeispitze" bis zu „Löschnak läßt Muskeln spielen". Wobei zum Teil schon durchklang, dass es sich um eine „Notoperation" handelte und das politische Schicksal des Ministers selbst nur mehr an einem seidenen Faden hing.

Wie dünn der Faden tatsächlich war, ahnte damals keiner.

Wie ein Minister gegangen wird

Die Oktoberwahlen 1994 hatten gezeigt, dass auch Franz Vranitzkys Stern im Sinken war. Um den Jahreswechsel 1994/95 fand im Parlament eine Vorstandssitzung der SPÖ statt, in deren Verlauf Vranitzky gegenüber Löschnak ernste Rücktrittsabsichten bekundete.

Es gab große Auseinandersetzungen um das Erste Sparpaket, besonders in der SPÖ selbst. Finanzminister Ferdinand Lacina sah sich in einer Konfliktposition zur Gewerkschaft, was ihm vor allem aus ideologischen Gründen Kopfweh bereitete. Ende März kündigte er parteiintern seinen Rücktritt an. Als das bekannt wurde, bezeichnete Vranitzky Mutmaßungen über eine größere Regierungsumbildung als unbegründet, um wenige Tage später doch den Kraftakt zu wagen, „alte" Genossen (Frauenministerin Johanna Dohnal, Sozialminister Josef Hesoun) zu entlassen und durch jüngere (Helga Konrad und Franz Hums) zu ersetzen, um Stärke zu demonstrieren.

In meinen Aufzeichnungen über den 30. März 1995 finde ich folgende Notiz:

> Löschnak ruft mich an, während ich gerade eine Knackwurst esse, und lädt mich – eigentlich unmotiviert – zum Essen ein. Ich will nicht recht, er überredet mich aber. So lasse ich die Wurst stehen und gehe zum Minister. Unter vier Augen sagt er mir, daß er am Vormittag zurückgetreten ist und dies bei einer Pressekonferenz am folgenden Tag bekanntgeben wird. Mich trifft diese Nachricht sehr. Zusammen mit den Pressesprechern Cornelia Zoppoth und Walter Kratzer gehen wir zum Meinl am Graben. Es ist kalt. Vereinzelte Schneeflocken fallen. Löschnak wird von vielen Passanten erkannt und gegrüßt. Er ist beim Volk beliebter, als es die Medien darstellen. Beim Meinl essen wir im Stehbuffet. Wir sind besonders lustig, weil wir an der Entscheidung des Ministers würgen und das nicht erkennen lassen wollen.

Tatsächlich aber gab Vranitzky die Regierungsumbildung und auch die Ablöse Löschnaks schon am Nachmittag dieses Tages bekannt und desavouierte dadurch Löschnak in arger Weise.

Des Kanzlers Verhalten hätte der Innenminister eigentlich voraussehen müssen. Denn ein Befreiungsschlag konnte in der Öffentlichkeit ja nur dann verkauft werden, wenn Vranitzky aus eigener Initiative die Minister entließ.

Löschnak war verärgert und gekränkt. Immerhin hatte er den Kanzler in den vergangenen Jahren in vielen Fällen beraten und war letztendlich so etwas wie eine graue Eminenz gewesen.

Heute will Löschnak diese Rolle nicht überbewertet sehen. Er sei zwar oft und oft beim Kanzler gewesen, der aber habe seinen Rat beileibe nicht immer befolgt. Ein Nachteil bei Vranitzky sei gewesen, dass Ratschläge kein Echo ausgelöst und Vranitzky nie vor Entscheidungen seinen Mitstreitern gesagt habe, in welche Richtung er nun gehen werde.

Löschnak war auch über die Wahl von Beamten-Staatssekretär Caspar Einem zu seinem Nachfolger unangenehm berührt. Er sah darin ein Signal für einen markanten Richtungswechsel des Kanzlers aus durchaus opportunistischen Gründen. Vranitzky war immer für ein scharfes Vorgehen in Fremdenfragen eingetreten und musste dabei mehrmals von Löschnak eingebremst werden. Mit der Installierung Einems setzte der Kanzler das deutliche Zeichen eines Gegenkurses zu Löschnak und desavouierte diesen dadurch von neuem.

Er distanzierte sich durch die Einsetzung eines Innenministers aus dem linken Spektrum der Partei quasi von der Politik Löschnaks, die ihm in den vergangenen Jahren oftmals als zu gemäßigt erschienen war.

Politik ist ein hartes Geschäft. Sie lässt keinen Platz für Sentimentalitäten oder Dankbarkeit. Schließlich hatte auch Löschnak Ballast abgeworfen, allerdings unter etwas anderen Umständen. Denn Vranitzky war es in erster Linie gewesen, der nach der Wahl Löschnak gedrängt hatte, im Amt zu bleiben. Und nun, drei Monate später, stieß er ihn „um seines Vorteils willen" über Bord.

Dieser 30. März 1995 steht bis heute zwischen diesen Männern, die beide viel für Österreich geleistet haben.

Vranitzky hatte Einem in der „Zukunftswerkstatt der SPÖ" kennen gelernt, auch seine Ehefrau Christine schätzte ihn. Einem gehörte der Wiener Seilschaft Swoboda-Ederer-Brauner an, die wiederum dem Duo Fischer-Aigner nahe steht. Seilschaften, wohin man schaut, nicht nur in der SPÖ. Kein Wunder, dass sich da die Seile manchmal verheddern.

Ich kam mit Einem erstmals in Kontakt, als er noch Staatssekretär im Bundeskanzleramt und für Personalfragen zuständig war. Es ist, soweit ich mich erinnere, vor allem um den Grenzeinsatz der Exekutive, um eine mögliche Zusammenarbeit mit dem Bundesheer und der Zollwache, gegangen. Mein erster Eindruck war – der Mann ist mir nicht sympathisch. Die Chemie hat zwischen uns beiden von Anfang an nicht gestimmt. Er hat die Gespräche mit zynischer Überheblichkeit geführt. Es war eine schwierige Situation und ich war später dann sehr verbittert, dass dem mir sympathischen Löschnak ein weit links stehender Innenminister nachfolgte.

Er schuf die moderne Polizei

Für mich ist Innenminister Franz Löschnak der Schöpfer der modernen Polizei. Wir bekamen mehr Personal, bessere Geräte. Er hat das buchstäblich durchgepeitscht in der Regierung.

Er arbeitete sehr effizient. Er schonte weder sich noch seine Umgebung. Man hatte den Eindruck, dass es ihm unschwer gelang, seine Mitarbeiter Tag und Nacht zu beschäftigen. Ich selbst habe in seiner Zeit mehr gearbeitet als jemals zuvor und auch mehr als nach Löschnaks Abgang. Löschnak war ein harter Knopf im Umgang, oft ein bisschen rüde, nach außen hin weitgehend humorlos. Wer ihn besser kannte, wusste, dass er einen weichen Kern hatte und man mit ihm, vor allem im privaten Bereich, auch ganz anständig lachen konnte. Er vermochte Situationen sehr gut einzuschätzen und war ein hervorragender Taktiker in Verhandlungen. Trotz seiner zumindest nach außen gezeigten Härte arbeiteten alle gern für ihn, weil sie den Erfolg sahen. Löschnak schätzte durchaus die Meinung seiner Mitarbeiter, ließ eine offene Diskussion zu, ab einem gewissen Zeitpunkt war damit jedoch Schluss. Er stellte dann fest: „Genug der Diskussion, ich will das so haben!"

Im Februar 1993 hatte Löschnak die Position des SPÖ-Vorsitzenden von Wien angestrebt. Wahrscheinlich schon mit dem Gedanken, dass er nicht ewig Innenminister bleiben wird. Er wollte natürlich später Wiener Bürgermeister werden; der SPÖ-Vorsitz wäre der erste Schritt dazu gewesen (auch Erwin Lanc wollte ja früher vom Innenministerium in die Funktion des Wiener Bürgermeisters wechseln).

In der Partei aber hat man 1993 Michael Häupl favorisiert. Vielleicht auch deshalb, weil Löschnak als ehemaliger Beamter der Stadt großes Insiderwissen hatte. Und Wissen ist Macht. Für die Spitzenbeamten im Rathaus hätte sich mit Löschnak durchaus ein Gefahrenpotenzial entwickeln können.

Welche Dossiers gibt es?

Immer wieder wurde ich von Politikern gefragt, ob ich glaube, dass der frühere STAPO-Chef Oswald Kessler Dossiers über sie besitze. Und immer wieder musste ich antworten, dass ich es nicht wisse, die Möglichkeit aber nicht ausschließen könne.

Kessler war ohne Zweifel sehr umtriebig und rührig in der Umwälzung von Informationen. Ich kann mir – offen gestanden – nicht vorstellen, dass er die wesentlichen Mitteilungen, die er erhielt, nicht auch schriftlich festgehalten hatte, sofern sie nicht aktenmäßig zu verarbeiten waren.

Oft wurde ich gefragt, ob es einen Akt über Jörg Haider gebe oder in Kesslers Zeit gegeben habe. Auch da musste ich passen. Haider selbst hat mir diese Frage nie gestellt.

Einzelne Vorgänge über Haider gab es natürlich immer wieder. Einmal, so erinnere ich mich – es war in einem Wahlkampf –, wurde der Politiker im zweiten Wiener Gemeindebezirk tätlich angegriffen. Seine Begleiter schirmten ihn aber ab. Polizei intervenierte und stellte fest, dass einer der Begleiter Haiders aktiver Wiener Polizist war, allerdings außer Dienst. Darüber kam eine Meldung auf meinen Tisch.

Der stete politische Aufstieg Jörg Haiders war für die anderen Parteien bedrohlich. Speziell in Vorwahlzeiten. Verständlich, dass sich alle für seine Person interessierten, ihn beobachteten, nach seinen Angriffsflächen suchten. Im Wahljahr 1994 gab es viele Gerüchte. Über Haiders angebliche sexuelle Neigungen, über das Naheverhältnis einiger Personen aus seiner Umgebung zu Drogen. Aber es waren eben nur Gerüchte.

Mir wurde auch zugetragen, die STAPO plane eine Gefährdungslage um Haider zu konstruieren, um einen Vorwand zu haben, Polizisten als „Schutz" in seine nähere Umgebung zu bringen. Ich erwähnte das vorsichtig in einem Gespräch beim Minister, hörte später jedoch nichts mehr davon.

Aktenkundig wurde eine derartige angebliche Gefährdungslage um Haider allerdings Mitte Jänner 1994. Es ging damals um Attentatspläne deutscher Linksextremisten gegen den Politiker. Die Information stammte von den Leibwächtern Haiders, zwei Berufsdetektiven, die sich

Welche Dossiers gibt es?

auf einen Informanten aus der linken Szene in Wien beriefen, der zu dieser Terrorgruppe angeblich in Kontakt stand.

Auch in diesem Fall wurde gemunkelt, die Staatspolizei habe den Hinweis „getürkt". Ob zu Recht, bleibt dahingestellt. Jedenfalls gelang es in diesem Zusammenhang, einen STAPO-Beamten zumindest in die Nähe der Leibwächter zu bringen. Und zwar völlig regulär – unter Hinweis auf die behauptete Gefährdungslage. Mit dem Erfolg, dass der Beamte prompt „umgedreht" worden sein soll und Sympathisant der FPÖ wurde.

Man kann sich vorstellen, dass ich mit diesem Cocktail von Dichtung, Wahrheit, Verdacht und Gerücht nicht sehr glücklich war. Und im Wesentlichen außer Stande, dem allem auf den Grund zu gehen. Die STAPO erwies sich wieder einmal als nasser Schwamm. Wenn man hineinbohrte, gab sie nach und verlor ein paar Wassertropfen, mit denen man dann nichts anfangen konnte. Das war auch der Grund, weshalb ich bei Löschnak insistiert hatte, Kessler abzulösen und eine Reorganisation der STAPO einzuleiten. Erst sehr spät war er meinem Rat gefolgt.

Caspar Einem stand der Staatspolizei von Anfang an mit Misstrauen gegenüber. Er fand sich sofort bereit, Reformen in Angriff zu nehmen. In dem neuen STAPO-Chef Hein Jürgen Mastalier hatte ich einen kongenialen Partner. Tatsächlich entstand unter ihm der erste ernst zu nehmende Entwurf für eine Neuorganisation, dem dann unter Peter Heindl, seinem Nachfolger, die vorläufige Endfassung folgte. Heindl war es auch, der etwas umsetzte, was unter Kessler schier unmöglich gewesen war: die Installierung eines EDV-unterstützten und daher nachvollziehbaren Aktensystems.

Man muss sich vorstellen, unter Kessler gab es überhaupt kein Aktensystem für die Staatspolizei, von EDV ganz zu schweigen. (Darum machte ihn Löschnak wohl zum Leiter der EDV-Zentrale ...) Kessler lehnte die Einführung eines EDV-Systems als für die STAPO nicht wünschenswert ab, weil er sich, wie behauptet wurde, nicht in die Akten schauen lassen wollte.

Dass aber die Staatspolizei ein „Staat im Staat" sei, wie immer wieder behauptet wird, stimmt trotz alledem nicht. Weder in der Praxis noch in ihrem gesetzlich gezogenen Rahmen. Schuld an dieser falschen Einschätzung sind einige Journalisten und auch Anwälte, die da einen Popanz aufgebaut haben: die Staatspolizei, die alle und alles belauscht, bespitzelt. In Wahrheit war sie weniger effizient, als man glaubt. Ich würde sie in gewisser Hinsicht als „tönerne Figur" bezeichnen.

Bis zum Jahr 1990 legte die STAPO Akten über Nonsensgeschichten an. Wenn etwa der katholische Lehrerverein einen bunten Abend veranstaltete, schickte man Beamte hin, die als Arbeitsnachweis irgendeinen Unsinn schrieben. Ähnlich ging es zu, als Hans Pretterebner Lesungen über die Affäre Udo Proksch hielt, bei denen Staatspolizisten zuhörten und seitenlange Berichte verfassten.

Es gab dann die große Aktion „Spitzelakten", ausgelöst durch den parlamentarischen Lucona-Ausschuss. Damals wurde der gesamte Aktenbestand der Staatspolizei im Innenministerium gesichtet, tausende Dossiers wurden vernichtet, ein Teil kam ins Staatsarchiv. Der Rest wurde behalten. Das war ein Segment der ersten STAPO-Reform unter Löschnak.

Nach dieser ersten Reform wurde wohl weniger geschrieben, dafür aber gezielter überwacht. Zufrieden stellend war die Situation aber beileibe nicht. Die Briefbomben brachten dann das Desaster der STAPO sozusagen an die Öffentlichkeit.

Feier im Ballsaal

Wenn ein Minister geht und ein neuer kommt, findet traditionell eine feierliche Zeremonie im Großen Sitzungssaal statt. Er war ehemals der Ballsaal des Palais Modena, das seine heutige Gestalt nach 1811 erhalten hat und 1842 vom Staat gekauft wurde. Die so genannte Beletage hat sich weitgehend bis heute erhalten und beherbergt im Wesentlichen die Arbeits- und Repräsentationsräume des Ministers. Diese Räumlichkeiten beeindrucken vor allem ausländische Gäste immer wieder.

Der Große Sitzungssaal ist ein eher schlichter Raum in klassizistischem Stil mit einer erstaunlich schlechten Akustik. Jeder höhere Beamte des Ressorts durchwanderte ihn mehrmals im Laufe seiner Karriere. Es werden dort Beförderungsdekrete überreicht, Orden verliehen, Kollegen in die Pension verabschiedet. Der Saal wird je nach Anlass adjustiert. Bei Besuchen ausländischer Minister dient er, mit einem langen Tisch in der Mitte, bis zu 30 Personen als Besprechungsraum. Bei Feiern werden fragile Goldsesselchen aufgestellt. Dann bietet der Saal etwa 70 Personen Platz.

Derart ausgestattet, mit Blumen und grünem Gebüsch geschmückt, bot sich der Saal am 11. April 1995 einem eher betretenen Auditorium dar. Franz Löschnak wurde verabschiedet, Caspar Einem als neuer Minister begrüßt. Die höchsten Beamten des Ressorts hatten sich versammelt und waren in der Mehrheit nicht sehr freudig gestimmt.

Ein Ministerwechsel wird in der Regel von der Belegschaft ungern zur Kenntnis genommen, bedeutet das doch Trennung vom Gewohnten, Ausrechenbaren. Ein neuer Minister ist immer ein Unsicherheitsfaktor für einen Spitzenbeamten.

Die von der Polizeikapelle musikalisch umrahmte Zeremonie sah Ansprachen von Löschnak, Einem und meiner Wenigkeit vor. Löschnak hatte das ausdrücklich so festgelegt.

Löschnak gab einen trockenen Rechenschaftsbericht. Es fiel auf, dass er nur mich namentlich erwähnte und lobte. Das überraschte. War doch erwartet worden, dass er in erster Linie seinen alten Weggefährten Manfred Matzka hervorstreichen würde. Aber nichts dergleichen. Erst später war zu erfahren, warum Löschnak jenen Mann, der ihm in der

Fremdenpolitik jahrelang als Hitzeschild gedient hatte, nicht genannt hatte. Matzka hatte knapp vor dem Abgang Löschnaks – quasi zur Begrüßung des neuen Ministers – ein Papier erstellt, in dem er die Fehler der Fremden- und Asylpolitik Löschnaks auflistete. Ob nun aus unglücklichem Zufall oder mit Absicht – jedenfalls landete das Schriftstück nicht auf Einems, sondern am letzten Amtstag auf Löschnaks Schreibtisch. Die Folgen kann sich jedermann ausmalen.

Dennoch: Vier Jahre danach, 1999, avanciert Matzka zum Präsidialchef des Bundeskanzleramtes. Wenig später erhält er mit Wolfgang Schüssel einen schwarzen Chef.

Löschnak hatte festgelegt, ich sollte zwischen seiner und Einems Rede die Brücke schlagen. Es wurde eher eine Zugbrücke über einen tiefen Graben. Und ich verfehlte meine Aufgabe gründlich. Ich war über Löschnaks Abgang tief betrübt. Ich verdankte ihm meine Karriere und eine tolle Zeit im Ministerium – und auch menschlich waren wir uns durch „gemeinsames Leid" sehr nahe gekommen.

So hielt ich meine Rede im Zwiespalt zwischen Trauer um einen sehr geschätzten Minister und Reserviertheit gegenüber einem neuen Chef. Ich würdigte Löschnak nach allen Regeln der Redekunst. Einem stieß ich vor den Kopf. Ich sagte dabei Dinge, die er mir nie verziehen hat. Praktisch mit der ersten Wortmeldung beschädigte ich mein Verhältnis zu Einem. Aus übergroßer Loyalität zu Löschnak und vorauseilender Abneigung gegen Einem.

Heute würde ich so eine Rede nicht mehr halten. Obwohl ich sagen muss, dass ich damals fast seherisch manches angesprochen habe, das sich später als auf den Punkt getroffen herausstellen sollte. Die meisten Zuhörer krampften sich zusammen und hielten mich für einen Selbstmörder.

Caspar Einem saß wie versteinert da.

Schon am Vortag hatte der Neo-Minister das Betreten des Hauses und die Inbesitznahme seines Zimmers zelebriert. Alles wurde auf Video festgehalten: Einem vor dem Haus, Einem begrüßt den Polizisten am Eingang, Einem im Stiegenhaus, Einem in seinem Arbeitszimmer ...

Bei den ersten Ansprachen des neuen Ministers fiel auf, dass „Geborgenheit" sein Lieblingswort war. Er gebrauchte es in jeder

Rede zumindest dreimal. Wir warteten schon darauf. Und fühlten uns, je länger er unser Chef war, immer unbehaglicher dabei. Denn er sorgte sich zwar um die „Geborgenheit der Menschen", uns wirbelte er aber mit System durcheinander und spielte uns meisterhaft gegeneinander aus. Zu Ende seiner Ministerschaft war die Atmosphäre im Haus auf dem Tiefpunkt und es gab nur wenige, die sich tatsächlich geborgen fühlten.

Caspar Einem ist sehr intelligent. Er begriff spielend die Probleme des Ressorts und konnte überraschend bald „mitreden". Leider war er noch nicht ganz so weit, als wir in die ersten Budgetgespräche mit Finanzminister Viktor Klima gingen, die im Parlament stattfanden. Einem ließ sich locker eine jährliche Einsparung von tausend Posten für 1995 und 1996 herausreißen und war durchaus der Meinung, dass das zu verkraften sein müsse. Dabei lag die Zahl 1000 weit über der jährlichen Pensionsquote, was die Frage aufwarf, wie man denn diese Summe überhaupt erreichen könne. Denn so leicht wie in der Privatwirtschaft, wo man die Leute einfach hinausschmeißt, geht es im Staatsdienst halt (noch) nicht.

Unser Präsidialist, der liebenswürdige Sektionschef Werner Hampel, hatte eine graue Gesichtsfarbe aufgezogen und versuchte vergeblich, eine Korrektur der Zahlen zu erreichen.

So hatte Caspar Einem in wenigen Minuten alles verspielt, was sein Vorgänger mit Sicherheitsmilliarde und dergleichen mehr fürs Ressort herausgeholt hatte. Doch um der Wahrheit die Ehre zu geben: Einem hat seinen Fehler einige Monate später erkannt und auch eingestanden.

Der Minister schrieb bei Sitzungen immer mit. Er hatte ein Buch, das er mit großer Geschwindigkeit füllte. Wie viele Bücher er in den zwei Jahren seiner Tätigkeit im Innenministerium voll schrieb, entzieht sich meiner Kenntnis. Uns hat das anfangs sehr imponiert, bis wir im Laufe der Zeit den Verdacht hegten, dass Einem das Buch nur zum Schreiben und nicht auch zum Nachschauen benützte.

Ich hatte unter Einem ernste Existenzsorgen und ruderte wie noch nie. Ich glaube, ich hätte die Ruderweltmeisterschaft gewonnen, auch allein sitzend in einem Achter ohne Steuermann.

Zwei Tote in Ebergassing

Es war der 19. April 1995, ein Mittwoch. Gegen Mittag traf beim Gendarmerieposten Ebergassing die Nachricht ein, dass man unter einem Mast der 380-kV-Stromleitung am Rande des Goldwaldes Leichen entdeckt habe. Die Beamten fanden zwei verstümmelte Körper, einem der Toten war der Kopf abgerissen worden, beide waren teilweise verkohlt. Im Gestänge des Mastes hingen noch vier Sprengladungen. Eine fünfte war offenkundig während der Montage explodiert und hatte die Männer getötet.

Bei den Toten wurden Ausweise gefunden, lautend auf Gregor Thaler, geboren 1965 in Innsbruck, und Peter Konicek, geboren 1962 in Ebergassing.

Ich wurde am frühen Nachmittag durch die Sicherheitsdirektion Niederösterreich verständigt, schloss mich sofort mit Minister Einem und dem STAPO-Chef Mastalier kurz und schlug vor, die Untersuchung durch die bewährte Kriminalabteilung Niederösterreich durchführen zu lassen, um die Sache von vornherein von der Briefbombenuntersuchung und dem Ministerium fern zu halten.

Noch am Abend des 19. April wurden die beiden Toten von ihren Angehörigen in der Gerichtsmedizin identifiziert. Der Zeitpunkt, zu dem der Tod eintrat, wurde von den Experten mit 11. April, zwischen 22 und 23 Uhr, festgestellt, lag also mehr als eine Woche zurück.

Reifenspuren am Tatort bewiesen, dass die Täter mit einem Auto gekommen waren. Der Wagen musste von einem weiteren Attentäter weggefahren worden sein.

Gemeldet war Gregor Thaler damals im Kirchweger-Haus in Wien-Favoriten, einer Hochburg der linken Szene. Gelebt hatte er von einer Notstandshilfe in der Höhe von 6.100 Schilling. Am 19. April abends nahm die Alarmabteilung der Wiener Polizei eine Hausdurchsuchung im Kirchweger-Haus vor, stieß aber auf eine Mauer des Schweigens.

Interessant war, dass der linke Journalist Wolfgang Purtscheller bereits am 10. April 1995, also nur einen Tag vor der Anbringung der Sprengladungen in Ebergassing, in einem Interview mit dem „Abendjournal" des ORF-Radio „rechtsradikale Attentate" in der kommenden

Karwoche vorausgesagt hatte. Und der „Standard" meinte in einem Bericht vom 20. April: „Ein Anschlag mit einer Urheberschaft in der rechten Szene gilt als ebenso möglich wie ein Zusammenhang mit der Diskussion um den Weiterbau der 380-kV-Leitung durch das Burgenland."

Als Bundesminister Einem von dem Anschlag in Ebergassing erfuhr, war er sehr betroffen. Er wollte lange Zeit nicht glauben, dass Linksextremisten die Urheber des Attentates waren.

Sowohl Thaler als auch Konicek hatten zahlreiche Vormerkungen in ihren Staatspolizei-Akten, beide waren wegen ungeklärter Bombenattentate schon einmal in Haft genommen worden.

Konicek demonstrierte 1988, mit einer schwarzen Anarchistenfahne in der Hand, vor dem Kreisgericht Korneuburg gegen die Inhaftierung eines Wehrdienstverweigerers. Dessen Name: Bassam Al Taher. Der Sohn eines palästinensischen Arztes mit österreichischer Staatsbürgerschaft spielte dann auch eine Rolle bei dem Anschlag in Ebergassing.

Wir hatten von Kontakten zwischen Al Taher und den beiden getöteten Attentätern gewusst. Am 21. April, nachdem die Polizei die letzten Tage von Thaler und Konicek rekonstruiert und auch das Auto gefunden hatte, mit dem sie am Tatort waren, sollte Al Taher vernommen werden. Er war jedoch nicht auffindbar. Ein richterlicher Haftbefehl wurde zunächst nicht beantragt, da die Beweislage zu diesem Zeitpunkt noch nicht ausreichend erschien. Es wurden im Zusammenhang mit den Ermittlungen durch den Stellvertretenden Klubobmann der FPÖ, Ewald Stadler, Vorwürfe gegen den Minister erhoben, er behindere die Erhebungen. Natürlich aus politischen Gründen. Diese Vorwürfe wurden durch den Sicherheitsdirektor für Niederösterreich, Robert Zeipelt, entschieden zurückgewiesen. Tatsächlich arbeitete die Kriminalabteilung Niederösterreich absolut unabhängig und nach rein kriminalpolizeilichen Gesichtspunkten.

Am 22. April vergleicht die „Kronen Zeitung" ein Passfoto von Konicek mit dem Phantombild des gesuchten Rohrbomben-Attentäters von Klagenfurt: Die Konterfeis sind einander frappierend ähnlich. Die Ermittler in Kärnten weisen auf eine weitere Parallele hin: Bei beiden Sprengkörpern wurde Unkrautsalz verwendet.

Tatsächlich bestand kein Zusammenhang zwischen den beiden Terrorakten, das wussten wir schon damals. Minister Einem aber traf eine politische Feststellung dazu: „Linker Terror richte sich gegen Sachen, rechter Terror gegen Menschen." Was im gegenständlichen Fall insofern eine gewagte Behauptung war, als ein totaler Stromausfall in Teilen der Stadt durchaus lebensbedrohende Folgen für Menschen nach sich ziehen kann.

Die politischen Wogen gingen damals extrem hoch. Für die Freiheitlichen und ihren Chef Jörg Haider, die in manchen Blättern ja oft als „Paten des Rechtsextremismus" bezeichnet wurden, schien sich die Gelegenheit zum Kontra zu eröffnen. In einer Pressekonferenz am 25. April 1995, also nur sechs Tage nach der Entdeckung der Leichen von Ebergassing, sprach Haider von einem „Netz des linken Terrors", das über Österreich ausgebreitet sei. Namentlich nannte er das „TATblatt", den Grün-Politiker Peter Pilz und – natürlich – Minister Caspar Einem. Ihm warf er „Verniedlichung" vor und deutet kryptisch an, dass er Belastungsmaterial habe.

Offenkundig ahnte Einem schon, was sich da zusammenbraute. In einem Interview mit dem „Kurier" vom 28. April trat er die Flucht nach vorne an. Der Text ist es wert, hier wiedergegeben zu werden:

„Von der Herrengasse dringt gedämpft der Verkehrslärm ins Ministerbüro. Caspar Einem streckt die Beine unter dem Tisch aus und blickt den Rauchkringeln nach, die von seinem Zigarillo zur Decke aufsteigen. Es ist Donnerstag, der 27. April, kurz nach 12 Uhr. Der Staatsakt ‚50 Jahre Freiheit' im Parlament ist soeben beendet worden. Einem hat zum Interview ins Innenministerium gebeten. Was der jetzt 46jährige frühere Bewährungshelfer (1972 bis 1977) und spätere Sozialwissenschaftler, AK-Angestellte und ÖMV-Manager in einem Exklusiv-Interview mit dem KURIER preisgibt, ist Sprengstoff für seine politische Karriere.

Der Innenminister erklärt, daß er für die Szene, aus der später die Sprengstoff-Attentäter von Ebergassing kamen, bis vor rund drei Jahren finanzielle Beiträge leistete. So wurde die Druckmaschine für das ‚Zentralorgan' der Anarcho-Szene, das TATblatt, mit Geld angeschafft, das auch von Einem gekommen war. Der sozialdemokratische Innenminister weiß seit kurzem, daß diese Facette der Vergangenheit im Zuge der Ermittlungen nach dem Ebergassing-Anschlag ans Tageslicht kommen wird.

‚Den allerersten Hinweis, daß etwas gefunden wurde, habe ich nicht von der Polizei bekommen, sondern aus der Szene. Einer dieser Wahnsinnigen hat damit gewachelt, als die Polizei kam.'

Woher kam das Geld? Und um welche Summen hat es sich gehandelt?

‚Das war mein eigenes Geld, keine 10.000 Schilling. Ich verweise ausdrücklich darauf, daß ich nicht als Innenminister gespendet habe, sondern in der Zeit, als ich ÖMV-Direktor war.'

Warum haben Sie gespendet?

‚Ich bekenne mich zu einer Politik der Handreichung, solange es um Worte geht. Wenn es dann um Taten geht, dann ist der Ofen aus. Ich erkläre meine seinerzeitigen Handlungen im wesentlichen aus meiner Grundhaltung, für ein offenes Gespräch zu sein – überall dort, wo es darum geht, daß sich Leute noch artikulieren.'

Haben Sie die späteren Attentäter Konicek und Thaler gekannt?

‚Möglicherweise habe ich bei irgendeiner Gelegenheit so jemanden getroffen. Mich hat damals einer angerufen – wie es deren Art ist, sind wir gleich per du miteinander gewesen –, und dann habe ich gesagt, bloß wegen eines Telefonats spende ich nichts, sie sollen mir etwas schreiben. Sie haben dann geschrieben, daß sie eine Druckmaschine haben wollen und ihnen noch 25.000 Schilling fehlen. Und ob ich das nicht zahlen könnte. Und ich habe dann in einem Anfall von Großzügigkeit mich auf 5.000 Schilling eingelassen. Ich war damals ganz gewöhnlicher Bürger und sonst nichts.'

Waren Sie nicht überrascht?

‚Ich habe mit sehr, sehr vielen Wahnsinnigen zu tun gehabt. Die Leute sind gekommen, ich habe mir gedacht, eine Druckmaschine ist an und für sich o.k. Wenn man für Meinungsfreiheit eintritt, muß man ja nicht jede Meinung, die transportiert wird, akzeptieren.'

Gilt das auch für Gewalttäter?

‚Nein. Ich stehe auch als Innenminister zunächst für Dialog, aber nicht dort, wo es um Taten geht – wie in Ebergassing oder Oberwart. Da hört sich das Reden auf.'

Würden Sie sagen, daß Sie sich heute etwas vorzuwerfen haben? ‚Subjektiv habe ich mir nichts vorzuwerfen. Aber von der Optik her ist das Ganze sicher außerordentlich schlecht.'"

Kanzler Franz Vranitzky stieß ins gleiche Horn: „Keine gute Optik." Wiens Bürgermeister Michael Häupl wurde da schon deutlicher: „Von mir hätten diese Leute keinen Schilling, sondern einen Tritt bekommen." Minister Einem reagierte auf die Kritik der prominenten Sozialdemokraten voll Selbstironie, indem er mit gespielter Verwunderung feststellte: „Bisher sind Minister nur geschasst worden, weil sie ‚genommen' und nicht, weil sie ‚gegeben' haben."

Unerklärlich blieb für viele, und auch für mich, dass das „TATblatt" auch Subventionen aus dem Steuertopf erhielt.

Das 1988 gegründete Blatt veröffentlichte immer wieder so genannte „Bekennungen" zu linksextremen Anschlägen. Da wurden die „Militanten Feuerspucker" zitiert, die ein Attentat auf eine Mercedes-Filiale eingestanden, oder ein „Komitee zur Unterstützung symbolhafter Großbrände", das sich zum Brand in den Redoutensälen der Hofburg im Jahr 1992 bekannte, dessen Ursache übrigens bis heute nicht restlos geklärt ist.

Dennoch genehmigte der Sozialminister zwischen 1990 und 1995 aus den Mitteln der Arbeitsmarktförderung 2,3 Millionen Schilling für die Herausgeber des „TATblattes" und auch das Bundeskanzleramt schüttete 85.429 Schilling an Presseförderung aus, weil das „TATblatt" der „staatsbürgerlichen Bildung" diene.

Minister mit Vergangenheit?

Natürlich beschäftigen sich die Medien jetzt auch näher mit der Vergangenheit des Ministers. Der Sohn des berühmten Musikers Gottfried von Einem und dessen erster Frau, einer geborenen Bismarck, hatte in den siebziger Jahren 35.000 Schilling aus einer Erbschaft in einen Bauernhof investiert, wo Drogensüchtige therapeutische Hilfe bekommen sollten. Über diesen Hof tauchten nun Gerüchte auf.

Es war Mitte April 1995, eine knappe Woche, nachdem Caspar Einem das Innenministerium übernommen hatte, da rief mich in der Generaldirektion ein Polizeioffizier, den ich gut kenne und den ich für überaus vertrauenswürdig halte, an: „Du, lieber Freund, du weißt ja, dass der Einem mit Suchtgift zu tun hatte?" Da mir nichts dergleichen bekannt war, fuhr er fort: „Ich habe schon vor vielen Jahren den Hinweis bekommen, dass der Sohn des Komponisten Einem im Waldviertel in Suchtgiftgeschichten verwickelt und dort auch einmal inhaftiert gewesen sein soll."

Er konnte allerdings nichts Näheres über Ort und Zeit sagen und so ließ ich die Sache auf sich beruhen. Offensichtlich gab es aber auch andere Mitarbeiter im Bereich des Ministeriums, denen diese Gerüchte zu Ohren gekommen sind, und schließlich erschien darüber sogar etwas in den Medien.

Unterlagen über den Suchtgiftverdacht sind nirgends gefunden worden, was auch deshalb verständlich ist, weil das alles ja zwanzig Jahre oder länger zurücklag. Zum Teil gab es die Gendarmerieposten nicht in der damaligen Form, Haftbücher aus dieser Zeit waren nicht vorhanden.

Der damalige geschäftsführende Klubobmann der FPÖ im Parlament, Ewald Stadler, nannte die Namen von zwei Staatspolizisten – Egisto Ott und Willi Drumbl –, die angeblich eine Karteikarte aus der Kanzlei des Wiener Sicherheitsbüros „mitgenommen" haben sollen. Die Karteikarte über Dr. Caspar Einem, auf der alle Vorgänge verzeichnet waren, derentwegen Einem beamtshandelt worden war. Auf dem Einem-„Steckzettel" sollte sich laut Stadler auch der Vermerk SG – also Suchtgift – befunden haben.

Wir untersuchten das im Auftrag des Ministers, doch bestritten sowohl die beiden Staatspolizisten als auch die zuständige Kanzleibeamtin des Sicherheitsbüros, dass es einen derartigen Vorfall gegeben habe. Es war zwar keine Karteikarte Einem vorhanden, es konnte aber auch nicht geklärt werden, ob es überhaupt jemals eine gegeben hatte. Man kann also seriöserweise weder behaupten, Einem habe mit Suchtgift zu tun gehabt, noch das Gegenteil davon.

Für mich war es in dieser Zeit schwer, zum neuen Minister ein tragbares Verhältnis aufzubauen. In meinen Aufzeichnungen finden sich dazu folgende Notizen:

> Mein Verhältnis zum neuen Minister ist anfänglich von gegenseitigem Abwarten gekennzeichnet. Ich sehe den Chef in den ersten vierzehn Tagen nur selten, bekomme keinen Akt zurück, habe kaum Kontakt. Mit dem Attentat von Ebergassing änderte sich die Situation. Der Minister merkt, daß er mich doch brauchen kann und ich mich bemühe, ihm zu helfen. Seine Crew ist amateurhaft und nur mäßig interessiert, die Geschäfte wirklich zu übernehmen. Langsam merken sie, daß das Innenministerium keine „g'mahte Wies'n" ist.

Als sich die Ermittlungen im Fall Ebergassing vorübergehend festliefen und die Beamten vergeblich nach einem Florian F. suchten, fragte mich Minister Einem, ob in dieser Situation nicht vielleicht sein Freund Dr. Thomas Prader helfen könne, der als Rechtsanwalt die linke Szene gut kenne und dorthin Kontakte habe. Ich erklärte ihm, dass es in kriminalpolizeilichen Untersuchungen durchaus üblich sei, hin und wieder einen Anwalt einzuschalten, um Situationen zu bereinigen oder Erhebungen zu beschleunigen. Einem gab mir die Telefonnummer des Anwalts, der gerade in Frankreich urlaubte.

Ich rief Prader an. Er erklärte sich bereit, seine Fühler auszustrecken, um den Gesuchten stellig zu machen.

Die Sache hat an sich auch funktioniert. Der Mann konnte zur Einvernahme gebracht werden und es stellte sich seine Unschuld in Bezug auf das Attentat von Ebergassing heraus.

Allerdings löste die Aktion einen NEWS-Artikel aus, der Einem – und letztlich auch mich – neuerlich in ein schiefes Licht brachte. Unglückseligerweise dürfte Prader bei seinen Bemühungen an den Journalisten Wolfgang Purtscheller geraten sein, der die Geschichte natürlich weidlich ausschlachtete und gehörig verdrehte. Purtscheller behauptete, Prader habe davon gesprochen, er müsse unbedingt einen dritten Mann als Komplizen der beiden Toten ausfindig machen, um Einem zu helfen, der in der Spendensache gehörig unter Druck sei. Prader habe einen Deal vorgeschlagen. Es solle sich „jemand" aus der Linken melden und sich als Dritter Mann ausgeben. Dieser „jemand" könne anonym bleiben und dann wieder untertauchen.

Prader dementierte prompt und zu Recht. Allerdings wirbelte die Sache unnötigen Staub auf, obwohl Purtschellers Märchen unglaubwürdig genug war und uns seine Version gar keinen Vorteil gebracht hätte. Aber wer denkt schon logisch, wenn er etwas liest, das er gern glauben würde.

Kaum war die Geschichte mit Prader gegessen und halbwegs verdaut, gab es das nächste Problem: Einems STAPO-Akt. Natürlich hatte der Minister von Anfang an darauf gedrängt, alle im Haus vorhandenen Unterlagen über seine Person in die Hand zu bekommen – vor allem diesen Akt.

Für hochrangige Linke scheint es geradezu ein Adelsprädikat zu sein, wenn ein STAPO-Akt über sie angelegt ist. Einem war sehr gespannt, dann aber eher enttäuscht, dass dieser Akt dünn und unansehnlich war.

Das schmalbrüstige Konvolut bestand im Wesentlichen aus einem Bericht über einen „Verein wider die Sucht", in dem ein gewisser Dr. Caspar Einem, Bewährungshelfer, Kassier war und der im Waldviertel einen Bauernhof für zu Therapierende unterhielt. Ferner aus Zeitungsartikeln, unter anderem einem „profil"-Porträt des Staatssekretärs Einem.

In dieser ganzen Sammlung war nur ein Viertelbogen interessant. Ein Viertelbogen, den ein gewisser Polizeirat Michael Sika vor nahezu zwanzig Jahren mit einem Aktenvermerk voll geschrieben hatte. Dieser Aktenvermerk, der einen anonymen telefonischen Hinweis auf eine Wohngemeinschaft im Waldviertel enthielt, in der „gegiftelt" werde, amüsierte Einem sehr.

Obwohl keine Namen darin enthalten waren und das Papier so gut wie keine Rückschlüsse auf ihn zuließ, nützte der Minister offensichtlich

Minister mit Vergangenheit?

> Vm 205 | Mh/77 S;   Wien, am 5.12.1977
>
> AV.
>
> Eine anonyme Anruferin teilt mit, daß die Terroristin Juliane Plambeck vor einigen Tagen im Waldviertel gesehen worden sei uzw. in Waldhausen. Die Wirtin des Wirtshauses Huber in Rappoltsschlag könne darüber näheres sagen, habe aber Angst, der Gendarmerie etwas mitzuteilen. Außerhalb von Rappoltsschlag liege im Wald unweit einer Mühle ein Haus, das einem Herrn Strasser gehöre und von lichtscheuem Gesindel bewohnt werde. Immer wieder werden dort auch Deutsche und Holländer gesehen......
>
> Pol.Rat Sika

die Chance, mir eins auszuwischen. Ich finde in meinen Aufzeichnungen folgende Notiz:

Am 10. 5. 95 erhalte ich von B. per Fax den Vorabdruck von NEWS, das eine riesige Geschichte über Einem bringt. Eine geradezu lächerlich überschwengliche Geschichte, in der Einem als neuer Wundermann vorgestellt wird und quasi als Nachfolger Vranitzkys. – Auf einer Seite die Story mit meinem AV aus dem Jahre 1977. Völlig entstellt. Mit der infamen Frage: kann denn jemand, der schon vor 18 Jahren den heutigen Minister bespitzelt hat, nun sein engster Mitarbeiter sein? Ich bin wütend, renne sofort hinüber zum Minister, der gerade im Kreise seiner Lieben sitzt und philosophiert. Ich stelle ihn zur Rede. Er gerät aus der Contenance. Redet herum und bestreitet nicht, daß die Angaben von ihm stammen. Ich zittere vor Wut, lasse mich aber zu keinem unbedachten Wort hinreißen. Die anderen sitzen wie versteinert da. Hlavac [die Pressesprecherin] geht zum Telefon und spricht mit der „Kronen Zeitung", damit die Morgenausgabe die Geschichte nicht bringt. In der Abendausgabe steht sie nämlich schon. Der Minister beteuert, daß die Sache nicht der Rede wert sei. Ich lasse ihn sitzen und gehe.

Der NEWS-Bericht hatte übrigens ein Nachspiel. Vranitzky bestellte mich zu sich und wollte von mir wissen, wer hinter dem Artikel stecke. Ich teilte ihm meine Vermutung mit. Der Kanzler zog die Brauen hoch.

Es ist übrigens immer meine Meinung gewesen, dass Einem es nur den breit gefächerten links orientierten Medien zu verdanken hatte, dass er das Ministeramt behielt.

Der Fall Ebergassing kann heute als geklärt betrachtet werden. Bassam Al Taher, der Bekannte der beiden Attentäter, ist zwar nach wie vor flüchtig, seine Mittäterschaft jedoch mehr als wahrscheinlich. Es steht für mich fest, dass der Plan bestand, die Stromversorgung Wiens weitgehend lahm zu legen und den Anschlag der rechtsradikalen Szene bzw. den Attentätern von Klagenfurt und Oberwart in die Schuhe zu schieben. Ein Plan, der durchaus – zumindest eine Zeit lang – aufgehen hätte können.

Wer spionierte für den Osten?

Bei der Aufklärung der Spionagetätigkeit des DDR-Regimes und der Enttarnung österreichischer Helfershelfer ist vielleicht manches nicht besonders gut gelaufen. Mittlerweile sind allerdings alle sich möglicherweise daraus ergebenden Straftaten verjährt, weder Polizei noch Justiz beschäftigen sich mit derartigen Fällen.

Heute besteht höchstens ein politisches Interesse. Es gibt durchaus Verdachtsmomente gegen den einen oder anderen aktiven Politiker. Sollten sich diese bestätigen, würde das zweifellos das politische Aus bedeuten. Allerdings, die deutsche Gauck-Behörde, die auch Unterlagen über die Spionagetätigkeit der DDR in Österreich besitzt, gibt den österreichischen Behörden offiziell keine Auskünfte – mit der Begründung, Österreich sei nicht Mitglied der NATO. Privatleute oder Journalisten kommen eher an das Material der Gauck-Behörde heran als die österreichische Staatspolizei. Eine kuriose Situation.

Im Laufe der Jahre als oberster Sicherheitschef Österreichs habe ich zahllose Hinweise, Informationen, aber auch Gerüchte zugetragen bekommen, die immer wieder Spionage, Geheimnisverrat oder zwielichtige Kontakte höchster Persönlichkeiten der Republik zum Inhalt hatten. Eine dieser Informationen ist mir in besonderer Erinnerung geblieben:

In den Herbsttagen des Jahres 1995 wurde ich darüber informiert, dass in Wien ein ehemaliger Diplomat eines Entwicklungslandes unterwegs sei, der über die Praktiken der ehemaligen Staatssicherheit der DDR und deren Chef Markus Wolf sehr gut Bescheid wisse. Der Mann hatte über ein Jahrzehnt in Wien studiert, hatte eine Lebensgefährtin in Oberösterreich und war angeblich in die linke Szene der Universität Wien integriert.

Ich bat einen Vertrauten von mir, zu diesem Mann einen Kontakt aufzubauen und zu versuchen, einiges mehr zu erfahren. Was mir dann berichtet wurde, verschlug mir den Atem und machte mich aufs Höchste besorgt. Er habe in der STASI-Zentrale in der Ostberliner Normannenstraße Mitte der achtziger Jahre einen Mann gesehen, der jetzt im Umfeld von Kanzler Franz Vranitzky arbeite. Weiters erzählte er, dass

Personen, die heute in der Politik und im Journalismus eine gewichtige Stimme hätten, einst für die STASI tätig waren.

Die Strategie des Markus Wolf sei gewesen, auch in Österreich linke Gruppen aufzubauen, deren Proponenten als „Schläfer" rekrutiert wurden und sich im Laufe der Zeit zu den Schaltstellen der Politik hinaufarbeiten sollten.

In einem Vieraugengespräch informierte ich Kanzler Franz Vranitzky und Bundespräsident Thomas Klestil und erntete vor allem beim Kanzler nur ungläubiges Kopfschütteln. Natürlich versuchten ich und einige Vertraute, diesen hochsensiblen Informationen nachzugehen. Ein paar Indizien, die diesen schweren Verdacht erhärteten, konnten wir zusammentragen, aber wir hatten nicht den geringsten Beweis. Das ist in solchen Fällen immer die große Schwierigkeit: Man bekommt Informationen, von denen einem schon die Erfahrung sagt, dass sie stimmen könnten, doch fehlen die Beweise. Zwischen Wissen und Beweisen ist eben ein haushoher Unterschied.

Vielleicht war dieser Mann aber auch ein Schwindler, der ganz andere Interessen verfolgte. (Er war auf „Europatournee", um auf westlichen Banken eingefrorene Kapitalien seines Landes aufzutauen.) Mit Informationen wie diesen versuchte er überdies ins „Geschäft" zu kommen.

Ich habe mich immer wieder gefragt, wieso Österreich im Verhältnis zu anderen Ländern relativ sauber dasteht, was die Spionage für den Osten betrifft. Noch dazu, wo man doch wusste, dass im Kalten Krieg Wien Mittelpunkt der Spionagetätigkeit gewesen ist. Ich kann mir nicht vorstellen, dass die Österreicher gegenüber den Flötentönen und den Dollarscheinen der Ostspione und ihrer Auftraggeber in den Zentralen des KGB, der STASI und anderer Dienste weniger anfällig gewesen sein sollten als Staatsbürger anderer Länder.

De facto war es so, dass wir nur eine Hand voll Spionageprozesse in der Zweiten Republik hatten. Der letzte handfeste Spionagefall war die Causa Hochenbichler. Ansonsten gab es zwar immer wieder Verdächtigungen, jedoch keine konkreten Hinweise, auf die man Beweise aufbauen hätte können. Ich weiß, dass auch Politiker im Geruch standen und vielleicht noch stehen, in den siebziger und achtziger Jahren vor allem mit der STASI kooperiert zu haben. Vielleicht aber auch mit den Russen, die ja die Zügel der gesamten Ostblockspionage in der Hand hielten. In Moskau ist alles gelandet, was die einzelnen Dienste, seien es Tschechen, Ungarn, Ostdeutsche oder Polen, im Westen und daher auch in Österreich ausspioniert hatten.

In die Überlegungen und Beobachtungen von Staatspolizei und Heeres-Abwehramt war daher in den Zeiten um die Wende auch das ÖIF, das Österreichische Institut für die Friedenserforschung und Friedenserziehung, einbezogen worden. Es bestand der Verdacht, dass das ÖIF vor allem von der STASI unterwandert und bis in die neunziger Jahre Umschlagplatz für östliche Nachrichtendienste gewesen sei. Sitz dieses mit unzähligen Steuermillionen geförderten Instituts ist heute noch die Burg Schlaining im Burgenland.

Vor allem im linken Spektrum der Sozialisten, bei den Grünen, Alt- und Exkommunisten genoss das Friedenszentrum höchstes Ansehen. Die westlichen Geheimdienste waren sich allerdings darüber einig, dass solche „Friedensinstitute" bis zum Ende des Kalten Krieges vom Ostblock vielfach zur Desinformation, Subversion und Spionage missbraucht wurden.

Treibende Kraft bei der Gründung des seit September 1982 bestehenden ÖIF soll der Vorstand der Sowjetisch-Österreichischen Gesellschaft, Univ.-Prof. Dr. Leopold Schmetterer, gewesen sein. Nach außen war es Gerald Mader (SPÖ), der das Zentrum ins Leben rief. Im Jahr 1987 wurde dem Institut von der UNO die Auszeichnung eines „Friedensbotschafters" verliehen.

Im selben Jahr schrillten bei STAPO und Abwehramt die Alarmglocken. Seltsamerweise hatte damals das Sozialministerium dem Friedensinstitut eben erst eine Subvention in der Höhe von einer halben Million Schilling für eine Grundlagenforschung zum Thema „Militärausgaben, Rüstungsproduktion und Beschäftigung" zukommen lassen. Für die österreichischen Belange war in dieser wissenschaftlichen Arbeit Peter Pilz von den Grünen zuständig, der schon zwei Jahre zuvor an einem Forschungsauftrag über „Rüstungskonversion" (Umstieg von Waffen- auf zivile Produktion) mitgearbeitet hatte. Auftraggeber letztgenannter Studie war der Doktorvater von Peter Pilz gewesen, Univ.-Prof. Dr. Alexander Van der Bellen von der Sozial- und Wirtschaftswissenschaftlichen Fakultät der Universität Wien. Das Projekt wurde vom damaligen Wissenschaftsminister Heinz Fischer mit 450.000 Schilling an Steuergeldern gesponsert. Dieses Projekt beschäftigte auch das Parlament, weil manche Abgeordnete nicht ausschließen wollten, dass es nachrichtendienstliche Interessen verfolge. Immerhin pflege diese Forschergruppe – so die Argumentation – Gedanken- und Materialaustausch mit dem schwedischen Friedensforschungsinstitut SIPRI, dem in den skandinavischen Ländern Spionagetätigkeit nachgesagt werde. Van der Bellen schrieb daraufhin an seinen Freund und Förderer Heinz Fischer einen bitterbösen Brief und sah die Freiheit von Forschung und Wissenschaft in Gefahr. Dass auch Univ.-Doz. Dr. Peter Fleissner, 1979 vom STASI-Überläufer Werner Stiller als „informeller Mitarbeiter" unter dem Decknamen „Emsig" bezeichnet, der Forschergruppe angehörte, sei nur am Rande erwähnt.

Wie dem auch sei, Beweise für eine nachrichtendienstliche Tätigkeit des Friedenszentrums konnten damals nicht erbracht werden. Es blieb, wie in den meisten Fällen, beim Verdacht, der freilich einen schalen Nachgeschmack zurückließ.

Ich habe mich auch gefragt, weshalb wir zum Thema „Spionage" so wenig Hilfe aus dem Westen bekamen. Dort musste doch ein Interesse bestanden haben, auch in Österreich Ostagenten zu enttarnen. Die Amerikaner waren nur punktuell bereit, uns zu helfen. Zum Beispiel im Spionagefall Felix Bloch, eines Angehörigen der US-Botschaft in Österreich, der im Juli 1989 unter dem Verdacht stand, für die Russen spioniert zu haben, und dann abgezogen wurde. Beim Fall Hochenbichler halfen sie auch, allerdings gaben sie uns nur einen ersten Hinweis. Die Fakten mussten wir uns selbst erarbeiten.

Auch die Deutschen gehen uns gegenüber auf Tauchstation. Die österreichischen Behörden – ich erwähnte es bereits – haben immer noch keine Einsicht in die so genannten Gauck-Akten. Die Kollegen haben immer wieder gesagt, was nach unseren Informationen in den Akten liegen sollte, gebe es nicht, das sei entweder vernichtet oder es liege in Moskau bzw. in Washington. Die Amerikaner haben mir dazu wiederholt versichert, dass ihr Material über Ostagenten in Österreich auch nicht berühmt sei.

Wer spionierte für den Osten?

Man hat Österreich in Wahrheit auf diesem Gebiet bisher die Kooperation versagt. Doch einige politische Karrieren in Österreich hätte es nicht gegeben oder wären beendet worden, hätte man diverse Verdachtsmomente und Hinweise auch beweisen können.

Das nährt nun meine Theorie, wonach bis heute niemand wirklich Interesse hat, österreichische „Mitarbeiter" von West und Ost blank zu legen. Das nährt weiters meine Vermutung, dass Wien nach wie vor in der Spionagetätigkeit zwischen West und Ost eine entscheidendere Rolle spielt. Man will ganz offensichtlich Quellen nicht preisgeben, solange man der Meinung ist, sie weiterhin oder später wieder einmal benützen zu können. Man will offensichtlich nur das zuschütten, was man nicht mehr braucht.

Die Spionagetätigkeit hat sich geändert. Die politische Spionage ist gegenüber der wesentlich wichtigeren Wirtschafts- und Betriebsspionage in den Hintergrund getreten. Österreich ist vielleicht nicht so sehr das Ziel dieser Agententätigkeit, weil bei uns nicht übermäßig viel Technologie entwickelt wird, die für Ost und West interessant ist. Wir sind jedoch nach wie vor der Boden, auf dem die illegalen Geschäfte getätigt werden.

Es ist bezeichnend, dass die russische Botschaft heute personell stärker besetzt ist als zur Zeit des Kalten Krieges. Die Russen interessieren sich für alles. Selbst für Technologien, die sie gar nicht brauchen können, weil sie technisch eben auf manchen Gebieten noch nicht so weit sind, um diese auch einsetzen zu können.

Ich habe aber auch den Eindruck, dass die Dienste, die sich jetzt mit Industriespionage beschäftigen, das auch tun, um ihre Existenz zu rechtfertigen. Sie spionieren auf „Teufel komm raus", ob sie das, was sie ausspähen, nun brauchen oder nicht. Sie versorgen sich sozusagen selbst mit Aufträgen. Sie verselbstständigen sich dann auch, und das ist einer meiner Gründe, warum ich den Geheimdiensten eher reserviert gegenüberstehe. Den westlichen genauso wie den östlichen.

Die „rote Fini"

In meiner Zeit als Generaldirektor für die öffentliche Sicherheit gab es einige Namen, die mich begleiteten. Namen von Firmen, Institutionen, Personen, die uns beschäftigten und von denen wir wussten, dass wir sie auf unserer Liste niemals würden abhaken können.

Rudolfine Steindling zählt zu diesen Namen. Es ist der Name einer Frau, die von einem Geheimnis umgeben ist. Von einem Geheimnis, das wohl deshalb nie gänzlich gelüftet werden wird, weil die prinzipielle Bereitschaft fehlt, die Decke zu heben, die über Leben und Wirken der ehemaligen Geschäftsführerin der ostdeutschen NOVUM GesmbH liegt.

Erst nach dem Fall der Berliner Mauer wurde die Causa Steindling für die österreichischen Behörden relevant. Als die „Frau Kommerzialrat" um die Feststellung zu kämpfen begann, dass die in Österreich, der Schweiz und in Deutschland eingefrorenen NOVUM-Milliarden, die sich durch Provisionen aus Ost-West-Geschäften seit 1953 angehäuft hatten, Vermögen der Kommunistischen Partei Österreichs sind. Die deutsche „Bundesanstalt für vereinigungsbedingte Sonderaufgaben" vermutet allerdings immer noch, dass die roten Milliarden nicht dem Firmenimperium der KPÖ, sondern deren Schwesterpartei, der ostdeutschen SED, zuzurechnen sind. Die KPÖ werde lediglich vorgeschoben, um SED- und STASI-Vermögen vor der Enteignung zu retten.

Sollte es sich bei den rund 3,5 Milliarden Schilling tatsächlich um Gelder der KPÖ handeln, dann wäre das wohl das größte Parteivermögen der Welt, gemessen an Mitgliederzahl und politischer Bedeutung.

Im Zuge dieses Rechtsstreits gab es bei Wirtschafts- und Staatspolizei immer wieder Anfragen und Rechtshilfe-Ersuchen aus Deutschland. Hausdurchsuchungen und Kontoöffnungen bei „Donaubank" und „Bank Austria" wurden ohne wesentliches Resultat durchgeführt.

Die „Donaubank", früher im kommunistischen Einflussbereich und pikanterweise im ehemaligen Hauptquartier der Wiener Staatspolizei am Stubenring etabliert, geriet Mitte 1995 ins Zwielicht, als Angestellte eine hoch empfindliche Abhöranlage entdeckt hatten und das Innenministerium alarmierten. Der Hintergrund dieses Lauschangriffes blieb ungeklärt.

Die wahre Bedeutung Rudolfine Steindlings liegt jedoch in der Zeit vor der Wende. Die geheimnisumwitterte Geschäftsfrau mit besten Kontakten in den Ostblock spielte damals eine bedeutende Rolle in Österreichs Wirtschafts- und Gesellschaftsleben. Politiker und Manager lagen ihr zu Füßen. An der „roten Fini" kam niemand vorbei, der seine wirtschaftlichen Fühler in den Osten ausstrecken wollte.

Legendär waren die großen Gesellschaften, die sie in ihrem Haus gab. Dort versammelte sich alles, was Rang und Namen hatte in Politik und Wirtschaft. Interessanterweise war auch der Wiener STAPO-Chef Gustav Hochenbichler regelmäßig zu Gast bei Rudolfine Steindling.

Unsere Staatspolizisten beobachteten und registrierten aufmerksam alle Ereignisse um Rudolfine Steindling und ihre rauschenden Feste, vor allem ihre Kontakte zu österreichischen Spitzenpolitikern. So entstanden viele Spekulationen über finanzielle Verbindungen – aber eben nur Spekulationen.

Heute ist es ruhig geworden um Rudolfine Steindling. Ebenso ruhig wie um die Bemühungen diverser Behörden, Licht ins Dunkel dieser Causa zu bringen.

Krisen im Juni 1995

Minister Einem war in ständiger Defensivposition. Kaum konnte er ein wenig aufatmen, war schon die nächste Geschichte da. So hatte er das Stakkato von Ebergassing, Spenden für „TATblatt", STAPO-Akt, angebliche Manipulation von Suchtgiftvormerkungen gerade erst verdaut, als der unglückselige Juni 1995 über uns hereinbrach. Wieder wurden Briefbomben verschickt!

Meine Aufzeichnungen über diesen Monat betitelte ich mit „Krisenzeit". Ich darf zitieren:

> 8. 6. 95: ein Bekennerschreiben langt ein. Ich bekomme es gegen 18 Uhr. Kann es nicht lesen. Habe zuviel Arbeit. Niemand von den Beamten, die es durchzulesen und zu bewerten haben, ruft mich an und macht mich aufmerksam, daß an dem Brief etwas dran ist.
> 9. 6. 95: habe an sich Urlaub, komme daher erst um 9.30 Uhr ins Büro. Es geht hektisch zu. Ich beginne den Brief zu lesen. Zu Mittag erhalte ich Nachricht, daß eine Briefbombe in Linz explodiert ist. Ich rufe Einem an, der zufällig nach Linz unterwegs ist. Treffe alle Veranlassungen. Lasse Mastalier zurückholen, der schon nach Kärnten unterwegs ist.
> 11. 6. 95: bis dato sind zwei Briefbomben hochgegangen. In Linz und in München. Dabei wird eine Mitarbeiterin von Arabella Kiesbauer verletzt.
> 12. 6. 95: mittlerweile ist in Lübeck eine dritte Briefbombe explodiert. Der Minister versammelt in seinem Arbeitszimmer Gruppenleiter Mastalier, das Mitglied des Kabinetts, Peter Heindl, den Leiter der EBT, Zwettler, und mich. Anwesend ist auch die Pressesprecherin Hlavac. Der Minister ist extrem grantig. Er sagt ungeschminkt, daß er nicht gewillt sei, den Umstand, daß die in dem Schreiben genannte Kiesbauer nicht verständigt worden sei, auf seine Kappe zu nehmen. Er wolle weiter Minister bleiben, das gefalle ihm. Er glaube, in diesem Ressort noch einiges bewegen zu können. Er suche jetzt einen Sündenbock. Einem schaut dabei über seine Brille in die Runde. Dann kommt eine unerfreuliche Debatte, in der Hlavac eine böse Rolle spielt. – Mastalier versucht, die Schuld auf sich zu nehmen, ist aber chancenlos. Ich merke bald, daß dem BM daran gelegen ist, mich zum Sündenbock zu machen. Er bestimmt dann auch mich, anschließend ein Interview für die ZiB 2 zu geben. Es

findet im Besprechungszimmer des Ministers statt und verläuft nicht übermäßig glücklich. Vor allem die Frage, ob das Attentat auf Kiesbauer durch rechtzeitige Verständigung zu verhindern gewesen sei, bereitet mir Schwierigkeiten. Zu allem Überfluß wird das Interview auch noch ungünstig geschnitten.

Wir waren über das Verhalten des Ministers mehr als unangenehm berührt. Ich fand seine Haltung erbärmlich. Löschnak hätte uns heftig zusammengestaucht, sich in der Öffentlichkeit aber vor uns gestellt. Was Einem nämlich vergaß: die letzte Verantwortung blieb ihm auf jeden Fall, auch wenn er sich jetzt hinter mir zu verstecken versuchte. Genauso wie mir die letzte Verantwortung für meine Beamten blieb, und zwar völlig unabhängig davon, ob mich eine individuelle Schuld traf oder nicht.

Denn eines musste ja wohl allen klar sein: dass es nicht am Chef einer „Firma" mit mehr als 30.000 Mitarbeitern liegen konnte, die Gefährlichkeit eines noch dazu 28-seitigen Briefes zu beurteilen, dessen oberflächliche Analyse durch Fachleute allein schon Stunden dauerte. Was übrigens auch für Mastalier zutraf. Trotzdem fassten wir beide heftige Schelte der Politiker und Journalisten aus, die wir mit eingezogenen Köpfen über uns ergehen lassen mussten.

Klar war auch: die Sache sah gar nicht gut aus. Es sprach eigentlich alles dafür, dass im Fall Kiesbauer bei rechtzeitiger Verständigung die Öffnung des Briefes durch eine Mitarbeiterin hätte verhindert werden können. Dass trotzdem keine Garantie bestand, bewies der spätere Fall Loley.

Mastalier und ich schärften den Beamten, die derartige Briefe zu beurteilen hatten, nochmals ein, *alle* Namen von Personen und Institutionen in solchen Schreiben anzuzeichnen und unbedingt zu verständigen. Ich habe auf die besondere Problematik in diesen Fällen ja schon hingewiesen.

An jenem 12. Juni 1995 stand meine Meinung über Minister Einem fest. Ich musste an meine Begrüßungsrede denken, in der ich davon gesprochen hatte, dass Loyalität keine Einbahnstraße sei. Im Ernstfall vor seinen Leuten zu stehen ist in hohem Maße eine Frage der Loyalität.

Weiter in meinen Aufzeichnungen:

13. 6. 95: in den 17-Uhr-Radionachrichten gibt Einem ein böses Interview. Da ist die Rede von Kopfwäsche für Sika und Mastalier. Langes Zögern bei der Frage nach dem Vertrauen zu den beiden. Die Aussage, er muß mit den Beamten arbeiten, die er hat ...

Einige Schlagzeilen aus dieser Zeit:
„Minister Einem läßt Kritik an seinen Beamten durchklingen" – „Kein Köpferollen" – „Einem: Ein Anschlag hätte verhindert werden können" – „Sika im Mittagsjournal: für mich ist es nur eine Frage der Zeit, daß wir früher oder später fündig werden. Ein internes Loch bei den Sicherheitskräften schließe ich aus".
Auch die Politiker steuerten Wortspenden bei: VP-Klubchef Andreas Khol: „Innenminister Einem genieße das Vertrauen der Volkspartei, die leitenden Beamten Sika und Mastalier hätten dieses hingegen nicht. Wenn es keine Erfolge gibt, muß die Mannschaft gewechselt werden." SP-Geschäftsführer Josef Cap: „Ich gehe davon aus, daß Schritte in Richtung personeller Veränderung gesetzt werden."
Weiter in meinen Aufzeichnungen:

13. 6. 95: am Nachmittag erreicht mich ein Anruf von Kanzler Vranitzky, der mich fragt, wie es mir geht und ob ich Hilfe brauche. Ich könne mich jederzeit an ihn wenden. Dann ein Anruf von Bögl. Er habe mit Klestil gesprochen. Der habe gesagt, der Sika dürfte Hilfe gebrauchen.
14. 6. 95: an diesem Tag spreche ich zweimal mit Klestil. Er sagt mir Hilfe zu. Vranitzky gibt mir einen Termin für nächsten Tag.
15. 6. 95: um 9.30 Uhr bin ich beim Kanzler in Sievering. Ich erzähle ihm alles zur Causa Rehak, die Briefbombenermittlungen, mein Verhältnis zu Einem. Ich komme zu spät zur Fahnenweihe der WEGA nach Kaisermühlen. Als ich Einem berichte, daß ich bei Vranitzky war, sagt er: „Das ist aber nett!" Im Festzelt sitze ich neben dem Minister. Er erklärt mir, daß er mein Haus kenne und daß es ebenso „verwunschen" wirke wie ich. In meinen Augen erscheinen Fragezeichen, ich sage aber nichts.
16. 6. 95: ich werde zu Hochner in die ZiB 2 geschickt. Ein guter Freund mit Medienerfahrung gibt mir den Rat, auf eventuelle Fragen nach meiner Beziehung zu Einem zu sagen: ich habe das Vertrauen des Ministers. Ich folge dem Rat. Hochner verhält sich absolut fair. Als ich den ORF verlasse,

Krisen im Juni 1995

erreicht mich der Anruf des Ministers, der mich fragt, wie die Sendung war. Ich berichte ihm und erwähne auch den Satz mit dem Vertrauen des Ministers. Da lacht Einem nur auf.

Mitte Juni legte NEWS mit einem Skandalbericht, der gänzlich die Fakten verdrehte, kräftig nach. Man zitierte den Sicherheitssprecher der ÖVP, Paul Kiss, der Mastalier als „Frühstücksdirektor" und mich als „Beschwichtigungshofrat" bezeichnete und mir die Hauptschuld an der Misere gab.

Am 21. Juni gab es in der Polizeidirektion anlässlich der Pensionierung Bögls ein Fest. Klestil, Vranitzky, Einem, Sinowatz, Blecha (um nur die Prominentesten zu nennen) waren anwesend. Ich spürte, dass mich einige Kollegen bereits wie ein Auslaufmodell begrüßten – kühl und distanziert. Bei seiner Rede würdigte Klestil nicht nur den scheidenden Polizeipräsidenten, sondern brach auch eine dicke Lanze für mich und appellierte mehr oder minder an Einem, mir doch den Rücken zu stärken. Vranitzky schloss sich dem in einer etwas moderateren Form an. Nach dem offiziellen Teil kamen dann die zuvor so reservierten Kollegen zu mir, um mir zu versichern, wie froh sie seien, dass endlich „jemand" öffentlich gesagt habe, was sie sich alle immer schon gedacht hätten. Kommentar überflüssig.

Einem trat in der Folge einige Male für mich ein. Wohl deshalb, weil man mit ihm geredet hatte. Er tat dies allerdings so überzeugend wie ein Vegetarier, der Schweinefleisch anzupreisen hat. Und Einem bereicherte auch die Briefbombendiskussion, indem er nach einem Ministerrat den Medien erzählte, hinter den Anschlägen stehe eine „sektenhafte Kleingruppierung mit fundamentalistischen fremdenfeindlichen Akzenten".

Das war ein anständiger Sager, der die Journalisten begeisterte. Mich allerdings weniger, weil ich die vom Minister vorgegebene Linie natürlich halten musste. So sprach ich von einer „Kleingruppe, die unauffällig unter uns lebt und selbst von ihren Nachbarn in ihrer Gefährlichkeit nicht erkannt wird". Auch nicht schlecht.

In der letzten Juniwoche begleitete ich den Minister nach Laibach. Ein Pflichtbesuch mit dem notwendigen Drumherum. In Erinnerung ist mir eine Bemerkung Einems, die ihn von seiner skurrilen Seite zeigte.

Als bei den Arbeitsgesprächen die Rede auf Gefängnisse kam, sagte Einem: „Wer meint, Gefängnisse seien Hochschulen des Verbrechens, der irrt. In Gefängnissen sitzen nur Leute, die so dumm waren, sich erwischen zu lassen. Gefängnisse sind daher in Wirklichkeit Sonderschulen des Verbrechens."

Die bisherigen Misserfolge bei der Briefbomben-Fahndung hatten auch einen positiven Nebenaspekt – es entstand eine lebhafte Diskussion um die Einführung neuer Fahndungsmethoden, insbesondere von Lauschangriff und Rasterfahndung. Mit vielen Pro- und ebenso vielen Kontrastimmen. Was durchaus im Sinn der Sache war. Solche Dinge müssen nun einmal ordentlich diskutiert werden, wenn etwas Vernünftiges dabei herauskommen soll.

Für Politiker wie auch für Journalisten stand mein Kopf nach wie vor zur Disposition. Nahmen ihn die einen weg, setzten die anderen ihn wieder hin. Es war fast schon ein Gesellschaftsspiel. In der ersten Juliwoche meldeten sich endlich auch Österreichs Sicherheits- und Polizeidirektoren zu Wort und stellten sich geschlossen hinter mich. Sie verpassten mir quasi eine verbale Mund-zu-Mund-Beatmung. So wurde ich „am Leben erhalten"...

Die dritte Briefbombenserie und die wenig ermutigenden Fahndungsergebnisse führten zur Einsetzung einer interministeriellen Kommission, zu deren Leiter ich ernannt wurde. Man versprach sich davon eine bessere Vernetzung von Erkenntnissen aus den Bereichen Wissenschaft, Heer, Schule und dergleichen. Keine schlechte Idee, doch brachte sie auch nicht den gewünschten Durchbruch. Aber immerhin wurde wieder einmal Initiative gezeigt.

Ende Juni rief Minister Einem die Spitzen des Ressorts zu einer groß angelegten Klausurtagung in das Ausbildungszentrum des Gendarmerie-Einsatzkommandos nach Wiener Neustadt. Dieses Zentrum war im Oktober 1992 eröffnet worden und ein wahres Schmuckstück. Einem jagte dem Kommandanten des GEK, Oberst Johannes Pechter, mit der Bemerkung, dieses „Gelände eigne sich vortrefflich für die Sicherheitsakademie" einen kalten Schauer über den Rücken. Zumal sich Pechter um die Errichtung der neuen Heimstätte des GEK unglaubliche Verdienste erworben hatte und mit Fug und Recht als Vater dieses Zentrums (und des GEK) bezeichnet werden konnte.

Die Klausurtagung entwickelte sich zu einer überdimensionalen Quatscherei – ich nannte sie boshaft den „großen Plauschangriff". Es war allerdings nicht uninteressant, die Kollegen zu beobachten, wie sie sich zu Einem stellten. Vor allem aber zu hören, welche Ideen der Minister für die Zukunft auf Lager hatte. Es war sehr schwer, seine Intentionen einzuschätzen. Denn seine Äußerungen waren stets philosophisch ummantelt und man musste sie erst entkleiden, um zu ihrem Kern zu kommen.

Über eines herrschte Klarheit – die Funktion des Generaldirektors schätzte Einem nicht. Er sprach immer davon, dass die Macht dieses Sektionschefs zu groß und er in Wahrheit ein „Gegenminister" sei. Meine Versuche, ihn davon zu überzeugen, dass seine Vorgänger mit dem Generaldirektor immer gut gefahren seien, vermochten ihn nicht zu überzeugen. Einem wollte großen Abstand zu allen anderen und sah sich als einen durch meine Funktion behinderten „Sonnenkönig". Und er unternahm alles, um mein Imperium zu verkleinern. Zunächst gliederte er das wichtige Projekt „Sicherheitsakademie" aus der Generaldirektion aus und unterstellte es dem Generalinspizierenden, einer absoluten Nebenfigur im Haus. Damit traf er zwei Fliegen mit einem Schlag. Zum einen machte er mich kleiner, zum anderen nahm er einen wesentlichen Schulungsbereich aus dem Einfluss des „konservativen Polizisten" heraus. Ich zweifelte nie daran, dass Einem seine Ideologie in die Exekutive einbringen und sie dadurch entscheidend verändern wollte. Was ich nicht ergründen konnte, war die Frage, ob er das aus eigenem anstrebte oder ob er im Auftrag handelte.

Ein wesentlicher zweiter Schritt war die Entscheidung, das von Löschnak betriebene Projekt, in Traiskirchen das Gebäude für die Sicherheitsakademie errichten zu lassen, nicht mehr weiter zu verfolgen. Einem war der Meinung, man brauche für eine solche Akademie keinen eigenen Standort. Was er sich wirklich vorstellte, war für mich nicht klar zu erkennen. Ich weiß nur, was er sich nicht vorstellen wollte: eine Akademie, in der die Absolventen Uniform tragen, es eine strenge

Hausordnung und Disziplin gibt. Er wollte zweifelsohne die militärischen Strukturen sowie die Hierarchien aufweichen, und das in erster Linie über die Schulung. Mit dem Ziel, langfristig eine „Exekutive light" zu erschaffen. Eine, die der Bevölkerung „Geborgenheit" vermittelte, aber – im Endeffekt – eher dazu neigte, Schmetterlinge denn Verbrecher zu fangen.

Zur Zerschlagung der Generaldirektion hatte er eine grandiose Idee. Er schuf einen Arbeitskreis, dem in erster Linie jüngere Kollegen angehörten, die unter der Leitung eines Herrn Rysak neue Strukturen für das Haus erarbeiten sollten. Rysak kannte er noch aus OMV-Zeiten, er war der externe Experte. Der Arbeitskreis kreißte Monate. Dann rief uns eines Tages Einem im Renner-Institut in Wien-Hetzendorf zusammen. Rysak sollte das Ergebnis der Bemühungen präsentieren. Wir waren alle sehr gespannt und vor allem ich erwartete nichts Gutes. Einem saß mit breitem Lächeln da, in der Vorfreude, die Generaldirektion in Kürze geschrumpft zu sehen.

Aber es kam ganz anders. Rysak rationalisierte den Generalinspizierenden weg und die Sektion IV des Wolf Szymanski. Die Sektion II, also die Generaldirektion, ließ er weitgehend ungeschoren. Einems Gesicht hatte sich während des Vortrags deutlich verfinstert. Am Ende stand er auf und annullierte das Ergebnis. Die Arbeitsrunde sollte weiter tagen und zu einem anderen Ergebnis kommen. In diesem Moment fühlten wir uns nicht sehr „geborgen".

Es war eine mühselige, jedoch spannende Zeit. Ich hatte viel Druck auszuhalten. Einerseits von außen – man erwartete Erfolge in der Briefbomben-Causa –, andererseits aus der Richtung des Ministers, der gewillt war, mich, wenn er mich schon nicht loswerden konnte, zumindest zu schwächen. Aber ich hatte durchaus auch Verbündete und führte viele Gespräche, um den Kreis meiner Helfer zu vergrößern. So musste ich, anstatt mich ganz auf die Arbeit konzentrieren zu können, einen Teil meiner Kapazitäten in den „Überlebenskampf" investieren. Denn eines hatte ich mir geschworen – kapitulieren würde ich nicht, sondern meine Bemühungen so lange fortsetzen, bis der Briefbomben-Fall erfolgreich abgeschlossen war.

Und ich fand rührende Bundesgenossen. Anfang Juli traf bei Minister Einem ein Brief von „Adass Jisroel", dem Zentralorgan orthodoxer Vereinigungen in Österreich, ein, der die Bitte enthielt, sich gegen die immer wieder verlangte Absetzung des Generaldirektors Sika zu stellen. Hinter dem Brief stand in Wahrheit die jüdische Gemeinde der Leopoldstadt, zu der ich seit meiner Zeit als Stadthauptmann einen sehr engen, herzlichen Kontakt hatte. Sie schrieb hinter meinem Rücken und aus Sorge um mich. Es stimmt schon, die wahren Freunde erkennt man erst, wenn es schlecht um einen steht.

Als Einem mir den Brief übergab, hatte er einen nachdenklichen Gesichtsausdruck.

Wildes Kurdistan in Österreich

Ende Juli 1995 hatte ich wieder einmal Gelegenheit, am eigenen Leib zu erfahren, wie wenig man sich auf Politiker verlassen kann.

Das Kurdenparlament sollte in Wien tagen. Im Vorjahr war es in den Niederlanden zusammengetreten, was arge diplomatische Verwicklungen nach sich gezogen hatte. Natürlich intervenierte die türkische Botschaft in Wien mit Nachdruck gegen die geplante Veranstaltung.

Außenminister Wolfgang Schüssel sprach sich massiv dagegen aus und Kanzler Vranitzky stimmte Schüssel bei. Unter diesen Voraussetzungen natürlich auch Innenminister Einem. Aber reichlich schaumgebremst, weil ja bekanntlich die SPÖ – und hier vor allem der linke Flügel – mit den Kurden sympathisierte. Die Veranstaltung war auch aus diesem Eck vororganisiert worden.

Einem legte die Verantwortung gütig in meine Hände und verdrückte sich in seinen Bauernhof in der steirischen Ramsau. Schüssel verreiste, soweit ich mich erinnern kann, ins Ausseerland, Vranitzky nach Krumpendorf. Der für die Vororganisation verantwortliche Mann der SPÖ hatte sich eilig nach Bulgarien begeben. Und last but not least: Peter Heindl aus Einems Kabinett, der Vorgespräche geführt hatte, war nach Griechenland gefahren.

So stand ich also allein da, ausgestattet mit jeder Menge Vertrauen. Und ich wusste natürlich, dass mir ein medialer Wirbel übel angelastet werden würde. Wie das halt so ist in unserem Land.

In meinen Aufzeichnungen finden sich einige Sätze zu dieser Situation:

> Am 29. 7. 95 habe ich um 13 Uhr eine Besprechung mit den Repräsentanten der Kurden. Polizeipräsident Peter Stiedl ist an meiner Seite und auch der Leiter der Staatspolizei Wien, Ewald Bachinger. Das Kurdenparlament soll im Hotel Wilhelminenberg zusammentreten. Ich habe auch den Hotelmanager beigezogen, der mitspielt und den Kurden erklärt, daß er sein Haus aus „Sicherheitsgründen" nicht zur Verfügung stellen könne. Damit schmeiße ich den Kurden ihr Programm. Um sie aber nicht gänzlich zu enttäuschen, zum Teil sind ja die Delegierten schon in Wien, gestatten wir ihnen, am 30. 7. 95 im inoffiziellen Büro der

Kurden im 5. Bezirk zu einem kurzen Treffen zusammenzukommen. Es ist eine Verhandlung, die viel Fingerspitzengefühl verlangt. Stiedl und Bachinger assistieren mir prächtig. Und schließlich können wir uns auf das Minimalprogramm einigen. Die Kurden halten sich an die Abmachung und reisen am Abend des 30. Juli aus Wien wieder ab.

Alles bestens. Die Türken sind im Wesentlichen zufrieden. Unsere Politiker, als sie erholt vom Land nach Wien zurückkehren, auch. Und das ist doch die Hauptsache!

Im Dezember 1995 haben die Kurden dann noch einmal unser Haus – vor allem den Minister und mich – beschäftigt, und zwar auf eine recht unangenehme Weise.

Aus heiterem Himmel warf der Sicherheitssprecher der ÖVP, Paul Kiss, dem Innenminister Amtsmissbrauch vor, übermittelte der Staatsanwaltschaft eine „Sachverhaltsdarstellung" und forderte ihn zum Rücktritt auf.

Er bezog sich dabei auf eine Monate zurückliegende Entscheidung Einems in Zusammenhang mit der Eröffnung des ERNK-Büros in Wien. Eine meiner Meinung nach richtige und im Sinne der bisherigen österreichischen Praxis liegende Entscheidung des Ministers. Was lag der Aufregung zu Grunde?

Im März 1995 war das Büro der ERNK, der Nationalen Befreiungsfront Kurdistans, einer Unterorganisation der PKK, in Wien-Margareten eröffnet worden. Dies war in einem Akt dem Minister berichtet und um Weisung gebeten worden, wie sich die STAPO verhalten solle, da der Oberste Gerichtshof im Oktober 1994 entschieden habe, dass die PKK als kriminelle Organisation zu betrachten sei.

Kurz nach Einems Amtsantritt hatte dieses Aktes wegen eine Besprechung beim Minister stattgefunden, bei der auch der STAPO-Chef und der zuständige Beamte des Kabinetts anwesend waren. Wir hatten Einem darüber informiert, dass die PKK in Österreich offiziell nicht existiere, dass aber bei ihrem Sichtbarwerden in Zusammenhang mit strafbarem Verhalten sofort eingeschritten werde. Die Entscheidung des OGH sei als Ausfluss einer Anzeige gegen vier Kurden in Innsbruck ergangen, die dort wegen Erpressung verurteilt worden seien. Die bisherige Haltung Österreichs sei gewesen, den Kurden gegenüber tolerant zu sein und nur dann einzuschreiten, wenn strafbare Handlungen sichtbar geworden wären. Dadurch habe man Ausschreitungen wie im benachbarten Deutschland bisher verhindert und die Lage ruhig gehalten. Unser Vorschlag war daher, das ERNK-Büro genau zu beobachten und in informellen Gesprächen den Repräsentanten des Büros klarzumachen, dass bei Vorfällen, die mit dieser Stelle in Zusammenhang gebracht werden könnten, eine Schließung in Aussicht gestellt werde. Der Minister war einverstanden, ich machte darüber einen kurzen handschriftlichen Vermerk und retournierte den Akt dem staatspolizeilichen Büro.

Monate später war der Aktenvermerk plötzlich wieder aufgetaucht – in den Händen des Sicherheitssprechers der ÖVP. Und dies knapp vor den Wahlen im Dezember 1995. Was wurde hier gespielt? Wer hatte die Kopie des Aktenvermerks aus dem Haus gebracht und aus welchem Motiv? Wem sollte geschadet werden? Nur dem Minister?

Einem war natürlich aufgebracht und misstrauisch. Und er grollte sicher auch mir, dem Verfasser des Aktenvermerks. Obwohl er kaum der Ansicht gewesen sein kann, ich hätte etwas mit der Weitergabe der Notiz zu tun. Schließlich war die Sache auch für mich mehr als unangenehm.

Es wurde nie geklärt, durch wen der Aktenvermerk der ÖVP zugespielt wurde. Auch in diesem Fall habe ich einen Verdacht, den ich nicht äußern kann, weil ich keine Beweise habe. Jedenfalls hatte der Informant sein Ziel erreicht: Er hatte der ÖVP einen Vorteil verschafft, Einem – und ein bisschen auch mir – geschadet. Die Sache fegte wie ein Sturm durch die Medien und Vranitzky sah sich zu der Aussage veranlasst, „der Innenminister sei absolut einsatzfähig". Die Anzeige gegen Einem verlief im Sand, dann wurde alles von den Wahlen und anderen Ereignissen zugedeckt.

Spundus vor der Verhandlung

Zurück zum Sommer 1995. Alle Gedanken waren auf den bevorstehenden Briefbomben-Prozess gegen Radl, Binder und Wolfert gerichtet, der am 11. September im Straflandesgericht beginnen sollte. Umfangreiche Sicherheitsmaßnahmen wurden veranlasst, die Medien spekulierten mit weiteren Anschlägen des „Bombenhirns" zur Entlastung der Angeklagten. Vorsorglich gaben wir einige Tage vor Prozessbeginn eine neuerliche Warnung vor Briefbomben an die Öffentlichkeit hinaus. Die x-te Warnung in den letzten Jahren.

Niemand ahnte zu dieser Zeit, dass uns noch ein heißer Herbst bevorstehen sollte.

Ich hatte einigermaßen Spundus vor der Hauptverhandlung, und dies aus mehreren Gründen. Erstens, weil ich die Anklageschrift kannte und sie nicht überzeugend fand; zweitens, weil ich aus Erfahrung wusste, dass die Verteidiger immer trachten, die Polizeiarbeit madig zu machen, und ich befürchtete, es könnte ihnen im konkreten Fall leicht gelingen; drittens, weil ich – ebenfalls aus Erfahrung – wusste, dass die Justiz, wenn die Optik schlecht aussah, stets auf die Polizei abzuladen pflegt.

Aussagen der Verteidiger zu ihrer Prozessstrategie gegenüber NEWS bestätigten meine Befürchtungen. So wurde Binders Anwalt Rudolf Mayer mit folgendem Sager zitiert: „Bei den Fahndungspannen wird sich wahrscheinlich ein Beamter auf den anderen ausreden und den Ball an seinen Vorgesetzten weiterspielen." Diese Entschuldigungskette wollten die Verteidiger konsequent fortsetzen – bis hin zum obersten Polizisten des Landes. Mayers süffisanter Nachsatz: „Wenn es notwendig ist, werde ich auch Innenminister Caspar Einem in den Zeugenstand rufen."

Tatsächlich wurde der Prozess zur Peinlichkeit für die Staatspolizei. Täglich wurden neue Fehler und Pannen aufgedeckt und das Bild, das sich der Bürger von dieser Spezialeinheit machen konnte, war mehr als ungünstig. Ich hatte, häufig darauf angesprochen, stets nach Entschuldigungen zu suchen und die Beamten in Schutz zu nehmen. Und vor allem zu versichern, dass allem Anschein zum Trotz Radl und Binder sehr wohl etwas mit den Briefbomben zu tun hätten. – Ich sagte das gegen meine innerste Überzeugung.

Mitten ins Prozessgeschehen platzte – wie befürchtet – am 15. Oktober 1995 die vierte Briefbombenserie. Sie bestand aus drei Briefbomben, von denen zwei explodierten und eine entschärft werden konnte.

Adressatin der einen Briefbombe war die Flüchtlingshelferin Maria Loley, die im niederösterreichischen Poysdorf wohnte. Sie öffnete arglos den Brief und brachte dadurch den Sprengsatz zur Explosion. Dabei erlitt sie erhebliche Verletzungen. Frau Loley war ein Beispiel dafür, dass konkrete Warnungen nicht immer halfen. Sie war zwei Tage vorher von einem Kriminalbeamten aufgesucht und über die Gefährlichkeit von Briefbomben informiert worden. Trotzdem öffnete sie den Brief, wahrscheinlich auf Grund eines infam unverdächtigen Absenders: „Reinhold Elstner, Liga für Menschenrechte". Der Briefbomber hatte zweifellos angenommen, dass die bloße Nennung der Liga einen eventuell bestehenden Verdacht von vornherein zerstreuen würde. Und er hatte sich nicht verrechnet, wie das traurige Resultat zeigte.

Ein Beweis dafür, dass der Bomber auch psychologisch etwas auf dem Kasten hatte.

Eine Bombe konnte entschärft werden. Dabei zeigte sich, dass der Täter die Briefbomben von Serie zu Serie raffinierter baute. Dass es trotzdem gelang, eine der drei Bomben zu entschärfen, stachelte ihn zum Einbau weiterer Hindernisse für die Beamten des Entminungs- und Entschärfungsdienstes an.

Das Ansehen der Staatspolizei sank im Verlauf des Radl-Binder-Prozesses ins Bodenlose. Zweifellos nicht ganz zu Unrecht. Was die Öffentlichkeit aber nicht zur Kenntnis nehmen wollte, war der Umstand, dass seit der Briefbombenserie I sehr viel unternommen wurde, um die Effizienz zu steigern. Ein Beweis dafür war die in der vierten Serie an den Tag gelegte Professionalität der Entschärfer.

Die EBT hatte neue Büroräume bezogen, die Ausrüstung mit EDV war im Aufbau und es war – als Lehre aus den Ermittlungen in der Causa Unterweger – im Bürogebäude der EBT der vierte Stock für eine Sonderkommission frei gehalten und teilweise adaptiert worden. Dies war deshalb von Bedeutung, weil ab Spätsommer 1995 die Vorbereitungen zum Aufbau einer echten „Sonderkommission Briefbomben" (SOKO) liefen, die diesen vierten Stock dann endgültig besiedeln sollte.

Minister Einem – und das sei hier ausdrücklich festgehalten – hat in keiner Phase die Ermittlungen behindert, wie immer wieder behauptet wurde, sondern war im Gegenteil sehr an einer Aufklärung interessiert. Er pushte aus Überzeugung die Bildung einer echten SOKO, die aus der EBT herausgelöst und auch geografisch von ihr getrennt sein sollte. Und er wollte die Installierung eines Sprechers der SOKO, was sich ebenfalls als gute Entscheidung erweisen sollte.

Als Leiterin der SOKO war Sigrun Tretter, eine junge Konzeptsbeamtin, vorgesehen, der ein sehr guter Ruf vorausging. Einem war von der Idee, eine Frau an die Spitze der SOKO zu setzen, überaus angetan. Weil sich das immer gut macht, eine Frau an die Spitze zu setzen, und dies Sympathiewerte sichert. Tretter machte ihre Sache aber – Ehre, wem Ehre gebührt – wirklich gut.

Als Pressesprecher der SOKO wurde Robert Sturm auserkoren. Auch das war eine gute Wahl. Sturm hatte etwas von Sepp Forcher an sich, was die Älpler ansprach und so den pt. Zuschauern ein trautes Gefühl von „Ins Land einschau'n" vermittelte und der dramatischen Briefbombenstory ein wenig die Schärfe nahm.

Dass Sturm sich als Ermittler und zuletzt sogar als „Chefermittler" gerierte, obwohl er mit den Erhebungen selbst nichts zu tun hatte und lediglich jeden Morgen die Direktiven erhielt, was er zu sagen hatte, war mit ein bisschen menschlicher Eitelkeit zu entschuldigen. An sich machte er seine Sache gut, entlastete die Fahnder und letztlich auch mich und nahm vor allem medialen Druck weg.

Offiziell nahm die SOKO ihre Arbeit am 1. Dezember 1995 auf.

Aber schon ein Monat vorher wurde darüber in den Medien berichtet. Vor allem wegen des Wechsels in der Führung der EBT. Erich Zwettler wurde abgelöst und durch Peter Gridling ersetzt. Es war dies ein notwendiger Schritt. Zwettler hatte sich völlig ausgegeben und war nicht mehr im Stande, seine Leute zu motivieren. Bei dem unglückseligen Stand der Dinge war aber gerade dieser Punkt von besonderer Wichtigkeit. Denn die Beamten der EBT waren frustriert und verzagt – durch die Erfolglosigkeit und die mit jedem Tag zunehmende Kritik der Medien und vieler Politiker. Dass diese Kritik zumeist unsachlich und überzogen war, konnte niemanden trösten. Für mich war in diesen

Tagen jeder Auftritt in der Öffentlichkeit ein Spießrutenlauf, galt ich doch als einer der Hauptschuldigen an dieser Misere.

Peter Gridling, ein Bär von einem Mann, der aus der staatspolizeilichen Zentrale kam, sollte den Karren wieder flottmachen. Schon seiner Statur nach musste er dazu in der Lage sein.

Meines Erachtens wurde in den letzten Wochen des Jahres 1995 der Grundstein für den späteren Erfolg gelegt. Vor allem deshalb, weil die neue SOKO, in der wirklich engagierte Beamte zusammengezogen waren, von anderen Aufgaben befreit wesentlich zielstrebiger und effizienter arbeiten konnte. Dazu kam, dass der Psychologe Thomas Müller, zumindest in der Anfangsphase, wesentlich besser in die neue SOKO integriert war, als dies vorher der Fall gewesen war und mit seinen Ideen die Ermittlungen vorantrieb. Auch war der Kontakt zwischen mir und der SOKO bzw. zwischen mir und Müller unvergleichlich intensiver, was uns etwa ab Dezember 1995 ermöglichte, einige heikle Strategien anzuwenden. Zum Beispiel die Idee, Peter Binder einen Appell an das unbekannte Bombenhirn richten oder das Buch „Der Briefbomber ist unter uns" schreiben zu lassen und ähnliche Aktionen, die allesamt nach eingehender Beratung im engsten Kreis in meinem Büro ausgeheckt wurden. Vom Psychologen Müller kam der Rat, jede Gelegenheit zu nützen, mit dem unbekannten Bombenbauer zu kommunizieren und ihm zu signalisieren:

„Du bist gut, sehr gut sogar, aber wir sind auch nicht auf der Nudelsuppe dahergeschwommen und kommen dir immer näher."

Am 11. Dezember 1995, sechs Tage vor den Nationalratswahlen und rund zehn Tage vor der Urteilsverkündung im Radl-Binder-Prozess, explodierten in einem Postkasten in Graz zwei Briefbomben, zwei weitere wurden unversehrt sichergestellt. Die Explosion war offensichtlich auf Kälteeinwirkung zurückzuführen, es herrschten an diesem Morgen Minustemperaturen.

Und wieder gab es Kritik und Häme! Grünparteichefin Madeleine Petrovic wurde in den Medien mit folgendem Sager zitiert:

„Es hat erneut keine Warnung gegeben, obwohl der Herr Sika mit neuen Anschlägen gerechnet hat. Damit ist er untragbar geworden. Die

neuen Briefbomben sollen wieder Angst und Terror verbreiten. Ich frage Minister Einem, warum er nichts dagegen unternommen hat?"
Journalisten schlossen sich dieser Kritik an.

Was Frau Petrovic und die Journalisten vergaßen – die Zeitungen waren in diesem Dezember ohnehin voll von Briefbomben-Storys, die Kinder spielten „Briefbombenentschärfen", vom Ministerium wurde immer wieder darauf hingewiesen, dass keine Entwarnung gegeben werden könne und mit weiteren Bomben gerechnet werden müsse. Die Beamten des Entschärfungsdienstes hatten alle Hände voll zu tun, als verdächtig bezeichnete Briefsendungen zu untersuchen. Die Bevölkerung war bereits bis über die Halskrause sensibilisiert.

Es gab nicht wenige, die den neuerlichen Vorstoß von grüner Seite zur Destabilisierung der Person des Generaldirektors auf ein abgekartetes Spiel zwischen Einem und Petrovic zurückführten. Das Verhältnis zwischen den beiden war jedenfalls – wie allgemein im Ministerium bekannt – sehr eng. Dem Vernehmen nach erhielt der Minister jede Woche den Terminplan der Grünchefin auf den Tisch. Zwecks Erleichterung der Kommunikation.

Prompt kam der nächste Rückschlag. In der Nacht zum 12. Dezember explodierten die beiden restlichen Briefbomben auf dem Transport von Graz über den Wechsel nach Wien. Die Medien sprachen von einer neuerlichen Panne.

Wie sich später herausstellte, wäre die Explosion nicht zu verhindern gewesen, weil in die Bomben sozusagen ein „Ablaufdatum" eingebaut war. Der Bombenbauer wollte damit verhindern, dass man sich in aller Ruhe mit den Briefen befassen konnte, sollten sie vor dem Öffnen abgefangen worden sein. Es sollte damit ein Entschärfen – wie in der vierten Serie in einem Fall gelungen – unmöglich gemacht werden. Tatsächlich wäre es nicht einmal den besten Spezialisten möglich gewesen, die neuen Bomben der fünften Serie zu entschärfen, wie wir heute wissen. Fachleute sind der Meinung, dass nie gefinkeltere Briefbomben gebaut wurden als die vier dieser Serie.

Aber all das wusste man damals nicht und überschüttete uns mit Spott und Hohn. Man bezweifelte, dass es notwendig gewesen sei, die Bomben nach Wien zu schaffen. Man bekrittelte die Art des Transportes

Spundus vor der Verhandlung

und fand „einfach alles skandalös". Dabei war jedem halbwegs Vernünftigen klar, dass derart präzise gebaute Briefbomben nicht vor Ort, sondern nur mit Spezialgeräten, die allein in Wien vorhanden waren, entschärft hätten werden können. Der Transport erfolgte in einem eigens konstruierten „Bombenanhänger" mit aller Sorgfalt.

Weiterer Kommentar überflüssig.

Als „Pumuckl" ins rechte Eck gehetzt

Die von Wolfgang Schüssel losgetretenen vorzeitigen Nationalratswahlen vom 17. Dezember 1995 brachten der SPÖ ansehnliche Gewinne, während die ÖVP mit Mühe ihren Mandatsstand halten konnte. Fast drei Monate dauerten anschließend die Koalitionsverhandlungen zur Regierungsbildung.

Als es innerhalb der SPÖ um die Besetzung der Ministerien ging, war plötzlich Caspar Einem, der erst im April 1995 Innenminister geworden war, für einige Stunden aus dem Rennen. Beamten-Staatssekretär Karl Schlögl sollte Einem nachfolgen und stand schon als neuer Innenminister ante portas. Einem schien weg vom Fenster. Daraufhin zog der linke Flügel in der SPÖ offenbar die Notbremse. Es gelang ihm, Einem noch einmal zu retten.

Das heißt, Franz Vranitzky hatte letztlich doch zugelassen, dass Einem seinen Sessel behielt, obwohl er von mir immer wieder über den seltsamen Stil des Innenministers informiert worden war.

Am 21. Dezember 1995 endete der Prozess um die Briefbomben mit Freisprüchen für Radl und Binder. Verurteilt wurden sie nach dem Verbotsgesetz – das erwartete Ergebnis nach einer eher oberflächlich geführten Hauptverhandlung.

Es gab natürlich mediale Vorwürfe gegen Polizei, Staatsanwalt und Vorsitzenden. Und den Versuch, alle gegeneinander auszuspielen. An mich wurde klarerweise die Frage gerichtet, ob und inwieweit die Polizei die Hauptschuld an dem Prozessausgang trage. Eine Frage, die mir nach Prozessen mit nicht anklagekonformem Ende immer wieder gestellt wurde und die ich immer gleich beantwortete: Die Polizei legt das Ermittlungsergebnis dem Staatsanwalt vor. Der hat zu prüfen, welcher Weg nun einzuschlagen ist. Einstellung, Anordnung von Nacherhebungen, Anklage. So sich der Staatsanwalt zur Anklageerhebung entschließt, kann er sich auf schlechte Ermittlungsarbeit der Polizei nur dann ausreden, wenn diese für ihn nicht erkennbar gepfuscht hat. Ansonsten liegt die Würdigung des Ermittlungsergebnisses in seiner Verantwortung. – Ich habe es stets als ungerecht empfunden, wenn sich die Justiz nach einem unglücklich verlaufenen Verfahren auf die

Polizei ausgeredet hat, was leider immer wieder vorkam und auch heute noch vorkommt.

Die Medienkontakte in dieser Zeit waren, wie man sich vorstellen kann, nicht gerade erbaulich. Ich hatte für alle und alles den Kopf hinzuhalten und stand auch deshalb im Kreuzfeuer der Kritik, weil ich als einziger der Hauptverantwortlichen für die Bombenfahndung noch in meiner Funktion war. Da stellte man mir in den Interviews die stereotype Frage: "Warum sind Sie noch im Amt?" Thomas Vasek vom "profil" antwortete ich darauf: "Weil ich will, dass der Täter in meiner aktiven Zeit gefasst wird. Bei den Sicherheitsbehörden gibt es keinen ‚Trainereffekt'. Natürlich kann ich in meiner Rolle nur verlieren. Erstens, weil ich nie sagen kann, was ich weiß. Zweitens, weil ich immer sagen muss, dass wir optimistisch sind. Drittens, weil ich immer für irgendwelche Fehler geradestehen muss, die ich nicht unmittelbar zu verantworten habe. Ich bin halt der Pumuckl der Briefbomben."

Das war dann auch die Überschrift zu meinem Interview. Andere Überschriften in Tageszeitungen nach Gesprächen mit mir: "War's eine Blamage?" – "Polizei schiebt Schuld auf Justiz!" – "Zurück an den Start."

In all den Artikeln, Berichten und Interviews nur Kritik. Ich konnte nicht anders, als den Kopf einzuziehen und zu versuchen durchzutauchen. Was vor allem auch deshalb nicht so einfach war, weil der politisch Verantwortliche nicht wirklich hinter mir stand und ich mich in Wahrheit zwischen zwei Mühlsteinen befand.

Es verließ mich allerdings nie der Mut, weil ich auch einige Leute um mich wusste, die treu zu mir standen, und ich längst vor Beendigung des Radl-Binder-Prozesses Ermittlungen in eine andere Richtung vorbereiten ließ.

Leider schied mit Jahresende 1995 der STAPO-Chef Mastalier aus, der von vornherein erklärt hatte, nur bis zum Jahreswechsel bleiben zu wollen. Mit ihm hatte ich immer gut und vertrauensvoll zusammengearbeitet.

Für mich war er wahrlich kein "Frühstücksdirektor" gewesen, wie vielfach behauptet wurde. Mastalier wurde Sicherheitsdirektor von Kärnten. Leiter der Staatspolizei wurde Peter Heindl aus dem Kabinett des Ministers Caspar Einem.

In der ersten Jännerwoche 1996 gab ich der Zeitung „Die Presse" ein Interview, das großen Staub aufwirbelte. Vor allem jene Passage, in der ich mich darüber beklagte, dass wir bei der Suche nach dem Briefbomber „ins rechte Eck gehetzt" worden seien. Und zwar durch Medien und Politiker.

„Wir hätten im Jänner 1994 nicht ungestraft sagen können: das waren keine Neonazis, zumindest nicht solche, wie sie in der VAPO gängig sind. Wenn ich das gesagt hätte, wäre ich öffentlich hingerichtet worden. Man hat uns da hineingedrängt. Jetzt können wir rein sachlich vorgehen: wir suchen einen sehr gut ausgebildeten Chemiker, der sich auch mit dem technischen Know-how einer Briefbombe auskennt." Und auf die Frage, warum ich in der Einzahl spreche: „Es können natürlich auch mehrere sein. Persönlich glaube ich, dass es nur einer ist!"

Erstmals hatte ich gesagt, was ich mir wirklich dachte. Und ich bereute nicht, es getan zu haben.

Zweier Dinge wegen grollte ich allerdings der „Presse". Zum einen, dass sie die Formulierung „öffentlich hingerichtet" nicht unter Anführungszeichen gesetzt hatte, denn ich hatte das natürlich im übertragenen Sinn gemeint, zum Zweiten, dass sie meine Formulierung „über ein Magazin" umgewandelt hatte in „über die News in einem Wochenmagazin".

Was prompt ein Schreiben des Herausgebers eines solchen Magazins an den Minister zur Folge hatte. In dem Schreiben stand: „Herr Sika sagt in diesem Interview den für uns unfaßbaren Satz: ‚es gibt ein Magazin, das jede Woche einen anderen Täter geliefert hat, ohne daß die Bevölkerung die Redaktion angezündet hat' und bezieht diesen Satz in weiterer Folge direkt auf NEWS."

Wolfgang Fellner brachte weiters zum Ausdruck, dass er aus dieser Formulierung die indirekte Aufforderung zu Attentaten auf das führende Nachrichtenmagazin dieses Landes herauslesen könne, und schloss daran Fragen nach Konsequenzen, Stellungnahmen etc. an.

Einem schickte mir den Brief mit einem handschriftlichen Vermerk, der mich zur Stellungnahme aufforderte. Seine Schrift schien von breitem Grinsen getragen.

Ich antwortete mit großem Vergnügen:

… erscheint es mir wichtig, dieses Zitat vollständig und – im Gegensatz zu Ihrer schriftlichen Darstellung – korrekt wiederzugeben. Es lautete: ‚Es gibt ein Magazin, das jede Woche einen anderen Täter geliefert hat, ohne daß die Bevölkerung die Redaktion angezündet hat. Irgendwann muß dem Dümmsten klar werden, daß etwas nicht stimmen kann, wenn jeden Donnerstag ein neuer Täter präsentiert wird.' Darunter – als Erklärung der ‚Presse': ‚Über die News in einem Wochenmagazin.' Wie unschwer zu erkennen ist, habe ich es vermieden, in dem Zitat den Namen eines Magazins zu nennen. Auch der Erscheinungstag, den ich erwähnte, gibt keinen konkreten Hinweis. Am Donnerstag gelangen mehrere Wochenzeitungen zum Verkauf, die sich alle immer wieder mit dem Thema Briefbomben befaßt haben. Der Untertitel, der das Magazin auch nur andeutet, stammt nicht von mir und unterliegt nicht meiner Verantwortung. Es ist daher schlichtweg falsch, daß ich die Bevölkerung aufgefordert habe, die Redaktion von NEWS anzuzünden! Mich würde interessieren, aus welchem Passus des Originaltextes Sie glauben, das herauslesen zu können. Oder empfinden Sie den Hinweis auf die unseriöse Berichterstattung eines Magazins bereits als Anspielung auf NEWS?

Auf mein Antwortschreiben erfolgte keine Reaktion.
Mein Interview fand ein zwiespältiges Echo. Es erreichten mich viele zustimmende Briefe, das linke politische Spektrum reagierte aufgeregt. Es gab eine parlamentarische Anfrage der Grünen und genüssliche Kommentare von blauer Seite. Im Plenum des Nationalrates zitierte man mich noch monatelang, und zwar – wie üblich – in alle Richtungen.

Ein Buch als Zeichen

Ende Jänner 1996 sprachen zwei Journalisten bei mir vor, mit denen ich noch nie Kontakt gehabt hatte: Michael Grassl-Kosa und Hans Steiner. Sie erklärten mir, ein Briefbomben-Buch schreiben und mich zu diesem Zweck mit den vielen Fehlern und Fahndungspannen der Polizei konfrontieren zu wollen. Ich konnte mir Angenehmeres vorstellen als ein derartiges Buch und schlug den beiden vor, ein reines Sachbuch, losgelöst von jeder Politik und Polemik, zu schreiben. Sie würden uns damit in mehrfacher Hinsicht helfen, wir ihnen dafür jede nur mögliche Information geben.

Am Ende des Gespräches willigten die beiden Journalisten ein und ich brachte sie dann noch mit Thomas Müller zusammen, der dem Projekt den richtigen Touch gab.

Es entstand in den folgenden Monaten ein – meiner Meinung nach – sehr gutes Buch, an dem keiner vorbeigehen kann, der sich künftig mit dem Thema Briefbomben befasst. Ein Sachbuch, das alle wesentlichen Fakten zu den Attentaten und Bekennerschreiben frei von politischen Spekulationen auflistete und damit den Weg zu einer sachlichen Diskussion eröffnete. Gleichzeitig über Täterprofil und Schlussfolgerungen aus den Fakten aber auch Signale an das Bombenhirn aussandte, die geeignet waren, auf den Täter Druck auszuüben.

Ich weiß nicht, ob in der Geschichte der Kriminologie jemals ein Buch geschrieben wurde, um an Täter heranzukommen. Für uns war es jedenfalls eine Premiere – wie manches andere, das wir in diesem Jahr aushecken.

Wir hatten für das Buchprojekt Stillschweigen vereinbart, weil ich Querschüsse aus dem Ressort erwartete. Es gab jede Menge Anhänger der Mehr-Täter-Theorie, zu denen auch der Minister zählte. Alle, die den Fall in erster Linie politisch sehen wollten, mussten zwangsläufig an eine Tätergruppe glauben.

Es fiel mir nicht leicht, dem Minister keine Information über das Buch zu geben. Auch wenn ich wusste, dass Loyalität für ihn eine „Einbahnstraße" war und er, ohne mit der Wimper zu zucken, seine Mitarbeiter im Regen stehen ließ, so es ihm Vorteil brachte. Schließlich war er doch der Chef. Doch war mir klar, dass mit seinem Wissen das Buch niemals in der gewünschten Form entstehen würde, und klar auch, dass das Buch eben nur in dieser Form Erfolg versprach.

Was für Troubles das Werk „Der Briefbomber ist unter uns" mit sich brachte, als es zu Jahresende 1996 erschien, darüber wird später zu berichten sein.

Aktion „Wühlmaus"

Am Morgen des 20. Jänner 1996 – es war ein Samstag – schrillte bei mir zu Hause das Telefon. Am anderen Ende der Leitung befand sich ein Journalbeamter aus dem Kommandoraum des Innenministeriums. Er teilte mir mit, dass ich mich auf Wunsch des Ministers um 14 Uhr in der Residenz der US-Botschafterin Swanee Hunt einfinden möge.

Ich setzte mich mit Minister Einem in Verbindung, der mir sagte, dass ihn die Botschafterin über geheime US-Waffenlager in Österreich in Kenntnis gesetzt habe, Näheres würde ich zu Mittag erfahren.

Ich fuhr also nach Hietzing, wo im Verlaufe eines Arbeitsessens die österreichische Delegation unter der Leitung von Vizekanzler Wolfgang Schüssel und Verteidigungsminister Werner Fasslabend von der Botschafterin informiert wurde, dass bei Durchsicht alter Akten der CIA Unterlagen gefunden worden seien über 79 geheime Waffenlager, die die Amerikaner in den Jahren 1951 bis 1955 angelegt hätten. Da die Zeitung „Boston Globe" davon erfahren habe und darüber auch schreiben werde, sei sie veranlasst worden, die österreichische Seite in Kenntnis zu setzen. Unterlagen über diese Lager würden in den nächsten Tagen nach Österreich gebracht und den Behörden übergeben werden.

Das schlechte Gewissen der Amerikaner war offenkundig. Sie entschuldigten sich dann auch öffentlich bei Österreich. Außenamtssprecher Nicholas Burns ließ ausrichten: „Wir werden sicherlich auf die Wünsche der österreichischen Regierung eingehen. Das wäre nur logisch in Anbetracht der eher peinlichen Lage, in der wir uns befinden."

Einige Tage später traf tatsächlich eine Delegation aus Washington in Wien ein. Die Herren vom CIA brachten einen großen Karton mit, der vor laufenden Kameras und unter einem Blitzlichtgewitter von Botschafterin Hunt an Minister Einem übergeben wurde. Sie drückte ihm – quasi symbolisch – ein Aktenstück daraus in die Hand. Dabei tat die hübsche Swanee den vielleicht besten Ausspruch ihres Lebens: „Sorry guys, no gold!" Der mittlerweile legendäre Spruch der Botschafterin spielte auf diverse Presseberichte an, wonach nicht nur Waffen und Proviant, sondern auch finanzielle Unterstützung in Form von Goldmünzen in diesen Lagern versteckt sein sollten.

Die Pappkiste voll mit Unterlagen brachte man in mein Büro.

Aktion „Wühlmaus"

Ich begann sofort, sie durchzuschauen. Sie bestanden aus Skizzen, Fotomappen und Beschreibungen. Wobei die Skizzen relativ gut und genau waren, die Beschreibungen sehr gut, die Schwarzweißfotos offensichtlich von Amateuren aufgenommen. Diese Bilder zeigten eine Welt, die es anno 1996 nicht mehr gab. So waren als Orientierungspunkte vielfach Telefonmasten angegeben, die längst umgeschnitten waren. Natürlich hatte sich auch die Landschaft verändert, Wälder, Wiesen und Felder. Das heißt, man konnte zwar nicht mit den Fotos arbeiten, wohl aber mit den topografischen Beschreibungen, die übrigens auch den Inhalt des jeweiligen Waffenlagers auflisteten.

Tatsächlich gab es später bei der Bergung nur geringfügige Differenzen zu den Listen. Es war in jedem Lager exakt das enthalten, was in der Beschreibung angegeben war.

Die Amerikaner boten auch an, mittels Satellitenfotos bei der Suche zu helfen, sollten wir nicht fündig werden. Aus diesem Anlass habe ich erstmals solche Fotos in die Hand bekommen, durfte sie jedoch nur kurz betrachten. Die Amis kassierten sie dann gleich wieder ein. Die Fotos waren von einer unglaublichen Präzision und Schärfe.

Ich halte es seither für unwahrscheinlich, dass selbst das kleinste Heeresfahrzeug die Kaserne verlassen könnte, ohne dass es die Amerikaner bemerken.

Für mich war diese Darbietung ein beklemmendes Erlebnis und ich verstand, weshalb man uns die Fotos nur mit Zurückhaltung zeigte. Sie bewiesen, dass Österreich völlig blank auf dem Präsentierteller liegt, und mit ihm auch all die anderen Länder der Umgebung.

Da der Winter streng war und der Boden hart gefroren, begannen wir erst Ende April mit der Bergung der Depots. Dem waren eingehende Erkundungen von Beamten des Abwehramtes und der STAPO vorausgegangen, die sehr positiv verliefen: Ein Großteil der Verstecke war auf Anhieb gefunden worden.

Das Interesse der Medien und auch der Historiker war so groß, dass anlässlich des Beginns der „Aktion Wühlmaus" eine Pressekonferenz organisiert wurde, um einem Wildwuchs an Spekulationen vorzubeugen. NEWS hatte nämlich schon bald nach Bekanntwerden der Waffenlager eine Liste der Verstecke veröffentlicht, die allerdings zu 95 Prozent nicht zutreffend war. Da hatte man sich wieder einmal etwas aus den Fingern gesogen. Für mich waren das tatsächlich News, die uns das NEWS da servierte.

Im Verlauf der Debatte meldeten sich auch Zeitzeugen zu Wort. Ich denke da an Fritz Molden, an General Wilhelm Kuntner, der aus der B-Gendarmerie hervorgegangen war, oder an Franz Olah, den seinerzeitigen Innenminister. Kuntner meinte, von derartigen Waffenlagern nichts gewusst zu haben. Fritz Molden hingegen erinnerte sich, dass die Waffenlager ein Teil der breiten Widerstandsstrategie für den Fall einer sowjetischen Okkupation gewesen seien.

Die Bergung der Lager stellte technisch kein besonderes Problem dar. Wie man sich allerdings seinerzeit vorgestellt hatte, nur mit Muskelkraft an die Waffen heranzukommen, womöglich im Winter, war mir schleierhaft. Ich erlaubte mir den Scherz festzustellen, die Amerikaner hätten die Waffen nicht *ver*graben, sondern in Wahrheit *be*graben.

Die örtlichen Behörden wurden knapp vor der Bergung eingebunden. Wir wollten verhindern, dass die Position der Lager vorzeitig bekannt würde und es zu Raubgrabungen kommen könnte.

Ein Problem waren auch die Entschädigungszahlungen an die Eigentümer der Gründe, auf denen Grabungen stattfanden. Nach kurzer Zeit fanden wir heraus, dass es nicht günstig war, den Bauern die Möglichkeit zu geben, ihre Forderungen zu überschlafen oder gar einen Rechtsanwalt einzuschalten. Da wären die Summen, die man verlangte, vermutlich gewaltig angestiegen.

Das Bundesheer kam uns zu Hilfe und schickte einen Mann mit, der Erfahrung mit der Ablöse von Flurschäden bei Manövern hatte. Er regelte die Sache jeweils an Ort und Stelle und zahlte bar, gewissermaßen aus der „Kriegskasse".

Die Bauern und Forstbesitzer waren auch so zufrieden.

Das größte Lager wurde Anfang September unter einem Stadel in der Obersteiermark, im Hochschwabgebiet, geräumt. Das Grundstück gehörte der gräflichen Familie Meran. Auffallend war, dass dieses Lager nicht wie die anderen in der Nähe von Verkehrswegen, sondern in eher unwegsamem Gelände angelegt war.

In 180 Kisten waren 125 Spreng- und 100 Nebelgranaten, weiters 50 Karabiner, 30 Rifles, 15 Maschinenpistolen, 10 Maschinengewehre, 10 Pistolen sowie insgesamt 30.000 Schuss Munition verpackt. Weiters wurden ein 60-Millimeter-Mörser, 450 kg Plastiksprengstoff, 750 Zündmittel, 25 Erste-Hilfe-Kästen, 6 Feldstecher und 15 Kompasse geborgen. Waren die anderen Waffenlager für Trupps von 5 bis 25 Mann gedacht, so hätte aus diesem Depot eine Kompanie ausgerüstet werden können.

Am 23. September 1996 war die „Aktion Wühlmaus" abgeschlossen. Minister Einem lud aus diesem Anlass wieder zu einer Pressekonferenz ein. Der Zufall wollte es, dass zu diesem Zeitpunkt der Entminungsdienst des Innenministeriums sein 50-jähriges Bestehen feierte. Willibald Berenda und seine Truppe hatten mit den Kollegen des Heeres-Abwehramtes und den Pionieren des Bundesheeres die Hauptlast dieser Aktion getragen. Alle hatten großartige Arbeit geleistet und ihre Aufgabe in kürzerer Zeit bewältigt, als man ursprünglich veranschlagt hatte.

33 Lager befanden sich in Oberösterreich, 27 in Salzburg und 5 in der Steiermark. Insgesamt waren 300 Pistolen, 250 Karabiner, 270 Maschinenpistolen, 65 Maschinengewehre, 20 so genannte Sonderwaffen, 50 Panzerabwehrgranaten sowie 3,4 Tonnen Sprengstoff verstaut gewesen.

Die zum größten Teil unbrauchbar und funktionsuntüchtig gewordenen stummen Zeugen des Kalten Krieges wurden zunächst im Wiener Arsenal gelagert, die Amerikaner hatten auf eine Rückgabe großzügig verzichtet. Manfried Rauchensteiner, Direktor des Heeresgeschichtlichen Museums, stellte aus diesen Fundstücken eine eindrucksvolle Schau zusammen, die mit großem Klimbim am 31. Oktober 1996 eröffnet wurde. Der Hunt-Sager „Sorry, guys, no gold!" diente als Titel dieser Ausstellung von verrostetem Kriegsgerät. Im Frühjahr 2000 wurden die amerikanischen Waffen aus dem Heeresgeschichtlichen Museum in die Schweiz gebracht, wo sie zurzeit im „Festungsmuseum Reienthal" im Aargau ausgestellt sind.

Soweit ich erfahren konnte, kostete die „Aktion Wühlmaus" die Republik summa summarum rund fünf Millionen Schilling.

Wahrscheinlich wegen des gewaltigen Medienechos setzte die Bundesregierung eine Expertenkommission unter meinem Vorsitz ein, die den Auftrag bekam, nun auch nach den Hintergründen dieser Lager auf österreichischem Staatsgebiet zu forschen. Ich wurde also Chef einer historischen „Wühlmaus". Man wollte wissen, welchen Überlegungen der Amerikaner diese Waffenlager tatsächlich zu Grunde lagen. Die Kommission tagte zwar einige Male, das Engagement war aber nicht gerade überwältigend. Die Amerikaner unterstützten uns dabei nicht.

Mein Schlussbericht über diese Kommissionsarbeit brachte daher auch nicht mehr Licht in diese Angelegenheit. Sie reduzierte sich letztlich auf die Frage, ob man in den fünfziger Jahren tatsächlich eine sowjetische Invasion befürchtete. Um diese erfolgreich zu bekämpfen, wären die gelagerten Waffen wohl kaum ausreichend gewesen. Sie waren vermutlich eher für einen Partisaneneinsatz gedacht. Ich glaube allerdings, dass auch diese Überlegungen zu Rohrkrepierern geworden wären, weil sich nach den Schrecken des Zweiten Weltkrieges vermutlich kaum jemand gefunden hätte, mit nahezu untauglichen Mitteln gegen eine russische Übermacht anzukämpfen. Einer anderen Erklärung zufolge hätten diese Depots den Amerikanern für den Rückzug im Falle eines Krieges auf österreichischem Boden dienen sollen. Die Waffenlager waren zudem in einer Weise angelegt, dass schnell rekrutierte Partisanen sie nicht so leicht hätten heben können. Für diese Version sprach auch, dass Landehilfen für Flugzeuge, zum Beispiel Scheinwerfer, in einigen der Depots versteckt waren.

Für den Partisaneneinsatz sprach wiederum die Auffindung von deutschsprachigen Anleitungen zum Guerillakrieg. Das waren Hefte, in denen potenziellen Kämpfern diese Art der Kriegführung mit recht grausamen Tipps nahe gebracht wurde. Wir fanden auch eine einschüssige Pistole, die eigentlich am effizientesten war, wenn man sie dem Gegner an die Schläfe setzte – eine reine Terroristenwaffe. Vielleicht sollten doch Österreicher mit diesen Waffen aus den geheimen Verstecken ausgestattet werden. Als Widerstandskämpfer und Patrioten.

Meinen Schlussbericht, für den im Wesentlichen alle Kommissionsmitglieder Beiträge geliefert hatten, erstattete ich aus reiner Pflichterfüllung. Als er fertig gestellt wurde, interessierte sich nämlich niemand mehr für diese Geschichte. Ich weiß nicht, ob es jemandem aufgefallen wäre, hätte ich das Papier nicht abgegeben. Vielleicht den Grünen, die schon zu Beginn dieser Aktion hellseherisch behauptet hatten, dass die „österreichische Bevölkerung über das späte Auftauchen der CIA-Unterlagen mehr als verwundert sei", und eine kritische Durchleuchtung einer der „finstersten Seiten" des Kalten Krieges gefordert hatten.

Ein befreundeter westlicher Dienst gab uns eines Tages den Hinweis, dass auch der KGB Waffen auf österreichischem Boden vergraben habe. Dies war allerdings anders zu beurteilen als die US-Waffenlager. Denn die Russen hatten eine andere Ausgangslage und Motivation. Sie hatten keine Invasion zu erwarten. Daher können die Depots nur dazu gedient haben, Agenten auszurüsten und zu versorgen. Wir hatten einen Hinweis auf ein solches Versteck in der Ruine Starhemberg nahe Piesting. Um die Bergung vor der Öffentlichkeit geheim zu halten, setzte das Bundesheer pro forma eine Pionierübung an. Dabei wurde festgestellt, dass das bezeichnete Mauerwerk, in dem sich eine Faustfeuerwaffe mit Munition befinden sollte, mittlerweile eingestürzt war. Auch mit Metalldetektoren konnte man weder Waffe noch Munition in den Trümmern finden.

Interessant war, dass – zumindest nach den Hinweisen zu schließen – die Russen ihre Lager häufig in Ruinen angelegt haben dürften. Gefunden haben wir allerdings kein einziges dieser Depots. Auch das größte nicht, das sich bei Salzburg in der Nähe des Salzburgringes befinden hätte sollen, obwohl es in diesem Fall eine sehr genaue Beschreibung gab.

Wieder machte das Abwehramt eine Vorerhebung, bei der sich ergab, dass die Örtlichkeit zwar mit der Beschreibung übereinstimmte, sich die Verhältnisse vor Ort inzwischen aber wesentlich verändert hatten. Vor allem durch den Bau des Salzburgringes und einer Zufahrtsstraße, die über das Gelände führte, auf dem man das Lager vermutete.

Die Russen haben übrigens die Existenz von Waffenlagern nie offiziell bestätigt und auch nichts unternommen, die Behörden bei der Bergung zu unterstützen.

Wahrscheinlich haben seinerzeit alle Besatzungsmächte Waffendepots in Österreich angelegt. Am professionellsten waren dabei zweifelsohne die Engländer. Auch in der Auflösung der Lager. Schon in den sechziger Jahren brachten sie den österreichischen Behörden die Existenz dieser Depots zur Kenntnis und übergaben alle Unterlagen. Die Bergung war dann kein Problem.

Die Engländer hatten ihre Lager überwiegend in Kärnten und der Steiermark. Im Unterschied zu den amerikanischen Waffen waren die englischen in wetterfesten, stabilen Unterständen verstaut, die mit Erde abgedeckt und getarnt waren. Sie setzten Kustoden ein, die darauf achteten, dass die Tarnung erhalten blieb, und dafür auch einen Schmattes bekamen. Einer der Kustoden, ein Kärntner Bauer, erzählte bei der Bergung den Gendarmeriebeamten, dass er nach jedem Wolkenbruch nachschauen gegangen sei, ob die Erde über dem Wellblechdach nicht weggeschwemmt worden sei, und nötigenfalls die Erdabdeckung ausgebessert habe.

Die Engländer bereinigten die Sache also am seriösesten. Von den US-Lagern wüssten wir vielleicht heute noch nichts, hätte es nicht jene Indiskretion gegenüber dem „Boston Globe" gegeben. Und die Russen lassen uns immer noch „dumm sterben", auch was die KGB-Lager anbelangt.

Opernball und Memoiren

Es war ein bitterkalter Februar, damals im Jahr 1996. Ein paar Tage vor dem Opernball – und damit auch ein paar Tage vor der schon traditionellen Demonstration linker Gruppen gegen diese Veranstaltung – bekam die Staatspolizei Informationen, dass die Revoluzzer diesmal etwas ganz Neues planten: Das Codewort, das im Untergrund zirkulierte, war „Kalte Glut" und bald wussten wir, was darunter zu verstehen war.

Die Demonstranten wollten Hydranten in der Nähe der Oper öffnen und die Straßen vereisen. Die Gäste des Balls, aber auch die Polizei sollten im wahrsten Sinne des Wortes ausrutschen und auf die Nase fallen.

In einer kleinen Gruppe besprachen wir, wie wir vorgehen werden. Die Feuerwehr wurde ersucht, die Hydranten zwischen Schwarzenbergplatz, Karlsplatz und Oper abzusperren. Lediglich einige davon durften weiterhin mit Wasser versorgt werden, da wir ja für Notfälle gerüstet sein mussten, doch diese Hydranten ließ ich speziell bewachen und außer mir wussten nur die dort postierten Beamten, welche Hydranten noch Wasser hatten.

Von diesen Vorbereitungen sagte ich niemandem etwas, auch nicht dem damaligen Innenminister Caspar Einem. Jeder wusste, dass seine Sympathie eher den Demonstranten als den Gästen beim Opernball gehörte, und ich wollte nicht, dass er sich vielleicht „verschnappt" und unbeabsichtigt unsere Taktik dadurch bekannt würde. Diese Entscheidung ist mir nicht leicht gefallen, denn man hätte sie als Illoyalität auslegen können.

Die Demonstration wurde von einem „Komitee gegen Sozialabbau und Bonzenfeste" ordnungsgemäß angemeldet und wir rechneten mit etwa 500 Teilnehmern.

Das Ganze sollte sich zwischen 18.00 Uhr und Mitternacht abspielen, wir hatten alles eingeteilt und auch die Verkehrsumleitungen organisiert. Die Demo sollte vom Schwarzenbergplatz über die Lastenstraße und die Kärntner Straße hin zum Opernhaus gehen. Im Großen und Ganzen verlief diese Demonstration friedlich, am Ende allerdings kam es zu Handgreiflichkeiten zwischen der Polizei und einem harten Kern der Demonstranten.

Es hagelte vierzig Anzeigen nach dem Versammlungsgesetz und drei wegen Sachbeschädigung. Ein Teilnehmer wurde wegen versuchter schwerer Körperverletzung angezeigt, ein weiterer nach dem Pyrotechnikgesetz, weil er dreißig Knallkörper in der Hosentasche hatte. Beschlagnahmt wurden Präzisionsschleudern mit dutzenden Schraubenmuttern und Glaskugeln, Signalstifte samt Munition, Luftgewehrkugeln, Brecheisen und Messer. „Dennoch konnte der Opernball 1996 in sicherheits- und ordnungspolizeilicher Hinsicht friedlich und ohne Störung abgehalten werden", teilte die Pressestelle der Wiener Polizei der Öffentlichkeit tags darauf mit. Unsere Vorsorgemaßnahmen und die Überwachung der Hydranten hatten offenkundig verhindert, dass der Plan „Kalte Glut" verwirklicht werden konnte.

Noch ein zweites Mal wurde Caspar Einem über polizeiliche Maßnahmen von mir nicht im Detail unterrichtet, und zwar aus denselben Gründen wie beim Opernball. Im Herbst 1996 war eine Parade des Bundesheeres angesetzt, die auf der Ringstraße stattfinden sollte. Wie aus der linken Szene zu erfahren war, sollten massive Gegenaktionen erfolgen. Die Wiener Polizei arbeitete im Zusammenwirken mit dem Heeres-Abwehramt Strategien zum Schutz der Parade aus, die wir im Detail für uns behielten.

Im Wesentlichen verlief die Parade störungsfrei. Nur beim Burgtheater kam es zu einem Zwischenfall – einigen Demonstranten gelang es, Farbbeutel auf die Soldaten zu werfen. Ein weiterer ereignete sich auf dem Rathausplatz – militante Frauen störten eine Vorführung, Polizei schritt ein und es gab Festnahmen.

An sich nichts Aufregendes. Die Pointe kam einige Wochen später. Aus geheimnisvoller Quelle wurde mir eine Faxkopie zugespielt, die eine Nachricht an den Minister enthielt. Eine der am Rathausplatz perlustrierten bzw. festgenommenen Frauen dankte Einem für dessen Zusage, eine Preisverleihung vorzunehmen. In einer Zusatzinformation wurde mir unter der Hand mitgeteilt, es sollte sich um eine Ehrung dieser Frauen handeln.

Ich habe damals die Information in meinem Busen vergraben und nicht weiter verfolgt, ob nun die Preisverleihung tatsächlich stattfand oder nicht. Jedenfalls ist die Geschichte ein Indiz dafür, dass unser

Misstrauen gegen den Minister, was Demonstrationen der linken Szene betraf, nicht unbegründet war.

Mittwoch, der 13. März 1996. Knapp vor Dienstschluss rief mich ganz aufgeregt Peter Heindl, der Chef der Staatspolizei, an. Soeben habe ihm der in der EBT tätige Bezirksinspektor Erwin Kemper mitgeteilt, dass am nächsten Tag die Firma Morawa sein Buch „Verrat an Österreich" an rund 1.300 Trafiken und Zeitungskioske ausliefern werde. Er wolle das nur „rechtzeitig" kundtun.

Ich gab diese Information an Minister Einem weiter und wollte vor dem nächsten Schritt erst einmal sehen, was das Buch enthielt.

Kemper schilderte ausführlich den Fall Hochenbichler, an dessen Aufklärung er seinerzeit wesentlich beteiligt war. Subjektiv, aber nicht ganz unrichtig, meinte er auch, dass die Staatspolizei „der Lächerlichkeit preisgegeben" worden sei, als nach dem Noricum-Skandal vom Innenminister die Vernichtung von STAPO-Akten angeordnet wurde.

Natürlich musste Kemper eine Abreibung bekommen, sie fiel jedoch milde aus. Er hat seinen Job nicht verloren, sondern wechselte lediglich im Rahmen der Staatspolizei in ein anderes Referat. Es hat für ihn keine nachhaltigen Folgen gegeben, weil auch sein Buch keine nachhaltigen Folgen verursachte.

Der Hauptvorwurf gegen ihn war, dass er von seinem Plan, ein Buch herauszugeben, nicht rechtzeitig Mitteilung gemacht hatte, ja dass er überhaupt ein Buch mit diesem Inhalt geschrieben hat. Er verantwortete sich damit, deshalb nichts gesagt zu haben, weil er fürchtete, man würde es ihm verbieten. Da ist sicher was dran. Man hätte ihm zweifellos „geraten", das Buch nicht herauszubringen.

Allerdings, aus heutiger Sicht: Wäre das Buch nicht erschienen, hätte es keine Lücke hinterlassen.

Kemper sagte, er wollte durch das kritische Buch die Situation der Staatspolizei verbessern. In Wahrheit gab er Politikern die Möglichkeit, ihn als Zeugen für die Zerrüttung der Staatspolizei zu führen, mit seinem Buch politische Agitation zu betreiben. Das war im Wesentlichen alles. Denn die Krise der Staatspolizei oder – wenn man so will – die Krise der EBT musste nicht mehr in Form eines Buches öffentlich dargelegt werden. Sie war nicht nur aktenkundig, sondern auch weithin bekannt. Ja, sie war unübersehbar – und die STAPO übrigens damals schon Gegenstand von Reformüberlegungen, über die noch zu sprechen sein wird.

Der Staatspolizei stehen viele Menschen verständnislos bis misstrauisch gegenüber. Auch im Innenressort. Und es gibt den bösen Spruch, die Staatspolizei sei nach dem Demel die „größte Schaumschlägerei Österreichs".

Am 19. März 1996 gab Haider eine Pressekonferenz zum Inhalt des Kemper-Buches, in der er heftige Kritik an Minister Einem und „seinem politischen Umfeld" übte. Auf Weisung sei zum Beispiel im Briefbomben-Fall jahrelang in die falsche Richtung ermittelt worden, und zwar gegen die innere Überzeugung der Fahnder. Dieser Vorwurf war an sich nichts Neues. Was allerdings aufhorchen ließ, war der Umstand, dass Haider über den Terminplan des Ministers offensichtlich sehr gut Bescheid wusste. Denn er erwähnte ein Treffen Einems am 26. Februar 1996 um 18.30 Uhr mit dem Anwalt Dr. Thomas Prader in einem Lokal in Wien-Josefstadt. Dr. Prader war damals immerhin eine Galionsfigur der Grünen.

Nun gab es diesen Terminplan schriftlich in mehrfacher Ausfertigung. Ich erhielt diesen Plan jeweils am Freitag für die kommende Woche. Er lag im Kabinett auf und auch bei anderen Spitzenbeamten des Hauses.

Einem war empört und beunruhigt. Natürlich konnte nicht herausgefunden werden, wer den Plan an die FPÖ weitergegeben hatte. Was bedeutete, dass vor allem die Topleute des Ministeriums verdächtig blieben und der Minister immer misstrauischer wurde. Die Konsequenz daraus: Er stellte die Verteilung des Terminplanes ein, was die Zusammenarbeit zwischen Einem und seinen engsten Mitarbeitern zweifellos schwieriger machte.

Die Medien sahen nach den Vorfällen der letzten Wochen ein „Autoritätsproblem im Polizeiapparat", das sie dem Minister anlasteten. So befand sich Caspar Einem immer in der Defensive, hatte stets Erklärungsbedarf. Dazu kam, dass just zu dieser Zeit ein Rechnungshofbericht über die Staatspolizei an die Öffentlichkeit drang. Ein durchaus kritischer Bericht, der die katastrophale Beurteilung dieser Truppe durch Medien und Bevölkerung zu bestätigen schien. Und wieder musste er vor den Vorhang treten und beteuern, dass sich der Bericht im Wesentlichen auf nicht mehr aktuelle Zustände beziehe, dass seit der Befundaufnahme schon vieles geändert worden sei und im Übrigen dem Rechnungshof nicht in allen Punkten beigepflichtet werden könne.

Einem unternahm auch schüchterne Versuche, Härte zu signalisieren, indem er beispielsweise dem staunenden Volk via NEWS bekannt gab, dass er mit harten Maßnahmen gegen STAPO-Beamte durchgreifen wolle, die kritische Bücher über ihre Organisation schrieben, die Informationen an Medien weitergaben und dergleichen mehr. Die dramatische Überschrift über den „Härte"-Artikel lautete: „Einem räumt auf!" – „Ja, vielleicht die Wohnung", war der bissige Kommentar von einigen Beamten im Haus.

Die Stimmung war nicht gut in diesen Tagen.

Dabei war vieles richtig, was der Minister sagte. Strukturen waren – wenn auch nicht tiefgreifend – geändert worden, die EDV hatte Eingang in die STAPO gefunden und schließlich war der Entwurf zu einer umfassenden Reform der Staatspolizei fertig gestellt. Vor allem die „SOKO Briefbomben" arbeitete auf vollen Touren.

Neben der Bearbeitung der Hinweise wurden nach und nach alle Fakten der Bombenattentate in den Computer eingespeichert. Ein weiterer Vorzug der SOKO bestand darin, dass sie – im Gegensatz zur EBT – gegenüber den Medien völlig abgeschottet war. Die Journalisten erfuhren nichts über Ermittlungsstand, Verdächtige, heiße oder kalte Spuren, wie sie es bisher gewöhnt waren. Das machte einerseits das Arbeiten leichter, andererseits jedoch die Journalisten nervös, denen plötzlich der Informationsfluss abgeschnitten war.

Die einen begannen, sich „Exklusivgeschichten" aus den Fingern zu saugen, die anderen, Gruselstorys über den Gemütszustand der Fahnder und deren Ratlosigkeit zu schreiben.

Man konnte da die unmöglichsten Geschichten lesen, Geschichten, deren Wahrheitsgehalt gleich null war. NEWS war besonders kritisch –

vor allem mir gegenüber. Man verabsäumte es nie, Einem zu fragen, wann er mich endlich aus meiner Funktion entferne. Der Minister entgegnete dann stets mit dem Hinweis auf mein Alter. „Der geht ohnehin in zwei Jahren." Bis NEWS die Geduld riss und schrieb, meine Ablöse im Juli sei beschlossene Sache.

Briefkästen als Täterfalle

Während die Medien uns absolute Unfähigkeit attestierten, startete im Frühjahr 1996 eine weitere Aktion unter größter Geheimhaltung. Nach der letzten Briefbombenserie, bei der zwei Bomben in einem Briefkasten in Graz explodiert waren, war die Idee geboren worden, das Bombenhirn mit seinen eigenen Waffen zu schlagen. Was hieß, dass eine Möglichkeit gefunden werden musste, den in die Bomben eingebauten Funksensor dazu zu verwenden, eingeworfene Briefbomben durch Funkimpulse noch in den Briefkästen zur Explosion zu bringen.

Tatsächlich fand sich eine deutsche Firma, die das zu Stande bringen wollte. Sie baute kleine Elektronikteile, die Briefbomben nach dem Einwurf in den Briefkasten zur Detonation bringen sollten. Unsere Leute simulierten einen solchen Vorgang und siehe da, nach einigen Modifikationen funktionierte es. Aber es gab wieder Probleme.

Da war zunächst die Kostenfrage. Mehr als 2.000 dieser Sensoren waren nicht finanzierbar. In ganz Österreich gibt es aber zigtausend Briefkästen. Sie alle zu präparieren, war unrealistisch. Wir werteten also die bisherigen Erkenntnisse aus, nach welchen Kriterien der Täter die Briefkästen ausgewählt hatte und wo eine Chance bestand, dass sie der Täter frequentieren würde. Es kristallisierten sich einige Gebiete in Niederösterreich, Tirol und der Steiermark heraus sowie das Faktum, dass einsam gelegene Briefkästen oder solche an Ortsrändern mit direktem Zugang zu Schnellstraßen von ihm bevorzugt worden waren. Thomas Müller und Kollegen der SOKO wählten nach diesen Erkenntnissen rund 2.000 Postkästen aus und ließen sie präparieren.

Eines war klar – die Sache musste streng geheim bleiben, das Bombenhirn sollte nicht vorgewarnt werden. Die Post arbeitete großartig mit uns zusammen. Ohne großes Trara stellte sie uns ihre gelben Autos und ihre Uniformen zur Verfügung und sagte uns absolute Diskretion über diese Aktion zu.

Oberst Johannes Pechter, mit dem ich schon jahrelang vertrauensvoll zusammenarbeitete, war von der Idee begeistert. Das Gendarmerie-Einsatzkommando hatte sich bisher als „Mädchen für alles" bestens bewährt und mich nie enttäuscht. Nun sollten die GEK-Beamten als

Postler unterwegs sein, Briefkästen präparieren und sich punktuell auch auf die Lauer legen.

Allerdings kam dann gerade vom GEK ein Einwand gegen diese Aktion, der durchaus zu beachten war: Konnten durch derartige Explosionen Unbeteiligte gefährdet werden?

Ich überlegte lang und zog die Experten zu Rate. Die Briefbombe in Graz hatte gezeigt, dass sich die Energie der Explosion nach unten entlud, denn die Bodenklappe des Briefkastens war weggesprengt. Dadurch war auch niemand gefährdet worden. Es war daher nur eine eventuelle Beeinträchtigung durch den Explosionsknall zu erwarten. Ich erklärte, das Risiko auf mich zu nehmen, und gab im Mai des Jahres 1996 grünes Licht.

Natürlich war die Geschichte ein Lotteriespiel und die Chance, damit Erfolg zu haben, eher gering. Psychologisch war die Aktion jedoch von größter Wichtigkeit: Wir waren endlich in der Offensive – wir handelten und reagierten nicht nur! Die Beamten waren mit Feuereifer bei der Sache.

Tatsächlich wurde in der Folge auch ein Brief durch den Täter in einen präparierten Briefkasten eingeworfen. Allerdings ein Poststück ohne Sprengsatz.

Es ist das alles so leicht in ein paar Sätzen geschildert. In der Realität aber waren viele Hürden zu nehmen. Die Kälte verursachte Probleme mit den Batterien, sie mussten zu oft ausgetauscht werden. Nicht alle Geräte, die periodisch überprüft wurden, funktionierten auch – die Herstellerfirma musste mehrmals zu Hilfe gerufen werden.

Die Beamten des GEK legten in der mehr als ein Jahr dauernden Aktion viele hundert Kilometer zurück. Was aber am meisten zählt – die Aktion blieb bis zuletzt geheim!

Dazu eine Begebenheit am Rande.

Natürlich fiel mit der Zeit einigen Postlern auf, dass sich ein kleines schwarzes Kästchen in manchen ihrer Briefkästen befand. Sie konnten damit nichts anfangen und fragten die Chefs. Diese wussten auch keine Antwort und fragten wieder ihre Chefs. Und so ging es hinauf bis zur Spitze, die ja eingeweiht war. Von dort kam schließlich die Auskunft, es handle sich um „Frequenzzählmesser", die die Rentabilität der einzelnen Briefkästen feststellen sollten.

So konnten dann eines Tages die Beamten des GEK auf einer ihrer Wartungsreisen einen Briefträger beobachten, der einen Brief in den Briefkastenschlitz schob, wieder herauszog, hineinschob, herauszog. Offensichtlich, um die Frequenz seines Kastens zu erhöhen.

Dschedda und wieder Ankara

Im Juni 1996 absolvierte Thomas Klestil einen dreitägigen Staatsbesuch in der Türkei. Ich stieß in Ankara zur Delegation. Zuvor war ich mit Kanzler Vranitzky in Saudi-Arabien gewesen und nach einem rauschenden Fest wie in Tausendundeiner Nacht um Mitternacht in das Flugzeug nach Ankara gestiegen.

In Dschedda sollte über geplante Exporte verhandelt werden, ich war im Hinblick auf die Problematik des Kriegsmaterialgesetzes mitgereist. An sich wollten die Saudis von uns gar keine Waffen. Sie waren nur empört darüber, dass wir ihnen wegen der Menschenrechtssituation und der angespannten politischen Lage Waffen gar nicht verkauft hätten, und erklärten unverblümt, aus diesem Grund könnten wir uns auch die Feuerwehrautos, die wir gern losgeworden wären, „in die Haare schmieren". Sie gebrauchten natürlich einen etwas anderen Ausdruck. Unsere Haltung im Bereich des Kriegsmaterials sahen sie jedenfalls als „feindselig" an.

Wir zogen kleinlaut ab. Der Kanzler war verärgert und erklärte, dass sich beim Kriegsmaterialgesetz etwas ändern müsse. In Wien bekam er dann gleich die vorauszusehende Schelte von linker Seite zu hören, was seine Ambitionen sichtlich einbremste.

Bis heute hat sich diesbezüglich nichts geändert. Vielleicht unter Kanzler Wolfgang Schüssel. Hier waren bereits Ankündigungen zu vernehmen. Meiner Meinung nach wäre es dringend notwendig, dieses unglückselige Gesetz, das vor allem durch dümmliche Auslegungen in der Praxis verunstaltet wurde, neu zu fassen und eindeutig auf die Grundproblematik zurückzuschrauben, die da lautet: keine Waffen aus und durch Österreich in Krisengebiete! Es sei denn im Rahmen internationaler Aktionen. Und Schluss mit dem Zirkus, dass EU-Länder, die bewaffnete Einheiten zu Militärmanövern in benachbarte Staaten schicken wollen, keine Erlaubnis zur Durchfuhr erhalten, obwohl sie mit allen ihren Waffen nach Beendigung der Manöver garantiert wieder in die Heimat zurückkehren werden.

Klestil wollte mich dabeihaben, weil die Türken mit Sicherheit das Kurdenproblem anschneiden würden. Er hatte eine große Delegation mit, neben Vizekanzler Schüssel noch Minister Rudolf Scholten, Wirtschaftskammerpräsident Leopold Maderthaner und Geschäftsleute, die über fünfzig Firmen repräsentierten.

Die Gespräche verliefen in angenehmer Atmosphäre, brachten uns aber – wie schon einige Jahre zuvor – keine wesentlich neuen Erkenntnisse. Nur eines stellte ich abermals fest: Die Türken waren über die Verhältnisse in Österreich bestens informiert und wussten wahrscheinlich auf die Stunde genau, was ihr besonderer Freund Peter Pilz so alles trieb. Dank tausender freiwilliger Mitarbeiter in Österreich, für die Herr Pilz täglich auf die Barrikaden steigt. Die zu einem Teil bereits österreichische Staatsbürger sind und alle so weit und so viel sie können, die Annehmlichkeiten unseres Sozialstaates genießen.

Pleiten, Pech und Pannen

Ich muss gestehen: Pleiten, Pech und Pannen überschatteten 1996 den Kriminalfall rund um Staatsanwalt Wolfgang Mekis, den Starjournalisten Peter Michael Lingens, den Autoverleiher Franz Kalal sowie die russische Geschäftsfrau Walentina Hummelbrunner. Der Medienwirbel war damals enorm und sicher nicht unbegründet. Gehören doch diese Personen einer Gesellschaftsschicht an, die man die „bessere" nennt. In der es schöne Regel ist, dass man sich Gefälligkeiten erweist, und in der man Interventionen auch versteht, wenn sie zwischen den Zeilen angedeutet werden. Man sitzt zum Reden in der „Eden" und manches läuft dann wie geschmiert.

Begonnen hatte dieser Fall mit Ermittlungen der EDOK gegen den türkischen Staatsangehörigen Celal Bayar. Es gab Hinweise darauf, dass dieser Mann ein türkischer „Pate" von Wien war. Daneben bestand auch der Verdacht, Bayar habe den 1988 in der Türkei begangenen Mord an seiner eigenen Tochter Seker in Auftrag gegeben.

Die wichtigsten Erkenntnisse in dieser Geschichte stammten von der Geliebten des Bayar, die in seinem Nachtlokal in Wien-Alsergrund arbeitete. Sie war von dem Mann offenbar schlecht behandelt worden, was in diesen Kreisen und in diesem Milieu nicht ungewöhnlich ist. Ungewöhnlich war allerdings, dass sich diese Frau schließlich der EDOK anvertraute. Dass sie sozusagen die Fronten wechselte, plauderte und vieles offen legte: die Querverbindungen zum Rotlicht, zum Suchtgifthandel, zur Geldwäsche usw. Sie belastete Bayar schwer.

Es erwies sich als notwendig, monatelang zu ermitteln. Informationen aus der Türkei reichten aus, um den Mordverdacht zu erhärten. Im Februar 1998 wurde Bayar nach mehr als einjährigem Prozess zu lebenslanger Haft verurteilt. Noch aus dem Gefängnis heraus ließ er seine Ex-Geliebte bedrohen. Sie stand allerdings zu diesem Zeitpunkt schon unter Zeugenschutz und lebt heute im Ausland.

Doch die Mordgeschichte stellte nur die eine Seite des Falles dar. Die andere betraf Bayars mafiose Tätigkeit in Wien. Im Zuge der Observierung des Lokales war unter anderem festgestellt worden, dass dort auch Prominenz aus Polizei und Justiz verkehrte.

Das Unheil begann, als wir wahrnahmen, dass auch der 45-jährige Staatsanwalt Wolfgang Mekis vom Landesgericht für Strafsachen Wien Kontakte zu Bayar hatte. Er geriet im Zuge der Ermittlungen in den Verdacht, ein Rechtsberater des „Paten", sozusagen sein Consigliere zu sein.

Mir war Mekis als Teilnehmer einer exklusiven Runde bekannt, in der sich Richter, Staatsanwälte, Polizisten, Rechtsanwälte und Journalisten regelmäßig trafen. Auch Lingens gehörte diesem Kreis an. Da wurde politisiert, gefachsimpelt und wohl auch manches ausgeplaudert oder eingefädelt.

Für mich war es daher nicht verwunderlich, dass gewisse Journalisten über gerichtsanhängige Causen so gut informiert waren.

Neben der Verbindung von Mekis zu Bayar standen auch die Beziehungen des Staatsanwaltes zum Autoverleiher Kalal und dessen Bekanntschaft mit dem Journalisten Lingens im Fadenkreuz unserer Ermittlungen.

Den Anstoß dazu gab die aus Russland gebürtige Geschäftsfrau Walentina Hummelbrunner. Die kleine, etwas mollige und sehr apart wirkende Blondine entwickelte sich zur Schlüsselfigur im Fall Mekis.

Sie hatte damals ihr Büro im eleganten Palais Hohenfels in Wien-Hietzing und machte mit dem Export von (belgischem) Wodka und westlichen Luxusgütern nach Russland einen Umsatz von jährlich etwa 100 Millionen Schilling.

Vor ihrer Übersiedlung nach Wien hatte Walentina in der russischen Teilrepublik Baschkortostan den Generaldirektor einer Erdölraffinerie, Alexander Voronine, geheiratet, der später verhaftet wurde, weil er angeblich etwa 19 Millionen Dollar außer Landes geschafft hatte.

Nach Informationen aus der Schweiz sollte ein Teil des Geldes mit Hilfe Hummelbrunners über Wien nach Zürich und wieder zurück nach Wien geflossen sein. Die Frau wurde der Geldwäsche verdächtigt. Den Fall bekam Staatsanwalt Mekis zur Untersuchung.

Wie sich später herausstellte, war diese Causa auch Gegenstand von Gesprächen zwischen dem Journalisten Lingens und Franz Kalal in der Wiener Edenbar. Lingens bat den Autoverleiher, von dessen guten Beziehungen zum Staatsanwalt er wusste, bei Mekis ein gutes Wort für die Russin einzulegen. Schließlich arbeitete Lingens' Schwiegertochter in einem Schönheitssalon der Hummelbrunner.

Walentina Hummelbrunner war für die Polizei keine Unbekannte. Die EDOK stand schon längere Zeit in Kontakt mit ihr und „schöpfte" sie ab, wie es in der Fachsprache heißt. Das bedeutete, dass sie den Beamten Informationen über die Russenszene gab.

Eines Tages nützte sie diese Verbindung, erschien bei der EDOK und erzählte von einem Erpressungsversuch Kalals an ihr. Man observierte daraufhin die Treffen von Hummelbrunner mit Kalal und zapfte auch die Telefone an. Bei der Observierung Kalals stellte sich heraus, dass er nach jedem Zusammentreffen mit Hummelbrunner Kontakt zu Mekis aufnahm, sodass der Verdacht einer Verwicklung des Staatsanwaltes in die Causa nahe lag.

Weil die Geschichte scheinbar nicht kompliziert genug war, mischte sich auch noch Gott Amor in die Amtshandlung ein. Sein Pfeil traf die begehrenswerte Walentina und den EDOK-Mann Hannes Schwarz mitten ins Herz. Schwarz hatte mit der Ermittlung gegen Mekis und Konsorten an sich nichts zu tun, er war derjenige, der Hummelbrunner „führte", wie das im Jargon heißt. Und jetzt „verführte" er sie auch noch. Aber vielleicht war es auch umgekehrt. Jedenfalls fuhr der Beamte voll auf die charmante Russin ab und verstieß damit gegen alle Regeln des Polizeigeschäfts.

Die Story vom vergessenen Laptop im Schlafzimmer der russischen Geschäftsfrau machte Schlagzeilen und war ein Trumpf im Blatt der Verteidigung, aber auch jener, die der EDOK kritisch gegenüberstanden. Dabei stand Schwarz mit dem Prozess in keinem Zusammenhang und hätte dort gar nichts verloren gehabt.

Verschärft wurde die peinliche Geschichte durch einen weiteren Lapsus, der nun der Wirtschaftspolizei unterlief. Sie stellte bei einer Hausdurchsuchung bei Walentina Hummelbrunner auch das sehr interessante Tagebuch von deren Hausmädchen sicher. Beim Aufladen des umfangreichen Materials an schriftlichen Unterlagen zum Transport ins Gebäude der Wirtschaftspolizei verloren die Beamten jedoch das Tagebuch, das dann eine Zeit lang auf dem Gehsteig lag und schließlich von einem Arbeiter einer benachbarten Druckerei gefunden wurde. Der stellte das Tagebuch zwar an die Wirtschaftspolizei zurück, doch niemand konnte sagen, was in der Zwischenzeit damit geschehen war und ob es nicht vielleicht doch in falsche Hände geraten war.

Das ausgestreute Tagebuch, sozusagen die „fliegenden Blätter", verbesserte das gespannte Verhältnis zwischen EDOK und Wirtschaftspolizei nicht gerade. Es bestand der Verdacht, das Buch sei gar nicht verloren, sondern absichtlich auf den Gehsteig gelegt worden, um es unverdächtig an die Öffentlichkeit zu spielen und der EDOK eins auszuwischen. Und auch dem Hannes Schwarz, denn aus den Aufzeichnungen des Hausmädchens ergaben sich die Rückschlüsse auf dessen Besuche im Hause Hummelbrunner.

Der EDOK-Mann war nämlich schon zu Beginn der Ermittlungen gegen die russische Geschäftsfrau in das Visier der Wirtschaftspolizei geraten. Er hatte versucht, Details über den Verfahrensstand gegen die Blondine zu erfahren, was in einem Aktenvermerk festgehalten wurde.

Aber damit nicht genug. Um die Gespräche zwischen Hummelbrunner und Kalal bei deren Treffen belauschen und aufzeichnen zu können, wurde die Geschäftsfrau technisch „präpariert". Das wurde derart dilettantisch eingefädelt, dass es praktisch keine brauchbaren Tonaufnahmen gab. Man steckte der Frau einfach ein gewöhnliches Diktiergerät in die Handtasche. Einmal vergaß sie, es einzuschalten, dann wieder stellte sie die Tasche in ihrer Nervosität auf den Boden, sodass nahezu nichts zu hören war.

(Heute würde eine derartige Aktion durch die SEO, die Sondereinheit Observation, organisiert werden, die über alle technischen Finessen verfügt.)

Als wir glaubten, genügend Beweise für den Erpressungsversuch zu haben, wurde im Februar 1996 von Hummelbrunner mit unserem Wissen die Übergabe des Geldes vor dem Wiener Traditionshotel Sacher zugesagt. Sechs Millionen Schilling hatte sie in einem kleinen Koffer bei sich. Geld der Republik, das ihr die Polizei zur Verfügung gestellt hatte.

Die Beamten waren natürlich nervös und schlugen sofort zu, als der Erpresser den Koffer in die Finger bekommen hatte.

Kritik kam auf – man hätte warten sollen, bis Kalal, wie vermutet, zumindest einen Teil des Geldes an den Staatsanwalt übergeben hätte.

Dann hätte man eine lückenlose Beweiskette gehabt. Allerdings mit einem unkalkulierbaren Risiko für die Polizei, denn möglicherweise hätte Kalal das Geld gar nicht weitergeben wollen und wäre mit den Millionen auf und davon.

Wie heikel der Umgang mit „Vorzeigegeld" ist, bewies ein Fall, der sich vier Monate später ereignete:

In der Nähe des Hotels Marriott in der Wiener Innenstadt versuchten Beamte der Einsatzgruppe zur Bekämpfung der Suchtgiftkriminalität einen Scheinkauf und präsentierten den Drogendealern einen Koffer mit zwei Millionen Schilling in bar. Ein kleines Ablenkungsmanöver genügte und schon war der Geldkoffer aus dem getarnten Polizeiauto verschwunden. Und die Dealer auch.

Für diese Panne war zweifellos mangelnde Konzentration und Koordination bei den Fahndern ausschlaggebend – und wahrscheinlich auch ein Quäntchen an Unterschätzung des Gegners.

Doch zurück zum Fall Mekis.

Die Entscheidung der Justiz, die Ermittlungen in der Causa Hummelbrunner vorrangig zu behandeln, die Causa Bayar aber zurückzustellen, stieß in der EDOK auf Unverständnis. Man war der Meinung, dass die wesentlich wichtigere Amtshandlung gegen den türkischen „Paten" dadurch vermutlich „zusammengehaut" würde.

Die Justiz war jedoch wie wild darauf, gegen Mekis zu ermitteln. Woraus zu schließen war, dass es in ihrem Bereich starke Vorbehalte gegen diesen Mann gab. Tatsächlich hatte er so ein bisschen den Ruf eines „bunten Hundes" und man witterte jetzt offensichtlich die Chance, sich endlich seiner entledigen zu können.

Andererseits – und das muss man ihr zubilligen – handelte es sich beim Fall Hummelbrunner um eine Amtshandlung mit starker Dynamik, die man einfach nicht auf die lange Bank schieben konnte.

Weil einer der Verdächtigen Staatsanwalt war, wurde der ermittelnde Staatsanwalt Johann Fuchs direkt in die Arbeit der EDOK integriert. Ich hielt das für absolut richtig und hoffte dadurch einem späteren Vorwurf zu entgehen, die Polizei habe aus Ressentiments gegen Mekis (die es nicht gab) unfair oder einseitig ermittelt. Ich wollte Mekis keineswegs als Polizeiopfer sehen. Aber auch diese ungewöhnlich enge Kooperation mit dem Staatsanwalt schützte vor späteren Vorwürfen nicht, was mir insbesondere in Bezug auf die Reformideen der Justiz in Richtung Vorverfahren zu denken gab. Die Zusammenarbeit ging so weit, dass Fuchs sogar an der Vollanzeige mitarbeitete, die an ihn selbst gerichtet war.

Schließlich kamen Mekis, Kalal und Lingens auf die Anklagebank. Ich kannte die Anklageschrift und war über den Ausgang des Prozesses höchst skeptisch.

Tatsächlich wurde Lingens im August 1996 in erster Instanz von der Anklage, Kalal zur Erpressung angestiftet zu haben, freigesprochen. Auch Staatsanwalt Mekis wurde zunächst vom Vorwurf des Amtsmissbrauchs freigesprochen. Einzig Kalal wurde zu drei Jahren Haft verurteilt. Aber nicht wegen Erpressung, sondern wegen Betrugs, weil er – wie das Gericht annahm – Hummelbrunner um die sechs Millionen prellen wollte.

Ankläger Fuchs spielte bei der Hauptverhandlung eine klägliche Rolle und verschwand kurz darauf nach Eisenstadt.

Die Reaktionen auf den Ausgang des Verfahrens waren nicht von schlechten Eltern. Allgemein wurde die EDOK als „Trottelverein" abqualifiziert. Tatsächlich hatten die vor Gericht aussagenden Beamten in Auftreten und Rhetorik einen denkbar schlechten Eindruck hinterlassen. Sie hatten Walentina Hummelbrunner als Vertrauensperson preisgegeben und damit gegen alle Regeln der Diskretion und Geheimhaltung verstoßen.

Ich musste wieder einmal an die Front, um Schadensbegrenzung zu versuchen. Im „Kurier" konnte ich ein Resümee ziehen:

„Die Öffentlichkeit wurde durch das Verwirrspiel des Verteidigers Dr. Graff ein wenig getäuscht. Was Dr. Graff gegen die EDOK vorgebracht hat, steht nicht im Zusammenhang mit dem Verfahren. Er hat da eine Sex & Crime-Geschichte hineingewoben, die zum tatsächlichen Ablauf der Dinge schon zeitlich nicht paßte. Der Verteidiger hatte Erfolg mit seiner Taktik unter dem Motto: Jetzt mach ich aus der Hummelbrunner ein Luder und aus der Polizei einen Trottelverein. Es ist für mich unverständlich, daß die Polizei schuld daran sein soll, wenn ein Staatsanwalt seine Anklage nicht durchbringt. Noch dazu, wo in diesem Fall – wie in keinem anderen zuvor – der Staatsanwalt von der ersten Minute an direkt mitgearbeitet hat. Es ist kein Ermittlungsschritt ohne ihn geschehen, auch das Einschreiten nach der Übergabe des Sechs-Millionen-Koffers ist abgesprochen gewesen. ... Es war ein Fehler von Gericht und Staatsanwalt, daß man die EDOK-Beamten durchs Blitzlichtgewitter der Presse gehen ließ, daß man sie öffentlich vernommen hat. Das gibt es in dieser Form auf der ganzen Welt nicht. Daß ein Prozeß, der in die Randbereiche der OK hineinspielt, abgehandelt wird wie ein Hendldiebprozeß vor zwanzig Jahren, das gibt es nur in diesem Land."

Intern war meine Sprache ein wenig anders. Es waren haarsträubende Fehler passiert, aus denen – zumindest sachlich – die Konsequenzen zu ziehen waren. Und der Justiz gegenüber war die Linie vorgegeben: Das besondere Ermittlungsinstrumentarium – inklusive Zeugenschutz – musste energisch eingefordert und durch Gespräche versucht werden, für die Zukunft eine professionellere und zeitgemäßere Prozessführung zu erreichen.

Manfred Ainedter, der Anwalt Walentina Hummelbrunners, war über die Preisgabe seiner Mandantin als Vertrauensperson der EDOK zu Recht entsetzt und um die Sicherheit der Geschäftsfrau besorgt. Wir traten in Kontakt und ich versuchte, mit Hilfe von Polizeipräsident Stiedl einen Personenschutz zu organisieren.

Der bekannt polizeikritische Journalist Thomas Vasek brachte die Misere im „profil" auf den Punkt:

„In der Causa Mekis-Kalal scheiterte die EDOK also an fast allem: an sich selbst und ihrer unprofessionellen, tolpatschigen Vorgangsweise, an der Behördenstruktur, vielleicht auch an unzulänglichen Gesetzen für Zeugenschutz und verdeckte Ermittler. ... Zur Rehabilitierung bleibt in der Causa Mekis, falls die Einheit bis dahin noch nicht aufgelöst ist, noch der ‚Türkenkomplex'. Da wollen die gebeutelten Herren OC & Co. den Nachweis führen, daß der nun freigelassene Staatsanwalt Mitglied einer türkischen kriminellen Organisation war. Und kaum jemand zweifelt daran, daß Michael Graff, Mekis gefinkelter Anwalt, wieder die

hormonelle Befindlichkeit der klandestinen Herren von der EDOK thematisieren wird: ein Fahnder, so behauptete er schon vor längerem, hätte ein Gspusi mit der Exfreundin des Türkenbosses Celal B."
Da hatten wir ja schöne Aussichten!

Die ersten Urteile wurden aufgehoben, der Fall in Krems neuerlich verhandelt. Die Strafe für Kalal wurde bestätigt, ebenso der Lingens-Freispruch wiederholt. Staatsanwalt Mekis jedoch erhielt eine bedingte Haftstrafe von sechs Monaten wegen Weitergabe eines Amtsgeheimnisses. Nach einer Berufung wurde die Strafe auf vier Monate reduziert. Seit Dezember 1998 amtiert er wieder als Staatsanwalt – in Niederösterreichs Hauptstadt St. Pölten.

Später kam dann auch Walentina Hummelbrunner mit einem blauen Auge davon. Ihr Prozess endete mit einer Verurteilung wegen Steuerhinterziehung und einem Freispruch vom Vorwurf der Geldwäsche.

Allerdings war das Imperium der Geschäftsfrau in Wien zusammengebrochen. Pompöse Villa, Schönheitssalon für die Crème de la Crème, Firma – alles war den Weg alles Irdischen gegangen. Geblieben dürfte ihr der aus EDOK und Gendarmerie ausgeschiedene Hannes Schwarz sein, der allerdings dazwischen einmal bei mir um eine Wiederaufnahme in die Gendarmerie angesucht hatte, was von mir aber kategorisch abgelehnt worden war.

Walentina Hummelbrunner hat nun ihre Zelte in Hamburg aufgeschlagen und liefert – dem Vernehmen nach – wieder Wodka nach Russland.

Stalins Erben

Anfang Juli 1996 wurde der Georgier David Sanikidze in der Wiener Innenstadt ermordet. Besser gesagt: auf offener Straße hingerichtet. Sanikidze hatte sich als geheimnisumwitterter russischer Geschäftsmann oft in Wien aufgehalten, seine Kontakte zu mafiosen Kreisen seines Landes wurden aber erst nach seinem Tod transparent. Der Mord erregte höchstes Aufsehen.

Sanikidze war das dritte Opfer des Einflusses russischer Krimineller in Österreich. Vor ihm hatten schon Sergej Hodscha-Achmedow und Izrael Laster im Kugelhagel bezahlter Killer ihr Leben gelassen.

Diese beiden Morde waren mehr oder weniger geklärt. Bei Hodscha war das Motiv in einer Rotlichtfehde gelegen. Die Drahtzieher konnten ausgeforscht und der Justiz überantwortet werden. Im Fall Laster war der unmittelbare Täter zwar in Haft, der Hintergrund der Tat blieb aber bis heute weitgehend im Dunkeln. Laster war in undurchsichtige Geldgeschäfte verwickelt gewesen.

Im Zuge der Ermittlungen im Mordfall Hodscha wurde erst so richtig klar, in welchem Ausmaß die Russenmafia bei uns schon vorgedrungen und wie groß ihr Einfluss im Rotlichtbereich war. Erstaunt registrierte man, dass es ganze Häuser voll mit Frauen aus den GUS-Ländern gab, die in Wien der Prostitution zugeführt wurden oder werden sollten. Klammheimlich hatten die „Russen" – und wenn ich Russen sage, dann meine ich damit Menschen aus dem Bereich der früheren Sowjetunion – Vorbereitungen getroffen, in der Bundeshauptstadt die Vormachtstellung im Rotlichtmilieu zu übernehmen. Diese Absicht wurde von der Wiener Polizei zunichte gemacht. Die Frauen wurden außer Landes gebracht, die schon geknüpften Strukturen aufgelöst.

Gleichzeitig wurde Vorsorge getroffen, dass eine ähnlich unbemerkte Unterwanderung von Geheimprostituierten aus dem Osten in Hinkunft nicht mehr stattfinden kann.

Der Mordfall Hodscha-Achmedow war ein Warnsignal gewesen, der die Wiener Polizei gewisserweise wachgerüttelt hatte. Als einige der abgeschobenen Mädchen mit kroatischen Pässen wieder nach Wien zurückkehren wollten, wurde dies sofort registriert und – soweit möglich – unterbunden.

War die Russeninvasion im Bereich der Kriminalität auf unterer Ebene abgewehrt, so gestaltete sich der Abwehrkampf der österreichischen Polizei gegen Wirtschaftskriminelle aus dem Osten wesentlich schwieriger.

Um diese Problematik plastischer darstellen zu können, muss ich ein wenig ausholen.

Der Sturz des Kommunismus in den osteuropäischen Staaten hatte verhängnisvolle Nebenwirkungen. Eine Welle der Kriminalität überflutete Europa. Das kam deshalb überraschend, weil die kommunistische Propaganda stets behauptet hatte, in den Arbeiterparadiesen sei ernst zu nehmende Kriminalität nahezu unbekannt. Daher wurde diese Problematik von westlichen Beobachtern in demselben Maße unterschätzt, wie man die Stärke und Einsatzbereitschaft der Roten Armee überschätzte.

Hinzu kam noch, dass der Eiserne Vorhang und Reisebeschränkungen die kriminellen Entfaltungsmöglichkeiten wesentlich behindert hatten. Mit dem Wegfall dieser Hindernisse erhielten die vorhandenen kriminellen Strukturen den notwendigen Sauerstoff.

Blitzartig nützten sie die Ohnmacht der Polizeibehörden demokratischer Staaten, die erlangte Freizügigkeit und die Bedürfnisse des riesenhaften Marktes, der plötzlich entstanden war. Natürlich strebten sie in erster Linie danach, ihren Einflussbereich jetzt auch nach Westen auszudehnen, um den Ostmarkt lukrativ versorgen und ihre Milliardengewinne günstig anlegen zu können. Dazu bedurfte es einer Absprache mit den im Westen – insbesondere in Italien – bestehenden kriminellen Organisationen.

So wurden schon im Dezember 1989 in Wien Treffen von Vertretern der italienischen Mafia und krimineller Organisationen aus Osteuropa beobachtet.

Es kam, das ist heute bekannt, zu weitgehenden Absprachen über Gebietsaufteilungen und Geschäftsanteile, zu Kooperationsabkommen und dergleichen mehr. Die östlichen Organisationen traten dabei bereits recht professionell auf. Dass gerade Wien zum Schauplatz der ersten West-Ost-Kontaktgespräche auserkoren wurde, entsprach der Tradition des Kalten Krieges, in dem die Donaumetropole eine Art Mittlerposition eingenommen hatte.

Bis heute sind übrigens keine schwer wiegenden Probleme in den Ost-West-Beziehungen auf dem Gebiet der Kriminalität aufgetreten. So werden nach wie vor Autos in den Osten verschoben, Suchtgift, Antiquitäten, Mädchen in den Westen geliefert. Es werden Firmen, Gesellschaften gegründet, ineinander verschachtelt, aufgelöst. Es werden große Geldsummen nach Westeuropa transferiert, geparkt, gewaschen, angelegt. An den Schalthebeln dieser Ost-West-Firmen sitzen in der Regel hochintelligente Ex-Angehörige des KGB oder anderer östlicher Geheimdienste, mit reicher Erfahrung und besten Beziehungen bis in die höchsten Kreise.

In der Blütezeit der Ausbreitung der östlichen Organisierten Kriminalität nach dem Westen wurden in Österreich monatlich zwanzig und mehr Firmen bzw. Gesellschaften gegründet, die größtenteils suspekte Backgrounds hatten und zum Teil mit abenteuerlich hohem Grundkapital ausgestattet waren, ohne jemals eine nennenswerte Geschäftstätigkeit zu zeigen. Über diese Firmen wurden dubiose Personen aus den GUS-Ländern – natürlich aus „geschäftlichen Gründen" nach Österreich eingeladen. Das war ein Teil der Aufgaben dieser Firmen. So konnten nach und nach – zunächst in Österreich und später von der Alpenrepublik ausgehend – in ganz Westeuropa nach demselben Schema Strukturen aufgebaut werden, die in erster Linie dazu dienten, die enormen Geldmengen, die in den Westen flossen, zu parken, zu waschen und Gewinn bringend anzulegen.

Es war der Polizei praktisch unmöglich, den Überblick zu bewahren, zumal die Organisationen alles taten, um ihre Malversationen zu verschleiern. Gesellschaften wurden auf das Abenteuerlichste verschachtelt, Gelder kreuz und quer transferiert. Selbst sehr professionelle Fahnder mussten bei dem Versuch, diese Aktivitäten nachzuvollziehen, früher oder später passen.

Dazu kam, dass zumeist nicht geklärt werden konnte, woher die Geldmittel stammten. Die Quellen waren vielfältig. KP-Gelder, KGB-Gelder, Gelder, die staatliche Funktionäre aus Industrie und Wirtschaft abgezweigt hatten, bevor sich zaghaft Demokratie und Privatisierung regten. Und natürlich Gelder aus kriminellen Machenschaften im engeren Sinn.

Damit fehlte den westlichen Polizeien der Nachweis der kriminellen „Vortat" und daher auch die Rechtfertigung, einschneidende Ermittlungsschritte zu setzen. Anfragen bei den östlichen Polizeistellen verliefen in der Regel ergebnislos. Entweder, weil die Kollegen es auch nicht wussten, oder – was nicht selten vorkam –, weil sie korrumpiert waren.

In diesen abenteuerlichen Tagen der „kriminellen Westerweiterung" schlug ein russischer Bankier in Wien seine Zelte auf. Er tat dies in der Manier eines Fürsten. Geld spielte offensichtlich keine Rolle. Der gute Mann war allerdings nicht nur von Reichtum, sondern auch von Gerüchten umgeben, weshalb wir ihn ein wenig genauer unter die Lupe nahmen.

Eines Tages reiste eine hochrangige Beamtendelegation aus dem Moskauer Innenministerium an, um herauszufinden, was der verehrte Herr Bankier in Österreich denn so treibe. Man informierte uns, in Russland seien Ermittlungen gegen den Mann im Gange, er stehe im Verdacht umfangreicher Malversationen.

Wir waren zuversichtlich, mit russischer Hilfe in dieser Sache weiterzukommen. Bis wir ein Telefongespräch zwischen dem Bankier und einem in Wien lebenden Landsmann abhörten, der ihn vor der Delegation warnen wollte. Der Bankier lachte nur und antwortete: „Ach, die! Denen habe ich im Vormonat ... [es folgte eine Zahl] Rubel überwiesen."

Da war unsere Zuversicht mit einem Mal geschwunden. Und dies mit gutem Grund, denn gegen den Bankier wurde in Russland nie ernsthaft vorgegangen. Nach einem Arrangement mit der politischen Führung seines Heimatlandes braucht er jetzt vermutlich nicht einmal mehr Spitzenbeamte zu schmieren.

In jenen „goldenen Tagen" waren russische Touristen in der Wiener Innenstadt sehr gefragt. Sie pflegten exzessiv einzukaufen. Stets die luxuriösesten, teuersten Stücke. Und sie bezahlten natürlich bar, in Dollars, die sie bündelweise aus dem Hosensack holten.

Anlässlich eines Vortrages, den ich in Oberlech/Tirol hielt, erzählte mir der Bürgermeister, im vergangenen Winter sei eine große russische Gesellschaft in seinem Ort abgestiegen und habe durch ihr protziges Verhalten für Aufsehen gesorgt und bei den Bürgern Ärger erregt.

Alkoholorgien, Anzünden von Zigarren an brennenden 100-Dollar-Scheinen und dergleichen mehr. Man wolle solche Gäste nicht und habe sie auch für kommenden Winter ausgeladen.

Wie ich später erfuhr, verbrachte diese Gesellschaft den nächsten Winterurlaub in Zürs.

Unsere Aufmerksamkeit galt natürlich ganz anderen Persönlichkeiten aus den GUS-Staaten, die vor allem Wien mit Vorliebe aufsuchten, hier in Nobelhotels oder schönen Häusern der City, beispielsweise am Graben, logierten. Herren der feinen kriminellen Gesellschaft und ihre Damen.

So registrierten wir die Anwesenheit von Mitgliedern verschiedener Gruppierungen aus Russland, Tschetschenien, Georgien, die durchaus aufwändig lebten, sich aber keine Verletzungen österreichischer Vorschriften zu Schulden kommen ließen.

Einer von den Georgiern war David Sanikidze. Er spielte den seriösen Geschäftsmann und verstand es, in Wien gesellschaftlichen Anschluss zu finden. Er gab sich als Freund des wohl bekanntesten georgischen Politikers, Edward Schewardnadse, aus, der in politischen Kreisen Österreichs hohes Ansehen genoss.

So gelang es ihm, Zugang zu offiziellen Empfängen zu erlangen und dort an Prominente heranzukommen. Und er tat dies mit Vorbedacht. Er nahm einen Fotografen mit, der ihn zusammen mit den Spitzen von Politik und Gesellschaft auf Zelluloid zu bannen hatte. Die Bilder verwendete er dann als Rekommandation.

Eine subtile Vorgangsweise, um an Einfluss zu gewinnen, die besonders in Österreich gut funktioniert, wo Ehrfurcht vor Prominenten bekanntlich besonders groß ist.

Wer erinnert sich nicht an den Skandal, der im Parlament entfacht werden sollte, als eine Oppositionspartei die Kunde verbreitete, der Präsident des Nationalrates habe mit dem Mafioso Sanikidze Kontakt gehabt. Es existiere ein Foto, auf dem beide zusammen abgebildet seien. Der Präsident, Heinz Fischer, konnte die Sache mühelos aufklären. Der ihm damals unbekannte Sanikidze hatte ihn bei einem Empfang angesprochen und in ein kurzes Höflichkeitsgespräch verwickelt. Dass sie dabei fotografiert worden waren, hatte er gar nicht bemerkt.

Auch die Führungsgarnitur der berüchtigten Moskauer Solnzevskaja-Gruppe hielt sich mit ihrem Chef, Wladimir Michailov, eine Zeit lang in Wien auf. Eine Schar eher grober Gesellen, die man nicht so ohne weiteres als solide Geschäftsleute eingestuft hätte, wären es nicht Russen gewesen.

Michailov spielte im Entführungsfall Kandov eine nicht unbeträchtliche Rolle. Boris Kandov, gebürtiger Usbeke, Geschäftsmann in Wien, wurde im Mai 1994 mit der Tatsache konfrontiert, dass sein Bruder Avner auf einer Geschäftsreise in Moskau entführt worden war. Die Entführer verlangten zehn Millionen Dollar für Avners Freilassung.

Boris Kandov wandte sich in seiner Not an den ihm bekannten Ex-Innenminister Karl „Charlie" Blecha, zu dem er lose Geschäftsbeziehungen unterhielt. Blecha war zwischen 1983 und 1989 als Innenminister auch mein Chef und ich habe immer guten Kontakt zu ihm gehabt.

Karl Blecha war ein populärer Innenminister, der es verstanden hat, potemkinsche Dörfer zu bauen. Er hat in der Exekutive tatsächlich den Eindruck erweckt, ein Minister zu sein, der etwas bewegen konnte – was de facto jedoch nicht der Fall war. Löschnak hat er im Wesentlichen eine mangelhaft ausgerüstete und schlecht untergebrachte Exekutive übergeben.

Eines Tages – es war im Jahr 1994 – rief er mich an und erzählte mir die Geschichte des russischen Geschäftsmannes Kandov. Ich schaltete die EDOK ein, daraufhin setzte sich ein Jahre später negativ in die Schlagzeilen geratener brillanter Kenner der russischen Szene mit Kandov in Verbindung und prüfte den Sachverhalt. Er berichtete mir, dass in der Sache von Österreich aus kaum etwas zu machen sei. Das Delikt sei in Russland begangen worden, Avner Kandov vermutlich in der Hand einer tschetschenischen Gruppierung. Er habe Kontakt zur russischen Polizei aufgenommen, von dort sei eine wesentliche Aktivität jedoch kaum zu erwarten.

Boris Kandov ging nun den anderen Weg.

Es gelang ihm, an Mafiaboss Michailov heranzukommen und ihn um Hilfe zu bitten.

Und Michailov half. Was ihn dazu motivierte, sich für Kandov einzusetzen, kann nur vermutet werden.

Ich nehme an, er fühlte sich geschmeichelt, weil man ihn wie einen „Paten" um Hilfe bat. Gewiss der gewichtigere Grund aber war, dass er sich den Bittsteller verpflichten wollte. Denn Kandov konnte ihm zweifelsohne behilflich sein, in Wien die notwendigen Verbindungen aufzubauen.

Michailov ließ seine Beziehungen spielen. Eine ganze Reihe von Bossen der verschiedensten Gruppierungen wurde eingeschaltet. Darunter David Sanikidze, der in Budapest residierende Semion Mogilevich und vermutlich auch der Chef in New York, Vyacheslav Ivankov. Nach 43 Tagen wurde Avner Kandov freigelassen, und zwar ohne Lösegeldzahlung.

In der Folge beobachteten wir, dass Boris Kandov in zunehmendem Maße Kontakt zu Michailov und dessen Adjutanten Viktor Averin und Arnold Tamm hielt. Wir beobachteten ihn, wie er mit den Russen Banken aufsuchte und ihnen in Wien anscheinend alle Wege ebnete.

Blecha geriet durch die Bekanntschaft mit Kandov in ein schiefes Licht. Durch dessen Nähe zu Michailov kam er in den Verdacht, zu russischen Mafiosi Geschäftsbeziehungen zu unterhalten. Blecha war an Kandov allerdings in erster Linie deshalb interessiert, weil dieser über gute Kontakte nach Usbekistan verfügte. So reiste er im Sommer 1995 mit dem Usbeken in dessen Heimat, um einen Besuch des Bundeskanzlers Vranitzky vorzubereiten, der dann nicht zu Stande kam, weil Vranitzky mittlerweile aus der Bundesregierung ausgeschieden war.

Blecha war in dieser Zeit als Sozial- und Marktforscher stark in Osteuropa engagiert. Dabei kam er – und dies war kaum zu verhindern – auf Schritt und Tritt mit schrägen Typen in Kontakt. Ich warnte ihn mehrmals.

Er zog sich dann auch aus „sensiblen" Geschäften zurück, erregte dabei aber das Interesse von Journalisten und Buchautoren, die ihn in die Nähe der russischen Mafia zu rücken versuchten. So zum Beispiel der bekannte deutsche Autor Jürgen Roth, der mehrere Bücher über die Ostmafia geschrieben hat. Ich hatte immer wieder Kontakt zu diesem Mann, der in schätzenswerter Weise versuchte, die westlichen Politiker und die westliche Öffentlichkeit auf die Gefahren aufmerksam zu machen, die Staat und Gesellschaft aus der Organisierten Kriminalität erwachsen. Wir waren uns auch weitgehend einig über den Umfang des Problems. In zwei Punkten waren unsere Meinungen allerdings divergierend: was den Umfang der Verwicklungen österreichischer Politiker in die Wucherungen der Ostmafia betraf und in der Frage, ob in der gegebenen Situation Wirtschaftsbeziehungen zu den GUS-Staaten angebracht seien.

Roth war – oder besser ist – der Meinung, dass österreichische Politiker in erheblichem Maße in krumme Geschäfte mit mafiosen Kreisen des Ostens verwickelt seien. Eine Meinung, die ich in dieser Schärfe nicht teile.

Er vertritt auch die Auffassung, dass Wirtschaftsbeziehungen so lange auf Eis gelegt werden sollten, als kriminelle Organisationen die Finger dabei im Spiel hätten. Auch hier kann ich ihm in seiner Argumentation nicht folgen. Ich glaube, dass sich die Situation der GUS-Völker nie entscheidend verbessern kann, wenn sich der Westen wirtschaftlich abkapselt. Selbst wenn kriminelle Organisationen – in welchem Umfang auch immer – an den Geschäften mitnaschen sollten, bleibt dem Volk ein Stück vom Kuchen. Das ist für mich entscheidend. Nur so kann sich der Lebensstandard des Durchschnittsbürgers allmählich heben.

Die Frage, inwieweit österreichische Politiker in mafiose Unternehmungen involviert seien, wurde mir immer wieder gestellt und war auch zu verschiedenen Malen Gegenstand von Debatten im Parlament. Es fielen die Namen Vranitzky, Blecha, Fuhrmann – damals Justizsprecher der SPÖ-Fraktion im Parlament –, um die prominentesten politischen Persönlichkeiten zu nennen. Als Quellen dienten den Fragestellern Veröffentlichungen in den Medien, beispielsweise in dem mittlerweile eingegangenen Wochenmagazin „Wirtschaftswoche" oder in Büchern wie in jenen von Jürgen Roth.

Ich kann nicht ausschließen, dass die genannten Politiker bzw. Ex-Politiker im Rahmen ihrer Tätigkeiten GUS-Mafiosi die Hand geschüttelt haben. Das ist mir auf meinen Dienstreisen mit Gewissheit auch passiert. Dass sie aber bewusst mit mafiosen Gruppierungen des Ostens krumme Geschäfte gemacht haben, kann ich ausschließen. Für Blecha habe ich immer ins Treffen geführt, dass er ein Krösus sein müsse, wenn er tatsächlich, wie man ihm hartnäckig unterstellte, mit der Mafia

Geschäfte mache. Nun war aber seine nicht immer rosige finanzielle Lage allgemein bekannt.

Willi Fuhrmann war ein Sonderfall. Er rief mich eines Tages im Büro an und bat mich um einen Rat. Er vertrete als Anwalt die Firma eines Russen und habe dies gesprächsweise Löschnak erzählt. Der habe die Brauen hochgezogen und ihm geraten, mich anzurufen. Aus seiner Ministerzeit sei ihm der Name dieser Firma bekannt. Ich zog ebenfalls die Brauen hoch und riet ihm, die Vollmacht unverzüglich zu kündigen, was Fuhrmann auch tat.

Ich hatte den Eindruck, dass er wirklich nicht wusste, welch problematische Vertretung er hier übernommen hatte. Das Firmenimperium eines eigentlich baltischen Geschäftsmannes, der in Wien lebte und von hier aus „regierte", stand im Interesse der Geheimdienste und Polizeien der halben Welt. Auf meinen Dienstreisen wurde ich immer wieder auf diesen Firmenkomplex angesprochen. Der rührige Kaufmann, der in seiner Heimat schon gesiebte Luft geatmet haben soll, wurde dem Vernehmen nach dadurch reich, dass er die russischen Pipelines schröpfte und auf diese Weise das Grundkapital für die umfangreiche Geschäftstätigkeit der neunziger Jahre ergaunerte.

Mir war auch klar, warum der Geschäftsmann ausgerechnet die Kanzlei Fuhrmanns mit seiner Vertretung beauftragt hatte. Seit Jahren strebte er die österreichische Staatsbürgerschaft an, die ihm bis dato andere Anwälte nicht hatten verschaffen können. Bei Fuhrmann rechnete er mit dessen politischem Einfluss. Und Fuhrmanns Motiv, die Vertretung zu übernehmen, wurde klar, als einige Zeit später im Nationalrat die Honorare diskutiert wurden, die er von dieser Firma bezogen hatte.

Dass Politiker der zweiten und dritten Ebene sich auf krumme Touren mit der Ostmafia eingelassen haben, ist für mich keine Frage. Immer wieder stießen wir auf Ungereimtheiten bei Aufenthaltsbewilligungen, Staatsbürgerschaftsverleihungen, im Grundverkehrsbereich. Von den großen, ungeklärten Komplexen wie zum Beispiel der Wiener Osthilfe und Vorgängen der Kontrollbank ganz zu schweigen. Wie überhaupt der Schnittbereich zwischen Politik und Wirtschaft in dieser Hinsicht das größte Gefahrenpotenzial birgt.

Wer die russische Literatur kennt, weiß um die Bedeutung und die lange Tradition der Korruption in diesem Land – und welche Meisterschaft in ihrer Anbahnung und Umsetzung entwickelt wurde. Und das beileibe nicht nur in der Zarenzeit. Auch der Kommunismus hat hier keine Änderung gebracht, schon gar nicht in seiner degenerierten Endform.

Man kann sich also vorstellen, wie subtil die russischen Neureichen darangingen, sich in Österreich Einfluss zu verschaffen und die Mächtigen in diesem Land gewogen zu stimmen.

Ich habe da einen Fall im Auge, der sich in einem südlichen Bundesland ereignet hatte. Der Russe erschien wie ein Fürst zu Zarenzeiten auf der Bildfläche, mit Pomp und Hofstaat. Er schuf Arbeitsplätze, betätigte sich als großzügiger Mäzen. Doch niemand fragte, woher das Geld kam. Die rauschenden Empfänge, die er gab, wurden von höchster Prominenz besucht. Der Russe war ein blendender Gastgeber. Warum sollte man ihm nicht da und dort eine kleine Gefälligkeit erweisen? Oder vielleicht einmal einen besonderen Wunsch erfüllen?

Wo er doch so viel tat fürs Land, unser Freund, und das Büfett so gut war.

Österreich pflegt eine andere Tradition als Russland. Was dort die Korruption, ist bei uns die Intervention. Sie wird bei uns fast als Gesellschaftsspiel betrieben. Ich habe immer gesagt: Die Intervention ist die Schwiegermutter der Korruption. In den Auswirkungen bei weitem nicht so dramatisch, im Ansatz aber nicht minder gefährlich. Vor allem dann, wenn sie strategisch, als Einstieg benützt wird. Was als kleine Intervention begann, hat schon oft böse geendet. Nämlich in Abhängigkeit und Erpressung.

Des Österreichers barocke Seele ist zu sehr auf eine „schöne Fassade" fixiert. Sie beeindruckt ihn und lässt ihn vergessen, dass Fassaden so etwas wie Kulissen sind, hinter denen nicht unbedingt etwas steht. Hinter der prächtigen Fassade unseres Russen stand zweifellos Geld. Aber aus welcher Quelle stammte es? Er machte Geschäfte in ganz Europa – von Österreich aus, aber nicht Österreich betreffend. Hätten wir nicht von unseren italienischen Kollegen, die ein wenig andere Methoden haben als wir, einen „Zund" hinsichtlich Kontakte des

Mannes zur Mafia in Italien bekommen, wäre er uns gewiss nicht so ins Auge gestochen.

Mittlerweile ist die Begeisterung unseres Russen für Österreich abgeflaut. Die vom Innenministerium gesetzten Maßnahmen, soweit er sie unmittelbar zu spüren bekam, und ein entschieden dünnerer Geldfluss aus dem Osten scheinen diese Begeisterung abgekühlt zu haben.

Im Jahre 1993 hatte ich im Rahmen des „Forum Sicheres Österreich" in Maria Alm ein Referat zum Thema „Gesellschaft und Kriminalität" gehalten, in dem ich zur organisierten Wirtschaftskriminalität Folgendes anmerkte:

„Unser Land bietet gute Ansatzmöglichkeiten für das Eindringen krimineller Organisationen. Wenn man weiß, mit welcher Raffinesse hier gearbeitet wird, wie subtil menschliche Schwächen ausgenützt werden, dann muss man sich schon Gedanken machen angesichts der Verfassung unserer Gesellschaft. Menschen, die über ihre Verhältnisse leben, die es nicht so genau nehmen, die sich ohne Skrupel über Regeln hinwegsetzen, die rücksichtslos ihren Vorteil suchen, sind leicht zu verführen. ... Daher sollte man kritischer sein gegenüber den Vorgängen in unserer Gesellschaft. Man sollte strengere Maßstäbe anlegen – an sich und die anderen. Man sollte die Regellosigkeit bekämpfen und die Rücksichtslosigkeit. Es ist wenig erfreulich, dass wir ein Gemeinwesen geworden sind, in dem es mehr Kavaliersdelikte gibt als Kavaliere, in dem der Ellbogen mehr zählt als der Anstand."

Worte, die auch heute noch ihre Gültigkeit haben und durchaus zum Thema „Russen" passen. Denn was fanden die „Großfürsten aus dem Osten" vor allem in unseren Bundesländern vor? Selbstgefällige Politiker, offensichtlich an Hungerödemen leidende Beamte, die schon dreier Sandwiches wegen einen Purzelbaum machten, die hechelnde Schickimicki-Szene, die sich überall einfindet, wo es nach Geld riecht. – Humus für die Herren aus dem Osten.

Der Mordfall Sanikidze konnte relativ schnell geklärt werden, wenn auch nicht in allen Fassetten. Ein leitender Beamter der EDOK war zufällig in Budapest, als die ungarische Polizei zwei Georgier festnahm, die reichlich Geld hatten und sich verdächtig benahmen. Der EDOK-Mann schaltete rasch und stellte eine Verbindung zum Mord in Wien her. Die Verdächtigen wurden verhaftet und nach einigem Hin und Her nach Österreich überstellt. 1999 hatten sie ihren Prozess, auf den später noch eingegangen werden wird.

Die Erfolge der Polizei im Milieu der Russenmafia hatten Folgen. Die „Paten" zogen sich nach und nach aus Wien zurück. Michailov wurde in der Schweiz verhaftet, wartete lange auf seinen Prozess, der mit Freisprüchen in den Hauptpunkten endete und aufzeigte, dass die Justiz nicht nur in Österreich Schwierigkeiten hat, derartige Verfahren ordentlich über die Bühne zu bringen. Es waren der Hauptverhandlung Hausdurchsuchungen auch in Österreich vorangegangen und andere Rechtshilfeschritte, durch die sichtbar wurde, wie schwierig es ist, im Bereich der Organisierten Kriminalität effizient zu ermitteln bzw. Beweise zu finden, die bis zum Abschluss des Verfahrens halten.

Im Zuge der Voruntersuchung in der Schweiz war eine Zeit lang auch Avner Kandov in Haft. Ein Zeichen dafür, wie eng die Familie Kandov mit dem Michailov-Clan verbunden gewesen war.

Averin und Tamm, die Stellvertreter Michailovs, zogen sich nach Budapest zurück, ohne den Stützpunkt Wien aber gänzlich aufzugeben. Michailov residiert dem Vernehmen nach derzeit unbehelligt in Moskau.

Wesentlich für den Rückzug der „Roten Bosse" war auch die Sensibilisierung der österreichischen Öffentlichkeit gegenüber russischen „Geschäftsleuten". Man wurde vorsichtiger im Geschäftsverkehr mit Partnern aus den GUS-Staaten. Was prinzipiell von Vorteil war, so manchem korrekten Geschäftsmann aus dem GUS-Bereich jedoch als ungerecht erschienen sein mag. Denn eines muss klar sein: Nicht alle Kaufleute aus diesem Ostbereich sind Mafiosi oder arbeiten für kriminelle Organisationen! Und ein Weiteres ist festzuhalten: Der Abzug der „Paten" bedeutet nicht, dass Wien für die Organisierte Kriminalität aus dem Osten an Bedeutung verloren hat. Ganz im Gegenteil. Man hat sich bloß vom Präsentierteller zurückgezogen, sich „eingegraben" und, in Anpassung an die geänderten Verhältnisse, die Taktik geändert. Ein Zeichen mehr für die Flexibilität der Organisierten Kriminalität, die ein Gutteil ihrer Stärke und damit ihrer Gefährlichkeit ausmacht.

Kaum waren die Fälle Mekis und Sanikidze aus den Schlagzeilen gekommen, gab es die nächsten Troubles. Diesmal zu einer Geschichte, die schon zwei Jahre zurücklag. Eines Tages kam mir ein Schreiben des FBI zu, in dem ein Informant behauptete, das österreichische Innenministerium habe die Russenmafia mit 100 Glockpistolen beliefert. In London sei ein mutmaßliches Mitglied einer kriminellen Organisation bei der Einreise mit einer derartigen Waffe angetroffen worden und habe als Nachweis der Rechtmäßigkeit dieses Waffenbesitzes eine Urkunde des österreichischen Innenministeriums vorgewiesen.

Ich ging dem nach und eruierte, dass noch zu Zeiten Löschnaks über Intervention des damaligen Ankerbrot-Generaldirektors Helmut Schuster an drei Russen Glockpistolen als Geschenk gegeben worden waren. Die Sache war über das Kabinett abgewickelt worden, wo man auch die Urkunden ausgestellt hatte. An der Rechtmäßigkeit der ganzen Angelegenheit bestand kein Zweifel, nachdem eine Nachfrage bei der Staatspolizei ergeben hatte, dass die Männer dort unbekannt waren.

Ich sprach mit Löschnak, der sich erinnerte, dass Schuster ihn um diesen Gefallen gebeten habe, der damals geschäftliche Interessen in Russland verfolgte. Ein Promi-Anwalt habe auch interveniert. Er, Löschnak, sei dem Wunsch Schusters nachgekommen, weil er österreichischen Geschäftsinteressen im Ausland nicht im Wege stehen wollte. Er habe allerdings seinen Mitarbeitern unmissverständlich klargemacht, dass er – bei aller Liebe für die österreichische Wirtschaft – auf die Einhaltung der gesetzlichen Bestimmungen bestehen müsse.

Was Löschnak jedoch nicht wusste, war, dass der Waffenreferent, der die Sache abgewickelt hatte, den Russen vier weitere Pistolen verschafft hatte. Weil er, wie er sich verantwortete, angenommen habe, das würde sicher auch im Interesse des Ministers sein. Bei den Einvernahmen kam zu Tage, dass da auch eine hübsche Russin mit im Spiel war, mit der der Waffenreferent jedoch nur ins Kino gegangen sei.

Die Geschichte mit den 100 Glockpistolen war also weit übertrieben, was ich den Freunden vom FBI auch mitteilte.

Mitte August 1996 titelten plötzlich die Zeitungen: „Glockpistolen für Russen. Gericht prüft obskure Beschaffungsaktion des Innenministeriums". Und wieder musste Sika an die Öffentlichkeit, um die relative Harmlosigkeit der Geschichte zu erklären. Das fiel mir deshalb nicht so leicht, weil mittlerweile die Situation mit den Russen heikel geworden und zwei Jahre zuvor ein entscheidender Fehler passiert war. Man hatte sich über die drei Russen bei der STAPO erkundigt, die an sich für die Russen-OK nicht kompetent ist und auch nicht über die entsprechenden Informationen verfügt wie die für diesen Bereich zuständige EDOK. Bei einer Anfrage an die EDOK wäre damals die Auskunft vermutlich anders ausgefallen und man hätte abgeraten, die Herren zu bewaffnen.

Übrigens war der in die Glockwaffen-Geschichte involvierte Promi-Anwalt auch an mich herangetreten. Allerdings in einer anderen Sache. Er hatte mich ersucht, Russen zum Besuch österreichischer Exekutiveinheiten einzuladen. Ich hatte ihm damals geantwortet, dass für mich nur Einladungen über das Moskauer Innenministerium in Frage kämen.

Etwa zwei Jahre später erhielt ich einen Anruf der EDOK. Im Zuge einer Hausdurchsuchung bei einem russischen Mafioso sei mein ablehnender Brief an den Anwalt gefunden worden. Man werde ihn mir schicken.

Für mich war dieser Umstand erfreulich und unerfreulich zugleich. Erfreulich deshalb, weil ich traditionell mit der Anwaltskammer wegen meiner immer wieder ausgesprochenen Behauptung, auch Anwälte seien in mafiose Vorgänge verwickelt, im Clinch lag und jetzt ein starkes Indiz dafür hatte. Unerfreulich, weil ich in dem Schreiben an den Anwalt einen peinlichen Rechtschreibfehler entdeckte, den ich damals überlesen hatte.

Mit der Anwaltskammer focht ich mehrere Sträuße aus. Nach einem „profil"-Interview erhielt ich das Schreiben des Kammerpräsidenten Klaus Hoffmann, in dem er mir vorwarf, ich hätte gesagt, dass „Anwälte zunehmend kriminellen Organisationen behilflich seien, und dies aus Profitgier". Er verwehrte sich gegen diese pauschale „Aburteilung" des Berufsstandes der Rechtsanwälte und forderte mich auf, in Verdachtsfällen die Standesvertretung zu informieren.

Ich schrieb zurück, dass es internationaler Erfahrung entspreche, dass Rechtsanwälte am Vormarsch der Organisierten Kriminalität entscheidenden Anteil hätten. Wer mein Interview aufmerksam gelesen habe, könne überdies feststellen, dass sich aus der Formulierung weder ein Hinweis auf österreichische Anwälte ergebe noch auf die Anwaltschaft insgesamt. Ich verwies auf die Festnahme eines Anwalts in der Schweiz in Zusammenhang mit der Michailov-Untersuchung, auf die Geschichte, die ich zuvor geschildert habe, und auf den Besuch eines Anwalts nach dem Interview, der mir vertraulich die Verstrickung in eine mutmaßliche Mafiageschichte mitgeteilt hatte. Überdies auf den Umstand, dass Autoverschieber und Menschenschlepper als Angehörige internationaler Organisationen schon bei ihrer Festnahme Vollmachten für österreichische Strafverteidiger vorzeigen. Ich warf der Kammer Blauäugigkeit vor und erklärte mich bereit, für ein persönliches Gespräch zur Verfügung zu stehen.

Dieses Gespräch fand dann auch statt, brachte aber nichts außer kühlen Smalltalk.

Ich konnte mir nicht verkneifen, meinen Gesprächspartner an einen „Anwaltstest" zu erinnern, der in der Schweiz und in Österreich durchgeführt worden war. Eine Reihe von Anwälten beider Länder wurden eingeladen, Klienten, die offensichtlich mit nicht ganz lupenreinen Geschäften in Verbindung stehen würden, zu vertreten. Das blamable Ergebnis: Lediglich drei von zehn Anwälten haben den „Klienten" vor die Tür gesetzt.

Ich verkenne nicht die Bedeutung des Rechtsanwalts für die Rechtspflege und habe durchaus Verständnis für riskante Manöver im Interesse der Mandanten. Nur glaube ich, dass gewisse Grenzen nicht überschritten werden sollten. Diese Grenzen aber werden in den letzten Jahren in mehrfacher Hinsicht immer öfter überschritten, wie die steigende Zahl gerichtlicher Untersuchungen gegen Anwälte beweist.

Vielleicht trugen auch solche Erkenntnisse dazu bei, dass die Europäische Union beim Verdacht der Geldwäsche nun nicht nur die Banken, sondern auch Rechtsanwälte und Wirtschaftstreuhänder in die Informationsplicht nehmen will.

Mit Rechtsanwälten lag ich meine ganze Dienstzeit über immer wieder im Clinch.
Ich erinnere mich an die Verurteilung eines aufstrebenden jungen Anwalts Mitte der siebziger Jahre wegen Verleitung zur falschen Zeugen-

aussage, die er meinen monatelangen Ermittlungen zu verdanken hatte. Sein Verteidiger, ein Staranwalt dieser Zeit, polterte im Radiointerview: „Dieser Polizeirat Sika ist ein Fanatiker, der in seinem Eifer eine Gefahr für den Rechtsstaat darstellt!"

Das haben später auch noch andere behauptet.

Reformen - so oder so

Im April 1996 rückten plötzlich einige Themen, alte und neue, in den Mittelpunkt medialen und öffentlichen Interesses. Es war vor allem die STAPO-Reform, deren Umsetzung nun auch von Bundespräsident Thomas Klestil gefordert wurde, und eine neu aufflammende Diskussion über den Großen Lauschangriff.

Die STAPO-Reform scheiterte am mangelnden Konsens zwischen den zwei Großparteien über eine Regulierung der Aufgaben der zwei Heeresdienste, der Abwehr und des Nachrichtenamtes. An sich war das Reformpaket für die Staatspolizei geschnürt und harrte der Umsetzung. Beim Großen Lauschangriff gab es starken Widerstand von links. „Polizisten bekommen Lizenz zum Einbruch" oder – wie es Peter Pilz ausdrückte – „Persilschein für Staatseinbrecher", so lauteten die Schlagworte, wobei natürlich unterschwellig darauf hingewiesen wurde, dass man dieser „desolaten" und alles ausplaudernden Staatspolizei derartige Möglichkeiten nicht bieten dürfe.

Für mich war immer klar, dass wir in einer „löchrigen" Gesellschaft leben. In einer Gesellschaft, in der kaum jemand verbal das Wasser halten kann. Ich war mit Indiskretionen in allen Lebensbereichen konfrontiert. Erlebte Aufsichtsratssitzungen, deren vertrauliche Beschlüsse den Medien schon bekannt waren, bevor sie zu Ende gegangen waren. Ich war mit dem Verrat von Betriebsgeheimnissen durch Mitarbeiter in Vertrauensstellungen befasst. War jahrelang von Tratsch umgeben, der alle Fassetten des politischen und wirtschaftlichen Lebens umfasste. Ich musste schließlich zur Kenntnis nehmen, dass jedermann nur von der löchrigen Staatspolizei sprach, anstatt sich selbst bei der Nase zu nehmen.

Diesbezügliche Kritik kam vorzugsweise aus der Justiz, obwohl hinlänglich bekannt war, dass über die Gerichte immer wieder Informationen an die Presse gingen. Ein schönes Beispiel von der „grenzenlosen Verschwiegenheit" der Justiz wurde mir im Frühsommer 1996 vor Augen geführt.

Zur Erarbeitung einer Reform der Strafprozessordnung war ein interministerieller Arbeitskreis gebildet worden, dem Spitzenbeamte des Justiz- und des Innenministeriums, Vertreter der Richter und Staatsanwälte, aber auch Rechtsgelehrte und Rechtsanwälte angehörten. Der Arbeitskreis tagte einige Male im Jahr in einem entlegenen Kammerl des Justizministeriums. Es waren vertrauensvolle und vertrauliche Gespräche, die hier geführt wurden. Von Juristen, die zwar in vielem gegensätzlicher Meinung waren, zum Teil auch verschiedenartige Interessen vertraten, aber doch vom gemeinsamen Bestreben geleitet waren, in der Sache gute Arbeit zu leisten.

Manchmal ging es temperamentvoll zu, wurden die Worte nicht auf die Waagschale gelegt. Man war ja unter sich. Umso empörter war ich, als ich eines Tages das von der letzten Sitzung angefertigte Protokoll in NEWS lesen konnte, und zwar unter Bezugnahme auf eine spontane Äußerung, zu der ich mich hatte hinreißen lassen. Natürlich mit den entsprechenden Kommentaren: „Der Eklat. Sika wollte noch mehr Befugnisse. Jetzt belegt ein Protokoll, daß die Polizei noch härtere Methoden will." – Und so weiter.

In Wahrheit ging es um die Frage, wann die in einem Lauschangriff gewonnenen Informationen gelöscht werden sollten. Ob eine Kopie bei den Sicherheitsbehörden bleiben könne oder nur das Original zu existieren habe, das zu Gericht gehen müsse. Die Justiz vertrat einen restriktiven Standpunkt, ich hingegen sprach mich sehr spontan für eine liberalere Lösung im Sinne der Polizei aus. Das wurde jetzt an die große Glocke gehängt, um ein Argument mehr zu haben, der „unersättlichen" Polizei den Lauschangriff zu verwehren.

Ich gab meiner Empörung Ausdruck, die Justiz bedauerte. Und wieder einmal wollte es niemand gewesen sein. Wie stets in unserem schönen Land. – Als ich zur nächsten Sitzung in die Runde der ehrenwerten Männer trat, war ich so vorsichtig wie bei der Vorbereitung eines Lauschangriffes.

Caspar Einem kam nicht zur Ruhe! Unser, aber vor allem sein spezielles Kurdenproblem wurde immer wieder aufgewärmt, NEWS brachte „alle Geheimnisse um des Ministers STAPO-Akt" wieder aufs Tapet – mit all den falschen Spekulationen um meine Beteiligung an der Entstehung dieses Dossiers. Die Freiheitlichen verbissen sich in die Behauptung, Einem habe die Beseitigung seiner Suchtgiftvormerkungen aus der Kanzlei des Wiener Sicherheitsbüros veranlasst. Die SP-

Gewerkschafter in der Sicherheitsverwaltung erhoben „schwere Vorwürfe" gegen den Minister und äußerten öffentlich ihr Gefühl, dass „Einems Interessen mit jenen der Sicherheitsverwaltung nicht vereinbar seien".

In einem „Kulissengespräch" berichtete „Die Presse" über das schlechte Verhältnis zwischen dem Minister und seinen Spitzenbeamten, wobei besonders auf die Person des Sektionschefs Manfred Matzka hingewiesen wurde.

In einer anderen Zeitung wurde ein Tag des Ministers aus seinem Wochenplan abgedruckt und dazu angemerkt, dass praktisch keiner der Termine etwas mit dem Innenressort zu tun gehabt habe.

Ende Juni 1996 kam es anlässlich der Feier „210 Jahre Polizeidirektion Graz" zu einem Eklat. Minister Einem hielt eine empörende Rede, in der er den Ausschluss der Polizeijuristen von der Kriminalitätsbekämpfung forderte.

Das erfreute die anwesenden Kriminalbeamten allerdings nur kurz. Denn gleich darauf degradierte der Minister die Kriminalbeamten zu Hilfskräften der Staatsanwaltschaften. Gemurmel im Volk. Ich versagte Einem ostentativ den Applaus, begab mich schnurstracks zu meinem Auto und fuhr nach Wien zurück.

Die Folge war ein offener Brief der Vereinigung der Polizeijuristen, die sich darüber betroffen zeigte, dass „wesentliche und essentielle Polizei-Interna" bei feierlichen Anlässen in der Öffentlichkeit ausgebreitet würden, während der Minister bisher nicht bereit gewesen sei, mit den Betroffenen selbst zu reden. Kein Mensch konnte erklären, was da in den Minister gefahren war, der ohne vorherige Absprache – quasi aus der Hüfte – diese heiklen Aussagen gemacht und damit vielen das Fest vermiest hatte.

Für mich blieb es ein Wunder, dass Einem noch halbwegs handlungsfähig war. Zweifellos war dies seinem hohen Selbstwertgefühl zuzuschreiben, aber auch seiner offensichtlichen Freude, in Konflikte verwickelt zu sein, in Fettnäpfchen zu treten oder sich Konfrontationen auszusetzen.

Zu meinem Geburtstag im Juni 1996 schrieb der Minister folgendes liebenswürdige Billett:

„Lieber Herr Generaldirektor! Zu Ihrem Geburtstag wünsche ich Ihnen alles Gute und auch weiterhin genug Humor für Ihre nicht immer lustige Aufgabe!
Ihr Caspar Einem."

In der Tat, es war der Humor, der uns letztlich doch verband. Wir konnten herzlich miteinander lachen, besonders auf Reisen. Ich erinnere mich an die Reise nach Damaskus, die die widersprüchlichsten Gefühle in mir erweckte. Sie war unbeschwert und heiter, dann wieder zeigte sie an einem Vorfall die unerbittliche Politik des Ministers, mich auszugrenzen.

Meinem Tagebuch entnehme ich folgende Eintragung:

Nach unserer Ankunft gibt es im Hotel einen Empfang der Botschaft, an dem die österreichische Kolonie, aber auch syrische Offizielle und Geschäftsleute teilnehmen. Der Minister hält eine improvisierte Ansprache auf Englisch und macht das ganz ausgezeichnet. STAPO-Chef Dr. Heindl bietet galant aus einem Zündholzhefterl, das für eine Telefonfirma Werbung macht, Feuer an. In Zeiten intensiver Diskussionen um den Lauschangriff ist es erheiternd, daß der STAPO-Chef aus einem Hefterl bedient, auf dem in Blockbuchstaben geschrieben steht: WE PUT FUN IN YOUR PHONE.

Am zweiten Tag machen wir nach dem Arbeitsgespräch eine Fahrt auf den Berg, an dessen Fuß Damaskus liegt. Von der Höhe bietet die Stadt ein märchenhaftes Bild. Mich erinnert die Kulisse der sich den Berg hinaufziehenden Häuserzeilen mit dem felsigen Abschluß ein wenig an Kapstadt.

Anschließend besuchen wir in der Altstadt die Alammoschee, ein Gotteshaus von eindrucksvoller Größe und Schönheit. Zu Fuß geht es durch den Basar. Dabei können wir die syrische Polizei bewundern, die vor uns alle Leute – im wahrsten Sinne des Wortes – aus dem Weg räumt. So gesehen ist Syrien, wie ich es formuliere, das heilige Land des großen polizeilichen Ordnungsdienstes.

Am Abend sind wir in der pompösen Villa eines syrischen Geschäftsmannes mit Österreich-Beziehungen. Wir tafeln auf einem mit Brettern abgedeckten Swimmingpool. Zum Nachtisch gibt es – in Syrien offenbar eine Rarität – sogenannte „Magnum", mit Schokolade überzogene Eislutscher. Unser Botschafter, der feiner ist als alle anderen, ißt seinen mit Messer und Gabel. Was bei der Härte des Produkts verheerende Folgen hat. Es springt beim Einsatz des Bestecks mehrere Meter weit.

Weniger erfreulich war für mich der Umstand, dass der Minister ein Gespräch mit einem Oppositionellen führte, an dem sowohl der Kabinettschef Christian Weissenburger als auch STAPO-Chef Peter Heindl teilnahmen, von dem ich aber ausdrücklich ausgeschlossen war. Was niemand verstand. Außer mir, der ich sehr wohl wusste, was das zu bedeuten hatte.

Anfang Juni 1996 hatte ich Gelegenheit, in Weißenbach am Attersee bei der traditionellen Tagung der österreichischen Juristenkommission zum Thema „Organisierte Kriminaliät – neue Ermittlungsmethoden" zu sprechen. Ich hielt eine relativ kurze, gut pointierte Rede, in der ich die Problematik vor einer Schar von Kronjuristen aus Sicht der Praxis beleuchtete und auf die immer wieder geäußerten Einwände, vor allem gegen den Großen Lauschangriff, einging. Ich wusste, dass jetzt eine Chance bestand, den entscheidenden Durchbruch zu erzielen. Der Justizminister und die Kollegen des Justizressorts waren im Prinzip auf unserer Seite. Linkspolitiker, Datenschützer, Anwälte bildeten die sehr prononcierte Gegenpartei. Es war daher wichtig, die Medien zu überzeugen, die bei der Tagung gut vertreten waren. So setzte ich auf ein wenig Schmäh und Praxisnähe.

Hier einige Auszüge aus der Rede:

„Aus dem Lauschangriff ist in den letzten Monaten ein ‚Plauschangriff' geworden. Es haben sich viele dazu berufen gefühlt, dieses Thema anzusprechen, was im Sinne einer eingehenden Diskussion erfreulich gewesen wäre, hätten sie auch alle etwas zu sagen gehabt. Leider wurden nur wenige bedenkenswerte neue Aspekte eingebracht. ... In Wahrheit ist das Immunsystem unserer Gesellschaft bereits so weit angegriffen, dass die Organisierte Kriminalität hervorragende Chancen findet, sich in unserem Lande zu etablieren. Und sie nimmt diese Chancen auch wahr, glauben Sie mir. Still, leise, mit Raffinesse ... und profitiert davon, dass vielen Menschen Organisierte Kriminalität ein bisschen nebulos erscheint, zu wenig greifbar – nicht umsonst bemühen sich Juristen vergeblich, sie zufrieden stellend zu definieren. Ich weiß, es sind auch unter Ihnen einige, die Organisierte Kriminalität nicht zu sehen vermögen – und einige, die sie nicht sehen mögen. Ihnen möchte ich sagen: ein Wesensmerkmal der OK ist die Verschleierung. ... Wir stehen einem übermächtigen Gegner gegenüber, einem Gegner, der weder Sparpaket noch Skrupel kennt und seine Vorteile rücksichtslos wahrnimmt. Ohne Hemmnisse der Bürokratie, ohne juristische Vorbehalte. Dieser Gegner kennt keinen Datenschutz und keine Bürgerrechte. Seine Ziele sind Profit und Macht. Er zerstört – in letzter Konsequenz – Staat und Gesellschaft. ... Im Zuge der Diskussion um das erweiterte rechtliche Instrumentarium für die Polizei hat ein Politiker erklärt, es wäre wahrscheinlich besser, an Stelle dieses Paketes von Maßnahmen hundert kluge Köpfe in den Polizeidienst zu stellen, womit wohl derselbe Aufklärungseffekt zu erzielen sei. Eine Ansicht, die in allererster Linie bequem ist, weil sie die Diskussion grundsätzlich abschneidet. Aber auch eine Ansicht, die alle Oberflächlichkeit zeigt, mit der von Leuten argumentiert wird, welche zwar ein politisches Amt oder/und einen gescheiten Kopf haben, aber über keinerlei Sachkompetenz verfügen. Die berühmten grauen Zellen eines Hercule Poirot, die Kombinationsgabe eines Sherlock Holmes würden in der Realität ebenso versagen, wie es unmöglich ist, einen komplizierten Mordfall in 55 Minuten zu klären, was Derrick regelmäßig gelingt. Wir sollten uns also von der Vorstellung lösen, dass wir – wie früher – eine Insel der Seligen sind, an der die Organisierte Kriminalität vorbeispaziert. Wir sollten weiters zur Kenntnis nehmen, dass man OK nicht mit Gehirnakrobatik und den konventionellen Methoden allein bekämpfen kann. ... Man sollte nicht vergessen, dass neben dem Großen Lauschangriff ein Bündel von Maßnahmen vorgesehen ist, das, taktisch klug eingesetzt, gegen die OK wirksam werden soll."

Dann brachte ich drei praktische Beispiele für den Einsatz des Großen Lauschangriffes, die reale Fälle betrafen, in denen ohne gewaltsames Eindringen in Räume eine „technische Überwachung" möglich und wünschenswert gewesen wäre, um weiter auszuführen:

„In diesen Fällen erhebt sich die Frage: Sehen Sie das Schlafzimmer eines österreichischen Bürgers gefährdet? Oder: Wo gibt es hier das

Problem der unbeteiligten Mitbelauschten? ... Alle drei Fälle betreffen nahezu ausschließlich ausländische Tatverdächtige, die ihren Aufenthalt in Österreich zur Verübung schwer wiegender Delikte im Rahmen der OK missbrauchen."

Nach einer Schilderung, wie sich das Innenministerium die Durchführung der besonderen Ermittlungsmaßnahmen in der Praxis vorstelle, wie die Vertraulichkeit gesichert werden solle, kam ich zum Schluss:

„Unser Thema sollte ganz sicher nicht ausschließlich durch die Augen der ‚Kronjuristen' betrachtet werden. Nicht zuletzt sind es ja die ‚Praktiker', die in der direkten Konfrontation mit der Organisierten Kriminalität zu bestehen haben. – Wie sieht es denn in der Realität aus? Wenn es kritisch wird in einem Polizistenleben, dann sind die ‚Kronjuristen' meist weit vom Schuss!"

Die Rede war ein Erfolg – noch dazu, wo Justizminister Nikolaus Michalek in seinem Statement unmissverständlich klarmachte, dass die Vorlage zu den besonderen Ermittlungsmaßnahmen absolute Ausgewogenheit zwischen effizienter Verbrechensbekämpfung und Wahrung der Grundrechte zeige, und alle Rügen der Gegenseite als unzutreffend zurückwies. Die Medien berichteten ausschließlich positiv und ich war zufrieden.

Ich bin auf das Thema Lauschangriff vor allem deshalb eingegangen, weil es jetzt, vier Jahre später, noch immer aktuell erscheint. Die Argumente auf beiden Seiten haben sich nicht geändert. Nur sind sie auf Seiten der Befürworter nach der ersten praktischen Durchführung eines Großen Lauschangriffes in der „Operation Spring" noch stichhaltiger geworden. Die Lauscheinheit SEO hat ihre Feuerprobe glänzend bestanden, die Vertraulichkeit wurde gewahrt und auch alle anderen stereotypen Einwände wurden ad absurdum geführt. Allerdings bleibt der Umstand, dass diese Maßnahme nur auf Probe läuft und ihre Umwandlung in ein definitives Instrument noch bevorsteht. Darüber wird später, in Zusammenhang mit der „Operation Spring", noch zu sprechen sein.

Reformen – so oder so

Am 2. Oktober 1996 fand eine Ministerkonferenz in Bratislava statt, zu der ich Minister Einem begleitete. An sich keine aufregende Sache, wenn man davon absieht, dass bei jedem Besuch in dieser Stadt Spannung aufkam, ob man vor der Rückreise sein Auto wieder findet. Bei dieser Konferenz sorgte ein Großaufgebot von Polizei dafür, dass unsere Pkws erhalten blieben.

Zwischen 1993 und 1998 verlor das Innenministerium in Bratislava nicht weniger als drei Pkws, darunter ein ziemlich neuer BMW; er war Beamten der EBS, die in einer Suchtgiftermittlung mit den slowakischen Fahndern zusammentrafen, aus dem Hof der Polizeidirektion gestohlen worden.

Damals hatten sich die slowakischen Kollegen nach einer Woche gemeldet und erklärt, sie hätten Kontakt zu der Gruppierung aufgenommen, die den Wagen gestohlen habe. Es bestehe möglicherweise die Aussicht, das Auto zurückzukaufen!

Wir trauten unseren Ohren nicht. – Dann hörten wir allerdings nie mehr etwas in dieser Sache.

Am 7. Jänner 1997 kaperte ein betrunkener Bosnier eine Maschine der AUA in Berlin. Vierzig Minuten nach dem Start des Fluges OS 104 von Berlin-Tegel nach Wien, im Luftraum über Prag, drang der Mann mit einem 25 Zentimeter langen Küchenmesser und einem Holzprügel in das Cockpit ein und zwang den Piloten, wieder nach Tegel zurückzufliegen, da er in Deutschland bleiben wollte.

Nach der Landung verhandelte der Mann von der offenen Tür der Pilotenkanzel aus mit Polizisten, die auf der Rollbahn standen. Unbemerkt hatten sich zwei andere Polizeibeamte durch die Hecktüre in das Flugzeug geschlichen. Einer von ihnen beförderte den Luftpiraten mit einem Fußtritt ins Freie.

Ich war damals gerade beim Minister, da kam seine Pressesprecherin, Andrea Hlavac, bei der Tür herein und sagte mit Leichenbittermiene:

„Die Geiselnahme ist beendet."

Einem fragte, warum sie so traurig dreinschaue, das sei doch eine gute Nachricht.

Darauf antwortete sie:

„Ja, aber stell dir vor, ein Polizist hat den Geiselnehmer durch einen

Fußtritt in den Hintern auf das Rollfeld befördert. Das ist doch unglaublich."

Die Art und Weise, in der die Geiselnahme beendet wurde, ließ sich mit der etwas krausen Vorstellungswelt der Dame offenbar nicht vereinbaren, die eher Sympathie für den Täter als Mitleid mit den Opfern zu haben schien.

Wasseranalyse und Bomber-Buch

Am 27. September 1996 war bei der Redaktion des „profil" ein Bekennerschreiben eingelangt, das insofern eine Novität aufwies, als es größtenteils chiffriert war. Nicht weniger als 15 Seiten waren verschlüsselt. Aus dem offenen Text war vor allem die Ankündigung von weiteren acht Briefbomben alarmierend. Natürlich gingen wir sofort mit einer Warnung hinaus.

Der codierte Teil des Briefes wurde unverzüglich dem Heeres-Nachrichtenamt mit dem Ersuchen um Amtshilfe bei der Entschlüsselung übersandt. Gleichzeitig wurde das Schreiben an ausländische Polizeidienststellen geschickt. Den Spezialisten des HNA gelang es aber schon wenige Tage später, am 4. Oktober, den Code zu knacken. Minister Einem präsentierte stolz den entschlüsselten Text der Öffentlichkeit.

Er enthielt neben einer Bekennung zu den Anschlägen in Oberwart und Stinatz keine besonderen Neuigkeiten. Beim Bundesheer war man zunächst ein wenig gekränkt, weil das Verdienst des HNA um die Entschlüsselung vom Minister nicht genügend gewürdigt worden sei und Einem die Mithilfe der Beamten der SOKO besonders herausgestrichen habe.

Dieser an sich falsche Eindruck wurde mühelos korrigiert. Es war nämlich tatsächlich eine ausgezeichnete Leistung des HNA gewesen, zumal es alle ausländischen Experten – insbesondere die Amerikaner – an Schnelligkeit übertroffen hatte.

Zweifellos musste das prompte Ergebnis den Täter überrascht haben. Es war anzunehmen, dass er es als Misserfolg, wenn nicht gar als Niederlage wertete. Aber mehr als ein kleiner Zwischenerfolg war das für uns vorderhand nicht.

Auch die Analyse des Bekennerschreibens brachte uns kaum weiter. Doch wurde zu dieser Zeit eine neue Idee geboren, die im bewährten kleinen Kreis durchdiskutiert und schließlich schrittweise umgesetzt wurde: Wir wollten herausfinden, woher das Wasser stammte, mit dem das Gips-Sand-Gemisch für den Sockel der in Oberwart verwendeten Sprengfalle angerührt worden war.

Wir wussten bereits durch aufwändige chemische Analysen, dass der Sand aus einer Grube in der Nähe von Bruck an der Leitha kam, aber ebenso wie der Gips in zahlreichen Baumärkten vertrieben wurde. So blieb nur das Wasser als möglicher Ermittlungsansatz. Wüssten wir, von wo es herkommt, könnten wir eine Spur zum Täter haben. Wahrscheinlich wäre es leichter gewesen, eine Stecknadel in einem Heuhaufen zu finden, aber wir wollten es versuchen.

Chefinspektor Hans Aigner nahm sich der Sache mit der ihm eigenen Gründlichkeit an. Durch einen Hinweis der Kollegen vom Bundeskriminalamt Wiesbaden wurde er auf den Jülicher Wissenschafter Prof. Dr. Hilmar Förstel aufmerksam, der eine Hightechmethode zur Herkunftsbestimmung von Weinen entwickelt hatte. Jetzt sollte er es mit Wasser probieren.

Grundlage seiner Methode war, wie er uns in Wien bei einem Vorgespräch erklärte, die so genannte Sauerstoffisotopen-Analyse. Genutzt wurde dabei die Tatsache, dass es drei ihrem Atomgewicht nach unterschiedliche Sauerstoffvarianten gibt, die Sauerstoffisotope 16, 17 und 18, die – je nach regionaler Herkunft der Probe – in einem verschiedenartigen Mischungsverhältnis im Wasser enthalten sind.

Das Projekt startete im Jänner 1997. Förstel gelang es tatsächlich, aus dem Sockel Wasser zu absorbieren – ein für einen Laien unvorstellbarer Vorgang. Dabei entstand die Schwierigkeit, dass er aus dem gewonnenen Wasser sowohl Regenwasser – es hatte in Oberwart in der Nacht des Attentats stark geregnet – als auch Restwasser aus dem Gips ausscheiden musste, um das originale Wasser zu erzielen, mit dem das Gemenge im Sockel angemischt worden war.

Aigner und seine Leute begannen nun Wasserproben vor allem aus Niederösterreich, dem Burgenland und der Steiermark zu ziehen, die sie an Förstel weiterleiteten, damit dieser seine Vergleichsanalysen anstellen konnte.

Nach einer langwierigen Versuchsreihe teilte mir der Experte das vorläufige Ergebnis mit. Es war sensationell. Der Wissenschafter konnte – sozusagen im ersten Anlauf – eine Eingrenzung auf sieben Bezirkshauptmannschaften im Burgenland und in der Steiermark vornehmen. Darunter befand sich auch das Leibnitzer Becken!

Damit waren wir einen großen Schritt weitergekommen. In diesen sieben Bezirkshauptmannschaften lebten sicher nicht mehr als 500.000 Menschen. Wenn man nun Müllers Täterprofil über diese Zahl legte, konnte eine Eingrenzung vorgenommen werden, die ein Rasterfahnden aussichtsreich erscheinen ließ. Das war auch der Grund, warum ich mich öffentlich für eine baldige Verabschiedung des Paketes Lauschangriff-Rasterfahndung stark gemacht hatte. Die Politiker, die in das Wasserprojekt eingeweiht wurden, zeigten großes Verständnis für mein Anliegen. Sie ließen daher schon ab 1. Oktober 1997 die Rasterfahndung zu, während das restliche Paket erst mit 1. Jänner 1998 in Kraft treten sollte.

Nach dem Vorliegen des ersten Ergebnisses der Untersuchungen des Jülicher Professors wurden nun auch österreichische Wissenschafter eingebunden, deren Arbeiten die gewonnenen Erkenntnisse sinnvoll erweiterten.

Das Wasserprojekt stimmte uns zuversichtlich. Die Herausgabe des Buches, von dem wir uns einiges erwarteten, stand bevor, die Postkasten-Aktion lief und auch sonst kam die SOKO in der Auswertung von Spuren und Fakten langsam, aber sicher weiter. Die Datenrückerfassung aus den Bombenserien I bis V sowie zu den Anschlägen von Oberwart und Klagenfurt machte gute Fortschritte. Daneben wurde – in enger Zusammenarbeit mit der Abwehr des Bundesheeres – der Kreis von Personen durchkämmt, die eine Sprengstoffausbildung erhalten hatten. Die Ermittlungen erstreckten sich auch auf private Firmen, die mit der Erzeugung und dem Gebrauch von Sprengstoff zu tun hatten.

Die Bearbeitung der zahlreichen Hinweise nahm großen Raum ein, „Trittbrettfahrer" wurden ausgeforscht und konkrete Spuren verfolgt, die sich oftmals als viel versprechend zeigten, letztlich aber doch nicht den gewünschten Erfolg brachten.

Während also die Zeitungen immer wieder über demotivierte, ratlose Briefbomben-Fahnder schrieben, war die Stimmung in der SOKO in Wahrheit durchaus optimistisch, weil methodisch und konzentriert gearbeitet wurde.

Mitte November 1996 nahmen drei Häftlinge der Strafanstalt Graz-Karlau drei Geiseln, verlangten einen Hubschrauber und acht

Millionen Schilling Bargeld. Die Häftlinge, die mit selbst gebastelten Messern bewaffnet waren, brachten in der Kantine drei Frauen in ihre Gewalt und verletzten in dem Handgemenge zwei Justizwachebeamte durch Messerstiche. Sie fesselten die Frauen mit Klebebändern und drohten, alles in die Luft zu jagen, sollten ihre Forderungen nicht erfüllt werden. Die Geiselnehmer waren keine Unbekannten.

Anführer war Adolf Schandl, berühmt-berüchtigt durch seine Geiselnahme im Jahr 1971 und den mittlerweile legendären Ausspruch des damaligen Polizeipräsidenten Joschi Holoubek, der das Drama mit den Worten: „I bin's, dein Präsident!" beendet hatte. Mit dabei waren noch der Palästinenser Tawfik Ben Chaovali, der 1985 nach dem Terroranschlag am Flughafen Wien-Schwechat festgenommen worden war, und Peter Grossauer, der Mörder eines Zuhälters.

Nach zehnstündigen Verhandlungen von Beamten der Polizeidirektion Graz und des Gendarmerie-Einsatzkommandos mit den Verbrechern wurde der Spuk durch einen Zugriff – er dauerte lediglich 134 Sekunden – unblutig beendet.

Caspar Einem, der so gar nicht erfolgsgewohnte Minister, schlachtete dieses positive Ergebnis gehörig aus und veranstaltete eine große Feier im Festsaal des Ministeriums. Dutzende Beamte erhielten im Beisein des Bundeskanzlers Franz Vranitzky Belobigungsdekrete. Zu meiner Überraschung auch ich. Einem widmete mir sogar einige ehrende Worte. Der „Kurier" fasste dieses Ereignis in folgende Worte: „... erhielten 34 GEK-Leute, Grazer Polizisten sowie steirische Gendarmen Belobigungsdekrete überreicht. Das letzte hatte Minister Einem (eher zur Überraschung der Festgäste) für Michael Sika reserviert." Danke.

Nun war mein Verdienst mit jenem der Polizisten im Einsatz nicht zu vergleichen. Meine Aufgabe in dieser Geiselnahme hatte darin bestanden, in Wien beim Telefon zu sitzen und die Berichte des Einsatzleiters des GEK, Hauptmann Wolfgang Bachler, entgegenzunehmen bzw., als Bachler mir den Zugriff vorschlug und plausibel begründete, den Einsatzbefehl zu geben. Das war mein Job. Das GEK war nun einmal mir einsatzmäßig unterstellt und wir hatten unsere Kooperation schon in den verschiedenartigsten kritischen Situationen erprobt. Ich glaube, dass es das gegenseitige Vertrauen war, das letztlich zählte. Ich konnte absolut sicher sein, bei Einsätzen korrekte Berichte und realistische Einschätzungen zu erhalten, und wusste danach zu entscheiden. Ich wurde auf jedes Risiko aufmerksam gemacht und nie in irgendeiner Hinsicht ausgenützt oder aus Opportunitätsgründen hinters Licht geführt. Allerdings wussten die jeweiligen Einsatzleiter des GEK, dass ich für jede Entscheidung die volle Verantwortung übernahm und auch im Falle eines Misserfolges dazu stehen würde.

Böse Menschen im Ministerium behaupteten später, Einem habe gar nicht vorgehabt, mir ein Dekret zu überreichen, Vranitzky habe es urgiert und es sei im letzten Augenblick – während der Feier – geschrieben worden. Tatsächlich wurde die Mappe mit dem Dekret dem Minister erst knapp vor seiner Rede gereicht.

Dabei ahnte Caspar Einem gar nicht, weshalb er mir wirklich zu danken hatte. Im Zuge der Geiselaktion waren die Gespräche der drei Täter, die sich in der Kantine verschanzt hatten, belauscht worden. Darüber gab es ein Protokoll. Aus der Mitschrift ging hervor, dass Schandl seine Komplizen immer wieder motiviert hatte, doch durchzuhalten. Dabei fiel auch der Satz: „Beim Einem passiert uns nix, der wird's schon machen!" Dieser Sager wäre so manchem Politiker oder Journalisten zupass gekommen. Allein, alle, die es wussten, schwiegen damals.

Anfang Dezember 1996 erschien im „profil" unter dem Titel „Hofrat Ratlos" ein Porträt über mich, das den Untertitel trug: „Warum Michael Sika drei Jahre Briefbombenermittlung überlebt, keine positive Schlagzeile macht und sich daran nichts ändern wird." Verfasst von einer jungen, unbekannten Journalistin, die vermutlich ein bekannter Journalist instrumentalisiert hatte. Der Artikel war so negativ, dass allen meinen Feinden das Herz höher schlagen musste und ich nun das Vergnügen hatte, aus den zahlreichen Reaktionen herauslesen zu können, wie die Leute wirklich zu mir standen.

Der Artikel leitete einen Monat ein, der ganz und gar von den Briefbomben beherrscht wurde. Zunächst langte am dritten Jahrestag der ersten Briefbomben, dem 3. Dezember, ein neues Bekennerschreiben beim „profil" ein, das zwar schon nach oberflächlichem Studium einem „Trittbrettfahrer" zugeschrieben werden konnte, Monate später jedoch eine Rolle spielen sollte.

Dann entfachte die Veröffentlichung des Buches „Der Briefbomber ist unter uns" große Aufregung im Ministerium und in der Öffentlichkeit. Allgemeine Klage – niemand hätte davon gewusst, auch der Minister nicht. Vor allem die linkslastigen Medien kreischten auf. Einem gab dem Leiter der EBT den Auftrag, das Buch darauf zu analysieren, ob es Amtsgeheimnisse verrate.

Ich hatte mit dem Minister ein unerfreuliches Gespräch. Dass er nicht angenehm berührt war, konnte ich verstehen. Wir einigten uns schließlich auf eine offizielle Sprachregelung, die einen Konflikt nach außen vermied. Es habe sich bei der Entscheidung, dieses Buch zu unterstützen, um eine rein kriminalpolizeiliche gehandelt und um keine politische, daher sei ich der Meinung gewesen, eine Information des Ministers könne unterbleiben. Dass das Verhältnis zwischen uns beiden, das ohnehin nicht besonders gut war, durch diese Geschichte weiter belastet wurde, wird niemanden verwundern.

Am Abend des 9. Dezember 1996 explodierte eine an Lotte Ingrisch, die Stiefmutter des Innenministers, adressierte Briefbombe.
Der Brief war bereits am 29. November in Deutsch-Feistritz in der Steiermark aufgegeben und an eine Adresse im Waldviertel gesandt worden, die nach dem Tod des Komponisten Gottfried von Einem nicht mehr aktuell war. Frau Ingrisch war mittlerweile nach Wien übersiedelt. Der Brief wurde daher wegen Unzustellbarkeit an den Absender zurückgeschickt. Das war die Firma Astroline, Institut für Astrologie, Kaiserstraße 24/3, 1100 Wien. Eine falsche Adresse nebenbei. Wie alle wissen, die sich in Wien auskennen, befindet sich die Kaiserstraße im siebenten Bezirk. Die richtige Adresse hätte gelautet: 1100, Untere Kaistraße 24/3/25. Daher langte der Brief auch erst am 9. Dezember bei der Firma Astroline ein. Dort explodierte er dann.

Nun war offenkundig, dass die BBA Fehler machte, und die Medien schlossen daraus: „Das Bombenhirn ist mit seinem Latein zu Ende". Somit waren jetzt nach Ansicht der Journalisten wenigstens alle am Ende: die Fahnder, das Bombenhirn, der Generaldirektor ...

Frau Ingrisch äußerte den Verdacht, die Ermittlungen würden im Ministerium behindert. Öffentlich dementierte ich und beteuerte, dass im Ministerium ohnehin alle an einem Strang zögen. Was ein Schmäh war. Denn eines wurde immer offensichtlicher – es gab Widerstand insbesondere aus den Reihen der EBT, die nach Gründung der „SOKO Briefbomben" aus dem Fall praktisch ausgeschlossen war und diese Tatsache nur schwer verdaute. Die negativen Sager kamen fast alle aus der EBT und nicht aus der SOKO, was die Journalisten nicht unterscheiden konnten oder wollten. Es gab eine starke Verbindung aus der EBT zu einzelnen Kabinettsmitgliedern des Ministers, somit eine gewisse Allianz gegen den Generaldirektor und „seine" Leute. Das „Bombenhirn" war also auch zum Spaltpilz innerhalb des Ministeriums geworden.

In diese vertrackte Situation platzte Mitte Dezember die „Kronen Zeitung" mit einem Artikel über die Konsequenzen aus dem Briefbomben-Buch hinein, der den Titel trug: „Höchster Polizist vor Anklage?" Ein absoluter Kontra-Einem-Artikel mit einer Glosse von Gerhard Walter, der Folgendes anmerkte:

„Zwischen dem Innenminister und Österreichs ranghöchstem Polizisten scheint also der offene Krieg auszubrechen. Er spaltet das Ministerium in das politische Einem-Kabinett und die unpolitischen Ermittler. ... Einem wird politisch verantworten müssen, daß gegen seinen Chefpolizisten skandalöse Ermittlungen laufen."

Starke Worte, die ihre Wirkung nicht verfehlten! Einem beeilte sich, gegenüber der APA zu versichern, dass er voll hinter Sika stehe. Es sei durch das Buch kein Amtsgeheimnis verletzt worden, von einer Anzeige gegen den Generaldirektor sei ihm nichts bekannt. Einems Statement erinnerte mich frappant an Aussagen von Vereinspräsidenten im Fußball. Wenn ein Präsident erklärt, er stehe voll hinter dem Trainer, dann bedeutet das in der Regel dessen Todesurteil. Was wir damals allerdings nicht wussten: Einem stand zwar „voll hinter mir", aber politisch selbst nur mehr auf einem Bein – präziser ausgedrückt: einige Wochen vor seinem Abgang als Innenminister.

Zum Abschluss der Geschichte rund um das Buch zum Briefbomben-Terror sei mir noch gestattet, das Bild des unbekannten Täters, wie das Buch es zeichnete, in Erinnerung zu rufen:

„Österreicher, um die 50, Pensionist bzw. nicht beschäftigt, alleinstehend, bewohnt ein Einfamilienhaus, das in Niederösterreich, Burgenland, Steiermark oder Kärnten liegt, Katholik, Maturant, ist sehr sprachgewandt, chemisch versiert, elektronisch hochversiert, historisch interessiert, ordnungsliebend, sein Humor ist der Zynismus ..."

Vergleichen Sie das, werte Leserin, werter Leser, mit dem Profil des Mannes Franz Fuchs, der zehn Monate später als „Bombenhirn" entlarvt wurde. Tatsächlich gab es in dem Buch nur eine wesentliche Abweichung von der Realität: „Er hat erwachsene Kinder und mag seine Enkelkinder." Allerdings wissen wir mittlerweile von der großen Zuneigung des Franz Fuchs zu seiner kleinen Nichte.

Von Einem zu Schlögl

Zu Beginn des Jahres 1997 verdichteten sich die Gerüchte über eine Ablöse Einems. Vieles wies darauf hin, dass nach dem Abgang Vranitzkys unter Kanzler Viktor Klima der schon einmal ins Auge gefasste Staatssekretär Karl Schlögl als Innenminister zum Zug kommen werde. Was mir durchaus gefiel. Ich hatte zu Schlögl immer Kontakt gehalten und stets gehofft, er würde einmal Innenminister werden. Ambitionen für dieses Amt hatte er ja.

Am 20. Jänner 1997 war es dann offiziell. Vranitzky wurde von Klima, Einem von Schlögl abgelöst. Einem wurde zum Wissenschaftsminister bestellt.

In meinen Aufzeichnungen zu diesem Tag finden sich zwei kurze Eintragungen, die die Stimmung wiedergeben, die damals im Haus und darüber hinaus herrschte:

> Am Nachmittag treffe ich auf dem Kohlmarkt einen Journalisten des ORF, der mich natürlich sofort über die Regierungsumbildung befragt. Es ist ein kalter, feuchter Tag. Meine Augen tränen. Ich greife zum Taschentuch, wische meine Augenwinkel trocken. Der Journalist blickt mich todernst an, sagt: „So schlimm, verstehe ..." und geht seines Weges.
> – Nach meiner Rückkehr ins Büro ruft mich mein alter Freund Emil Tellian aus der Gruppe Kriminalpolizei an, der meinen Überlebenskampf in den letzten zwei Jahren mitfühlend verfolgt hat, und meint: „Ich hab' gehört, in der Herrengasse sollen die Sektkorken knallen?" Meine Antwort: „Das sind keine Sektkorken, sondern die Selbstmorde der Kollaborateure."

Einems Ablöse als Innenminister war nach den Aufregungen der vergangenen zwei Jahre um ihn und sein Amt gedanklich nachvollziehbar. Als Innenminister war er für die Mehrheit in der SPÖ schon längst untragbar geworden. So bot sich Kanzler Klima die Chance, im Zuge der Regierungsumbildung eine „Frontbereinigung" vorzunehmen. Ich glaube, dass ihn auch der scheidende Kanzler Vranitzky dahingehend beraten hat. Äußerungen des Altkanzlers gaben seine Meinung wieder, Einem sei bei all seinen Qualitäten gerade für den Posten des Innenministers nicht wirklich geeignet.

Dass nicht schon Vranitzky die Konsequenzen aus dieser Erkenntnis gezogen hatte, war für mich ebenso nachvollziehbar. Einem hatte (und hat) eine starke Lobby im linken Flügel der SPÖ und daher eine gesicherte Position in der Partei. Ihn einfach so aus dem Ministeramt zu nehmen, hätte zu Kämpfen und Krämpfen geführt, die nicht wünschenswert waren. Daher auch jetzt – als neuerliches Zugeständnis an den linken Flügel der Partei – die Betrauung mit dem Amt des Wissenschaftsministers.

Erst nachträglich erfuhr ich, wie oft Einem in seiner Zeit als Innenminister partei- und regierungsintern zugeredet worden war, seinen Amtsstil zu ändern. So wurde ihm einmal im Parteivorstand geraten, doch mehr auf seine Beamten zuzugehen. Er lehnte ab und sagte: „Ein Minister ist wie ein Fahrgast in einem Taxi. Er steigt zu und fährt eine Wegstrecke mit. Ein Fahrgast fragt den Taxilenker auch nicht, wie es ihm geht."

Als Einems Wechsel in das Wissenschaftsministerium feststand, ersuchte er mich, ihn bei der Eröffnung der alljährlichen Skimeisterschaften der Exekutive in St. Johann in Tirol zu vertreten.

Bei der Eröffnungsrede konnte ich es mir nicht verkneifen, in Verbindung mit dem Sportereignis eine Bemerkung über den Abgang Einems zu machen, indem ich feststellte: „Wie das jüngste Beispiel aus der Politik zeigt, kann über Nacht aus einem Slalom ein Abfahrtslauf werden." Das Auditorium verstand die Anspielung und lachte.

Es wäre wahrscheinlich nobler gewesen, auf den Gag zu verzichten. Jedenfalls wurden meine Worte dem Minister postwendend zugetragen.

Am 28. Jänner 1997 fand die offizielle Amtsübergabe von Einem an Schlögl statt. In jenem Saal, in dem einst Löschnak an Einem übergeben hatte. Natürlich hatte ich diesmal nichts zu plaudern und saß nur steif und still neben dem scheidenden Minister. Einem nahm in seiner Rede meine Worte von St. Johann auf. Allerdings wusste im Saal außer mir wohl kaum einer, was er meinte, als er sagte, dass auch für den „Slalomläufer Sika" einmal der „Abfahrtslauf" kommen werde. Allgemeines Rätselraten. Viele führten die Anspielung auf meine vielleicht von Einem nicht so sehr geschätzte Wendigkeit zurück. Als mich nach dem Festakt ein Journalist fragte, ob ich denn wirklich ein so guter Slalomläufer sei, antwortete ich nur: „Wahrscheinlich hat der Minister den Sika mit dem Sykora verwechselt."

Frau Schlögl, die der Zeremonie beiwohnte, war entsetzt über die frostige Atmosphäre bei der Feier und die offen zu Tage tretenden Animositäten. Ich versuchte, sie zu beruhigen, und äußerte mich zuversichtlich, dass sich das Klima unter der Ministerschaft ihres Mannes schlagartig verbessern werde. Das war dann auch nach kürzester Zeit der Fall.

Im Kleinen Sitzungssaal – das ist der Raum neben dem Festsaal – hängt die „Ahnengalerie". Porträtfotos aller Innenminister seit Oskar Helmer. Ich hatte sie alle, zehn an der Zahl, im Ressort erlebt und überlebt. Nun wurde mit dem Porträt Caspar Einems der elfte Minister an die Wand genagelt.

Eines schönen Tages – das neue Bild hing noch nicht sehr lange – fand in diesem Saal, quasi unter den Augen der gestrengen Minister, eine Sitzung statt. Plötzlich ein Rascheln an der Wand und das Porträt Einems rutschte aus dem Rahmen. Erstaunte Stille. Dann eine Stimme aus dem Hintergrund: „Es ist nicht das erste Mal, dass er aus dem Rahmen fällt."

Mit dem neuen Minister Schlögl löste sich die gespannte Atmosphäre im Haus und man ging wieder freundlicher miteinander um. Die Arbeit machte mehr Spaß und Zuversicht kehrte ein. Doch nicht nur Zuversicht, auch Erfolge kündigten sich an. Die neuen Ermittlungsmaßnahmen standen vor der Tür, die Vorbereitungen zur DNA-Datenbank gingen in die letzte Runde und auch in der nach wie vor verworrenen Briefbomben-Causa war gemäßigter Optimismus durchaus angebracht.

Ab Februar 1997 begannen wir unsere Strategie, medialen Druck auf den Briefbomber zu erzeugen, fortzusetzen. Vor allem via Fernsehmagazin „Report", das uns beachtliche Hilfestellung leistete. So konnte ich schildern, welche Erwartungen wir in die Rasterfahndung setzten, und verkünden, dass wir den Kreis der mutmaßlichen Täter auf zehn Personen eingeengt hätten. Sehr anschaulich wurde die Arbeit der

„SOKO Briefbomben" beschrieben und die in der Öffentlichkeit herrschende Vorstellung, die Fahnder seien unprofessionell, zerstritten und frustriert, nachhaltig korrigiert.

Anfang April 1997 veranstaltete der Verlag, der das Buch „Der Briefbomber ist unter uns" herausgebracht hatte, ein Podiumsgespräch, an dem Altbürgermeister Helmut Zilk, der Leiter des Dokumentationsarchivs des österreichischen Widerstandes Wolfgang Neugebauer, der Autor des Buches Michael Grassl-Kosa, der Kriminalpsychologe Thomas Müller und ich teilnahmen.

Interessant war, dass sowohl Zilk als auch Neugebauer der Mehr-Täter-Theorie das Wort sprachen. Zilk brach darüber hinaus eine Lanze für die besonderen Ermittlungsmethoden, Neugebauer beklagte, dass nicht weiter in rechtsextremen Kreisen gesucht werde, wo doch das Motiv der Anschläge offenkundig sei. Ich erklärte, dass die Lösung des Falles nur auf der kriminalpolizeilichen Ebene gefunden werden könne, und betonte, von Müller sekundiert, Gehirnschmalz allein werde dazu wohl nicht ausreichen, da müssten schon Hinweise aus der nächsten Umgebung des Bombers, verwertbare Fehler oder „Kommissar Zufall" hinzukommen.

Was wir da vorbrachten, sollte sich schon wenige Monate später als richtig erweisen.

Mitte April tauchten die nächsten Probleme am Horizont auf. Zum einen brachte „profil" die Nachricht, in einer Suite des Nobelhotels Marriott seien Abhörgeräte modernster Bauart gefunden worden, zum anderen heizte das so genannte „Mykonosurteil" in Berlin die Debatte um die Kurdenmorde im Jahr 1989 in Wien neuerlich an.

Nun, die brisante Geschichte mit den Abhörgeräten, die bei Renovierungsarbeiten unter der Tapete gefunden worden waren, stimmte. Sie lag allerdings sechs Wochen zurück und wir hatten gehofft, sie werde nicht an die Öffentlichkeit dringen. In den Pressedarstellungen schob man alles dem CIA in die Schuhe, endgültige Beweise dafür ließen sich aber nicht finden. Tatsache war, dass das elegante Hotel an der Ringstraße russische „Kaufleute" genauso beherbergt hatte wie die Mitglieder iranischer oder irakischer OPEC-Delegationen. Und weiters fiel auf, dass die Repräsentanten des US-Konzerns, der das Hotel betrieb, auffallend wenig bereit waren, mit der Staatspolizei zu kooperieren. Ob in diesem Zusammenhang Druck von staatlichen US-Stellen auf den Konzern ausgeübt wurde, konnte nie festgestellt werden. Wir versuchten jedenfalls, die Sache in der Öffentlichkeit möglichst herunterzuspielen und in Vergessenheit geraten zu lassen, was dank der Aufregung um das Mykonosurteil letztlich auch gelang.

Allerdings zeigte dieser Vorfall deutlich, wie interessant Wien auch heute noch für „Dienste", kriminelle Organisationen, Agenten und dergleichen zu sein scheint. Denn in Wahrheit wird ja immer nur der Zipfel der Decke gehoben und bleibt das meiste verborgen. Daher stellt das genau reglementierte „Lauschen" der Polizei im Vergleich zu den unkontrollierten Lauschangriffen ausländischer Organisationen und österreichischer Privater das geringste Problem dar. Das habe ich skeptischen Abgeordneten jahrelang klarzumachen versucht. Ohne wesentlichen Erfolg, glaube ich.

Das Mykonosurteil verschaffte mir viel Arbeit. – Im April 1997 war in Berlin das Urteil gegen Mitglieder eines Mordkommandos gesprochen worden, das in iranischem Auftrag einen Anschlag auf vier iranisch-kurdische Exilpolitiker verübt hatte. Das rief die Erinnerungen an den Mordfall Abdul Rahmann Ghassemlou, der sich 1989 in Wien-Landstraße ereignet hatte, wach.

Den mutmaßlichen Tätern war damals die Flucht gelungen oder, wie nun behauptet wurde, ermöglicht worden. Es wurden im Parlament schwere Vorwürfe gegen die damaligen Minister Franz Löschnak, Egmont Foregger und Alois Mock erhoben und die Einsetzung eines parlamentarischen Untersuchungsausschusses verlangt, der jedoch von den Regierungsparteien abgeschmettert wurde.

Was letztlich herauskam war, dass die Minister der drei angesprochenen Ressorts ihren Beamten den Auftrag erteilten, die alten Akten nochmals durchzuarbeiten und darüber zu berichten, ob es bei den Ermittlungen politische Einflussnahme gegeben habe.

Wem die Aufgabe im Innenministerium übertragen wurde, ist wohl klar. Ich ließ mir die Akten kommen und stapelte sie auf meinem Schreibtisch. Es war eine Heidenarbeit, sie durchzuackern, den Inhalt zu bewerten und zu einem möglichst schlanken Bericht zusammenzufassen.

Zur Erinnerung kurz die Fakten des Mordfalles. Im Juli 1989 fanden in Wien Geheimgespräche zwischen iranischen Exilkurden und einer iranischen Delegation statt. Das Thema: die Autonomiebestrebungen der iranischen Kurden. Das letzte von mehreren Gesprächen in der Bahngasse im dritten Bezirk endete mit der Bluttat. Dr. Ghassemlou, der Generalsekretär der Demokratischen Partei Kurdistan, der in Paris lebte, und seine beiden Begleiter wurden aus nächster Nähe erschossen. Einer der Iraner erlitt schwere Schussverletzungen. Er schleppte sich auf die Straße, von Passanten wurde die Polizei verständigt. Sie fand neben dem Verletzten einen zweiten Iraner vor, der dritte hatte die Flucht ergriffen. Eine Rekonstruktion der Tat erhärtete den Verdacht, dass zumindest einer der drei Iraner die Tat begangen hatte, obwohl der Verletzte behauptete, unbekannte Männer seien in den Raum gestürmt und hätten wild um sich geschossen.

Der verletzte Iraner wurde ins Spital gebracht, sein Begleiter vorläufig in Haft genommen. Der Inhaftierte bot ein Alibi an, das allerdings nicht sofort überprüft wurde. Weiters wurde unterlassen, seine „Schusshand" abzunehmen, also Schmauchspuren nach einem Waffengebrauch zu sichern. Der Untersuchungsrichter erklärte daraufhin die Suppe für zu dünn und erließ keinen Haftbefehl, sodass der Mann aus der Polizeihaft entlassen werden musste und hinter den Mauern der iranischen Botschaft verschwand.

Dass das Alibi nachträglich einer Überprüfung nicht standhielt, die Aussagen der beiden Iraner nicht übereinstimmten, waren Erkenntnisse, die man dem U-Richter rechtzeitig hätte bekannt geben müssen; ein Haftbefehl wäre dann zweifellos erteilt worden.

Eine weitere Fassette des Falles war, dass Minister Löschnak Auftrag erteilt hatte, den Mann zumindest in Schubhaft zu nehmen, sollte kein Haftbefehl ausgestellt werden. Der zuständige Beamte unterließ das aber, weil seiner Meinung nach dafür keine rechtliche Grundlage bestand.

Deswegen wurde ihm in der Folge ein Disziplinarverfahren aufgebrummt, das allerdings mit einem Freispruch endete.

Soweit die wesentlichsten Probleme im Polizeibereich.

Die weiteren Ermittlungen erbrachten ernste Verdachtsmomente auch gegen den verletzten Iraner. Unter anderem wurde erhoben, dass er

Mieter des Motorrades gewesen war, mit dem dem dritten Iraner die Flucht gelungen war. Trotzdem erließ die Justiz keinen Haftbefehl gegen ihn und er konnte ungehindert ausreisen. Eine für mich unverständliche Entscheidung.

Dem in die Botschaft geflüchteten Iraner gelang vermutlich im Dezember die Flucht. Wir glauben, dass er in einem Sarg aus dem Land geschmuggelt wurde.

Die Geschichte war clever gemacht. Ein plötzlich verstorbener Iraner wurde im Sarg nach Wien gebracht und bis zum Weitertransport nach Teheran würdig im Gebäude der Botschaft aufgebahrt. Natürlich getraute sich kein Polizist in den Sarg hineinzuschauen, als dieser tags darauf zum Flughafen transportiert wurde. Erst später stellte man fest, dass man wahrscheinlich einem makabren Trick aufgesessen war.

Das waren so die Schmankerln aus diesem Fall, die zweifellos geeignet waren, ihn in ein seltsames Licht zu stellen. Trotzdem bin ich überzeugt, dass diese Pannen nicht eine Folge politischer Interventionen waren, sondern ganz einfach auf menschlichen Fehlleistungen beruhten. Besonders Löschnak bemühte sich, wie ich dem Akt entnehmen konnte, sehr um eine Klärung des Falles.

Um es kurz zu machen: Alle Aufregungen im Parlament, alle Berichte und Nachforschungen brachten ein Ergebnis, das nicht anders zu erwarten war. In den Akten der drei Ressorts fand sich letztlich keine Spur von politischer Einflussnahme.

Eines konnte man allerdings herauslesen: Die Amtshandlung war damals offensichtlich recht holprig über die Bühne gegangen. Gekennzeichnet durch Spannungen zwischen verschiedenen Organisationseinheiten der Polizei, durch eine nicht immer glückliche Kooperation zwischen Polizei und Justiz und insgesamt, alle drei Ressorts eingeschlossen, durch übergroße Nervosität wegen der internationalen Dimension des Falles. Dass der Iran beträchtlichen Druck auf das Außenamt ausgeübt hatte, der dort nur zu einem Teil abgefedert werden konnte, war evident. Daher war ich mir auch sicher, dass in Gesprächen zwischen Beamten der verschiedenen Ministerien der Tenor herrschte: „Nur ohne Turbulenzen aus der Sache herauskommen" oder, wie man in Wien sagt, „Fort ohne Schaden". Das mag das Handeln einzelner Beamter möglicherweise auch beeinflusst haben.

Ein merkwürdiges Detail aus diesem Fall erscheint mir aber doch noch erwähnenswert. Der damalige STAPO-Chef Anton Schulz ersuchte in der heißen Phase den Untersuchungsrichter, „keine Haftbefehle gegen Personen auszustellen, die sich in der iranischen Botschaft befinden, und begründete dies mit der Gefahr diplomatischer Verwicklungen". So jedenfalls beschrieb der U-Richter das Telefongespräch in einem Aktenvermerk. Im Akt des Innenministeriums findet sich aber kein Hinweis auf eine Weisung des Ministers oder Generaldirektors, ein derartiges Ersuchen an den U-Richter heranzutragen.

In wessen Auftrag hat Schulz also gehandelt? Führte er aus eigenem Antrieb dieses Gespräch? Oder regte jemand aus dem Außenamt diese Intervention an? Die Beantwortung dieser Fragen ließ mein Bericht offen. Ich sollte ja nur auf Grund der Aktenlage berichten und keine Ermittlungen führen.

Was auch immer damals mündlich vereinbart wurde: zwischen den Ministern, im Dreiergespräch, auf Ebene des STAPO-Chefs – es hat, wenn man von dem einen Aktenvermerk absieht, keinen aktenmäßigen Niederschlag gefunden. Und einen gesäuberten Eindruck hat der Papierberg, der mir vorgelegt wurde, letztlich auf mich auch nicht gemacht.

Die Kurdenmorde beschäftigten Politik und Medien bis weit in den Mai 1997, dann verebbte die Aufregung und wurde durch andere Aufgeregtheiten abgelöst.

Etwa um die Rasterfahndung oder die Frage nach der Echtheit der Briefbomben-Bekennerbriefe.

Dem Rätselraten um die BBA-Bekennerbriefe der letzten Zeit wurde Mitte Mai 1997 durch eine Hausdurchsuchung im Weinviertel bei einem gewissen Gerhard Pawlikowsky neue Nahrung zugeführt. Ing. P., wie wir ihn nannten, war im Zuge der Ermittlungen schon viel früher ins Visier geraten, nun gab es einen Verdacht, der zumindest für einen Hausdurchsuchungsbefehl ausreichte.

Leider waren die Medien wieder einmal von Anfang an dran. Dadurch entstand eine unglaubliche Hysterie – wie schon so oft in der Causa prima. Man glaubte, wir seien dem Briefbomber auf der Spur. In Wahrheit hofften wir, endlich jene Person zu finden, die uns durch fingierte Bekennerschreiben verwirren wollte. Tatsächlich entdeckten wir die beiden letzten Schreiben an „profil" und NEWS in seinem Computer. Es ergab sich aber keinerlei Ermittlungsansatz in Richtung „Bombenhirn".

Die Häme war groß. In einigen Zeitungen wurde berichtet, das Innenministerium habe im Zusammenhang mit der Hausdurchsuchung bereits eine Siegesmeldung herausgeben wollen; sie seien von Beamten unterrichtet worden, man glaube, den Durchbruch geschafft zu haben. Das war natürlich absoluter Schwachsinn. Ing. P. war bestenfalls ein „Trittbrettschreiber", und selbst das bestritt er und behauptete, er habe die beiden Schreiben vom Journalisten Thomas Vasek zur Begutachtung erhalten.

Querelen gab es auch, weil Ing. P. nicht in Haft genommen worden war. Es war manchen Journalisten nicht klarzumachen, dass bei dem Tatbestand der Irreführung schon ein Hausdurchsuchungsbefehl das höchste der Gefühle war. Nicht ganz ausschließen kann ich allerdings, dass sich einige „Partisanen" aus den Reihen der EBT als Quertreiber betätigt hatten, um die Geschichte ein wenig „aufzumischen". Denn eines war klar: Nicht alle Kollegen dieser Sondereinheit waren mir oder der „SOKO Briefbomben" wirklich zugetan.

Mit dem Fall des Ing. P. hatten wir uns ein wenig Ellbogenfreiheit verschafft. Fingierte Bekennerschreiben von der Qualität der beiden letzten beschäftigten uns in weiterer Folge nicht mehr.

Im Juni 1997 hatte ich die Ehre, den Herrn Bundespräsidenten zu einem Staatsbesuch nach Spanien zu begleiten. Was mir insofern Kopfzerbrechen bereitete, als ausdrücklich die Mitnahme eines Fracks verlangt wurde. Für den abendlichen Staatsempfang beim König.

Nun besaß ich zwar einen Smoking, aber keinen Frack. Also suchte ich, wie schon Legionen vor mir, den legendären Wiener Kostümverleiher Lambert Hofer auf. Es war nicht leicht, ein passendes Stück zu finden – bei meiner diffizilen Figur. Aber schließlich wurde ich doch noch so halbwegs fündig. „Bei dem werde ich wohl bleiben", stellte ich – schon ein wenig resignierend – fest. Darauf der Frackverleiher: „Den hat vor Ihnen ein Prominenter getragen. Am Opernball. Der Minister Einem!" So fuhr ich ausgerechnet mit Caspar Einems Opernball-Frack im Koffer nach Spanien.

Ich hätte mir nie gedacht, einmal mit Einem einen Rock zu teilen.

Schlacht um neue Paragraphen

In deutschen TV-Krimis spielen sehr oft Staatsanwälte (auch weibliche) eine wichtige Rolle. Die Kriminalbeamten sind ihre – meist etwas widerborstigen – Befehlsempfänger. Gibt es dagegen einen „Tatort" aus Österreich, bestehen andere Regeln – die „Kieberer" sind die Hauptpersonen.

Jenseits der Drehbücher regeln Gesetze die Aufgaben der Exekutive und der Justiz. In der Strafprozessordnung (StPO) gilt für das so genannte „Vorverfahren", wenn also die Ermittlungen wegen einer strafbaren Handlung begonnen haben, das Untersuchungsrichter-Modell, das dem U-Richter weitgehende Aufgaben bei der Aufklärung von Straftaten zuweist.

Dieses Modell war jedoch in der Praxis kaum durchführbar. Mit Ausnahme der großen Mordfälle, in denen U-Richter und Staatsanwalt den Tatort besuchen und natürlich auch in die Ermittlungen eingreifen können, hatte sich der Schwerpunkt der Ermittlungsarbeit immer mehr zur Polizei hin verlagert, die letztlich „pfannenfertige" Anzeigen an die Staatsanwaltschaft als Grundlage der späteren Anklagen erstattet.

So entfernte sich mit der Zeit die Praxis immer mehr von der Theorie, ohne dass die Qualität der Strafrechtspflege darunter gelitten hätte. Dennoch wollte die Justiz eine Reform der StPO. Ein Vorschlag wurde ausgearbeitet, wobei Roland Miklau quasi die „Gesetzeshebamme" im Justizministerium war und Wolf Szymanski sein Pendant im Innenministerium.

Der 1998 vorgelegte Entwurf gibt dem Staatsanwalt im Vorverfahren alle Trümpfe in die Hand. Der Untersuchungsrichter verliert seine ursprüngliche Position und wird Rechtsmittelrichter, Haftrichter und, wenn man so will, Hüter der Grundrechte. Das brachte zunächst einmal die Richter auf die Palme. Mittlerweile ist aber ihr Widerstand erlahmt, wahrscheinlich hat man ihnen anderwärtig Zugeständnisse gemacht.

Das Innenministerium ist mit dem Entwurf nicht einverstanden, weil es die gute, selbstständige Arbeit der Polizei gefährdet sieht und einen beträchtlichen bürokratischen Mehraufwand feststellt. Zweifelsohne stellt der Entwurf auch den Versuch dar, mehr Einfluss auf die Polizei zu bekommen, sie in Strafrechtssachen an die Kandare zu nehmen. Er signalisiert daher einen ersten Schritt zu einer Art Justizpolizei, die es in vielen Ländern gibt, zum Beispiel in Deutschland. Mit dem Erfolg, dass die Kluft zwischen dem Staatsanwalt als dem absoluten Herrscher des Vorverfahrens und der Polizei immer größer wird, worunter die Kriminalitätsbekämpfung deutlich leidet. Dort klagt die Polizei, in den Ermittlungen von Juristen geführt zu werden, die weder eine polizeiliche Ausbildung noch die notwendige Praxis haben.

Der Entwurf sieht sechs Formen der Berichtspflicht an den Staatsanwalt vor. Dies bedeutet einen bürokratischen Mehraufwand, der bewirkt, dass der Kriminalist mehr darüber nachdenkt, wie er der Berichtspflicht pünktlich nachkommt, als darüber, wie er den Täter fangen könnte. Das ist, wie ich meine, Unsinn!

Skurril sind auch die Bestimmungen über die Sicherstellung, die nur nach Information und mit Zustimmung des Staatsanwalts durchgeführt werden darf. Die genaue Einhaltung dieser Bestimmungen würde zum Beispiel folgende Unsinnigkeit bringen: Ein Einbrecher wird auf frischer Tat ertappt und flieht unter Zurücklassung seiner Jacke. Nach dem Entwurf müsste der Staatsanwalt kontaktiert und um Weisung ersucht werden, die Jacke sicherzustellen. Ein unnötiger Formalismus. Was sollte denn sonst mit der Jacke geschehen, die überdies für die kriminaltechnische Untersuchung gebraucht wird?

Justizminister Nikolaus Michalek, zu dem ich stets ein gutes Verhältnis hatte und den ich als Mensch und Politiker schätze, sagte einmal zum Thema Staatsanwälte-Polizei: „Schau'n Sie, in Wahrheit wird sich gar nichts ändern." Worauf ich so meine Zweifel anmeldete. Ich kenne den Drang mancher Leute – Minister, Landeshauptmänner etc. –, sich den Sheriffstern anzustecken. Vor allem, wenn's gut läuft. Warum sollten nicht hin und wieder Staatsanwälte Lust verspüren, nach dem Stern zu greifen? Wenn sie noch dazu formell im Recht sind? Daher bin ich für eine saubere, festgeschriebene Regelung, die die Polizei von Einsicht und gutem Willen anderer unabhängig macht.

Parallel zu der Diskussion, wie in der StPO die Rollen von Staatsanwälten, Richtern und Exekutive festgelegt werden sollen, liefen auch Gespräche über andere gesetzliche Vorhaben des Innenministeriums: die Schaffung des „Sicherheitspolizeigesetzes", die Reform der Staatspolizei und – für mich sehr wichtig – die Überlegungen, neue

Ermittlungsmethoden gesetzlich zu ermöglichen. Bereits am 24. Dezember 1993, also zwanzig Tage nach den ersten Briefbomben, forderte ich öffentlich vehement den Großen Lauschangriff und die Rasterfahndung. Sozusagen als „Wunsch ans Christkind". Erst vier Jahre später sollten diese Wünsche in Erfüllung gehen.

Ich war einigermaßen froh, als im Juni 1995 Kanzler Franz Vranitzky ankündigte, Gesetze für diese Ermittlungsmethoden sollten „bald" geschaffen werden.

Nun begann das Pokerspiel zwischen den Parteien und innerhalb der Parteien. Haxlsteller und Wichtigtuer hatten Hochsaison, es wurden Dinge miteinander verknüpft, die in keinem Zusammenhang standen.

Beispiele gefällig?

Anfangs hatten mir ÖVP-Klubobmann Andreas Khol und ÖVP-Sicherheitssprecher Paul Kiss Zustimmung zu Rasterfahndung und Lauschangriff signalisiert, im April 1996 aber machten sie ihre Zustimmung von der Staatspolizeireform abhängig. SPÖ-Parlamentspräsident Heinz Fischer fing den Ball sofort auf: „Wir werden der ÖVP die neuen Ermittlungsmethoden nicht aufzwingen", erklärte er in einem Interview. Dann kam Sicherheitsbüro-Chef Max Edelbacher, der ausgerechnet bei einer Veranstaltung der Liberalen sagte, er sei von der Effizienz der Rasterfahndung „nicht überzeugt". Sofort schlossen sich SPÖ-Justizsprecher Willi Fuhrmann und SPÖ-Klubobmann Peter Kostelka dieser Meinung an. Lediglich der Lauschangriff sollte erlaubt werden, doch nach jedem Einsatz müsse dem Parlament berichtet werden.

Im Oktober 1996 schien der Erfolg zum Greifen nahe. Im Parlament war ein Hearing angesetzt. Neben den Sicherheitssprechern der Parlamentsparteien und zahlreichen Rechtsgelehrten war auch ein Experte des FBI eingeladen, der eigens nach Wien eingeflogen wurde. Alan R. McDonald schilderte vor allem Lauschangriff und Rasterfahndung in glühenden Farben und schloss seine Ausführungen mit der Feststellung, es gebe keine andere Möglichkeit, in kriminelle Organisationen einzudringen, vor allem dann, wenn sie ethnischer Natur seien. Der Große Lauschangriff sei gegen die Organisierte Kriminalität die Wunderwaffe schlechthin.

In der Öffentlichkeit zeigte sich großes Verständnis, gegen den Bombenterror und die Organisierte Kriminalität Rasterfahndung und

Großen Lauschangriff einzusetzen. Nicht so sehr im SPÖ-Klub. Dort offenbarten Mandatare ihre echte oder gespielte Naivität.

Abgeordneter Manfred Lackner aus Vorarlberg meinte, wozu man überhaupt neue Ermittlungsergebnisse brauche, wenn der Sicherheitsbericht ohnehin so positiv sei. Abgeordnete Elisabeth Pittermann erinnert an das „Grab der Eltern", die aus politischen Gründen verfolgt worden seien, weshalb man dem Staat keine zusätzlichen Fahndungsmittel geben dürfe.

Im Juli 1997 kam es dann zur Abstimmung im Parlament. Ein kurzer Auszug aus dem „Kurier" über die Sitzung:

„Terezija Stoisits präsentierte am Rednerpult ein Original-Richtmikrophon, das ab Juli 1998 zum Zweck des Abhörens Verwendung finden soll. Ihre Kollegin vom Liberalen Forum, Heide Schmidt, hatte für ihre flammende Rede über Lausch-und-Raster-Gefahren einen giftiggelben Blazer gewählt."

Das Gesetz wurde mit SPÖ-ÖVP-Mehrheit beschlossen, doch gab es in den zwei Fraktionen zahlreiche Dissidenten, die entweder dagegenstimmten oder sich vor der Abstimmung regelrecht drückten. Die Diskussion um die Rasterfahndung war vor allem wegen des erbitterten Widerstands der Grünen und der Liberalen so heftig, die uns nur einen Torso zugestehen wollten. Doch gerade die Rasterfahndung war für uns im Hinblick auf den Briefbomben-Terror von besonderer Dringlichkeit und Bedeutung.

Wieder wurde der „gläserne Mensch" aus dem Abstellkammerl ans Licht gezerrt. Der Abgeordnete der Liberalen, Barmüller, verstieg sich sogar zu der Behauptung, diese Konzeption stelle eine „putschartige Verwirklichung des Polizeistaates" dar. Da verpufften alle beruhigenden Erklärungen, dass Intimdaten tabu seien und ein ausreichender Rechtsschutz vorgesehen sei. Von Seite der Linksoppositionellen stellte man unser Bemühen um eine effiziente Regelung beharrlich so dar, als seien Lauschangriff und Rasterfahndung ein Spielzeug des bösen Sika, der unverständlicherweise alles, was er verlange, auch bekomme. So konnte eine sachliche Diskussion nicht gedeihen.

Glücklicherweise waren sich die Opinionleader der Koalitionsfraktionen über die Notwendigkeit ausreichender Befugnisse einig und so kam es zur Genehmigung der „besonderen Ermittlungsmaßnahmen der Polizei".

Im Hinblick auf die Causa prima durfte schon ab 1. Oktober dieses Jahres gerastert und ab 1. Juli 1998 gelauscht werden. Ich war sehr zufrieden und dankbar. Hatte ich mich doch nicht vergebens jahrelang darum bemüht und einiges an Schlägen einstecken müssen.

Die Medien waren in der Mehrzahl ablehnend bis skeptisch. „Die Presse" schrieb in einem Kommentar:

„Bis zuletzt konnte nämlich ein Eindruck nicht beseitigt werden: daß sich hier ein lange quengelndes Kind (Michael Sika) mit dem Wunsch nach einem neuen Spielzeug, weil es die Nachbarskinder bereits haben, schließlich gegen einen strengeren Vater (SP-Klub) und eine nachgiebigere Mutter (VP-Klub) durchsetzen konnte. Soll er halt seinen Willen haben, solange er nur nicht allzu laut und allzu oft mit dem teuren Geschenk spielt."

Ich empfand derartige Auslassungen fast als Anerkennung. Für Minister Schlögl war die Durchsetzung des erweiterten Instrumentariums zur Bekämpfung der Kriminalität ein weiterer großer politischer Erfolg in seiner kurzen Karriere.

Er durfte zufrieden sein.

Die Bewilligung der Rasterfahndung machte eine sorgfältige Vorbereitung notwendig. Die „SOKO Briefbomben" startete unverzüglich die Vorarbeiten. Und ich begann die Situation medial auszunützen, indem ich – in Fortsetzung unserer Strategie – Optimismus ausstrahlte und in Aussicht stellte, das „Bombenhirn" über die neue Fahndungsmöglichkeit bis zum Jahresende zu finden.

Meine dringendste Sorge aber galt der Aufstellung der neuen Lauschtruppe, einer Sondereinheit, die direkt dem Generaldirektor unterstellt sein sollte. Mir war klar, dass hiebei nicht der geringste Fehler gemacht werden durfte. Ich hatte auch schon so meine Vorstellungen. Nicht mehr als dreißig ausgesuchte Leute, ein hoch qualifizierter Leiter, beste technische Ausstattung und ein Quartier abseits der Kollegenschaft. Letzteres war eine Grundvoraussetzung für die absolute Geheimhaltung, unter der die Arbeit ablaufen sollte, und Abschottung aus meiner Erfahrung unabdingbar. Beispiel: Gendarmerie-Einsatzkommando. Mit dieser Einheit, die außerhalb von Wiener Neustadt im Wald untergebracht war, konnte man die gewagtesten Einsätze durchführen, ohne dass die Geheimhaltung gefährdet war. Da gab es kein mittägliches Geplauder mit Kollegen anderer Organisationseinheiten in irgendeiner Polizeikantine. Polizeikantinen sind bekanntlich die Brutstätten aller Gerüchte im Exekutivbereich.

Eine weitere Voraussetzung für die notwendige Geheimhaltung war die Nachvollziehbarkeit aller Arbeitsvorgänge. Jeder würde sich hüten, Informationen weiterzugeben, wenn sein Verhalten rekonstruiert und damit aufgezeigt werden konnte, über wen was hinausgegangen war. Das Fehlen eines solchen Systems machte es in weiten Bereichen der Exekutive nahezu unmöglich, bei illegalem Informationsfluss nach außen das Quatschmaul zu entlarven. Meiner Erfahrung nach wären solche Systeme in vielen Sektoren der Arbeitswelt unseres Staates von Vorteil.

In Österreich, dem Land, wo die Indiskretionen blühen.

Das Kommando über die Einheit, die SEO heißen sollte (Sondereinheit Observation), vertraute ich Kurt Mitterberger an, einem von mir sehr geschätzten leitenden Beamten der Kriminalpolizei. Ich sollte diese Wahl nicht bereuen. Er baute in Rekordzeit eine Truppe auf, die sich in jeder Beziehung sehen lassen konnte.

Auch die Quartierfrage war bald zu unserer Zufriedenheit gelöst. Mitterberger veranlasste die baulichen Adaptionen und den Neubau einer Garage sowie die Anschaffung einer überaus zufrieden stellenden technischen Ausstattung.

Was von mir so locker in wenigen Zeilen geschildert wird, bedurfte in Wahrheit monatelanger zäher Arbeit. Das geeignete Personal zu finden, es von seinen Dienststellen loszueisen, die Kandidaten einer strengen Auswahl zu unterziehen, den inneren Aufbau der Einheit zu entwerfen, Aus- und Weiterbildung der Beamten in fachspezifischen Belangen zu organisieren, die Bewertungen festzulegen und dies alles schließlich in eine Verordnung zu gießen, war eine große Leistung. Von den Problemen mit Aus- und Umbau und Anschaffung der notwendigen Ausrüstung gar nicht zu reden.

Schlacht um neue Paragraphen

Die SEO war ab 1. Oktober 1997 einsatzbereit. Neben dem Lauschangriff sollte sie auch Lauschabwehr betreiben, was sie praktisch vom ersten Tag an tat, indem sie in Büroräumen von Ministerien und anderen Institutionen auf „Wanzensuche" ging.

Ein großes Problem der SEO war von Anfang an das Misstrauen der übrigen Exekutiveinheiten. Viele glaubten, die SEO wolle Amtshandlungen, die andere Organisationen der Polizei begonnen hatten, an sich ziehen. Brigadier Mitterberger fuhr unermüdlich durch die Lande, um den Kollegen klarzumachen, dass seine Einheit lediglich Serviceleistungen erbringe, die Amtshandlungen aber bei den beantragenden Stellen verblieben. Nur langsam wichen die Vorbehalte der Kollegenschaft, die natürlich auch aus dem Umstand, dass die Lauschtruppe streng abgeschirmt und geheimnisumwittert arbeitete, genährt wurden.

Selbstverständlich mussten auch skeptische Politiker überzeugt werden. Wir machten daher Führungen für Parlamentarier, zeigten ihnen das Gebäude, die wesentlichsten technischen Einrichtungen und stellten ihnen die Mannschaft vor. Mit dabei war auch der Grünpolitiker Andreas Wabl. Er machte den Eindruck, als marschiere er durch eine Leprastation.

Die wirkliche Bewährungsprobe, nämlich der erste Große Lauschangriff, stand der Einheit aber noch bevor. Es wird über ihn im Rahmen der „Operation Spring" zu berichten sein.

Im August 1997 gingen die Wogen in Österreich wieder einmal ziemlich hoch. Mittelpunkt hysterischer Kritik war der Transport ausgebrannter Uran-Brennstäbe durch Tirol. Die Empörung war deshalb so groß, weil dieser Transport weder der Landesregierung noch den Landesbehörden zur Kenntnis gebracht worden war. Ich wurde zum Buhmann, weil ich erklärte, dass eine derartige Verständigung bei so einem Transport nicht vorgesehen sei und vor allem eine „unnötige Aufregung der Bevölkerung" hätte vermieden werden sollen.

Diese unnötige Aufregung wurde durch die Medien noch verstärkt. In Wahrheit aber waren Angst und Empörung fehl am Platz. Wie mir Fachleute bestätigten, können ausgebrannte Brennstäbe, fachgerecht in unzerstörbaren Containern verwahrt, selbst in Extremfällen keine Gefahr bedeuten.

Es handelte sich dabei um mindergefährliches Material der Klasse 3, für dessen Durchfuhrgenehmigung das Innenministerium zuständig war. Die Bewachung des Transportes durch die Polizei war aus Gründen der Verkehrssicherheit und zum Schutz vor Nukleardieben vorgesehen, jedoch nicht, weil Gefahr für die Bevölkerung bestanden hätte.

Die „SOKO Briefbomben" bewährte sich sehr. Sie arbeitete intensiv an der Fertigstellung der Datenrückerfassung, gleichzeitig an der Ausarbeitung des Antrages auf Rasterfahndung und letztlich natürlich auch an der Hinweisbearbeitung. Da die SOKO – im Gegensatz zur EBT – nach außen dicht war, hatte die überwiegende Zahl der Journalisten keine Ahnung davon, was sich hinter den Kulissen tatsächlich abspielte, und schloss daraus, dass die Ermittlungsmannschaft ratlos sei und planlos agiere. Darin wurden sie auch von „lieben Kollegen" aus dem Ressort bestärkt, die genauso wenig wussten. Da gab es dann in langen Artikeln Abhandlungen, weshalb denn Ministerialrat Günter Rehak noch nicht einvernommen worden sei, obwohl es doch Sprachgutachten gebe, die ihn der Beteiligung an der Abfassung des 28-seitigen Bekennerschreibens bezichtigten; warum die STAPO Ing. P. noch nicht näher befragt habe, wo doch ...

Die richtige Antwort wäre gewesen: Weil unserer Überzeugung nach beide als Täter nicht in Frage kamen. Und das aus gutem Grund. Rehak war lange beobachtet worden, ohne dass sich auch nur der geringste Verdacht ergeben hatte. Und bei Ing.P. passte so manches nicht ins Bild des Täters, das im Laufe der Ermittlungen immer klarere Konturen annahm.

Im September 1997 landete der 123 Seiten umfassende „Rasterantrag" auf meinem Schreibtisch. Er sollte möglichst am 1. Oktober oder knapp danach der Staatsanwaltschaft übersandt und vom zuständigen Richtergremium bewilligt werden. Die Medien schrieben ausführlich über das bevorstehende Ereignis.

Alle Spekulationen wurden jedoch durch ein Ereignis hinfällig, das Österreich aufrüttelte.

„Ich glaube, wir haben ihn!"

Am Abend des 1. Oktober 1997 verständigte mich der Kommandoraum von einem Vorfall in Gralla in der Steiermark, bei dem ein Autolenker anlässlich einer Kontrolle durch zwei Gendarmen eine Bombe gezündet und sich beide Unterarme weggesprengt hatte. Den Beamten allerdings war das erst aufgefallen, als sie dem Mann nach kurzer Verfolgungsjagd Handschellen anlegen wollten.

Im Laufe der Nacht zum 2. Oktober kristallisierte sich ein erster Verdacht heraus, dass es sich bei jenem Franz Fuchs, so hieß der Mann, der sich da – eigentlich völlig unmotiviert – verstümmelt hatte, um eine Person handeln könnte, die mit dem Briefbomben-Terror in Verbindung stand.

Zeitig am Morgen rief ich Minister Schlögl an und meldete ihm: „Einmal bin ich auch Überbringer einer guten Nachricht. Ich glaube, wir haben ihn, wir haben den Briefbomber!" Ich muss gestehen, dies war der schönste Augenblick meiner Karriere. Dem Chef die Aufklärung der Causa prima dieser Republik melden zu können, war – nach all den Aufregungen und Demütigungen der letzten Jahre – ein befreiendes Gefühl.

Am Morgen des 2. Oktober, als das bewährte Expertenteam in Gralla eingetroffen war, verdichtete sich der gegen Franz Fuchs bestehende Verdacht von Stunde zu Stunde. In den von ihm bewohnten Räumen seines Elternhauses wurden zahlreiche ihn belastende Gegenstände, Schriftstücke und dergleichen vorgefunden. Und immer mehr rückte die Frage in den Mittelpunkt des Interesses: Ist Fuchs der oder einer der Täter?

Am 4. Oktober, einem Samstag, gab der Minister eine Pressekonferenz, die – erwartungsgemäß – einen erfreulichen Verlauf nahm. Schlögl war locker wie schon lange nicht und genoss sichtlich den Erfolg. So locker, dass er die Anfrage eines Journalisten, ob die beiden Frauen, über deren Initiative die Gendarmen eingeschritten waren, nun auch die Ergreiferprämie von mittlerweile 10 Millionen Schilling erhielten, ohne Bedenken bejahte. Das sollte ihm und seinen Beamten noch einiges Kopfzerbrechen bereiten.

„Ich glaube, wir haben ihn!"

Einige Punkte waren nach wie vor strittig. Zunächst einmal, wie schon angesprochen: Ist Fuchs das „Bombenhirn" oder nur ein Rädchen der geheimnisvollen BBA? Und wenn er tatsächlich das „Bombenhirn" sein sollte: Wo hat er die Bomben gebaut? Wo war seine Werkstatt? Der Wohnraum im Elternhaus kam dafür ja wohl kaum in Frage.

Auf die Klärung dieser Fragen konzentrierten sich die Ermittlungen der folgenden Wochen und Monate.

In den Medien wurde die Festnahme des Franz Fuchs in erster Linie dem „Kommissar Zufall" zugeschrieben. Ich versuchte vergeblich, dies zu relativieren, indem ich darauf hinwies, dass die Wahnsinnstat des Fuchs bei der Festnahme auf seine panische Angst vor der Polizei zurückzuführen war, die wir bewusst und systematisch geschürt hatten. Bei den Einvernahmen gab er auch offen zu, mit seiner baldigen Verhaftung gerechnet und vor allem das Rastern gefürchtet zu haben. Er sei der Meinung gewesen, die Polizei setze diese Technik schon lange ein und werde mit der Bewilligung zur Rasterfahndung am 1. Oktober bereits zuschlagen. Vor allem der Hinweis auf die zehn Verdächtigen, die es noch gebe (das wurde in einer Sendung des TV-„Report" von mir so gesagt), habe ihn in der Meinung bestärkt, die Polizei praktiziere diese Fahndungsmethode bereits.

Mein Hauptargument aber war, dass Fuchs, hätte er sich bei der Anhaltung ruhig gezeigt und seine Papiere vorgewiesen, mit Sicherheit ohne weitere Beanstandung davongekommen wäre. Dann hätte es auch keinen „Kommissar Zufall" gegeben. Das wurde mit nachsichtigem Lächeln zur Kenntnis genommen und nur am Rande vermerkt, weil den Medien nichts daran lag, das Bild der ineffizienten und ratlosen Polizei zurechtzurücken, und andererseits den Schlaueren unter den Journalisten langsam zu dämmern begann, dass es sehr wohl Strategien zur Eingrenzung des „Bombenhirns" gegeben hatte, die monatelang vor ihnen geheim gehalten wurden. Was wieder nicht zum Bild der „löchrigen" Polizei passte.

Vor allem die linksorientierten Zeitungen wollten sich mit der Vorstellung, Fuchs könnte „Bombenhirn" und BBA zugleich sein, nicht anfreunden. Verständlich, denn damit wären die durch vier Jahre entworfenen Gedankengebäude vom neonazistischen Netzwerk in sich zusammengebrochen. Aber auch im eigenen Lager gab es Leute, die nicht wahrhaben wollten, dass die Verfechter der Ein-Täter-Theorie – allen voran Thomas Müller – Recht behalten haben könnten, und sich an der Stimmungsmache via Medien beteiligten. Man sah viele schlechte Verlierer in dieser Zeit.

Wer daher glaubt, es wäre nach der Festnahme des Franz Fuchs Zeit geblieben, um Atem zu schöpfen, sich ein wenig zurückzulehnen und die sachliche Aufarbeitung des Briefbombenfalles zu verfolgen, irrt gewaltig. Die Querelen gingen unaufhörlich weiter. In einer Diskussion im Rahmen der TV-Sendung „Zur Sache", an der neben Grassl-Kosa, einem der beiden Autoren des Briefbomben-Buches, auch ich teilnahm, griff ein Journalist Ex-Innenminister Einem heftig an, weil dieser das Täterprofil unterdrückt habe. Ich saß daneben und überlegte, ob ich mich einschalten sollte, zog es aber vor, zu schweigen. Ich war der Meinung, dies sei taktisch klüger, als Einem zu verteidigen, was aus meinem Mund sicher unglaubwürdig gewirkt hätte. Vielleicht war das ein Fehler, ich weiß es nicht. Jedenfalls wurde mein Schweigen in den Medien ausführlich kommentiert, die „Kronen Zeitung" schlug kräftig in die Saiten und die FPÖ verlangte die Entfernung Einems aus der Regierung.

Ich hatte, wie man sich vorstellen kann, eine unruhige Zeit, die darin gipfelte, dass mich Kanzler Viktor Klima eines Abends im Büro anrief und mir einen Rüffel verpasste. Ich zog gehorsam den Kopf ein und ritt die folgenden Tage auf einer Beschwichtigungswelle. Was teilweise auch meinem schlechten Gewissen entsprach.

Dann gab es eine Kontroverse um die Frage, ob die Untersuchung im Landesgericht Graz oder in Wien stattfinden sollte. Die Ermittlungscrew im Grauen Haus war bestrebt, den Fall Fuchs an sich zu ziehen und mit dem hier anhängigen Akt zu verbinden. Die Grazer wollten es umgekehrt – und setzten sich letztlich durch. Was ich durchaus positiv aufnahm, denn die Grazer hatten den sehr sensiblen Unterweger-Prozess bestens bewältigt und garantierten für mich die ebenso korrekte Abwicklung des vor allem politisch heiklen Briefbomben-Verfahrens.

„Ich glaube, wir haben ihn!"

Erik Nauta wurde die Voruntersuchung gegen Franz Fuchs anvertraut. Der sehr junge und unerfahrene Richter stürzte sich mit Feuereifer in die Aufgabe. Unterstützt von der „SOKO Briefbomben", die eine Filiale in der Steiermark errichtet hatte und fieberhaft das Umfeld des Franz Fuchs abklärte, das Ergebnis der Hausdurchsuchung auswertete und an den Einvernahmen des Tatverdächtigen mitwirkte.

Leider zeigte sich auch in dieser Phase der Ermittlungen, dass die menschliche Komponente im Zusammenspiel aller Institutionen und Organisationen, die um die Aufklärung des Falles bemüht waren, die entscheidende Rolle spielte. Eitelkeit, Geltungsbedürfnis, Neid, Missgunst, übersteigerter Ehrgeiz und was es sonst noch an schönen Eigenschaften gibt, streuten Sand ins Getriebe. Ich besitze Aufzeichnungen aus dieser Zeit, die ich in ihrer Schonungslosigkeit nicht zur Gänze veröffentlichen kann, ohne Schaden anzurichten. Ich will mich daher auf einige Auszüge beschränken:

> Mitte Oktober ergeben sich Probleme in der Briefbombencausa. Aigner und Luef (die beiden Köpfe des SOKO-Stützpunktes Steiermark) strudeln sich ab und sind heillos überlastet. Maringer ist für Fuchs ein bißchen zu „grob", der U-Richter zu unerfahren, außerdem in den eigenen Reihen nicht unumstritten. Niemand leitet die SOKO wirklich. Maringer ist nur mit den Einvernahmen beschäftigt und Tischhart [der Nachfolger von Sigrun Tretter, verehelichte Müller, die in Karenz gegangen war] kennt den Akt nicht und hat wenig kriminalpolizeiliche Erfahrung. Gridling [Chef der EBT] hat das primäre Interesse, die EBT in den Vordergrund zu stellen, was wieder die SOKO nicht erfreut, die jahrelang auf dem Nebengeleise gestanden ist. ... Anregungen des Ehepaares Müller [Kriminalpsychologe und SOKO-Leiterin] an höchster Stelle, die SOKO aus der EBT herauszulösen und direkt dem Generaldirektor zu unterstellen, wurden nicht gehört. Vermutlich, weil die Kabinettschefin des Ministers Gridling forciert. ... SOKO-Beamte fühlen sich von der EBT bespitzelt, Vorgänge in der Causa Pawlikowsky liegen ihnen auf der Seele. ... Schon die Reaktion auf die Festnahme des Franz Fuchs war symptomatisch. Alle sind zur Schüssel geeilt. Gridling hat sich sofort an die Spitze der SOKO gestellt, hat Tischhart Aigner als Aufpasser ins Zimmer gesetzt. Maringer ist nach Graz gesprintet, um Fuchs „niederzu-

„Ich glaube, wir haben ihn!"

bringen", Sturm hat seinen Kuraufenthalt unterbrochen und sich in Dienst gestellt. ... Ein Jahrmarkt der Eitelkeit. ... Da gab es alte und neue Animositäten, Seilschaften und Intrigen. Ich mußte, soweit ich überhaupt informiert war, immer wieder intervenieren und versuchen, die Dinge zu glätten. Peter Gridling und Thomas Müller kamen nur schlecht miteinander aus. Das hatte historische Gründe. Bald nach der Gründung der SOKO-Briefbomben war aus der EBT das Gerücht verbreitet worden, in Wahrheit leite der Psychologe die SOKO und nicht Sigrun Tretter. Dies war auf den unübersehbaren Umstand zurückzuführen, daß sich die beiden privat sehr gut verstanden, was einigen männlichen Wesen in der ETB aus naheliegenden Gründen ein Dorn im Auge war. Aus meiner Sicht hatte sich Müller nie in Leitungsaufgaben eingemischt und immer darauf beschränkt, psychologischer Ratgeber zu sein. Es hatten also Neid und Eifersucht dieses Gerücht entstehen lassen. Schließlich war es Gridling gelungen, Thomas Müller aus der SOKO mehr oder weniger hinauszuekeln. Was an der privaten Verbindung Tretter-Müller aber nichts geändert hatte. Als Tretter nach ihrer späteren Heirat – nunmehr als Sigrun Müller – in Karenz gegangen war, hatte Gridling den Schlußpunkt gesetzt und sie ohne ihr Wissen zur Polizeidirektion Wien zurückversetzt, was sein Verhältnis zu Thomas Müller auch nicht gerade verbessert hatte.
Nauta mochte Maringer – oder zumindest seine Art bei Einvernahmen – nicht.

So – und noch viel schlimmer – ging es damals zu im Maschinenraum des Ministeriums. Da stand ich nun, ölverschmiert, und versuchte verzweifelt, das Werkel in Gang zu halten. Was schwiergig war, denn gute Zusammenarbeit kann man leider nicht befehlen!

Die Einvernahmen des Franz Fuchs gestalteten sich extrem schwierig. Von Anfang an gab er zu, Mitglied der BBA zu sein, und zwar die Nummer drei in der Steiermark. Er wollte an den diversen Attentaten aber nur am Rande beteiligt gewesen sein. Es bedurfte unglaublicher Geduld und eines großen Einfühlungsvermögens, aus Fuchs Aussagen herauszukitzeln. Man war von seinen Launen abhängig und konnte kaum gezielte Fragen stellen, die Themen gab mehr oder minder er vor.

„Ich glaube, wir haben ihn!"

Nauta, ein zarter und sehr jugendlich wirkender Mann, versuchte es auf die sanfte, die psychologische Tour. Natürlich dauerte es eine Weile, bis Fuchs dieses „Bürscherl" ernst nahm und erkannte, dass hinter der jugendlichen Fassade durchaus Qualität steckte. Maringer dauerte das zu lang. Er war kein Freund von Umständlichkeiten. Er sprach eine harte, sehr direkte Sprache und ging geradeaus auf sein Ziel los. Für Nauta war das zu „grob". Auch Fuchs war anfangs vor den Kopf gestoßen und sagte bei der ersten Einvernahme zu Maringer: „Sie haben aber eine geringe Bandbreite!"

Oberst Friedrich Maringer, mittlerweile in Pension, war ein hervorragender Kriminalist. Seine Stärke war der „erste Angriff", also die ersten 48 Stunden nach Beginn der Tatbestandsaufnahme. Ein harter Knochen, der gewohnt war, auszuteilen und einzustecken. Sein Einsatz bei der Geiselnahme in der Döblinger Hauptstraße in Wien im Jahr 1993 machte Schlagzeilen, als der Geiselnehmer auf ihn schoss und das Projektil in seinem Handy stecken blieb, das er in der Brusttasche trug.

Maringer beklagte sich bei mir, dass Nauta die Initiative bei den Einvernahmen völlig aus der Hand gegeben und in Wahrheit Fuchs das Sagen habe. Daher komme man auch nicht weiter. Man müsse Fuchs schärfer und konsequenter befragen. Das Ergebnis stundenlanger Sitzungen sei blamabel. Nauta wieder beschwerte sich bei mir, dass Maringer die Atmosphäre bei den Einvernahmen durch seine rüde Art störe. Die Wahrheit lag wohl – wie so oft – in der Mitte.

Ende Oktober gelang es mir mit großer Mühe, Thomas Müller wieder offiziell in den Fall einzubinden. Und zwar gegen so manchen Widerstand aus der Staatspolizei, der so weit ging, dass man gegen den Psychologen sogar – allerdings erfolglos – bei Nauta intervenierte.

Es würde zu viel Raum einnehmen, alle Probleme aufzuzählen, die sich im Verlauf der langen Voruntersuchung vor allem auch im Justizbereich ergeben haben. Wie zum Beispiel die Groteske um die nächtliche Verlegung des Franz Fuchs vom Spital in die Strafanstalt, die auf einen unüberlegten Alleingang zurückzuführen war und rückgängig gemacht werden musste. Oder seine Überstellung in den Stützpunkt West der Polizei, weil sich herausgestellt hatte, dass ihm in seiner bisherigen Unterkunft Justizbeamte die Zeitung vorgelesen und ihn auch die

Schwestern mit Nachrichten versorgt hatten, was dem U-Richter nicht ins Konzept passen konnte. Zuletzt die Schwierigkeit, die aus Einvernahmen und umfangreichen Ermittlungen gewonnenen neuen Erkenntnisse vor der Neugier der Journalisten zu schützen. Es gab hier ohne Zweifel eine undichte Stelle im Landesgericht Graz, aus der Aktenkopien – vermutlich um teures Geld – an Journalisten gingen. Ich versuchte, diese Sicherheitslücke zu finden, was leider nicht gelang. Auch das Landesgericht stellte Untersuchungen an. Über Resultate wurde mir aber nichts bekannt.

Im April 1998 sprach Nauta davon, die Voruntersuchung abzuschließen. Zu dieser Zeit waren noch einige Gutachten ausständig. Am 13. Mai 1998 gab der Minister vor dem Plenum des Nationalrates eine „Erklärung zur Abgabe der Strafanzeige zur Aufklärung der Briefbomben- und Bombenanschläge der letzten Jahre" ab, die beachtliche Resonanz fand. Am 15. Mai 1998 verfaßte U-Richter Erik Nauta einen weinerlichen Brief an mich, in dem er unter anderem ausführte:

„Umso mehr erstaunt und enttäuscht es mich, daß ich als Person gerade zum Abschluß der Ermittlungen von seiten des Bundesministeriums für Inneres fallengelassen wurde wie eine heiße Kartoffel. Keine einzige Einladung zu einer der zahlreichen SOKO-Abschlußfeiern, kein Wort der Anerkennung, kein sichtbares Zeichen des Dankes – weder schriftlich noch mündlich! Daß letztlich in der abschließenden Rede ... des Mag. Schlögl ... im Parlament ... nicht ein einziges Mal mein Name genannt wurde, sondern statt dessen ausschließlich von den Leistungen der Ermittler die Rede war, ist ... für mich nur der Schlußstrich unter einer Reihe tiefer menschlicher Enttäuschungen. Daß ich für diese Rede ... inhaltlich keine Verantwortung übernehmen kann, da es meiner gesetzlichen Verpflichtung zur Wahrung der Objektivität widerspricht, den Beschuldigten Franz Fuchs in der Öffentlichkeit so offensichtlich als Einzeltäter hinzustellen. Ich habe eben ein anderes Amtsverständnis von Unschuldsvermutung und Amtsverschwiegenheit."

Ich hätte diesen Brief mit aller Gelassenheit aufgenommen, wäre er nicht per Fax aus dem Landesgericht Graz auch an Zeitungsredaktionen geschickt worden, die sich natürlich ein Hallo daraus machten. Dieses

„Ich glaube, wir haben ihn!"

Verhalten Nautas war mir unverständlicher als der weinerliche Ton des Briefes, zu dem ich keinen weiteren Kommentar abgeben will. Ich will nur einige Sätze aus meinem Antwortbrief zitieren, den ich damals allerdings nicht öffentlich machte:

„Zu meinem Bedauern habe ich ... zur Kenntnis nehmen müssen, daß Sie sich durch das BMI im Stich gelassen fühlen. ... Wir anerkennen durchaus, welch großen Anteil Sie am erfreulichen Stand der Voruntersuchung haben. ... Daß der Herr Bundesminister Sie ... nicht namentlich genannt hat, entsprach der Strategie dieser Rede. Der Minister hat – dies wird Ihnen vermutlich aufgefallen sein – keinen Namen genannt – außer den von Franz Fuchs! – Ich bin mir übrigens gar nicht sicher, ob Ihnen die Nennung Ihres Namens ... nicht mehr geschadet als genützt hätte. Der Herr Bundesminister hat die gute Zusammenarbeit mit der Justiz ausdrücklich hervorgehoben. ... Die Causa Briefbomben ist ... ein ganz besonderer Fall, der über das Kriminalpolizeiliche hinaus enorme politische Sprengkraft hat. Dies hat in erster Linie das Innenressort in den letzten Jahren zu spüren bekommen. Das Innenressort und die österreichische Exekutive wurden von Medien, Politikern und Bevölkerung ausgelacht, verhöhnt und zu einem ‚Trottelhaufen' gestempelt. Kein Wunder, daß der Innenminister ... den Wunsch verspürte, sich zu Wort zu melden. ... Es darf nicht vergessen werden, daß drei der wesentlichsten Strategien in dieser Causa völlig ohne die Mitwirkung der Justiz zum Einsatz gekommen waren. ... Vor allem das Letztere [Druckausübung] hat den Erfolg gebracht. Denn ohne die psychologische Tour – konsequent durchgeführt – hätten Sie, sehr geehrter Herr Dr. Nauta, jetzt wohl keinen U-Häftling Franz Fuchs! Denken Sie an die Probleme mit den Trittbrettfahrern, die ... Diskussion um die ... Verschwörungstheorie, die Querelen im eigenen Ressort um das Bombenbuch, die damit zusammenhängenden, vom Wiener U-Richter unterstützten Ermittlungen in Richtung § 310 StGB ... Alles Beweggründe für die Rede des Ministers. ... Im übrigen darf ich daran erinnern, daß in der Vergangenheit auch vom LG Graz Töne zu vernehmen waren, welche die Einzeltätertheorie forcierten und gegen die Unschuldsvermutung verstießen. ... Es wäre sicher gut, das ‚Kriegsbeil' in der Erde zu lassen. Wenn zwei sich streiten, freut sich zumeist der Dritte. Ich gönne dem ‚Dritten' die Freude nicht."

„Ich glaube, wir haben ihn!"

Die von der „SOKO Briefbomben" erstattete Vollanzeige hatte, unterteilt in fünf Bände, einen Umfang von 947 Seiten. Das Kompendium listete in Kapitel XX, unter „Anhaltspunkte, Erkenntnisse und Indizien gegen Franz Fuchs", zusammenfassend folgende Punkte auf, die für eine Täterschaft des Angezeigten sprachen:

„Bei der Hausdurchsuchung aufgefundene Gegenstände, wie elektronische Bauteile, eine als Blumentopf getarnte Sprengfalle, mehrere mit Sprengstoff gefüllte Rohre;
eine Auslöse-Elektronik für Sprengkörper, zwei als Zündauslöser modifizierte Wecker;
diverse Schriftstücke ..., unter anderem eine mit Mikromaschinschrift verfaßte Bekennung: ‚Wir wehren uns. BBA, Friedrich der Streitbare.' ...
Ein in Maschinschrift verfaßtes und handschriftlich redigiertes Bekennerschreiben;
mehrere Blatt Papier mit handschriftlich abgefaßten elektronischen Schaltplänen sowie Detailbeschreibungen zum Aufbau von Briefbomben, wobei die Schaltpläne im Grunde denen der Briefbombenserien IV, V, VI und der Sprengfalle von Oberwart entsprechen;
bereits gebaute elektronische Schaltungen der gleichen Schalttechnik wie jene der Briefbombenserien, Sprengsätze (Zünder), in denen sämtliche bei den bisherigen Anschlägen verwendeten Sprengstoffe festgestellt werden konnten;
mit hoher Wahrscheinlichkeit selbst synthetisiertes Nitroglyzerin, das in Herstellung und Qualität den BB-Serien I, IV, V und VI entspricht;
Asche, die Spuren von Quecksilber (möglicherweise aus Batterien) und elektronischen Bauteilen enthält;
Kuverts (229 mm mal 114 mm), deren Fertigungsnummern mit denen am Kuvert der „Bekennung Schimanek" übereinstimmen;
Gebrauchsgegenstände, die augenscheinlich den in den BB-Serien verwendeten gleichen (z. B. Alleskleber, Klebebänder, Lacke und Farben)."

Im Zuge der wissenschaftlichen Untersuchung des Sockels der Sprengfalle in Oberwart konnte festgestellt werden, dass darin enthaltenes Wasser einen auffällig hohen Tritiumwert aufweist. Durch weiterführende Untersuchungen konnte zwischen dem Tritiumwert des

„Ich glaube, wir haben ihn!"

Wassers aus dem Sockel und dem Wohnraum des Franz Fuchs eine Verbindung hergestellt werden. Messungen in diesem Wohnraum haben signifikant hohe Tritiumwerte ergeben, die übrigen Räume (Bad, Lager, Werkstatt, Keller) aber waren nahezu tritiumfrei.

Tritium ist beispielsweise in den Leuchtstoffziffern von Weckern enthalten, wie sie Fuchs in erheblicher Zahl für die Herstellung von Zeitzündern in diesem Raum aufbewahrte.

Die Experten – in einer Arbeitsgemeinschaft – waren: Prof. Dr. Hilmar Förstel, Forschungszentrum Jülich; Dr. Dieter Rank, Geotechnisches Institut, Abteilung Isotopengeophysik, Wien; Univ.-Prof. Dr. Hans Zojer, Institut für Hydrogeologie, Graz.

Prof. Förstel stellte Deuterium- und Wasserstoffuntersuchungen am Sockelwasser an und kam zu folgendem Ergebnis: Das zum Anmischen des Sockels verwendete Wasser muss stärkerer Verdunstung ausgesetzt gewesen und vor seiner Verwendung längere Zeit gestanden sein. Dadurch hatte es ausreichend Zeit, durch Isotopenaustausch über die Oberfläche das in dem Wasserdampf der Zimmerluft enthaltene Tritium aufzunehmen.

Dr. Rank bewertete den erhöhten Tritiumgehalt im Gipssockel und befand: Der im Wohnraum des Franz Fuchs – und nur dort! – herrschende Tritiumgehalt kann als außerordentlich hoch bezeichnet werden. Es liegen die notwendigen Voraussetzungen vor, die bei einer Herstellung eines Gipssockels in diesem Raum zu einem Tritiumgehalt im fertigen Gipsprodukt führen, wie er im Sockel von Oberwart angetroffen worden ist.

Prof. Zojer setzte sich mit dem Nitrat-Gehalt im Gipssockel auseinander und resümierte: Im Leibnitzer Feld besteht durch die intensive bäuerliche Bewirtschaftung ein hoher Nitratgehalt im Grundwasser. Eine Probeentnahme aus dem Brunnen des Elternhauses des Franz Fuchs ergab eine Nitratkonzentration, die exakt in jenem Bereich liegt, wie sie auch im Gipssockel festgestellt wurde. Bei der Verwendung des Wassers aus dem Brunnen „Fuchs" zum Anrühren des Gipsgemisches erscheint daher ein Konzentrationswert, wie er im Gipssockel von Oberwart vorgefunden wurde, durchaus plausibel.

„Ich glaube, wir haben ihn!"

Dazu wurden in der Anzeige weitere 29 Erkenntnisse aus diversen Umfeldermittlungen wiedergegeben. So konnte der ehemalige Inhaber eines Elektronik-Centers den Ankauf diverser elektronischer Bauteile in den Jahren 1984 bis 1989 durch Franz Fuchs bestätigen. Das Geschäft führte unter anderem auch Bauteile, wie sie bei den Brief- und Rohrbomben Verwendung fanden. Es gab auch Hinweise auf eine mögliche Probesprengung in der Gemeinde Voggau, wo ein Krater gefunden und Metallstücke sichergestellt werden konnten.

Nach Abschluss der polizeilichen Ermittlungen stand der Staatsanwaltschaft ein stabiles Fundament für eine Anklageerhebung zur Verfügung. Franz Fuchs hatte zwar nie gestanden, Einzeltäter und Schöpfer der BBA zu sein, in seinen Einvernahmen aber zweifelsfrei bewiesen, dass er in allen Bereichen über das nötige Wissen und die erforderliche Sachkenntnis verfügte. Er hatte eine Unmenge von Details preisgegeben, die nur ein am Bau der Bomben Beteiligter wissen konnte, und die ihn einvernehmenden Personen immer wieder durch seine Kompetenz beeindruckt. Eine Befragung im herkömmlichen Sinn war nicht zu Stande gekommen, weil Fuchs sich nicht methodisch einvernehmen ließ, ihm nicht genehme Fragen einfach nicht beantwortete und im Wesentlichen selbst bestimmte, welche Themen er behandelt wissen wollte. Wenn er sich im Eifer des Gespräches ab und zu verschnappte und Dinge sagte, die für ihn von Nachteil waren, zog er sich in sein Schweigen zurück und war unter Umständen ein oder zwei Tage nicht aussagebereit.

Es lag eine dichte Indizienkette auf dem Tisch, aber kein wirklicher Sachbeweis. Das Ergebnis der Tritiumuntersuchung nagelte Fuchs zwar ziemlich fest, denn es war dadurch klargestellt, dass er die Bomben doch in seinem Wohnraum gebaut hatte und aus diesem Grund die Suche nach einer Werkstatt ergebnislos verlaufen war. In den wochenlangen Gesprächen hatte Fuchs zugegeben, mit einer Festnahme gerechnet und bereits zu Jahresanfang 1997 begonnen zu haben, ihn belastende Gegenstände zu vernichten. Er hatte vieles verbrannt, von manchem davon war auch Asche sichergestellt worden. Die Festplatte seines Computers hatte er im Februar 1997 vernichtet und durch eine neue ersetzt.

„Ich glaube, wir haben ihn!"

Zu den Anschlägen trieb ihn die Angst vor Überfremdung. In der seiner Meinung nach zu liberalen Ausländergesetzgebung sah er eine Bedrohung und er befürchtete – in Anlehnung an bekannte extremistische Betrachtungsweisen – eine grundlegende Vermischung der österreichischen Kultur mit fremdländischen Einflüssen, insbesondere aus dem slawischen Raum. Er fühlte sich dazu berufen, für die Erhaltung der bedrohten „deutschösterreichischen" Volksgruppe zu kämpfen und er stellte diesen Kampf ein, als die unerträgliche „Tschuschenregierung" unter Franz Vranitzky einer für ihn akzeptableren gewichen war, was er als Sieg seiner Bemühungen um „Deutsch-Österreich" ansah.

Franz Fuchs als ausgeprägter Fremdenfeind hatte sich sein eigenes Welt- bzw. Österreichbild geschaffen. Ein Naheverhältnis zu rechtsradikalen Gruppierungen konnte ihm ebenso wenig nachgewiesen werden wie Kontakte zu Gleichgesinnten. Nach Beurteilung des Psychiaters Prof. Dr. Reinhard Haller war Fuchs ein in sich gekehrter Einzelgänger, der psychotische Züge aufwies und dem steigenden Druck der polizeilichen Ermittlungen letztlich nicht gewachsen war – wie sein Verhalten gegenüber den Gendarmen am 1. Oktober 1997 zeigte.

Fuchs gab selbst zu, durch die Ähnlichkeit des im Buch veröffentlichten Täterprofils, das er Zeitungen entnommen habe, durch die behauptete Einengung des Täterkreises und nicht zuletzt durch die Ankündigung der Rasterfahndung, deren Bedeutung bzw. Wirksamkeit er durchaus erkannt habe, in wachsendem Maße beunruhigt gewesen zu sein und mit der Festnahme gerechnet zu haben. Daher hatte er auch eine Bombe stets griffbereit im Auto.

Franz Fuchs entsprach letztlich weder den Vorstellungen der politisch links orientierten noch den Vorstellungen der politisch rechts orientierten Menschen in diesem Land. Weil er in kein „Kasterl" eingereiht werden konnte, wie das vom Österreicher in der Regel vorausgesetzt wird. Schon gar nicht war er als Neonazi zu bezeichnen, wenngleich sich das manche gerne gewünscht hätten.

Wegen zahlreicher noch ausständiger Gutachten, die abzuwarten waren, verzögerte sich der Prozess gegen ihn und begann erst Anfang Februar 1999. Er brachte für mich keine Überraschung. Fuchs zog es vor, sich von den Verhandlungen ausschließen zu lassen, indem er

„Ich glaube, wir haben ihn!"

im Gerichtssaal Parolen brüllte und als ständiger Störfaktor daraus entfernt werden musste. Damit stand der junge Grazer Anwalt Gerald Ruhri vollends auf verlorenem Posten. Er versuchte zwar, die Theorie vom Einzeltäter Fuchs zu erschüttern, was ihm aber in keiner Phase der Verhandlung gelang. Der Prozess zeigte in eindrucksvoller Weise auf, wie gut die SOKO gearbeitet hatte und wie hervorragend die Hauptverhandlung durch Untersuchungsrichter und Staatsanwalt vorbereitet worden war.

Franz Fuchs wurde am 10. März 1999 vom Geschworenensenat zu lebenslanger Haft und Einweisung in eine Anstalt für geistig abnorme Rechtsbrecher verurteilt. Fuchs verzichtete auf Rechtsmittel.

Für mich bedeutete die Verurteilung eine große Erleichterung. Sie war eindeutig ausgefallen und ließ keinen Raum für weitere Spekulationen. Man konnte den Fall abhaken. Die Öffentlichkeit ging zur Tagesordnung über.

Ich war froh darüber, die Erledigung der Causa prima noch in meiner aktiven Zeit erlebt zu haben. Es war mir eine Genugtuung, in meiner Einschätzung des Falles Recht behalten zu haben – gegen die veröffentlichte Meinung.

Meine Strategien waren aufgegangen und die Polizei weitestgehend rehabilitiert. Ich war allen jenen dankbar, die mich in der kritischen Zeit beraten und unterstützt hatten.

Franz Fuchs beging am 27. Februar 2000 in seiner Zelle Selbstmord durch Erhängen. Bis zuletzt waren seine außerordentlichen Fähigkeiten unterschätzt worden. Sonst hätte man dem Häfling, dem beide Unterarme fehlten und der Prothesen immer abgelehnt hatte, wohl kaum das Elektrokabel für den Rasierapparat belassen, an dem er sich aufknüpfte.

Nachfolger, bitte warten!

Als Jahrgang 1933 hätte ich mit Ende des Jahres 1998 in Pension gehen müssen. Schon als Karl Schlögl als Innenminister ante portas stand, hatte ich mit ihm ein Gespräch, in dessen Verlauf er mich ersuchte, noch ein so genanntes „Ehrenjahr" anzuhängen. Ich versprach ihm das, so es meine Gesundheit erlaube.

Bereits im Frühjahr 1998 gab es die ersten – auch medialen – Spekulationen über meine Nachfolge. Ich erinnere mich an eine internationale Konferenz im Innenministerium, bei der die Dolmetscherin eines meiner Gegenüber aus einem östlichen Nachbarland für ihren Chef die Frage an mich stellte: „Herrr Generrraldirrrektor, wann werrrden Sie in Pension getrrrreten?"

Fürwahr eine gute Frage! Vor allem in dieser Formulierung. Tatsächlich gab es einige im Haus, die mich liebend gern in Pension „getreten" hätten. Der Minister wollte nichts davon hören und war unzugänglich für Interventionen, die von den verschiedensten Seiten kamen. Relativ rasch holte er sich die Rückendeckung von Bundeskanzler und Partei. Ende April setzte er den Akt in Gang, der letztlich zu einer Entscheidung des Ministerrates führen sollte.

Ich beobachtete diese Entwicklung mit gemischten Gefühlen. Einerseits hatte ich noch einiges zu erledigen, wollte vor allem den Abschluss der Briefbomben-Causa im aktiven Dienst erleben, andererseits hatte ich nun schon mehr als vierzig Dienstjahre auf dem Buckel und fühlte mich, obwohl an sich gesund, ziemlich ausgebrannt.

Neben der Causa prima gab es im Jahr 1998 eine Reihe von Ereignissen, die mich in Atem hielten. Anfang Februar war ich so tollkühn, auf die Probleme der Polizei in Zusammenhang mit den anonymen Wertkartenhandys hinzuweisen und anzumerken, dass in der EU über ein Verbot oder zumindest eine Registrierung solcher Handys diskutiert werde. Die Folge: große Aufregung! Links orientierte Abgeordnete dreier Parteien gingen wütend auf mich los, sprachen von einer weiteren Aushöhlung des Rechtsstaates, die Medien schrieben: Sika will Wertkartenhandys verbieten. Ein Tiroler SPÖ-Abgeordneter stellte sogar die Frage: Ja, darf er denn das? Nämlich auf das Problem hinweisen.

Ein paar vernünftige Journalisten gab es – wie immer – auch. Ich zitiere aus den „Oberösterreichischen Nachrichten":
„Der Gesetzgeber hat sich entschlossen, der Exekutive neue Mittel in die Hand zu geben. ... Dazu gehört die Möglichkeit, bei begründetem Verdacht, Telefongespräche abzuhören. Damit ist gemeint: alle Telefongespräche, sonst wär's ja eine halbe Sache. Wenn jetzt Generaldirektor Sika eine Umgehungsmöglichkeit anprangert, dann ist das seine Pflicht. Was soll denn der höchstverantwortliche Sicherheitsbeamte des Staates tun, als zu sagen, daß er eine Lücke sieht? Darauf muß reagiert werden."

Dem ist nichts hinzuzufügen.

Ernsthaft reagiert hatte man natürlich nicht. Man schob die Sache beiseite, wollte abwarten, was die EU mache. Inzwischen mussten wir tatenlos zusehen, wie sich beispielsweise in der Drogenkriminalität die Organisationen mit Wertkartenhandys ausstatteten, weil hier die Teilnehmer auch für die Polizei anonym blieben.

Im Mai machte ein spektakulärer Überfall auf das Juweliergeschäft Haban am Graben Schlagzeilen. Unbekannte Täter erschossen am helllichten Tag den Geschäftsführer Siegfried Goluch. Weil der Sterbende einen russisch klingenden Namen stammelte, gingen alle Ermittlungen in Richtung Russenmafia und es wurde in diesen Tagen viel diskutiert und geschrieben über die Gefahr der Organisierten Kriminalität aus dem Osten.

Wir nahmen diverse Spuren auf, sie brachten uns aber nicht wirklich weiter. Auch nicht der russische Name.

Es gab einen Mafioso mit ähnlichem Namen, er wurde überprüft, kam aber als Täter nicht in Frage. Seinetwegen reisten sogar Staatsanwalt und EDOK-Beamte nach Moskau. Leider: Fehlanzeige. Bis nach Monaten ein Hinweis kam, der eine italienische Räuberbande mit der Tat in Zusammenhang brachte. Restlos geklärt ist die Bluttat bis heute nicht.

Schwer zu schaffen machte mir Mitte Mai die Präsentation des neuesten Buches von Jürgen Roth über die Ostmafia mit dem Titel „Die roten Bosse". Ich war bei dieser Buchvorstellung anwesend. Am Abend war Roth zu Gast bei Robert Hochner in der ZiB 2 und sprach über die

Verwicklungen österreichischer Politiker in die ehrenwerte Gesellschaft östlicher Provenienz, nannte dabei namentlich Franz Vranitzky. Nach der Sendung erhielt ich einen Anruf des sehr erbosten Altkanzlers, der mir das Interview schilderte und quasi mich dafür verantwortlich machte. Ich versuchte, ihn zu beruhigen, was nicht gelang.

Vranitzky legte wutschäumend auf.

Am folgenden Morgen besorgte ich mir die Kassette der Sendung und sah sofort, was der Grund für Vranitzkys Anruf war. Hochner hatte erklärt, Roth hätte sein Buch mit mir präsentiert. Was in dieser Form nicht stimmte. Unvermeidliche Debatten im Parlament über die Verwicklung sozialdemokratischer Politiker in Ostmafiageschäfte schlossen sich an. In einem Gespräch mit Vranitzky konnte ich die Sache aufklären. Meine Stellungnahme zu Jürgen Roth und dem Thema „Politik und Ostmafia" habe ich ja schon an anderer Stelle abgegeben.

Ende Mai 1998 ließ der Chef der Freiheitlichen, Jörg Haider, mit der Behauptung aufhorchen, das Parlamentsbüro in der Reichsratstraße werde durch das Innenministerium abgehört. Sicherheitsexperten hätten in seinem Arbeitszimmer einen extrem hohen Ausschlag des Frequenzbereichs 172,72 Megahertz geortet. Diese Frequenz werde ausschließlich vom Innenministerium verwendet. Minister Schlögl wies diese Behauptung entschieden zurück und stellte fest, dass die von Haider genannte Frequenz von der Feuerwehr und nicht vom BMI benützt werde. In der Folge wurde der staunenden Öffentlichkeit ein Frequenzen-Pingpong vorgeführt. Generalsekretär Peter Westenthaler schmetterte als Antwort wieder andere Frequenzen übers Netz, ich konterte mit der Bemerkung, die in Frage stehende Frequenz sei die der deutschen Polizei. So ging das Match hin und her. Am Ende kannte sich niemand mehr aus. Ich wusste nur eines, und das mit Sicherheit – das Innenministerium hatte Haider nicht abgehört. Es wäre dazu noch gar nicht im Stande gewesen.

Beamte der im Aufbau begriffenen Lauscheinheit SEO befassten sich mit dem Problem und kamen zu dem Schluss, es könnte vom gegenüberliegenden Haus ein Lauschangriff durchgeführt worden sein, möglicherweise im Auftrag eines Medienunternehmens. Gewissheit erlangte man aber nie.

Nachfolger, bitte warten!

Am 26. Juni 1998 hatte ich die Ehre, an Stelle des Ministers den bulgarischen Innenminister Bogomil Bonev, der auf Kurzvisite in Wien weilte, zum Heurigen „Fuhrgasslhuber" nach Neustift zu führen. Es war ein lauer Abend, im Garten herrschte Hochbetrieb. Plötzlich tauchten einige Männer mit College-Frisur und Plattfüßen auf. Ein deutliches Zeichen dafür, dass ein US-Politiker nicht weit entfernt sein konnte. Kurz darauf erschien tatsächlich Ex-Präsident Jimmy Carter im Schlepptau der US-Botschafterin beim Heurigen. Großes Tamtam. „Was wird der Präsident essen?", fragte Bonev. „Ach, der isst sicher à la Carter!"

Am 18. Juli kam die erschütternde Nachricht vom Grubenunglück in Lassing. Kanzler Klima, Minister Schlögl und ich flogen zur Unfallstelle. Den Anblick werde ich nie vergessen. Der riesige Krater, die Häuser in seiner Umgebung, die zum Teil schon schief standen, Risse aufwiesen. Das versunkene Haus, von dem nur mehr das Dach zu sehen war... Aber nicht nur dieser Anblick und die Vorstellung, dass Bergleute in den Stollen verschüttet waren, schockten uns. Auch das Gefühl, die Rettungsarbeiten würden nicht mit der notwendigen Zielstrebigkeit vorangetrieben. Kanzler Klima sprach zu diesem Punkt in der Krisensitzung vor Ort deutliche Worte.

Niedergeschlagen kehrten wir wieder nach Wien zurück. Unser erster Eindruck hatte uns nicht getäuscht. Es ging in den folgenden Wochen und Monaten in Lassing vieles daneben, wenn man von dem geglückten Rettungseinsatz für Georg Heinzl absieht. Auch heute, zwei Jahre danach, ist noch ein schaler Nachgeschmack zu spüren.

Für mich gab es wieder einmal Arbeit, als in einer Phase der Rundumschläge die Behauptung aufgestellt wurde, die Exekutive habe die Rettungsarbeiten behindert. Minister Schlögl beauftragte mich, einen Bericht über den Einsatz der Exekutive in Lassing zu verfassen. Er fiel sehr positiv aus. Gendarmerie, einige Polizisten der Verhandlungsgruppen, die sich um Angehörige kümmerten, und die Hubschrauber-Besatzungen leisteten großartige Arbeit, die allgemein anerkannt wurde. Und die Angehörigen der Kriminalabteilung taten ihr Möglichstes, eventuelle strafrechtliche Hintergründe der Katastrophe aufzuhellen.

Mein Bericht geriet auf geheimnisvollen Wegen in die Redaktion von NEWS, die aus ihm eine „Anklage" machte. Die Tageszeitungen gingen mit, sodass Schlagzeilen wie „Neue schwere Vorwürfe. Lassing: Arbeit der Exekutive behindert" oder: „So wurde die Arbeit der Gendarmerie behindert" zu lesen waren. Die Folge waren neue Verstimmungen. Und ich musste die APA bemühen, um zu erklären, dass der Bericht keinerlei Anklage enthalte, sondern vielmehr der Verteidigung gedient habe.

Im September 1998 ging der mit Spannung erwartete Sanikidze-Prozess im wahrsten Sinn des Wortes „über die Bühne". Es war so etwas wie ein Schauprozess, der der sehr engagierten Staatsanwältin Theresia Schuhmeister-Schmatral dazu dienen sollte, der Öffentlichkeit die Gefährlichkeit Organisierter Kriminalität vor Augen zu führen. Sie bemühte sich auch nach Kräften, die großen Zusammenhänge anschaulich zu machen und die Gefahren der OK für Staat und Gesellschaft aufzuzeigen. Was aber nichts daran änderte, dass die Hauptverhandlung eher einem Laienspiel glich denn einer Burgtheater-Aufführung. Das lag an der Inszenierung, die wieder einmal bewies, dass Österreich in der Abwicklung von Mafiaprozessen tiefste Provinz ist und die Justiz in keiner Weise lernfähig. Eine tüchtige Staatsanwältin macht leider noch keinen Gerichtssommer.

Es begann damit, dass im Auditorium ein aus Budapest angereister Abgesandter jener Organisation als Beobachter saß, die im Verdacht stand, den Mord an dem Georgier in Auftrag gegeben zu haben. Prompt trat dieser Mann in der Mittagspause mit dem Mitangeklagten in Kontakt, der sich nicht in Haft befand. Dem daraufhin eingebrachten Antrag der Anklägerin, den Mann zu inhaftieren, wurde nicht stattgegeben.

Die Observierung des „Prozessbeobachters" hatte als Nebenprodukt ergeben, dass die Anwälte in der Kantine – zufällig oder nicht – am Tisch daneben saßen, sodass der diesbezügliche Bericht der EDOK eine Kontaktnahme der Anwälte mit dem Abgesandten aus Budapest insinuierte. Dieser Bericht veranlasste vier der fünf Verteidiger, wutentbrannt ihre Vollmachten niederzulegen.

Der Vorsitzende führte alle Sicherheitsmaßnahmen ad absurdum, indem er Geschworene mit vollem Namen und nicht – wie vorgesehen – mit Nummern ansprach, Namen und Adressen von Zeugen öffentlich – für den Beobachter also zum Mitschreiben – bekannt gab. Die Auswahl der geladenen Zeugen war problematisch, sodass manche politische Intervention vermuteten.

Ich würde sagen, der Vorsitzende handelte im Sinne der Vorschriften korrekt, aber vorsichtig, wenn es ins Politische ging, jedoch unvorsichtig, soweit es die Mafia betraf. Leider sind die Verhandlungsrichter in dieser Beziehung bei uns noch nicht problembewusst. Verteidiger Rudolf Mayer stellte zur Person des „Prozessbeobachters" die provokante Frage: „Wenn er wirklich so ein gefährlicher Pate ist, warum hat ihn dann die Polizei nicht sofort verhaftet?" Die Antwort ist einfach: Weil es keine rechtliche Handhabe gab. Nichts, außer einer Information der ungarischen Kollegen über die Rolle, die der Mann in der Organisation spielte. Man kann doch nicht so naiv sein, anzunehmen, dass die Mafia einen steckbrieflich Gesuchten in eine öffentliche Verhandlung – oder überhaupt – nach Österreich schickt.

Ein weiteres Problem zeigte sich wieder einmal bei der Einvernahme von EDOK-Beamten, die der Öffentlichkeit in der Verhandlung mit vollem Namen präsentiert und dadurch – wie es im Fachjargon heißt – „verbrannt" wurden. Alle Gespräche, die über dieses Thema bis dato mit der Justiz geführt wurden, waren unbefriedigend verlaufen. Vor allem, weil es letztlich auf den unabhängigen Richter ankam, wie er das Problem der „Unmittelbarkeit" in der Praxis behandelte. Werner Pleischl, Abteilungsleiter im Justizministerium, zu dieser Frage: „Wie der Beamte vor Gericht aufzutreten hat, steht nirgends. Er kann also durchaus mit falschem Bart, Brille oder gefärbten Haaren erscheinen – muss aber weiterhin als *Mensch* erkennbar sein."

Ein großer Nachteil war, dass sich der Prozess ewig lang hinzog und die Öffentlichkeit den Überblick und schließlich das Interesse verlor. Er wurde erst am 29. April 1999 mit der Verurteilung des Todesschützen Akaki Javakhadse und seines Aufpassers, Georgio Oniani, zu lebenslanger Haft beendet.

Ein Schlusspunkt ist allerdings noch nicht gesetzt. In der Berufungsverhandlung beim Obersten Gerichtshof Ende Juni 2000 wurden die lebenslänglichen Haftstrafen zwar bestätigt, wegen eines Formfehlers (!) jedoch das Delikt der „Beteiligung an einer kriminellen Organisation", also der Mafia-Vorwurf, an die erste Instanz zurückverwiesen. Eine weitere Gerichtsverhandlung muss nun folgen.

Nachfolger, bitte warten!

Am 1. Oktober 1998 reiste eine große Delegation unter Führung des Innenministers nach Den Haag. Dort wurde im Rahmen der österreichischen Präsidentschaft das „Europäische Polizeiamt EUROPOL" feierlich eröffnet. Im Festsaal des stattlichen Backsteinbaues, in dem in den Kriegsjahren die GESTAPO untergebracht gewesen sein soll, sollte der Festakt stattfinden. Allerdings verzögerte sich der Beginn um mehr als eine halbe Stunde, weil die Musiker fehlten. Die österreichischen Musiker, die mit der Delegation angereist waren. Angehörige der Polizeimusik Wien, die in voller Montur aufspielen sollten, aber nicht und nicht im Saal erschienen. Bis sich die Verzögerung unter lautem Gelächter aufklärte: Man hatte die Instrumente akribisch auf Sprengstoff und Waffen untersucht und sich vor allem mit der großen Trommel beschäftigt.

Fachleute schätzen diese Institution sehr. In einer Zeit der europaweiten Ausdehnung der Organisierten Kriminalität erscheint EUROPOL als überregionale Informationsquelle unabdingbar. In wesentlichen Bereichen der OK vernetzt sie Informationen aus den Ländern der EU und darüber hinaus, analysiert und zeichnet Lagebilder, die wiederum den Mitgliedsstaaten wertvolle Anhaltspunkte zur Verbrechensbekämpfung bieten.

Eines der ersten Resultate der Zusammenarbeit in EUROPOL lieferte das Polizeiamt mit dem Lagebericht über nigerianische Drogenorganisationen in Europa. Eine informative Studie, die für Österreich höchste Aktualität erhalten sollte.

Was viele Bürger glauben, ist EUROPOL allerdings nicht: eine europäische Polizeieinheit, die operativ wirkt und zwischen Sizilien und den schwedischen Schären auf Verbrecherjagd geht. Die Entwicklung zu einer Europa-Kriminalpolizei steckt noch in den Kinderschuhen. Vor allem die großen EU-Staaten Frankreich und England sehen derartige Bestrebungen als unerträgliche Beeinträchtigung ihrer Souveränitätsrechte an. Daran wird sich wohl nicht so schnell etwas ändern.

Die unvermeidliche Sorge, die in einigen Medien geschürt wird, EUROPOL mache den Europäer methodisch zum „gläsernen Menschen", kann unter Hinweis auf die sehr strengen Datenschutzbestimmungen, die angewendet werden, hinlänglich zerstreut werden.

STAPO, HNA und Geheimdienst

Die Reform der Staatspolizei und der EBT sollte zu einem wichtigen Anliegen des neuen Ministers Karl Schlögl werden. Immer wieder waren in der Vergangenheit Stimmen laut geworden, die Staatspolizei in der bestehenden Form abzuschaffen, mit der Kriminalpolizei zusammenzulegen und Ähnliches mehr.

Meiner Ansicht nach ist es falsch, Kriminal- und Staatspolizei in einen Topf zu werfen. Sie sind nicht deckungsgleich, weder von den Aufgaben noch von den Anforderungen her. Daher ist eine Zusammenlegung unsinnig. Staatspolizisten entwickeln eine andere Mentalität und gehen anders an ihre Aufgaben heran als Kriminalpolizisten. Das ist bei Reformen jedenfalls zu berücksichtigen.

Die Existenz der Staatspolizei ist unabdingbar. Auch und vor allem in einer Demokratie. Die STAPO sollte transparent, straff organisiert und gefordert sein, Ergebnisse zu liefern. Die Maläse zu meiner Zeit war, dass sie in weiten Bereichen nach Belieben vor sich hinarbeitete, sozusagen zum Selbstzweck, ohne eine Linie zu haben, ohne ernstlich kontrolliert zu sein, ohne Verpflichtung, regelmäßig zu informieren. Sinn einer Reform wäre, sie quasi an die Kandare zu nehmen, sie nach strengen Vorgaben arbeiten zu lassen und sie dazu zu verhalten, die gewonnenen Erkenntnisse periodisch an bestimmte Adressaten abzuliefern.

Es gibt Anhänger der Idee, in Österreich einen Nachrichtendienst nach ausländischem Vorbild zu errichten. Ich bin ein erklärter Gegner dieser Vorstellung. Aus vielen Beispielen weiß ich, dass es dann vorbei wäre mit jeglicher Transparenz. Nachrichtendienste umgeben sich mit einer Aura des Geheimnisvollen. Durch den Umstand, dass Dienste unabhängig vom Strafgesetz arbeiten und nach eigenen Gesetzen funktionieren, besteht die Gefahr, dass sie sich innerhalb kürzester Zeit verselbstständigen und aus der Kontrolle geraten. Auch in diese Richtung gibt es genügend ausländische Beispiele.

Ich habe in den letzten Jahren einige Dienste in Europa und Übersee besucht. Meine Eindrücke waren zwiespältig. Prinzipiell wurde ich in meinen Vorbehalten bestärkt.

STAPO, HNA und Geheimdienst

Die Staatspolizei darf im Gegensatz zum Geheimdienst nur dann tätig werden, wenn eine strafbare Handlung begangen wurde oder unmittelbar bevorsteht. Sie unterliegt daher in ihren Aktivitäten weitgehend der Kontrolle der Justiz. Das bringt die Transparenz, von der ich immer wieder spreche.

Natürlich gibt es insbesondere von Seiten der Staatspolizei den berechtigten Wunsch nach Ermittlungen in dem Gebiet, das vor dem Wirkungsbereich von Strafrecht und Strafprozessordnung liegt und daher im Sicherheitspolizeigesetz zu regeln ist. Wir sprechen von der „erweiterten Gefahrenerforschung".

Die noch von der SPÖ-ÖVP Regierung vorgelegte Novelle zum Sicherheitspolizeigesetz (SPG) sah den Einbau dieser Möglichkeit vor. Leider wurde der entsprechende Passus im letzten Augenblick wieder gestrichen, obwohl sich SPÖ und ÖVP zur Notwendigkeit dieses polizeilichen Instrumentes bekannt hatten. Es gab dann, wie immer, gegenseitige Vorwürfe. Mir wurde hinter vorgehaltener Hand gesagt, es sei Peter Kostelka gewesen, der die Sache geschmissen habe. Und zwar, um einen Konflikt mit einigen Abgeordneten des linken Flügels der Partei zu vermeiden.

Damit die Laien – und damit meine ich auch viele Politiker – wissen, worum es geht, sei der seinerzeitige Textvorschlag hier wiedergegeben:

„Den Sicherheitsbehörden obliegt die Beobachtung von Gruppierungen, wenn im Hinblick auf deren bestehende Strukturen und auf zu gewärtigende Entwicklungen in deren Umfeld damit zu rechnen ist, daß es zu mit schwerer Gefahr für die öffentliche Sicherheit verbundener Kriminalität, insbesondere zu weltanschaulich oder religiös motivierter Gewalt, kommt (erweiterte Gefahrenerforschung)."

Man könnte auch sagen: Vorbeugen ist besser als heilen, aber wenn man die Ideologiebrille aufhat, gelten solche Weisheiten nichts mehr.

Dabei handelt es sich bei dieser Ermittlung im Vorfeld um eine Tätigkeit, die weite Teile der Bevölkerung immer schon als selbstverständliche Aufgabe der Staatspolizei ansahen. Ich kann mir sehr gut den Aufschrei vorstellen, der durchs Land gegangen wäre, wenn eine bisher nicht in Erscheinung getretene islamistische Gruppierung in Österreich einen Bombenanschlag verübt hätte. Schläft denn die Staatspolizei?, hätte sich die Öffentlichkeit empört. Man hätte antworten müssen: Leider ist die STAPO von Rechts wegen dazu verurteilt, zu schlafen.

Natürlich habe ich mich für die Gefahrenerforschung immer weit hinausgelehnt. Ich möchte aber auch nicht verschweigen, dass sich die Staatspolizei natürlich auch auf diesem Gebiet bereits bewegt hat, obwohl das mit der Gesetzeslage nicht ganz im Einklang stand.

Bei Verhandlungen mit der Justiz zu dieser Gesetzesnovelle sprachen die STAPO-Leute, unter ihnen ihr Chef Peter Heindl, im Beisein unseres Sektionschefs Wolf Szymanski ein bisschen zu offenherzig über ihre Praktiken in Zusammenhang mit der noch gar nicht erlaubten „Gefahrenerforschung". Szymanski fiel aus allen Wolken und legte den Retourgang ein. Ich verteidigte damals die Staatspolizei und sprach davon, dass das, was jetzt schon gezwungenermaßen gemacht werde, nicht unser Privatvergnügen sei, sondern ein Dienst an der Republik. Man solle diese verdeckten Ermittlungen endlich verrechtlichen, wir agierten da in einer Grauzone.

Das trug mir damals abermals einen Rüffel der Richterin und Standesvertreterin Barbara Helige ein.

Dabei waren wir uns darüber im Klaren, dass ein derartiges Instrument einer entsprechenden Kontrolle durch das Parlament oder einen Rechtsschutzbeauftragten bedürfe. Das brachten wir deutlich genug zum Ausdruck und wurde in den parlamentarischen Überlegungen auch berücksichtigt.

Nicht nur Szymanski legte den Retourgang ein, auch Minister Schlögl kamen plötzlich Bedenken. Er schrieb dem Leiter der Staatspolizei einen Brief, in dem er ihm dezidiert untersagte, die bisher gepflogene Praxis fortzusetzen. Damit er als Minister abgesichert sei, wenn einmal etwas in dieser Richtung passieren sollte.

Dieser Brief war für mich ein zweischneidiges Schwert. Es konnte ja auch der heikle Fall eintreten, dass die Ministerweisung und das durch diese Weisung bedingte Nichttätigwerden der STAPO als Ursache für eine Katastrophe im terroristischen Bereich (à la World Trade Center) angesehen werden musste. Dann war der Minister dran. Und niemand fragte mehr nach den edlen, rechtsstaatlichen Motiven, die ihn zu dieser Weisung veranlasst hatten.

Auf die Brisanz dieses Briefes, den auch ich in Kopie erhalten hatte, machte ich den Minister pflichtschuldig aufmerksam.

STAPO, HNA und Geheimdienst

Die STAPO nahm den Brief natürlich ernst und legte den Schongang ein.

Mit Genugtuung habe ich zur Kenntnis genommen, dass das Parlament noch vor der Sommerpause 2000 das Sicherheitspolizeigesetz um das Instrument der „erweiterten Gefahrenerforschung" bereichert hat.

Die seit Jahren überfällige Reform der Staatspolizei ist letztlich an der Politik gescheitert. Sie sollte nach unseren Vorstellungen Hand in Hand mit einer Regelung der Heeresdienste realisiert werden. Das schmeckte der ÖVP nicht so recht, die aus den Informationen – vor allem des Heeres-Nachrichtenamtes – unschätzbare politische Vorteile zog. Die Qualität des HNA wurde von uns nie in Zweifel gezogen. Eher das Gegenteil war der Fall. Man beschuldigte es immer wieder, als Auslandsdienst auch im Inland zu schnüffeln, Dossiers anzulegen.

Von so manchem Staatspolizisten wurde das HNA mehr als Gegner betrachtet denn als Partner. Der Öffentlichkeit gegenüber betonte man zwar die gute Zusammenarbeit, in Wahrheit aber ließ die Kooperation durchaus zu wünschen übrig.

Als die ersten Entwürfe zum Militärbefugnisgesetz auf den Tisch kamen, mussten wir zu unserem Erstaunen Ambitionen des HNA feststellen, sich in unsere Belange einzumischen. Vor allem im Bereich der Organisierten Kriminalität. Wir stellten uns auf die Hinterbeine, sensibilisierten die Parlamentarier und verlangten eine klare Abgrenzung der Aufgabengebiete. Worauf sich die Geschichte zu verkeilen begann. Die SPÖ machte die STAPO-Reform von der Regelung der Heeresdienste abhängig, die ÖVP wäre durchaus für die Reformierung der Staatspolizei gewesen, bremste aber bei den Heeresdiensten. Dann standen die Oktoberwahlen vor der Tür ...

Die STAPO-Reform sieht in ihren Grundzügen eine Verbesserung von Gewinnung, Auswertung und Nutzung staatspolizeilich relevanter Informationen, die Verlagerung der operativen Einsätze zu den nachgeordneten Dienststellen und eine Straffung der Organisation vor. In der Praxis würde das bedeuten: Die Informationen, die im nationalen Bereich in erster Linie von den Sicherheitsdirektionen kommen und im internationalen von der EBT, fließen in die zu einer Analyseabteilung ausgebaute Staatspolizei, werden dort verwertet und in Lagebilder und

Analysen umgewandelt. Je nach Bedeutung werden diese Analysen den Nachgeordneten zukommen, dem Minister oder der Regierung als Orientierungshilfe vorgelegt. Das hat natürlich eine personelle Aufstockung der Analyseabteilung zur Voraussetzung. Heute ist es im Bereich des Rechtsextremismus beispielsweise so, dass das umfangreiche Schrifttum, das ja pausenlos anfällt, wegen Personalmangels gar nicht zur Gänze gelesen werden kann, geschweige denn bewertet und analysiert. Man müsste Wissenschafter, Historiker, der Abteilung zuteilen.

Das staatspolizeiliche Handeln soll sich in Zukunft an der „Gefährderanalyse" orientieren, die eine Rangordnung aller für den Staat und die staatlichen Einrichtungen bestehenden Gefahrenpotenziale bedeutet, wobei in dieser Auflistung nähere Angaben zu Art und Umfang der Gefahr enthalten sein sollen. Das sollte ein rascheres Reagieren auf die Gefahren und eine bessere Steuerung der notwendigen Maßnahmen ermöglichen.

Die Einsätze vor Ort sollten nach den Vorstellungen des Entwurfes durch die Beamten der nachgeordneten Dienststellen erfolgen und die EBT nur mehr bei österreichweiten oder internationalen Amtshandlungen operativ tätig werden.

Ich möchte mich hier nicht weiter in Details verlieren, das Papier kann künftig ja auch in eine andere Richtung überarbeitet oder verändert werden. Doch ein Satz noch zu dem angedachten Überbau: Es soll eine Staatsschutzkommission gebildet werden, als Spange über Heer, Außenamt und Inneres, besetzt mit den höchsten Beamten. Und ein Staatsschutzrat als Bindeglied zur Regierung. Wo letzteres Gremium eingerichtet wird und wer ihm angehören soll, müsste noch zu entscheiden sein.

Die Flucht des Millionärs

Die Riegerbank-Affäre hat mir neuerlich gezeigt, wie weit die Kriminalität schon in seriöse Gesellschaftsschichten hineinreicht und welche Rolle dabei einzelne Medien spielen. Ich erinnere in diesem Zusammenhang an das Kriminalstück rund um den Staatsanwalt Wolfgang Mekis und den Starjournalisten Peter Michael Lingens. Darüber habe ich bereits berichtet.

Wolfgang Rieger und seine Privatbank – ein dunkles Kapitel, nicht nur, weil es für mich in einer sehr dunklen Nacht im Oktober 1998 begann. Anruf aus dem Kommandoraum des Innenministeriums: der Bankier und Präsident des Fußballklubs LASK, Wolfgang Rieger, sei verschwunden, in seine Bank in der Wiener Innenstadt eingebrochen worden. Es fehlten Unterlagen und Geld.

Es war eine zunächst sehr undurchsichtige Geschichte. Rieger war an einem Freitagabend verschwunden. Seine Frau hatte erst am Montag Alarm geschlagen, zeitgleich mit der Entdeckung des Einbruchs in der Bank durch Riegers Angestellte. Dass Rieger Opfer eines Verbrechens geworden sein könnte, war von dem Moment an auszuschließen, als feststand, dass es keinen Einbruch gegeben hat und aus dem unversehrten Tresor, zu dem nur Rieger die Schlüssel besaß, 107 Millionen Schilling fehlten.

Alles deutete darauf hin, dass Wolfgang Rieger selbst zum Kriminellen geworden war, der sich mit dem Geld und wichtigen Teilen der Buchhaltung auf und davon gemacht hat. Es gab Zeugen, die ihn und eine zweite Person während des Wochenendes beim Abtransport von Geschäftsunterlagen und Computerfestplatten beobachtet hatten.

Die Wirtschaftspolizei nahm die Ermittlungen auf. Bereits zwei Tage später bestätigte sich der Verdacht, dass Rieger diese Flucht offenbar präzise vorbereitet hatte.

Als Fluchthelfer wurde neben einer Mitarbeiterin Riegers auch Josef Steiner aus Baden bei Wien identifiziert und später verurteilt. Er hatte für Rieger so manchen wertvollen Kontakt in die Politik hergestellt. In seinem persönlichen und geschäftlichen Umfeld befand sich auch der ehemalige Abgeordnete Willi Fuhrmann von der SPÖ, seinerzeit Justizsprecher im Parlament, heute Richter am Europäischen Gerichtshof.

Mitte der neunziger Jahre hatte Steiner mit seinem Bruder Helmut nach Ostgeschäften und mit einem Schifffahrtsunternehmen am Wolfgangsee eine Millionenpleite gebaut.

Mit einiger Sorge war von uns seinerzeit auch festgestellt worden, dass es Kontakte Steiners zu einem mehr als dubiosen Geschäftemacher mit nachrichtendienstlichem Hintergrund gegeben hatte. Diesem Mann war es sogar gelungen, sich an Christine Vranitzky, die Frau des damaligen Bundeskanzlers, heranzumachen, die karitative Aktionen in Russland durchführte.

Besonders Wirtschaftsjournalisten war Wolfgang Rieger als „Robin Hood" im Geldgeschäft ein Begriff. Ein Selfmademan, der sich über kleine Wechselstuben zum Privatbankier emporgearbeitet hatte und mit der Nationalbank Jahre hindurch im Clinch lag. Ein Match David gegen Goliath. Doch nicht nur das brachte Rieger Sympathien; Einfluss und Protektion in Politik, Gesellschaft und Presse sicherte er sich auch durch das Image als Präsident des traditionsreichen Linzer Fußballklubs LASK.

Jetzt allerdings wurde offenbar, dass Rieger bereits seit 1993 die Bilanzen gefälscht hatte und Adolf Wala, der Generaldirektor der Nationalbank, einer der wenigen gewesen war, der immer schon vor dem umtriebigen Geschäftsmann gewarnt hatte.

In der Öffentlichkeit entstand natürlich sofort eine Diskussion darüber, wie so etwas überhaupt hatte geschehen können. Erste Recherchen der Wirtschaftspolizei ergaben, dass die Bank offensichtlich am Ende war. Die Passiva betrugen an die 800 Millionen Schilling, der Konkurs war nicht abzuwenden. Ins Kreuzfeuer der Kritik kam die Bankenaufsicht, die ja ein Garant gegenüber den kleinen Sparern und Anlegern sein sollte. Diese öffentliche Debatte war ein wichtiger Nebenaspekt der Affäre. Es wurde nachdrücklich eine Revision der Bankenaufsicht gefordert.

Als feststand, dass Rieger geflüchtet war, wurde die Fahndungsmaschinerie – national wie international – angeworfen. Es galt vor allem, die Fluchtrichtung einzugrenzen. Die Wirtschaftspolizei trachtete, möglichst rasch über Telefonüberwachungen Anhaltspunkte für den Verbleib Riegers zu finden. Die Justiz hatte es allerdings weniger eilig.

Ich zitiere dazu aus meinen Aufzeichnungen:

> In der Zusammenarbeit mit dem Gericht treten für die Wirtschaftspolizei verschiedene Probleme auf. Besonders gravierend ist der Umstand, daß in diesem Fahndungsfall, in dem es auf besondere Schnelligkeit ankommt, die Bewilligung der Telefonüberwachung zwei Tage dauerte. Die Vorteile, die Rieger aus dieser langsamen Reaktion des Gerichts zog, können derzeit nicht abgeschätzt werden.

Auch aus heutiger Sicht kann ich nicht sagen, ob Rieger daraus tatsächlich einen Vorteil zog. Frau Rieger benützte, wie wir beobachten konnten, nie ihr Telefon für Gespräche mit ihrem Mann. Sie suchte sicherheitshalber Telefonzellen auf.

Während Interpol europaweit nach Wolfgang Rieger fahndete, hatte sich insgeheim auch der NEWS-Redakteur Karl Wendl in diesen Kriminalfall eingemengt. Der Journalist war, wie sich bald herausstellte, mit der Vizepräsidentin des LASK, Brigitte Campregher, befreundet. Durch sie wurde der Redakteur offensichtlich informiert, wo sich Wolfgang Rieger aufhielt. Wendl nutzte diese Bekanntschaft für eine große Story im Fellner-Blatt. Das ist zwar im Nachhinein immer wieder bestritten worden, kann aber nicht anders gewesen sein. Den Lesern stellte man es so dar, als habe sich Wendl die Story auf Grund seiner spitzfindigen Reportertätigkeit erarbeitet.

Wendl begab sich nach Frankreich, um sich mit Rieger zu treffen. An der Exekutive vorbei – wir hatten zu diesem Zeitpunkt keine Ahnung, wo sich der Bankier befand.

Die Situation erkannten wir erst nach einer Pressekonferenz von Frau Campregher in Linz, bei der sie eingestand, ihren flüchtigen Fußballpräsidenten in Begleitung des Karl Wendl getroffen zu haben. Auf diese öffentliche Aussage hin wurde sie in Haft genommen. Von ihr erfuhren wir Riegers genauen Aufenthaltsort und einiges über die Rolle, die der Journalist in dieser Affäre spielte.

Daraufhin reisten zwei Beamte der Wirtschaftspolizei unter strenger Geheimhaltung nach Nizza. Ohne Verständigung der zuständigen Abteilung II/10, der Interpol. Außer mir und einigen wenigen Leuten in der WIPO wusste niemand davon. Ich deckte die Aktion, weil unter allen Umständen verhindert werden sollte, dass Riegers Aufenthaltsort allgemein bekannt wurde, was in der Regel der Fall ist, wenn ein größerer Personenkreis von einer Sache weiß. Die folgende Kontroverse zwischen WIPO und Interpol „bereicherte" den Fall sehr. Zumal die Eifersüchteleien an die Öffentlichkeit drangen.

Mit Hilfe der örtlichen Polizei fanden die WIPO-Beamten Riegers Villa im südfranzösischen Ort Valauris zwischen Nizza und Cannes. Die Villa war allerdings leer, der Gesuchte ausgeflogen. Die Polizei dürfte ihn nur knapp verpasst haben, das Teewasser auf dem Herd war noch warm. Allem Anschein nach war Rieger durch ein Fenster in den Garten entkommen.

(In dem Prachthaus mit Meeresblick fanden die Polizisten einige Millionen in bar, Reisepass, die Brille des Flüchtigen sowie Geschäftsunterlagen und Computerdisketten aus der Bank.)

Und im Schlepptau hatte Rieger den Redakteur Wendl oder umgekehrt: Wendl den Bankier. Was die Beamten zu diesem Zeitpunkt aber nicht wussten.

Die beiden Wirtschaftspolizisten brachen ihre Dienstreise ab und flogen nach Wien zurück. Hier wurde dann, wie so üblich, alles ordentlich aufgemischt in der Kontroverse zwischen den beiden Dienststellen und es wurde unter anderem behauptet, die Franzosen hätten sich über das Vorgehen der WIPO-Beamten beschwert. Was nach meinen Recherchen nicht stimmte und natürlich sofort die Gegenbehauptung provozierte, die Interpolstelle habe das Gerücht ausgestreut.

Natürlich tauchte auch die kritische Frage auf, wieso Rieger entkommen konnte. Journalisten „verhörten" mich dazu und auch die ZiB 3 wollte zumindest eine telefonische Stellungnahme. Die ZiB 3 war mir wegen der späten Sendezeit um Mitternacht schon immer ein Dorn im Auge gewesen und ich konnte in all den Jahren nur einmal überredet werden, dort ein Gastspiel zu geben.

An diesem Tag kam ich erst gegen 21.30 Uhr nach Hause und machte den Fehler, mich vor dem Telefoninterview noch kurz hinzulegen. Worauf ich prompt einschlief, aber das Glück hatte, wenige Minuten vor 24 Uhr durch einen Anruf aus dem Kommandoraum geweckt zu werden. Praktisch in letzter Sekunde meldete ich mich schlaftrunken in der ZiB 3 und wickelte ein Interview ab, das sicherlich viele an Schlaflosigkeit leidende Zuseher für diese Nacht heilte.

Immerhin kündigte ich in diesem Interview gähnend an, dass die Flucht des Pleitebankiers nicht mehr lange dauern werde. Rieger war praktisch mittellos, hatte vermutlich auch keine Papiere mehr. Meine Nase hat mich nicht betrogen. (Manchen gibt's der Herr – im wahrsten Sinne des Wortes – im Schlaf.)

Jetzt komme ich zu dem, was man dem Journalisten Karl Wendl später vorgeworfen hat und mich heute noch über Methoden und Moral im Journalismus nachdenklich stimmt. Wendl ermöglichte Rieger, einem steckbrieflich Gesuchten, die Flucht von Frankreich nach Italien. Um sich die Story exklusiv zu sichern, die ihm wichtiger war als Recht und Gesetz.

Natürlich war auch der NEWS-Redaktion klar, dass die Unternehmung ihres Redakteurs eine Reise über dünnes Eis war. Gabriel Lansky, der Hausanwalt der Brüder Fellner, suchte mich in dieser Phase in meinem Büro auf und intervenierte für Wendl. Bei diesem Gespräch erklärte ich Lansky, dass wir kein Interesse daran hätten, dem Wendl ans Leder zu gehen, wir wollten den Haftbefehl gegen Rieger vollziehen. Lansky solle Wendl veranlassen, mit ihm nach Wien zu kommen, um sich der Wirtschaftspolizei zu stellen. Es habe keinen Sinn, weiter zu fliehen. Rieger werde in der ganzen Welt aufgespürt werden und habe im Grunde keine Chance. Lansky äußerte seine Absicht, nach Italien zu fahren und Wendl sowie Rieger nach Wien zurückzubringen. Ich war einverstanden und sicherte ihm zu, dass wir Wolfgang Rieger nicht gleich an der Grenze verhaften, sondern diesen „Transport" bis nach Wien zur Wirtschaftspolizei unbehelligt durchlassen würden. Wenn wir allerdings den Eindruck gewinnen sollten, es werde mit gezinkten Karten gespielt, man halte sich beispielsweise nicht an die festgelegte Reiseroute über die Südautobahn, dann würden wir sofort zugreifen. Ich ließ durchblicken, dass wir das Auto von der Grenze an unter Kontrolle halten würden, was nur zum Teil stimmte. Insofern nämlich, als wir über das Handy des Wendl – zumindest in Österreich und ein Stück nach Italien hinein – immer feststellen konnten, wo er gerade unterwegs war. Es klinkte sich nämlich bei jeder Sendestation, bei jedem Mast ein und hinterließ dadurch eine unlöschbare elektronische Spur.

Die Sache funktionierte. Der „Transport" hielt sich an die ausgemachte Route. In den Nachtstunden des Allerheiligentages 1998 wurde

Wolfgang Rieger der Wirtschaftspolizei übergeben und in die Zelle gebracht.

Brigitte Campregher wurde aus der Haft entlassen. Der NEWS-Redakteur blieb unbehelligt. Für mich war die Causa damit im Großen und Ganzen abgeschlossen.

Dreieinhalb Monate später war der Fall bereits anklagereif, im Februar 1999 wurde er verhandelt. Wolfgang Rieger wurde zu achteinhalb Jahren Haft verurteilt. Sein Fluchthelfer Josef Steiner erhielt dreieinhalb Jahre.

Nicht zuletzt durch die saubere Arbeit der Wirtschaftspolizei konnte die Justiz so schnell reagieren. Für Kridafälle, Veruntreuung, Großbetrug etc. war bei der WIPO ein Computerprogramm erstellt worden, das eine raschere und effizientere Bearbeitung derart komplizierter Causen ermöglicht und die Zuziehung von Sachverständigen weitgehend überflüssig macht, was der Republik eine Menge Geld erspart.

Die Rückholaktion des Wolfgang Rieger wurde später in verschiedener Weise kritisiert:

Einige waren der Meinung, man hätte insbesondere gegen Karl Wendl härter vorgehen sollen. Andere wieder, darunter verständlicherweise auch NEWS, waren überzeugt, alle Vorwürfe gegen den Journalisten seien haltlos. Insbesondere die Ortung über das Handy des Journalisten wurde als Verletzung des Redaktionsgeheimnisses hochgespielt. Für die Fellner-Brüder waren wieder einmal Rechtsstaat und Pressefreiheit in Gefahr. Wozu festzustellen ist, dass die Ortung mit Billigung des Gerichts stattfand und es sich bei dem Handy um den Privatanschluss des Redakteurs handelte. Hätte er ein Diensthandy benützt, wären wir vielleicht in Schwierigkeiten gekommen.

Der Fall hatte noch ein weiteres unerfreuliches Nachspiel. Der bekannte Journalist Alfred Worm versuchte sowohl den Chef der Wirtschaftspolizei als auch den ermittelnden Staatsanwalt zu „ermuntern", ein Verfahren gegen Karl Wendl niederzuschlagen. Beim WIPO-Chef verschärfte Worm später die Gangart, indem er sogar dessen Frau ins Spiel brachte, die Anästhesistin in einem Wiener Spital ist und möglicherweise „berufliche Schwierigkeiten" bekommen könnte.

Der Vorstand der Wirtschaftspolizei informierte mich sofort und ich veranlasste, dass er die Vorfälle zu Papier brachte.

Zilk – ein Spion?

Eine kleine Meldung in der „Süddeutschen Zeitung" vom 23. Oktober 1998 versetzte die Republik in Aufregung. Kein Geringerer als Helmut Zilk wurde darin beschuldigt, in den sechziger Jahren für den tschechoslowakischen Geheimdienst StB gearbeitet zu haben.

Das Medienecho in Österreich war gewaltig. Helmut Zilk dementierte, was da rundherum gesprochen, veröffentlicht und geflüstert wurde. Ich kann mich allerdings noch an einen ZiB-2-Auftritt erinnern, bei dem er so „schmähstad", nervös und fahrig war wie nie zuvor. Seine Selbstsicherheit war für einige Tage dahin. Und das will bei ihm etwas heißen.

Was steckte also dahinter?

In einem dicken Aktenkonvolut, das der frühere Leiter der Behörde zur Untersuchung kommunistischer Verbrechen, Vaclav Benda, in den Prager Geheimdienstarchiven ausgegraben hatte, wurde Zilk als „Spion gegen Österreich" bezeichnet. Benda informierte Staatspräsident Vaclav Havel, der diese Sache offensichtlich ernst nahm. Helmut Zilk, dem am tschechischen Nationalfeiertag der „Orden des weißen Löwen" verliehen werden sollte, wurde wieder ausgeladen. Natürlich gab dadurch Havel dem Verdacht eine brisante Glaubwürdigkeit.

Daraufhin stellten sich einige hohe Persönlichkeiten der Republik Österreich hinter Zilk und sprachen von „infamer Verleumdung". Das Opfer selbst verlangte Beweise für diese Anschuldigung, die man ihm allerdings bis heute schuldig blieb.

Zilk geriet auch in die Mühlen der Innenpolitik unseres Nachbarstaates. Ex-Regierungschef Vaclav Klaus warf Präsident Havel die Gefährdung der tschechisch-österreichischen Beziehungen vor.

Dann folgte eine weitere Eskalation. Franz Soronics, der zur Zeit der angeblichen Agententätigkeit Zilks Innenminister war, stellte dem damaligen Fernsehmann einen Persilschein aus, indem er einen Bericht aus seiner Amtszeit vorlegte, aus dem hervorging, dass damals gegen Zilk keine Verdachtsmomente bestanden. Dieser Schritt des Ex-Ministers war zwar ehrenhaft, jedoch zugleich ziemlich ungeschickt. Er half damit Zilk nur wenig, brachte sich selbst aber in eine unangenehme Situation.

Zilk – ein Spion?

Es entstand nämlich eine Diskussion darüber, ob ein scheidender Minister Aktenstücke in die Pension mitnehmen dürfe oder nicht. Das Gespenst des Amtsmissbrauches geisterte durch die Redaktionsstuben und den grünen Parlamentsklub.

Minister Schlögl beauftragte mich in dieser Phase, dem Ex-Minister im Burgenland einen Besuch abzustatten. Pflichtgemäß fragte ich Soronics, welche Aktenstücke er immer noch bei sich aufbewahre. Was er mir dann zeigte, waren nicht einmal Kopien von Originalaktenstücken, sondern im Wesentlichen „Informationen für den Bundesminister", also Schriftstücke, die an ihn persönlich gerichtet waren.

Die Sache endete schließlich in einem Aktenvermerk, den ich an die Staatsanwaltschaft schickte.

Abseits des Medienrummels um Zilks Dementis und Soronics' Verteidigung nahmen wir uns natürlich des „Spionagefalles" an und versuchten, Klarheit zu schaffen. Zwei Beamte des Innenministeriums flogen am 5. November 1998 nach Prag und meldeten sich beim tschechischen Dienst. Sie hatten einige Stunden Gelegenheit, in das Zilk-Dossier Einblick zu nehmen.

Und hier bestätigte sich wieder einmal, was meine Vorbehalte gegen Geheimdienste ausmacht. Viel Papier, langatmige Berichte – in erster Linie als Arbeitsnachweis, haufenweise Spekulationen und Vermutungen, wenig Fakten.

Als sich die Kollegen auf den Heimweg machten, waren sie nicht viel klüger als zuvor.

Dass Zilk auf Grund seiner Gesprächigkeit und vor allem durch seine Umtriebigkeit in Zusammenhang mit den „Stadtgesprächen" in Prag vor der Tschechenkrise ein Medium für Agenten gewesen ist, lässt sich denken.

Dass sie ihn, der bereitwillig und offen über alles plauderte, mit Begeisterung „abschöpften", ist, wenn man die Mentalität von Geheimdienstlern kennt, als sicher anzunehmen.

Dazu kommt, dass Agenten vielfach auch mit der Wahrheit nicht zimperlich umgehen, um ihre Wichtigkeit und Bedeutung hervorzuheben. Und bei behaupteten Geldflüssen weiß man nie, ob sie nicht in die eigene Tasche geflossen sind.

Zilk – ein Spion?

Dass Zilk Staatsgeheimnisse – welche, bitte? – verraten hätte, ging jedenfalls aus den Akten nicht hervor. In Tschechien selbst beruhigte sich der Wirbel bald, für uns bestand kein Handlungsbedarf.

Die Reise der zwei Beamten nach Prag, die aus verständlichen Gründen als geheim eingestuft war, ist übrigens aufgeflogen. Prompt wurden die beiden am Prager Flughafen von einem österreichischen Journalisten erkannt, der sich natürlich seinen Reim darauf machte.

„Die Justiz ist eine Katastrophe!"

Im Februar 1999 bereitete mir die Kurdenfrage ein letztes Mal Probleme. In Zusammenhang mit der Festnahme des PKK-Führers Abdullah Öçalan überzogen die im Westen lebenden Kurden Europa mit einer Welle der Gewalt. Sie zeigten dabei, wie hervorragend sie organisiert sind, wie gut die Kommunikation zwischen den einzelnen Gruppen funktioniert. Sie nützten den Informationsvorsprung gegenüber den Sicherheitsbehörden, um Botschaften zu besetzen und Demonstrationen aller Art auf die Beine zu stellen. In Österreich gelang es – im Gegensatz zu den meisten anderen Ländern –, die schwierige Situation weitgehend gewaltfrei zu lösen.

In meinen Aufzeichnungen finde ich folgende Notiz:

> Am 16. Februar 1999 ruft mich zeitig in der Früh der Journalbeamte aus dem Kommandoraum zu Hause an und teilt mir mit, die griechische Botschaft in der Argentinierstraße sei von Kurden besetzt worden. Ich eile ins Büro, wo man mir – zunächst bruchstückweise – meldet, Öçalans Aufenthalt, der lange im Dunkeln lag, sei nun geklärt. Er befinde sich in der griechischen Botschaft in Kenia. Und, ein wenig später, er sei am Weg zu einem Flughafen in türkische Hand gefallen. Kurz darauf wird die Besetzung der kenianischen Botschaft im dritten Bezirk gemeldet. In der Argentinierstraße gibt es Geiseln, in der Neulinggasse nicht.
> Die Botschaftsbesetzungen ziehen sich den ganzen Tag hin. Um 16.30 Uhr ist Lagebesprechung beim Minister. In unsere Gespräche platzt ein Anruf von Peter Pilz herein, der dem Minister seine Hilfe anbietet. Schlögl übergibt den Hörer mir. Ich nehme das Angebot dankend an. Ich kenne die guten Kontakte des Grünmandatars zu den Kurden. Pilz bietet mir an, eine Telefonverbindung zu den Besetzern der kenianischen Botschaft herzustellen. Ich bin einverstanden. Tatsächlich erhalte ich einen Anruf der Besetzer. Ich spreche zuerst mit einem Mann, dann mit einer Frau. Ich versuche, sie telefonisch zur Aufgabe zu bewegen, was nicht gelingt. Beide sind sehr mißtrauisch. Ich biete daher an, in die Botschaft zu kommen. STAPO-Chef Heindl und EBT-Chef Gridling beglei-

„Die Justiz ist eine Katastrophe!"

ten mich. Im Botschaftsgebäude richten wir uns in einem Büro unterhalb der diplomatischen Vertretung ein. Dort finden zwei Gespräche mit den Kurden statt. Die kurdische Abordnung besteht aus zwei Personen. Einer Frau und einem Mann, beides junge Menschen. Pilz ist mittlerweile auch eingetroffen. Bei den Gesprächen noch dabei ist der Leiter der Verhandlungsgruppe und ein Konzeptsbeamter. Es wird zäh verhandelt. Pilz ist sehr hilfreich und telefoniert dazwischen immer wieder mit den anderen Besetzern, um Druck zu machen. Auch ich hänge ständig am Telefon. Spreche mit unserem Minister, mit Schindler, dem Chef der Oberstaatsanwaltschaft, und der ziemlich unwirschen Journalstaatsanwältin. Versuche, den Justizminister zu erreichen. Michaleks Privatanschluß ist eine Stunde lang besetzt. Schlögl schickt ihm einen Funkwagen zum Haus. Die Beamten sollen ihn ersuchen, den Kanzler anzurufen.

Die Justiz ist eine Katastrophe! Schon im Büro habe ich mich geärgert. Korsche, Leiter der Staatsanwaltschaft Wien, nicht erreichbar. Tennis spielen. Schindler unter Zeitdruck – muß ins Theater. Michalek eine Stunde besetzt. Beim zweiten Versuch ist Korsche am Apparat, will aber für die griechische Botschaft eine Entlassung der Besetzer nicht verantworten. Die Journalstaatsanwältin weigert sich, in die Argentinierstraße zu kommen, um die Sache – wie ich vorschlage – vor Ort besser beurteilen zu können. Schindler – schon halb im Theater – unterstützt ihre Ansicht. Darauf huste ich auf die Justiz und beschließe, alles selbst zu verantworten.

Gegen 22 Uhr kommt Schwung in die Sache. Die kurdischen Unterhändler nehmen meinen Vorschlag an, daß die Besetzer nach Identitätsfeststellung entlassen und auf freiem Fuß angezeigt werden, sofern fahndungsmäßig nichts gegen sie vorliegt. Ich gebe ihnen das schriftlich. Und so geschieht es auch. Vier der Besetzer werden kurzfristig zurückgehalten, weil sich ihre Identität nicht gleich klären läßt. Vor dem Haus hat sich eine johlende Kurdenmenge versammelt, die aber nicht aggressiv ist.

Ich fahre mit Heindl anschließend zur griechischen Botschaft, wo die Situation juristisch komplizierter ist. Dort gibt es nämlich – im Gegensatz zur kenianischen Botschaft – Geiseln. Im dritten Bezirk hatten die Kurden nur eine Tür aufgebrochen und gedroht, sich und das Gebäude mit Benzin in Brand zu setzen. Im vierten Bezirk liegt ein

"Die Justiz ist eine Katastrophe!"

schwereres Delikt vor. Dazu noch folgendes Problem: der griechische Staatspräsident Stephanopoulos weilt gerade als Gast des Bundespräsidenten in Wien, soll am folgenden Tag wieder abreisen, will das aber nicht tun, solange sein Botschafter in Geiselhaft ist. Klestil ersucht mich daher, alles zu unternehmen, um den Botschafter noch in dieser Nacht freizubekommen.
Ich mache – ohne Zustimmung der Justiz – unter dem Druck der Situation dasselbe Angebot wie im dritten Bezirk, worauf die Kurden die Botschaft verlassen und die Geiseln freigeben.
Genau um 24 Uhr treffe ich wieder im Büro ein. Gerade rechtzeitig, um mit dem Minister in der ZiB 3 eine Doppelconférence zu liefern.
Die Politiker sind alle zufrieden. Nur Matzka ist sauer. Er hätte sich ein hartes Durchgreifen gewünscht. Mit Randalen und Verletzten und so weiter. Er steckt sich hinter Andreas Unterberger, der in der „Presse" einen bösartigen Leitartikel über die „harte Sicherheitspolitik" des Innenministers schreibt und natürlich das Gegenteil meint. Wobei er völlig vergißt, daß in keinem anderen Land die Kurdenaktionen so moderat beendet wurden wie in Österreich. Überall anderswo gab es schweren Sachschaden, Verletzte und sogar Tote. Als Resultat einer „harten Sicherheitspolitik".

Übrigens: die Prophezeiung Unterbergers, dass Österreich wegen dieser weichen Haltung zur „Drehscheibe des internationalen Verbrechens und zum Außenseiter der westlichen Welt" werden wird, ist nicht annähernd eingetroffen.

Es war nicht immer von Vorteil, sich von Manfred Matzka beeinflussen zu lassen.

Die merkwürdige Haltung Griechenlands im Fall Öçalan zog übrigens herbe Kritik der anderen EU-Staaten nach sich. Griechenland hatte weder im vertraulichen Weg mitgeteilt, dass der Kurdenführer in der Botschaft des Landes in Kenia Aufenthalt genommen hatte, noch seine Festnahme durch die Türken, die reichlich mysteriös verlief, gemeldet und damit den Kurden, die die bessere Informationslage hatten, ermöglicht, überraschend ihre Aktionen zu beginnen und die Sicherheitsbehörden vor vollendete Tatsachen zu stellen.

„Die Justiz ist eine Katastrophe!"

Eine seltsame Geschichte, wenn man bedenkt, dass die Griechen aus ihrer ablehnenden Einstellung gegenüber den Türken immer als Freunde der Kurden aufgetreten waren. – Was für eine Zeit, in der man sich nicht einmal mehr auf alte Feindschaften verlassen konnte.

Mit Manfred Matzka, dem „g'scheiten Kopf", hatte ich aber auch erfreulichere Erlebnisse. So war ich Anfang der neunziger Jahre mit ihm einmal in London auf einer Trevi-Konferenz, wo Österreich im Status eines Beobachters über Fremden- und Sicherheitsprobleme zu referieren hatte. Der Minister war vorzeitig abgereist und hatte uns die schöne Aufgabe überlassen, die Referate zu halten. Die Konferenz zog sich wie ein Strudelteig und Matzka hatte berechtigte Sorge, wir könnten die Abendmaschine nach Wien verpassen. Worauf er kurz entschlossen die österreichische Botschaft anrief und ersuchte, man möge uns doch jemanden schicken – und sei es eine Bedienerin –, der nach unseren Referaten bis zum Ende der Konferenz die Stellung halten sollte. Die betreffende Person müsse nur hinter der österreichischen Fahne Platz nehmen, halbwegs intelligent dreinschauen und sitzen bleiben, bis alle aufstünden und den Saal verließen.

Tatsächlich kam eine sehr nette Dame, die diese Aufgabe hervorragend löste. Wir hielten in aller Eile unsere Referate, schnappten die Koffer und zischten ab. Leider setzten wir aufs Auto und nicht auf die U-Bahn. Mit ihr hätten wir keine Probleme gehabt, rechtzeitig in Heathrow zu sein. So aber staute sich die Geschichte und wir kamen sehr knapp auf den Flughafen. Leider ließ sich Matzka nicht überreden, den Weg der „normalen Menschen" zu gehen. Er wollte die VIP-Straße fahren, auf der wir mit dem Minister eingereist waren. Bei einem Schlagbaum war dann Endstation. Eine blau berockte Dame bewachte ihn. Matzka stieg aus, ging mit der Wächterin gestikulierend in eine Holzhütte und ward für kurze Zeit nicht mehr gesehen. Auf dem Höhepunkt der Diskussion mit der Blauberockten erschien dann sein Scheitel sekundenweise hinter dem oberlichtartigen Fenster der Hütte. Aus der Position der Luke konnte ich schließen, dass Matzka in seiner Erregung etwa 30 bis 50 Zentimeter hoch gesprungen sein musste.

Das Flugzeug hob ohne uns ab und wir verbrachten die Nacht in einem Hotel beim Flughafen.

Im März 1999 war der Besuch des chinesischen Staatspräsidenten Jiang Zemin in Wien angesagt. Natürlich gab es die Besorgnis, dass Demonstrationen den Gast verstimmen könnten. In meinen Aufzeichnungen finde ich darüber folgende Eintragung:

26. 3. 99: Vorbereitung auf den Besuch von J. Zemin. Unruhe bei den Staatsspitzen wegen zu erwartender Demos. Minister Schlögl ruft bei mir an: „Irgend jemand hat dem Kanzler gesagt, es werden am Sonntag 2000 Demonstranten erwartet, gerade wenn Zemin zu ihm kommt. Klima ist beunruhigt." Ich: „Das ist ein Unsinn, wir erwarten hundert, es ist vorgesorgt, daß der Chinese sie gar nicht sieht. Es ist zum Verzweifeln, was meine Leute z'amdrahn." Minister: „Bitte, ruf den Kanzler an und beruhige ihn." Ich tue es und sage: „Herr Bundeskanzler, ich komme mir manchmal vor wie eine alte Prostituierte, die noch auf die Straße gehen muß, weil die Töchter dazu zu patschert sind." Dann schildere ich die Situation. Der Kanzler ist beruhigt und sagt zum Abschluß: „Man sieht, die alten Damen des ältesten Gewerbes verstehen ihr Geschäft wirklich am besten." Der Minister lacht, als ich ihm das erzähle, und meint: „Den Vergleich hättest du dem Vranitzky nicht bringen dürfen."

Geld hat kein Mascherl

Seit Jahren kämpft die Polizei weltweit gegen die Geldwäsche. Illegale Einkünfte aus dem Drogenhandel, dem Glücksspiel, der Prostitution und allen anderen Sparten der Organisierten Kriminalität werden durch immer kompliziertere Transaktionen weißgewaschen und in die legale Wirtschaft investiert. Was letztlich zur Infiltration sauberer Wirtschaftsbereiche durch mafiose Gruppierungen führt und es den Ermittlern immer schwerer macht, Gut und Böse zu unterscheiden.

In den USA, die schon seit Jahrzehnten gegen das Organisierte Verbrechen ankämpfen, ist dieser Vermischungsprozess, der in Europa voll im Gange ist, schon abgeschlossen. Mit der Konsequenz, dass man in den Vereinigten Staaten Mafiosi, die zwar ein schmutziges Gewissen, aber einen weißen Kragen haben, kaum mehr aushebeln kann.

In Österreich besteht auf Grund der Bestimmungen des Bankwesengesetzes eine Verpflichtung der Geldinstitute, verdächtige Transaktionen der Meldestelle im Innenministerium mitzuteilen. Diese steht unter der Leitung von Josef Mahr und ist in die EDOK, die Einsatzgruppe zur Bekämpfung der Organisierten Kriminalität, eingebettet. Dadurch besteht eine theoretische Chance, Geldwäschern auf die Spur zu kommen. Im Jahr werden durchschnittlich 250 bis 300 derartige Verdachtsmeldungen erstattet. In rund 95 Prozent der Fälle ergeben die Ermittlungen aber keinen Hinweis auf Geldwäsche, sondern lediglich auf versuchten Betrug.

Ich erinnere mich an eine Sitzung im Finanzministerium noch in der Zeit des Ferdinand Lacina, die sich mit Geldflüssen aus Osteuropa und dem Problem der Geldwäsche befasste. Es bestand damals nämlich der massive Verdacht, dass in großem Umfang Gelder des KGB oder der Partei aus der ehemaligen Sowjetunion über österreichische Gesellschaften, die von russischen Geschäftsleuten gegründet worden waren, in den Westen geschleust wurden. Maria Schaumayer, die damalige Präsidentin der Nationalbank, legte bei dieser Sitzung plausibel dar, dass es größere Geldflüsse aus den GUS-Staaten nicht geben könne, ohne dass die Nationalbank es bemerke. Tatsächlich seien „aufregende" Summen bis dato von dieser Institution nicht festgestellt worden. Alle gingen beruhigt nach Hause.

In der zweiten Hälfte des Jahres 1999 erhielt die EDOK im Zusammenhang mit einem Bankenskandal in New York vom FBI ein brisantes Dossier, das Hinweise auf gewaltige Transaktionen zwischen Moskau und New York enthielt. Es war von einer Summe von mehr als 10 Milliarden Dollar – bloß innerhalb des letzten Jahres! – die Rede. Und auch Wien soll in diesen suspekten Vorgängen eine Rolle gespielt haben.

Als ich meinen Hut nahm, waren die Ermittlungen der EDOK in vollem Gange. Ich bin gespannt auf die Ergebnisse und hoffe, dass sie nicht Schlimmes bringen. Sonst würde mein Vertrauen in Banken und Institutionen empfindlich gestört werden.

Zwei Dinge sind zur Geldwäsche noch zu sagen. Der Verdacht, einzelne Banken hätten suspekte Vorgänge nur gemeldet, sofern sie sich im Kassenraum abgespielt hatten, über das, was in den Vorstandsetagen ausgehandelt wurde, jedoch die Decke des Schweigens gebreitet, hat sich in Einzelfällen und bei kleinen Banken bestätigt. Gegen derartige Gesetzesverletzungen ist auch das beste System nicht gefeit.

Zum anderen hat sich der Vorgang der Geldwäsche unter dem Druck der staatlichen Maßnahmen in den letzten Jahren entscheidend verändert. Vorbei sind die Zeiten, in denen braun gebrannte Mafiosi mit Sonnenbrillen dem Kassier einen Koffer voll mit Geldbündeln auf das Pult knallten. Heute hat sich der Waschvorgang eher von den Banken entfernt und in den Wirtschaftsbereich verlagert.

Ich will ein anschauliches und leicht verständliches Beispiel aus der Praxis bringen:

Nach dem Motto „Kleinvieh macht auch Mist" wird Geld über Chinarestaurants gewaschen. Es gibt allein in Wien hunderte davon und nicht alle werden von Kunden überlaufen. Bei manchen ist das so auffallend, dass man täglich die Schließung des Lokals erwartet. Tatsächlich halten diese Restaurants aber weiter offen. Und der Bürger schüttelt den Kopf. Das sollte er nicht tun. Das sind nämlich keine Restaurants, sondern simple Waschstationen.

Der Waschvorgang selbst ist sehr einfach. Der Lokalbesitzer deklariert dem Finanzamt einen weit überhöhten Umsatz, den dieses mit Freuden zur Kenntnis nimmt; bei hohen Veranlagungen ist die Finanz nie misstrauisch. Nach Steuern und Abzug der geringen Spesen bleibt der Rest gewaschen zurück. Bei einem Restaurant ohne Zweifel eine nicht allzu hohe Summe. Wenn man sie aber mit 300 oder 400 multipliziert – so viele Waschstationen dürfte es in Wien geben –, ergibt das unter dem Strich dann doch einen beachtlichen Brocken.

Hier kann das Bankwesengesetz nicht greifen. Der chinesische Geschäftsmann, der jeden Monat einen ähnlich hohen Betrag auf seiner Bank einzahlt, wird niemals Verdacht erregen bzw. erregen können, solange sich die Geldsummen in einer nachvollziehbaren Höhe bewegen. Und das tun sie klarerweise.

Nachhaltigen Ermittlungen der Polizei steht in diesen Fällen das Steuergeheimnis entgegen. Die Kriminalisten, die ein Lokal über einen Zeitraum observieren, um die Kundenfrequenz festzustellen, und die den Verbrauch von Wasser, Strom und Gas gegenchecken, stehen bei der Finanz vor verschlossenen Türen, wenn sie wissen wollen, welche Umsätze der Lokalinhaber deklariert. Es bleibt somit nichts anderes übrig, als die Finanz vom Verdacht der Geldwäsche zu verständigen, ihr das Ermittlungsergebnis zu übergeben und – abzuwarten. In Einzelfällen gelingt es, nach enormem Aufwand derartige Restaurants zu schließen. Drei Wochen später öffnet das Lokal wieder – mit einem neuen chinesischen Pächter. Daher halten sich auch die Ambitionen der Polizei, bei verdächtigen Chinarestaurants Ermittlungen einzuleiten, sehr in Grenzen.

Übrigens, allen Freunden der Frühlingsrolle sei gesagt, dass nicht alle Chinarestaurants in Wien Waschsalons sind.

Der Möglichkeiten, Geld zu waschen, sind viele. Man kann das mit Immobilien tun, kann Kisten mit wertvollem Spezialgerät rund um den Erdball schicken und Geldwäsche betreiben, weil die Kisten in Wahrheit Ziegelsteine enthalten. Man kann Millionen von Vorgangsweisen anwenden, um aus schmutzigem Geld sauberes zu machen. Der Fantasie sind hier keine Grenzen gesetzt. Weshalb in den angelsächsischen Ländern, aber auch in Italien das Problem von der anderen Seite angegangen wird: mit der Beweislastumkehr. Ein Mafioso muss dort nachweisen, woher er seine Reichtümer hat, und nicht, wie bei uns, der Staat. Allerdings hat dies nach kurzer Zeit dazu geführt, dass die ehrenwerten Herren über Nacht völlig verarmten und von der Barmherzigkeit anderer leben mussten.

Hunderte Milliarden Schilling werden weltweit jährlich problemlos gewaschen. Alle Bemühungen der Staaten, der Geldwäsche Einhalt zu gebieten, sind bisher mehr oder weniger verpufft. Vielleicht haben sie dazu geführt, dass Geld zu waschen ein wenig teurer wurde.

Wenn über umfangreiche Malversationen im schönen Österreich gesprochen wurde, geisterte in den neunziger Jahren immer wieder die „Wiener Osthilfe" durch die Diskussionen. Aber meist nur kurz, weil sich niemand so recht auskannte. Es ist ein Faktum, dass der Komplex zu umfangreich und unübersichtlich ist, um ihn auf einen diskutierbaren Nenner zu bringen. Wirtschaftspolizei und Gericht fanden keine Fäden, an denen die notwendigen belastenden Fakten aus dem monströsen Fall ans Licht gezogen werden konnten. Die Causa „Osthilfe" als Gesamtkomplex versandete mit den Jahren und ich glaube, dass es nicht viele gab, die das störte.

Ich habe mir die Unterlagen der Wirtschaftspolizei angesehen und fürchte, auch nichts Wesentliches zur Aufklärung beitragen zu können. Eines ist mir allerdings aufgefallen, das mich nachdenklich machte und daran zweifeln ließ, dass man wirklich bis zur letzten Konsequenz bestrebt war, Klarheit zu schaffen.

Doch zunächst einmal die notwendige Grundinformation zu diesem Fall.

Im Rahmen der „Wiener Osthilfe" wurden Projekte zur Strukturverbesserung – vornehmlich Hotelbauten – in den Staaten Kasachstan, Georgien, Polen, Tschechien und Slowakei durch österreichische Kredite unterstützt. In anonymen Anzeigen wurde behauptet, dass diverse Projekte ohne tatsächliche Notwendigkeit und zu erwartende Wirtschaftlichkeit geplant, finanziert und realisiert worden seien. Eine Garantie der Kreditrückzahlungen sei schon im Planungsstadium nicht zu erkennen gewesen. Weiters habe es keine Garantieübernahme durch die einzelnen Staaten gegeben, in denen die Gebäude errichtet wurden. Im Zusammenhang mit diesen Projekten seien suspekte Provisionen bezahlt bzw. Gelder abgezweigt worden und zum Vorteil österreichischer Politiker resp. Ex-Politiker und Firmen in dunkle Kanäle geflossen.

Wirklich aufgearbeitet ist der Osthilfe-Komplex nicht und mit jedem Tag, der vergeht, wird die Chance geringer, dass jemals Klarheit geschaffen werden kann. Es wurden zwar in Österreich unzählige Unterlagen geprüft, der entscheidende Schritt aber nicht getan. Was mich ein wenig verwundert und nachdenklich stimmt. Denn ein Augenschein vor Ort würde so manches klären und wahrscheinlich den einen oder anderen Verdacht bestätigen. Vor allem in Kasachstan und in Georgien. Wurde wirklich ein Vier- oder Fünfsternhotel gebaut? Mit welcher Kapazität? Welche Auslastung wurde angenommen? Welche ist tatsächlich gegeben? Und so fort.

Nach Klärung dieser und weiterer Fragen könnte mit größter Wahrscheinlichkeit gesagt werden, ob und wenn Ja, in welchem Umfang Geldflüsse in welche Kanäle stattgefunden haben und ob Kredite tatsächlich betrügerisch herausgelockt wurden.

Faktum ist wohl, dass Schaden entstanden ist. Sein Umfang, so wird gemunkelt, soll sich in Milliardenhöhe bewegen. Von den Politikern, die in die Causa involviert gewesen sein sollen, sind die meisten nicht mehr im Amt. Und im Übrigen: Wenn sie nicht gestorben sind, so leben sie noch heute – und nicht allzu schlecht.

Gefallene Engel

Wir sind alle keine Engel! Ich bin sicher auch nicht immer einer gewesen. Doch gefallen bin ich nie! Die Liste der „gefallenen Engel" in diesem Heer von mehr als 30.000 Beamten des Innenressorts ist lang. Das ist ein Beweis dafür, dass Polizisten auch nur Menschen sind. Menschen, die lieben, hassen, Neid verspüren, geldgierig sind und machthungrig. Polizisten kommen aus dem Volk. Die Exekutive repräsentiert einen Querschnitt der Bevölkerung, ist ein Spiegelbild der Gesellschaft. Damit ist eigentlich alles gesagt.

Auf Grund ihrer Ausbildung und inneren Grundhaltung sollten Polizisten eigentlich eine höhere Reizschwelle haben. Eine höhere Reizschwelle gegenüber Gewalt, eine höhere Reizschwelle gegenüber den Versuchungen des Lebens. Auf das Gros der Beamten im Innenressort trifft das zweifellos zu. Aber dann gibt es die berühmten schwarzen Schafe, die man in allen Berufsgruppen findet. Überall dort, wo eben Menschen tätig sind.

Die Delikte, die im Exekutivbereich gesetzt werden, reichen von Alkoholgeschichten über Amtsmissbrauch bis zum Mord. Mit Schwerpunkt Amtsmissbrauch und Alkohol.

Besonders unangenehm waren die Fälle von Datenmissbrauch in den Zeiten, in denen wir das polizeiliche Instrumentarium unter der lautstarken Kritik links orientierter Politiker zu erweitern trachteten. Rasterfahndung, Lauschangriff, erweiterte Gefahrenerforschung, DNA-Datenbank seien Stationen auf dem Weg zum „gläsernen Menschen", so die Ansicht der Grünen und der Liberalen. Und jeder Datenmissbrauch im Bereich des Innenministeriums ein Beweis dafür, dass man einer so korrupten und löchrigen Exekutive derartige Instrumentarien nicht anvertrauen könne und dürfe.

Im Spätsommer des Jahres 1998 kam ein leitender Beamter eines Wiener Kommissariats in mein Büro und berichtete mir, dass er einen Hinweis auf zwei Beamte der Interpol bekommen habe, die angeblich Daten an Detekteien verkauften. Ich ließ umgehend das Umfeld dieser Beamten erheben und setzte eine Sonderkommission ein, die dann monatelang ermittelte. Es gelang uns, diese Untersuchung geheim zu halten.

Gefallene Engel

Am 10. November 1998 erfolgte der Zugriff auf die beiden Beamten und mehrere Detekteien. Mit Hausdurchsuchungen und allem, was dazugehört. Einer der Verdächtigen wurde in Haft genommen, der andere auf freiem Fuß angezeigt, beide vom Dienst suspendiert.

Just an dem Tag, an dem ich den Minister auf einen offiziellen Besuch nach Marokko begleitete, kam die Geschichte in die Medien. Ein Redakteur der „Presse" erwischte mich auf der Zwischenlandung in Paris und abends in Rabat „zwickte" mich der ORF.

Es wurde die Affäre in den folgenden Wochen auch politisch gespielt. Mit der üblichen Masche: löchrige Polizei usw. Niemand wollte zur Kenntnis nehmen, dass wir konsequent und effizient durchgegriffen hatten – lange bevor die Öffentlichkeit von dieser Affäre wusste. Und niemand wollte akzeptieren, dass wir mit einem Maßnahmenkatalog reagierten, der für die Zukunft „Datenklau" zumindest erschweren sollte. Mit Kontrollen nach dem Zufallssystem, verstärkter Dienstaufsicht und Ähnlichem.

Die beiden Beamten, denen zur Last gelegt wurde, Zulassungs- und Meldedaten sowie Strafregisterauskünfte und Fahndungsdaten verkauft zu haben, wurden Ende März 1999 zu bedingten Haftstrafen verurteilt. Der „Erfinder" des Datenhandels muss außerdem dem Staat 350.000 Schilling an entgangenen Stempelgebühren ersetzen. Auch etliche Privatdetektive erhielten bedingte Strafen.

Kaum hatten wir die Scherben aus der Interpol-Affäre notdürftig weggeräumt, stand uns der nächste Fall ins Haus. Ein Fall, der mich besonders hart traf, weil es um einen sehr erfolgreichen EDOK-Mann ging. Nennen wir ihn hier XY.

Dieser XY war einer der brillantesten Kenner der russischen Organisierten Kriminalität. Er war seinerzeit wichtiger Ver- und Ermittler in der Entführungsaffäre Kandov und ebenso im Haban-Mord führend eingesetzt. Die russische Geschäftsfrau Walentina Hummelbrunner hatte er gleichfalls im Visier, wie auch ein mafioses Firmennetzwerk mit Hauptsitz in Wien. XY war im Mordfall Sanikidze als Zeuge und Sachverständiger tätig. Seine Aussage hellte die Netzwerke der russischen Organisationen auf und belastete die Angeklagten schwer.

Er war zweifellos ein Spitzenmann, der ursprünglich in der EBT gedient, bei Aufstellung der EDOK aber sofort die Chance wahrgenommen hatte, in dieser neuen Einheit auf dem Gebiet Russenmafia/GUS-Staaten kriminalpolizeilich zu arbeiten. Er war zudem ein Vertrauter des vormaligen Leiters der EBT und nunmehrigen Gruppenleiters Kriminalpolizei, Josef Dick, für den die Affäre seines Schützlings ebenso wie für mich ein Schock gewesen sein muss. Denn die EDOK ist – unabhängig von der Person des Russenspezialisten – jene Stelle, in der alle Fäden zur Bekämpfung der Organisierten Kriminalität zusammenlaufen. Dort werden die sensibelsten Informationen und Daten gesammelt, zugleich ist sie auch die Anlaufstelle für die so notwendigen internationalen Kontakte.

An XY war alles konspirativ. Schon wie er sich bewegte und sprach. Er wäre in jeder „Tatort"-Folge für die Rolle des Hauptverdächtigen prädestiniert gewesen. Sein Fall wurde im Frühsommer 1999 durch einen vertraulichen Hinweis aus Graz ins Rollen gebracht. Aus der Mitteilung ging zunächst nur hervor, dass ein Polizist in Wien, möglicherweise ein Staatspolizist, gegen Bezahlung Informationen an Privatdetektive verkaufe. Dieser Informant aus der Polizei trage die Bezeichnung H 600. Er sei eine wertvolle Quelle für wichtige und sensible Auskünfte.

Der Mann, der den Hinweis gab, war ein Berufsdetektiv. Er servierte zunächst einen Grazer Polizisten auf dem silbernen Tablett, von dem er Daten gekauft hatte. Über diesen Polizisten stieß man dann auf H 600 als zentrale Quelle der Informationen. Der Fall landete beim Kriminalbeamteninspektorat der Wiener Polizei, das in dieser Causa eine ganz besondere Jagdlust entwickelte. Offenbar beflügelt durch Animositäten zwischen EDOK und Polizei Wien.

Leider lassen sich derartige Hickhacks zwischen Dienststellen nicht abstellen. Ich versuchte in solchen Fällen immer wieder, vermittelnd einzugreifen, traf aber nur auf sture Köpfe. Harmonie kann man eben nicht befehlen.

Obwohl sich bald herausstellte, dass dieser H 600 ein Beamter der EDOK war, also direkt dem Ministerium unterstand, wurde von den Wiener Beamten munter weiter ermittelt; man hatte bei der Staatsanwaltschaft sogar einen Hausdurchsuchungsbefehl für die Büroräume der EDOK beantragt. In diesem Stadium erfuhr ich durch Polizeipräsident Stiedl von der brisanten Amtshandlung. Wir waren uns einig, dass sie auf eine andere Basis gestellt werden musste. Ich zog die Sache an mich und setzte eine Sonderkommission ein, die aus tüchtigen Beamten des Ministeriums und des Wiener Sicherheitsbüros bestand und mir laufend zu berichten hatte.

Die SOKO arbeitete gut und effizient. In der ersten Juliwoche 1999 wurde XY in seiner Dienststelle verhaftet.

Amtshandlungen in den eigenen Reihen sind immer problematisch und verlangen viel Fingerspitzengefühl. Man darf nicht vergessen, dass sich XY auf Grund seiner Fähigkeiten eine Position aufgebaut hatte, die ihm viele sensible Informationen einbrachte. Informationen, die nur er bekam und die letztlich der EDOK zugute kamen. Wie er dabei vorging und ob er bei seinen Recherchen stets im Rahmen der Dienstanweisungen blieb, will ich gar nicht hinterfragen. „Spitzenkieberer" zu sein bedeutet eine Gratwanderung. Das muss man als Chef in gewisser Hinsicht akzeptieren. Doch der Zweck heiligt nicht alle Mittel und in die eigene Tasche zu arbeiten disqualifiziert auf jeden Fall.

Die Ermittlungen der SOKO in der EDOK waren jedenfalls äußerst subtil und schwierig. Keinesfalls sollten andere Amtshandlungen behindert oder sensible Informationen bzw. Vorgänge, die nicht in das Erhebungsthema passten, bloßgelegt werden. So gesehen gab es auch für die Mitglieder der SOKO eine Gratwanderung, bei der immer wieder abzuwägen war, ob nicht andere Interessen gewichtiger waren als die, die Untersuchung so effizient wie möglich abzuschließen.

Nicht alle konnten oder wollten dieses Problem sehen. So gab es einen SOKO-Beamten, der lange Zeit behauptete, man wolle XY gar nicht wehtun, sondern ihn sogar schützen. Was nicht einmal im Ansatz stimmte. Kurioserweise war es gerade dieser Mann, der die Amtshandlung am meisten gefährdete, indem er den überaus heiklen Akt eines schönen Tages auf dem Kofferraumdeckel seines Autos liegen ließ und fortspazierte. Glücklicherweise war der Wagen zu diesem Zeitpunkt im Hof des Sicherheitsbüros abgestellt und der Akt kam nicht in falsche Hände. Dass der Ermittler anschließend noch eine Nacht verschollen war, ist eine zusätzliche Feinheit.

XY war ein hoch veranlagter Grenzgänger. Das Ermittlungsergebnis, das die SOKO zusammentrug, hatte einen ziemlichen Umfang und bestätigte den Verdacht der Weitergabe von Informationen verschiedenster Art gegen Geld. Jetzt wird das Gericht zu urteilen haben.

Der Fall des enttarnten EDOK-Mannes war auch ein Anlass, das Thema „Privatdetektive" einer kritischen Betrachtung zu unterziehen. Das Sicherheitsgewerbe ist in seinen verschiedenen Ausformungen wichtig und zukunftsträchtig. Es stellt eine wertvolle Ergänzung zu den polizeilichen Tätigkeiten dar. Es ist viel darüber gesprochen worden, wo und inwieweit dieses Gewerbe die Polizei von Aufgaben entlasten kann. Ich glaube, wir haben in Österreich das Thema ziemlich ausgereizt. Ich sehe derzeit nur mehr in Randbereichen die Möglichkeit einer weiteren Verlagerung polizeilicher Aufgaben zu privaten Sicherheitsdiensten. Voraussetzung für die Beibehaltung des derzeitigen Zustandes ist allerdings die Aufrechterhaltung des hohen Standards der Sicherheitsbetriebe.

Bei den Privatdetektiven bin ich mir des hohen Standards nicht so sicher. Es gibt ganz gewiss einige sehr gute und seriöse Detekteien, aber auch durchaus solche, deren Qualität unter dem wünschenswerten Niveau liegt.

Prinzipiell ist nichts dagegen einzuwenden, dass Polizei und seriöse Detektive im Rahmen der gesetzlichen Regelungen zusammenarbeiten. Es sind mir allerdings kaum derartige Fälle bekannt. Zumeist bestand die so genannte Zusammenarbeit darin, dass Polizeibeamte Informationen an Detekteien verkauften, die diesen auf legalem Weg entweder gar nicht oder nicht rasch genug zugänglich gewesen wären.

Hinzu kommt, dass in Detektivbüros häufig Ex-Polizisten arbeiten – auch nicht immer die reinen Engel –, die ihre guten Beziehungen zu ehemaligen Kollegen behutsam pflegen und weidlich ausnützen.

Das hat auch Eingang in die deutsche Krimiszene gefunden. In „Ein Fall für zwei" ist einer der Helden der Privatdetektiv und ehemalige Polizist Josef Matula. Und immer, wenn dem Autor die Lösung eines Falles nicht auf Grund der Logik gelingt, lässt er den Detektiv bei seinen ehemaligen Kollegen jene Informationen holen, die dann letztlich zum Erfolg führen. Polizei-Information unter der Hand als Deus ex Machina!

Die Dealer im „Willkommen"

Im Frühjahr 1999 wurde das Klima zwischen Schwarzafrikanern und der Polizei, insbesondere in Wien, deutlich schärfer. Es mehrten sich die Beschwerden gegen angebliche Polizeiübergriffe. Grüne und Liberale klagten die Polizei als rassistisch an, einige Zeitungen aus dem linken Spektrum sprangen auf den Zug auf und machten daraus ein Dauerthema.

Als ein schwarzafrikanischer Drogendealer bei seiner Festnahme in Meidling an den eilig verschluckten Plastikkugeln, die Suchtgift enthielten, erstickte, lief die Propagandamaschinerie voll an. Politiker sprachen von Mord, Zeitungen widmeten dem Vorfall breiten Raum. In Wahrheit hatten die Polizisten alles versucht, den Mann am Leben zu erhalten, und trugen keinerlei Schuld an seinem Tod.

Der Fall war auch insofern bemerkenswert, als eine intensive Observation durch die Polizei vor und bei der Festnahme gezeigt hatte, dass der Dealer von mehreren anderen Schwarzafrikanern abgeschirmt worden war, die Gegenobservation betrieben und die Aufgabe hatten, ihn beim geringsten Anzeichen von Gefahr zu warnen bzw. ihm beizustehen. Ein sicheres Zeichen für höherrangige Kriminalität. Es konnte also angenommen werden, dass hinter dieser Gruppe von Schwarzafrikanern eine „Organisation" stand, die den Suchtgifthandel lenkte.

Leider war unterlassen worden, die Polizeiaktion zu dokumentieren und die Strategie der Schwarzafrikaner auf Video festzuhalten.

Das Spannungsverhältnis zwischen Schwarzafrikanern und Polizei ergab sich aus dem Umstand, dass – wie in vielen anderen Staaten auch – nigerianische Organisationen eine immer stärkere Position im internationalen Drogenhandel einnahmen. Die Amtshandlungen gegen schwarze Dealer stiegen zahlenmäßig an und dadurch auch die Probleme der Polizei. Denn Schwarzafrikaner sind andere „Kunden" als Weiße. Sie verhalten sich in Stresssituationen aggressiver, sind physisch härter und scheuen sich nicht, ihr Leben zu riskieren, indem sie im Falle der Anhaltung die mit Heroin oder anderem Gift gefüllten Plastikkugeln, die sie in den Backen mit sich tragen, schlucken. Das kann, wenn so eine Kugel platzt, tödlich sein.

Die Dealer im „Willkommen"

Es besteht daher der begründete Verdacht, dass die internationalen Drogenkartelle mit Vorbedacht nigerianische Organisationen vorschieben, weil sich die Schwarzafrikaner ganz einfach besser für den Vertrieb des Giftes eignen. Mittlerweile werden in Wien 40 Prozent des so genannten „offenen Drogenhandels", also der Straßenstrich im Suchtgiftbereich, von Schwarzafrikanern kontrolliert.

Dass auch die schwarzafrikanische Kolonie in Wien ihre Probleme damit hat, wurde mir in zahlreichen Gesprächen mit Exponenten dieser Gruppierung bestätigt. Ich hatte stets Kontakt zu diesen Leuten, die zum Teil schon seit Jahrzehnten in Wien leben, längst österreichische Staatsbürger sind und friedlich ihren Geschäften nachgehen. Sie berichteten mir, dass sie bis zum Auftreten der nigerianischen Drogendealer keinerlei Schwierigkeiten hatten, sich in Österreich zu integrieren. Seither habe sich das Klima für sie deutlich verschlechtert, ganz abgesehen von den häufigen Polizeikontrollen, denen sie – allein ihrer schwarzen Hautfarbe wegen – ausgesetzt seien.

Dies war auch der Grund für meine Weisung an die Polizeidirektion Wien, Schwarze in Hinkunft nicht mehr grundlos zu kontrollieren, sondern nur dann, wenn sie tatsächlich ein verdächtiges Verhalten an den Tag legen.

Schwarzafrikanische Drogendealer haben in Wahrheit nur ein Handikap – dass sie durch die Hautfarbe aus der Masse der Weißen hervorstechen und daher bei ihren Handlungen leichter beobachtet werden können. Gleichzeitig bietet ihnen aber gerade diese Schutz, den sie gehörig auszunützen wissen. Ein von der Polizei wegen Verdachts des Drogenhandels beanstandeter Schwarzafrikaner braucht nur laute Schreie auszustoßen und schon finden sich Zeugen, die bereitwillig behaupten, der arme Teufel sei misshandelt worden. Wenn er dann auch noch gegen die Polizisten aggressiv ist, entsteht eine Situation der Eskalation. Druck erzeugt Gegendruck. Doch aus der darauf folgenden Rangelei gehen mit Sicherheit keine Sieger hervor. Denn die Polizisten haben wieder einmal bewiesen, „mit welch rassistischer Brutalität sie gegen arme Schwarze vorgehen". Beschwerden und gewiss auch Hassgefühle auf beiden Seiten sind die Folge. Polizisten greifen daraufhin gegen Schwarze noch härter durch und die Probleme schaukeln sich auf.

Die Dealer im „Willkommen"

Aus dieser sich drehenden Spirale konstruierten Linke aller Schattierungen und Sozialromantiker einen Krieg zwischen Schwarzafrikanern und Polizei. In Wahrheit war es ein Krieg gegen die Polizei und die staatliche Autorität, der entfacht wurde, um den Innenminister zu destabilisieren, um politisches Kleingeld herauszuschlagen.

Nun mag das eine Fassette der Politik sein, die man politischen Gruppierungen nicht vorwerfen sollte. Was mich bei dem Spiel der „Linken" aber so erschreckte, war ihre Distanzlosigkeit zum Drogengeschäft. In ihrer kritik- und schrankenlosen Verteidigung der Schwarzafrikaner, die auch die Kriminellen unter ihnen mit einschloss, verteidigten sie in Wahrheit auch den Drogenhandel! Ich hätte mir eigentlich erwartet, dass diese Leute sagen würden: „Es ist ein Verbrechen, mit Suchtgift zu handeln, das trifft auf Weiße wie auf Schwarze zu!" Dieses prinzipielle Distanzieren vom Suchtgifthandel fehlte mir. Es hätte viel zu einer Beruhigung der Situation beigetragen. Aber vielleicht ist es auch aus diesem Grund unterblieben!

Ich stehe nicht an einzubekennen, dass es bei den zahlreichen Amtshandlungen der Polizei gegen Schwarzafrikaner auch Übergriffe gegeben hat. Sie sind nicht zu entschuldigen, auch wenn sie aus mancher Situation heraus menschlich erklärbar gewesen sein mögen. Es waren das aber – und das ist meine feste Überzeugung – immer nur bedauerliche Einzelfälle, Fälle, in denen die Verhältnismäßigkeit nicht beachtet wurde, jedoch niemals das Zeichen eines methodischen Vorgehens der Polizei, wie oft und mit Vorliebe dargestellt!

Ein weiteres prinzipielles Problem war, dass die Justiz lange Zeit viel zu lax gegen Drogendealer vorging. Dies erzeugte in den kriminellen Nigerianern zweifellos das Gefühl, es könne ihnen in Österreich ohnehin nicht viel passieren. Sie hätten neben ihrer „Beschützerlobby" noch eine verständnisvolle Justiz auf ihrer Seite.

Exemplarische Strafen gab es erst zufolge der „Aktion Spring".

Diese Aktion begann im November 1998. Das Wiener Sicherheitsbüro hatte Hinweise erhalten, dass sich im Chinarestaurant „Willkommen" im neunten Bezirk die Verteilerzentrale eines Suchtgiftringes befände.

Die Dealer im „Willkommen"

Es war das ein typisches Chinalokal, das sich über zwei Stockwerke erstreckte. Im zweiten Stock sollten die verbotenen Geschäfte zwischen Schwarzafrikanern abgewickelt werden.

Das Sicherheitsbüro mietete im gegenüber liegenden Haus ein Zimmer an, von dem aus alle Personen, die das Lokal betraten oder verließen, fotografiert oder gefilmt wurden.

Tief schürfende Erkenntnisse brachte diese Tätigkeit nicht. Man stellte zwar fest, welche Schwarzafrikaner das Lokal besonders häufig frequentierten oder dass Nigerianer, die beim Dealen erwischt worden waren, vorher in diesem Lokal verkehrt hatten. Doch was sich hinter den Fenstern des Lokals ereignete, wusste man nach wie vor nicht.

Meiner Meinung nach hätte man bereits nach drei, vier Wochen der mehr oder minder ergebnislosen Observation des Lokals über andere Methoden nachdenken müssen, die vielleicht eher zum Ziel führten. Erst im Jänner 1999 wurde an mich die Frage herangetragen, ob nicht der Einsatz der Sondereinheit Observation (SEO) möglich wäre. Ich kann mir vorstellen, welche Überwindung es die Kriminalisten des Sicherheitsbüros gekostet haben mag, sich mit diesem Vorschlag abzufinden. Aus Furcht, die Amtshandlung zu verlieren oder möglicherweise den Erfolg mit anderen teilen zu müssen.

Mitte Jänner beauftragte ich die SEO, die Möglichkeiten eines Großen Lauschangriffes im Chinalokal auszuloten. Nach einer Woche erhielt ich Bericht, dass eine derartige Aktion mit Aussicht auf Erfolg durchgeführt werden könne. Am 29. Jänner 1999 übergab der Kommandant der SEO, Brigadier Kurt Mitterberger, in einem versiegelten Kuvert den Antrag der Generaldirektion für einen Großen Lauschangriff, persönlich dem Leiter der Staatsanwaltschaft Wien.

Der Antrag enthielt eine Sachverhaltsdarstellung, beschrieb alle bisher gesetzten Ermittlungsschritte und die Verdachtslage, führte insbesondere aus, dass ein Lauschangriff das letzte Mittel darstelle, diesen offensichtlichen Fall organisierter Drogenkriminalität aufzuklären.

Am 10. Februar erging der Ratskammerbeschluss zur Durchführung des Großen Lausch- und Spähangriffes für die Dauer von vier Wochen, bereits am 19. Februar waren die Installationen im Lokal durchgeführt. Die Aktion konnte starten.

Selbstverständlich war der Rechtsschutzbeauftragte, Prof. Dr. Rudolf Machacek, ein ehemaliger Verfassungsrichter, in das Bewilligungsverfahren eingebunden. Er kam auch in der Folgezeit seinem Auftrag mit Eifer und großer Gewissenhaftigkeit nach. Einerseits zeigte er sich durchaus verständnisvoll für die Aufgaben der Exekutive, andererseits schaute er der SEO genau auf die Finger. Wochenlang war er fast jeden Tag im SEO-Gebäude und passte auf, dass alles regelkonform über die Bühne ging.

Die SEO war bereits zu diesem Zeitpunkt technisch hervorragend ausgestattet, die Truppe gut ausgebildet und hoch motiviert. Sie wurde mit den Problemen, die diese technische Observation mit sich brachte, spielend fertig. In dem Raum des Obergeschosses, in dem die „Stoffausgabe" vermutet wurde, platzierten die Beamten so geschickt Videoauge und Mikrofon, dass eine Entdeckung nahezu unmöglich war. Auf diese Weise erhielten wir Bild und Ton.

Es gab natürlich auch Probleme. Der überwachte Raum war schlecht beleuchtet, was sich zunächst ungünstig auf die Bildqualität auswirkte. Nach einer technischen Nachjustierung wurde die Qualität der Bilder besser. Im Audiobereich wirkte sich ungünstig aus, dass das gleichzeitige Sprechen zahlreicher Personen im Ibo-Dialekt oder in einer Mischung dieses Dialektes mit Englisch eine Stimmidentifikation sehr erschwerte.

Die Durchführung des Großen Lauschangriffes wird durch eine ständige Verbesserung der Sperrtechniken wesentlich beeinflusst. Es gibt bereits Schlösser, die so gut wie nicht nachgesperrt werden können. Dies macht es notwendig, Techniken zu verfeinern, die den Lauschangriff von außen führen. Beispielsweise mit Laser und Richtfunk. In unserem Fall hatten wir allerdings kein Problem mit den Schlössern.

Der Lauschangriff lief hervorragend, als die Justiz uns einen bösen Streich spielte. Durch eine unbedachte Indiskretion der Untersuchungsrichterin drang die Nachricht von der Planung der technischen Observation nach außen. Im Magazin NEWS war schon am 4. Februar ein Hinweis auf diese Operation zu lesen. In einem Bericht über den Fall Rosenstingl hieß es: „Weitere Michalek-Premiere: derzeit wird der erste große Lauschangriff gegen eine Drogenbande vorbereitet."

Ausnahmsweise ließ sich diesmal der Weg der Indiskretion nachvollziehen. Die damalige Untersuchungsrichterin hatte sehr guten Kontakt zu Redakteur Alfred Worm, der die Information prompt verwertete.

Die Untersuchungsrichterin wurde vom Gerichtspräsidenten Günter Woratsch zur Rede gestellt und von dem Fall abgezogen.

Neben dieser Indiskretion, die uns Probleme bereitete, gab es andere beunruhigende Anzeichen dafür, dass die Medien allmählich Wind bekamen. Der Anruf einer Tageszeitung im Lokal, Fotos, die ein unbekannter Österreicher im ersten Stock des „Willkommen" schoss. Aber auch die Schwarzafrikaner schienen misstrauisch zu werden. Der von der Überwachung registrierte Ausspruch, man könnte ja abgehört werden, und das anschließende Aufdrehen des Radios auf volle Lautstärke, die Beobachtung, dass mehrere Schwarzafrikaner im Bereich der Kamera auf dem Boden kriechend unter der Sitzbank und den Tischen etwas suchten, machten uns Sorgen.

Ich beschloss daher, die Aktion und vor allem die teuren technischen Geräte nicht zu gefährden, und verfügte im Einvernehmen mit der Justiz den Abbruch des Lauschangriffes per 10. März 1999.

Am 26. April berief ich eine Sitzung im Ministerium ein, die den Zweck verfolgte, die Zusammenarbeit der verschiedenen Organisationseinheiten in der „Operation Spring" sicherzustellen. Wir sprachen den bevorstehenden Zugriff durch und unterzogen das bisher vorliegende Ermittlungsergebnis einer kritischen Beurteilung. Es lag einiges auf dem Tisch. Bei Auswertung des Lausch- bzw. Spähangriffes waren im Audiobereich Gespräche von 69 mutmaßlichen Tätern festgestellt, im Videobereich 116 verschiedene Personen vom Kameraauge erfasst worden. Dabei waren 234 suchtmittelrelevante Handlungen und 65 Manipulationen mit Geld dokumentiert worden. Daraus ergaben sich folgende Erkenntnisse:

Das Obergeschoß diente, wie angenommen, tatsächlich als Büro für Drogenhandel; dieser Suchtgifthandel wurde organisiert betrieben; der Spähangriff gab Einblick in die Hierarchie der Organisation, vom „Sir" über den „Chairman" bis zum „Streetrunner".

Der Chairman hatte die Funktion eines „Diensthabenden vom Tag". Er organisierte die Zusammenkünfte der Schwarzafrikaner und war für die Aufteilung und Bezahlung der Suchtmittel verantwortlich. Anhand des Auswertungsergebnisses konnte dieser Gruppe eindeutig nachgewiesen werden, dass sie eine unternehmensähnliche Organisationsstruktur aufgebaut hatte, ihrer illegalen Tätigkeit arbeitsteilig nachging, sich professionell gegen Strafverfolgungsmaßnahmen abschottete, ständig neue Strategien über weitere Vorgangsweisen anwandte, auf geänderte Polizeitaktiken sofort reagierte.

Den Gesprächen war zu entnehmen, dass in der Begegnung mit der Polizei die Rassismus-Masche zu spielen, das heißt, bei Festnahmen das Mitleid der Passanten zu erregen sei.

Aus Rufdaten-Auswertungen ergab sich die Erkenntnis, dass die überwachte schwarzafrikanische Tätergruppe die Schnittstelle eines international tätigen Netzwerkes zu sein schien und Kontakte zu Organisationen in Ungarn, Italien, Deutschland, Frankreich, Holland, Spanien, Tschechien, Polen, Rumänien, England, Elfenbeinküste, Nigeria, Kolumbien, Peru und Brasilien unterhielt.

Auch der Modus operandi der Organisation wurde besprochen, der sich nach unseren Erkenntnissen folgendermaßen darstellte.

Drogenkuriere brachten das Gift von den klassischen Herkunftsländern nach Europa, wo ein flächendeckendes Netzwerk für Verteilung und Handel aufgebaut worden war. In Österreich wurde das Gift dann an geheimen Plätzen „gebunkert", zum Beispiel in Asylheimen, Hotels, Privatwohnungen, Gärten, Parks etc. Je nach Bedarf wurde das Suchtmittel aus den Bunkern geholt und von ausgewählten, in der Hierarchie niedrig angesiedelten Personen für den Transport auf der Straße und den Verkauf an die Endabnehmer vorbereitet, sprich in Plastik kugelförmig zu verschiedenen Größen zwischen 0.1 und mehreren Gramm verpackt. Die abgepackten Drogen wurden dann im Mund oder After ins „Zielobjekt" gebracht, von den „Chairmen" an die „Streetrunners" verteilt und von diesen an die Endabnehmer verkauft.

Als Kommunikationsmittel benützten die Mitglieder der Organisation vor allem Wertkarten- oder Klax-Max-Handys, deren SIM-Karten sie von Zeit zu Zeit austauschten.

Die in der Besprechung vom 26. April von den Teilnehmern vorgebrachten Fakten ergaben, miteinander verknüpft, das klare Bild

Die Dealer im „Willkommen"

einer kriminellen Organisation von internationalem Ausmaß. Wie anders hätten Beschaffung, Lagerung und Verkauf großer Mengen von Drogen so reibungslos über Jahre funktionieren können?

Die Justiz hat dieses klare Bild allerdings später zerstört und dadurch einem Teil der Medien den willkommenen Anlass gegeben, schadenfroh festzustellen:

„Nicht einmal das Vorliegen einer kriminellen Organisation konnte die Polizei nachweisen. ... Letztlich hat man ja doch wieder nur die kleinen Fische erwischt."

Um damit der „Operation Spring" und vor allem dem Lauschangriff den Erfolg abzusprechen. In Wahrheit brachte aber gerade der Lauschangriff die wichtigen Erkenntnisse über innere Struktur und Strategien der Organisation, die vor allem für die künftige Polizeiarbeit im Drogenbereich von großer Bedeutung sein werden.

Und eines muss auch klar sein: Die wirklich großen Fische wird man nicht so leicht erwischen, die sitzen nicht in Österreich.

Nach dieser Besprechung im Ministerium bereiteten sich die Einsatzstäbe in Wien, Graz und Linz auf den Tag X vor, während die Beamten der SEO die Auswertung des Lauschangriffes fortsetzten. Ein großes Problem bedeutete dabei die Auswahl des Dolmetschers. Es war schwierig, unverdächtige Personen zu finden, die des Ibo-Dialektes mächtig waren. Schließlich holte die SEO einen Dolmetscher aus Deutschland.

Der Zugriff fand in den Morgenstunden des 27. Mai statt. Die Polizei löste die Aufgabe, weit mehr als einhundert Haft- und Hausdurchsuchungsbefehle zu vollziehen, hervorragend. Durch exakte Vorbereitung und energisches Einschreiten.

Der Umstand, dass die Schwarzafrikaner im letzten Augenblick von der Aktion Wind bekommen hatten, wirkte sich positiv aus. Sie glaubten, es würden Straßenrazzien stattfinden, daher blieben fast alle in dieser Nacht zu Hause, wo sie dann frühmorgens von unseren Leuten „abgebrockt" werden konnten.

Die „Operation Spring" bescherte uns mehr als einhundert Verhaftungen. Es gelang die Sicherstellung von Suchtgift und Bargeld. Eher durch Zufall konnte im Rahmen der Aktion auch ein Gifttransport von Graz nach Wien abgefangen werden.

Die Dealer im „Willkommen"

Obwohl die Aktion seit Monaten vorbereitet war, wurde nach dem Zugriff von linker Seite behauptet, sie wäre ein „Ablenkungsmanöver" und hätte nur dazu gedient, das wegen der Affäre Omofuma ins Gerede gekommene Innenministerium zu entlasten. So, als hätten wir bei der Planung der „Operation Spring", die seit Jänner lief, ahnen können, was Anfang Mai in einem Flugzeug nach Sofia passieren würde.

War schon die Ausstellung von mehr als einhundert Haft- und Hausdurchsuchungsbefehlen für die U-Richterin eine starke Belastung gewesen, so hatte sie jetzt mit der großen Zahl von Häftlingen einen weiteren Brocken zu bewältigen. Es zeigte sich einmal mehr, dass die Strafprozessordnung für Großverfahren dieser Art nicht mehr zeitgemäß ist. Während man ein Team von Staatsanwälten zur Bewältigung derartiger Arbeitsmengen einsetzen kann, ist das im Bereich des Untersuchungsrichters nicht möglich. Er hat wohl einen Vertreter, der aber nur bei Verhinderung des eigentlichen U-Richters in Aktion treten darf.

Als ich mir erlaubte, öffentlich auf dieses Manko hinzuweisen, kam dies manchen Leuten in die falsche Kehle. Sie fassten meine Wortmeldung zu Unrecht als Kritik an der Richterin auf. Gerichtspräsident Günter Woratsch fühlte sich bemüßigt, mich zurechtzuweisen, gleich darauf auch die Standesvertreterin der Richter, Frau Barbara Helige, die sich offensichtlich als eine Art Jeanne d'Arc der Richterschaft sah und keine Gelegenheit versäumte, mich zu rüffeln. Auch mit einem grünlastigen Anwalt hatte ich mich medial herumzuschlagen. Jedenfalls war ich voll mit Grabenkämpfen um die „Operation Spring" beschäftigt. Worüber ich aber keineswegs klagen durfte, um der nicht seltenen Belehrung zu entgehen, ich hätte ja auch den Mund halten können.

Ich bin allerdings der Überzeugung, dass auch in einer Demokratie ein Spitzenbeamter mit Spitzenverantwortung hin und wieder in der Lage sein müsste, sich zu prinzipiellen Problemen seines Fachbereiches medial zu äußern, wenn dies im öffentlichen Interesse liegt. Viele Errungenschaften, die der Sicherheit dienen, hätte ich nicht erkämpft, wäre ich mundfaul gewesen. Und ich glaube, ein „Sicherheitsgeneral", der zu den wichtigen Dingen aus Angst vor Kalamitäten schweigt, erfüllt seine Aufgabe nicht im erforderlichen Maße.

Der Zugriff am 27. Mai 1999 hatte aber auch ein politisches Nachspiel. Am Tag davor war in Tageszeitungen ein ganzseitiges Inserat der FPÖ erschienen, in dem auf das Drogenproblem in Wien hingewiesen und die nigerianische Rauschgiftmafia angeprangert wurde. Nach dem Einschreiten der Polizei wurde nun einerseits behauptet, diese Aktion sei eine eilige Reaktion des Innenministers auf das Vorpreschen der FPÖ gewesen, andererseits wieder das hervorragende „Timing" des Inserates auf die Untergrundarbeit blauer Polizisten zurückgeführt. – Kommentar überflüssig.

Auswertung und Verwertung des Lauschangriffes bereiteten sowohl der SEO wie auch dem Gericht große Schwierigkeiten. Die Schilderung aller Problemchen und Probleme würde ein eigenes Buch füllen. In erster Linie lag es daran, dass beide Seiten nicht so recht wussten, wie mit den Ergebnissen umgegangen werden sollte.

Hier ein Beispiel.

Richter lieben Lichtbildmappen, die ihnen alles veranschaulichen, was an einer Straftat bildlich dargestellt werden kann. Daher sollten aus den Videoaufzeichnungen Standbilder angefertigt werden. In der praktischen Umsetzung zeigte sich ein derartiger Verlust an Bildschärfe, dass diese Fotos zu Zwecken der Identifikation nur sehr eingeschränkt, für eine Beweisführung jedoch absolut nicht brauchbar waren, weil die ausgeführten Tathandlungen nicht erkennbar waren. Daher wurde die Anfertigung personsbezogener Videobänder angeordnet. Ähnliche Probleme ergaben sich im Audiobereich, verschärft durch die Forderung, von den digitalen Aufnahmen Stimmidentifikationen durchzuführen, wozu die SEO aus technischen Gründen nicht in der Lage war. Das Bundeskriminalamt Wiesbaden, um Hilfe ersucht, lehnte unter Hinweis auf Arbeitsüberlastung ab, äußerte sich aber sehr skeptisch zu dem Vorhaben – vor allem unter den gegebenen Umständen des Stimmengewirrs und der starken Nebengeräusche. Man einigte sich daher mit der Justiz darauf, diese Stimmidentifikation auf unbedingt notwendige Fälle zu beschränken und einen Sachverständigen zu betrauen.

Hinzu kam, dass das Wiener Sicherheitsbüro mit der Menge an Daten und Ermittlungsmaterial nicht zurande kam. Dies war nur mit Hilfe der EDV möglich. Allerdings hatte das SB diesbezüglich weder die Erfahrung noch die notwendigen Geräte. Bis die Nachrüstung erfolgt war und mit den EDV-Arbeiten begonnen werden konnte, vergingen wieder Wochen.

Nach der Razzia stockten die Geschäfte der schwarzen Dealer für zwei bis drei Wochen. Es kam zu einer Verknappung des Angebots, was dazu führte, dass in mehreren Fällen Konsumenten Dealer überfielen, um zu ihrem „Stoff" zu kommen. Ende Juni waren die Lücken in der Organisation der Nigerianer schon wieder geschlossen und das Geschäft ging an anderen Orten weiter wie bisher. Es verlagerte sich in den zehnten Bezirk und wurde dort zur Plage.

Leider war es uns nicht gelungen, auch nur einen Bunker zu finden. Daher war die Menge der sichergestellten Drogen relativ gering. Das veranlasste die Linke dazu, von einem Fehlschlag der Aktion zu sprechen. Was sie im Übrigen bei jeder Gelegenheit gebetsmühlenartig tat.

Langsam wurde klar, dass man derartige Organisationen nur treffen kann, wenn es rasch zu Abstrafungen der Verhafteten kommt, mehrere Operationen à la „Spring" in Abständen von wenigen Wochen aufeinander folgen und es gelingt, den Profit aus den Drogengeschäften zu minimieren. Keiner der drei Punkte ließ sich realisieren. Die Justiz war mit dieser Aktion be- und teilweise überlastet, auch wenn das aus Justizkreisen immer wieder vollmundig bestritten wurde. Daher war auch an eine Wiederholung der „Operation Spring" nicht zu denken.

Wir wussten von einem Wohnheim in Favoriten, das als (neue) Verteilerzentrale der Schwarzafrikaner diente. Am 3. August 1999 beauftragte ich das Wiener Sicherheitsbüro im Zuge einer neuerlichen Sitzung bei mir, bei Gericht wegen Haft- und Hausdurchsuchungsbefehlen vorzufühlen. Doch sowohl Staatsanwalt als auch Untersuchungsrichterin erklärten sich außer Stande, eine weitere „Operation Spring" arbeitsmäßig zu verkraften. Der Leiter der Sonderkommission, Herbert Stübler, legte über dieses Gespräch vom 4. August vorsorglich einen Aktenvermerk an.

Einen Monat später signalisierte das Gericht plötzlich grünes Licht für Spring II. Dann dauerte es aber wieder fast drei Wochen, bis es so weit war. Am 28. September erfolgte der Zugriff. 36 Schwarzafrikaner wurden festgenommen, 355 Gramm Suchtgift und 400.000 Schilling in bar sichergestellt.

Einige Zeit darauf traf ich auf einem Staatsempfang Justizminister Nikolaus Michalek. Natürlich sprachen wir über unsere „bilateralen Probleme". Ich erzählte von der Causa Spring II. Der Minister war sehr erstaunt und ersuchte mich um Übersendung des Aktenvermerkes Stübler. Vermutlich hatten ihm seine Leute nicht ganz die Wahrheit gesagt.

Der „Operation Spring II" blieb ein schaler Beigeschmack, weil sie knapp vor den Nationalratswahlen stattfand. Man kann sich das Geschrei vorstellen, das deswegen im Wahlkampf herrschte. Die Erklärungen des Ministers, dass die Aktion schon im August ablaufen hätte sollen, wurde von den politischen Kontrahenten nicht zur Kenntnis genommen.

Ein besonderer Konfliktpunkt mit der Justiz war der Umstand, dass die „Operation Spring" in dutzende Einzelverfahren zersplittert wurde. Das war bis zu einem gewissen Grad verständlich und auch richtig. Allerdings hätte man mit einem gemeinsamen Hauptverfahren gegen alle Angehörigen der mittleren Ebene der Organisation den nigerianischen Bossen und der Öffentlichkeit exemplarisch vor Augen geführt, dass die Organisierte Kriminalität in Österreich keine Chance hat. Das hat man versäumt. Ich würde sagen, aus Bequemlichkeit. Es wäre an der Zeit, umzudenken, wenn man Organisierte Kriminalität wirklich effizient bekämpfen will.

Was ist nun das Resultat? Die Öffentlichkeit nimmt nur am Rande wahr, dass im Frühjahr 2000 Urteile am Fließband im Zusammenhang mit der „Operation Spring" verhängt werden. Urteile mit zumeist saftigen Strafen, allerdings ohne wesentliche Außenwirkungen, weil die Verurteilten in der Organisation bereits ersetzt wurden und die Vorgangsweise der Justiz erkennen lässt, dass man keineswegs beabsichtigt, kriminelle Strukturen zu zerstören.

Wenn man all das bei der Justiz anspricht, wird einem richtigerweise vorgehalten, dass die Strafdrohung des § 28 Absatz 4 Suchtmittelgesetz höher sei als die Strafdrohung nach § 278a StGB (Kriminelle Organisation). Das zeigt das Unverständnis weiter Teile der Justiz für das Wesen der Organisierten Kriminalität. Wenn man sie wirksam bekämpfen will, muss man sie – wie das im Sanikidzeprozess erstmals versucht wurde – im Gerichtssaal darstellen, ihre Strukturen aufzeigen, ihre Arbeitsweise. Vor einem großen Publikum. Je mehr „Show" der Staat macht, desto besser ist es. Nichts scheut die OK mehr, als ans Licht der Öffentlichkeit gezerrt zu werden. Diese Chance hat sich die Justiz bisher entgehen lassen. Sagen wir – aus Unverständnis.

Das wirksamste Mittel, Organisiertes Verbrechen zu bekämpfen, ist die Profitminimierung. Durch die weltweite Verschärfung der Bestimmungen gegen Geldwäsche konnten bescheidene Teilerfolge erzielt werden. Zweifellos wurde Geldwäsche dadurch teurer. Dennoch, wenn man Expertenschätzungen glauben darf, sind die Profite aus der OK weiter gestiegen. Insbesondere in den Sparten Suchtgifthandel und Menschenschlepperei.

Auch in unserem Fall ist die Frage gerechtfertigt: Wie viel haben die Nigerianer durch den Drogenhandel erwirtschaftet, wohin sind die Gelder gegangen, auf welche Weise wurden sie transferiert? Abschließende Antworten stehen noch aus. Ich hoffe, dass es nach Beendigung der Gerichtsverhandlungen jemanden geben wird, der die Erkenntnisse zusammenlegt und Bilanz zieht. Es wäre sehr wichtig, zu erfahren, wie viel Suchtgift durch diese Organisation in einem bestimmten Zeitraum in Wien annähernd abgesetzt wurde. Man hätte dann endlich einmal die Möglichkeit, das Dunkelfeld ein wenig auszuleuchten und einigermaßen verlässliche Zahlen über den Drogenkonsum zu erhalten. Vor allem im Bereich Kokain, wo mir die bisherigen Schätzungen als weit untertrieben erscheinen. Ich nehme an, dass es im Großraum Wien 30.000 bis 50.000 Menschen gibt, die Kokain regelmäßig oder gelegentlich konsumieren. Dieses Gift ist längst nicht mehr ein „Vergnügen" der Reichen, es hat Einzug in den Gemeindebau gehalten. Und wenn man nur einmal in der Woche am Sonntag nach dem Schnitzel eine „Nase" voll nimmt.

Der Grund für den steigenden Drogenkonsum in der Gesellschaft liegt zweifelsohne im Wohlstandsverhalten der Menschen. Sie können nicht mehr genug kriegen an Genüssen. Es herrscht eine Übersteigerung des Lustprinzips. So genanntes weiches Suchtgift, etwa Haschisch, wird immer salonfähiger, wenn man sich die Diskussionen um die Freigabe anhört. Auf ihrer Internetseite begrüßen die österreichischen Grünen die von ihren Kollegen in Deutschland gesetzten Initiativen für die Freigabe von Haschisch und Marihuana. Man möge es künftig in Apotheken verkaufen.

„Einsteigen, bitte!", könnte man dazu sagen. Bereits jetzt, so stellte eine IFES-Untersuchung fest, konsumiert ein Fünftel der Wiener Jugendlichen eine illegale Droge. Ob diese Zahl sinken wird, wenn man Haschisch wie Aspirin in der Apotheke bekommt?

Ich war in Amsterdam und habe die Situation mit den „Coffeeshops" studiert. Meines Erachtens ist der Weg, den man dort beschreitet, der falsche. In Österreich gehen die Drogen am Gros der Jugend im gefährlichen Alter vorbei. In Holland werden die Jugendlichen mit der Nase darauf gestoßen. Weitaus mehr junge Menschen als in Österreich kommen dort mit Drogen in Berührung. Daher ist die Zahl derer, für die weiche Drogen nur ein Einstieg sind, wesentlich höher als bei uns. Man hat das mittlerweile auch erkannt und ändert die Drogenpolitik sukzessive.

Es ist daher eine sekundäre Frage, ob Haschisch als Suchtmittel gefährlich ist. Es macht in seiner Wirkung die Menschen passiv, verlangsamt ihre Reaktionen und verändert – über einen längeren Zeitraum eingenommen – die Persönlichkeit. Das sind die Fakten. All das kann man aber auch dem Alkohol vorhalten. Gefährlich ist Haschisch als Einstiegsdroge. Daher ist eine Freigabe für mich kein Thema.

Sehr wohl ein Thema sind für mich synthetische Drogen. Ihnen gehört im Drogengeschäft zweifellos die Zukunft. Sie können viel ökonomischer eingesetzt werden, weil die langen Transportwege von den Ursprungsländern wegfallen, die Herstellungskosten gering gehalten werden können und wesentlich besser auf Trends eingegangen werden kann. Das Spektrum der angebotenen synthetischen Gifte ist unendlich groß und der Fantasie der Erzeuger sind keine Grenzen gesetzt. Außerdem kann man mit künstlichen Drogen Effekte und Wirkungen erzielen, die weit über dem liegen, was natürliche Drogen vermögen. Das künstliche Suchtmittel „Ice" beispielsweise ist achtmal so stark wie eine Dosis Heroin und soll bereits nach dem ersten Genuss in die Abhängigkeit führen. Da bedarf es wohl anderer staatlicher Bekämpfungsstrategien, als sie derzeit durch die Köpfe schwirren.

Die österreichische Drogenpolitik mit dem Leitsatz „Therapie statt Strafe" ist dem Grunde nach vernünftig und der Situation angepasst. Das Suchtmittelgesetz entspricht im Wesentlichen den aktuellen Ansprüchen. Allerdings gibt es Experten, die Kritik an den Liberalisierungstendenzen auf Kosten einer vernünftigen Repression üben.

Eines sollte jedenfalls klar sein: Durch die Polizei allein kann das Drogenproblem nicht gelöst werden. Es ist ein gesellschaftliches Problem, daher letztlich auch nur durch die Gesellschaft lösbar. Die Aufgabe der Polizei wird im Wesentlichen darin bestehen, durch Aufklärung an der Prävention mitzuwirken und – in der Hauptstoßrichtung ihrer Bemühungen – den Drogenhandel zu bekämpfen. Heute ein fast aussichtsloser Kampf, der nur gewonnen werden kann, wenn es der Gesellschaft gelingt, die Nachfrage nach Drogen zu drosseln. Daher meine (utopische) Traumvorstellung: Dass eines Tages die türkischen, kosovarischen, serbischen, polnischen, nigerianischen ... Drogendealer auf ihrem Gift sitzen bleiben, weil sie keine Abnehmer finden.

Doch noch einmal zurück zur „Operation Spring". Die Festnahme eines Schwarzafrikaners erregte besonderes Aufsehen. Die nigerianischen „Geschäftsleute" im Chinalokal in der Währinger Straße nannten ihn den „Doktor". Er war in der linken Szene eine Elitefigur der Schwarzafrikaner in Österreich. Literat, eine große Nummer im Afroasiatischen Institut, zweifellos ein politischer Kopf, bei den Schwarzafrikanern als Intellektueller geachtet. Und stand im Verdacht, für die Organisation Gelder ins Ausland transferiert zu haben. Nach einer Schrecksekunde begann natürlich sofort die übliche Verniedlichungs- und Reinwaschungskampagne aus der linken Szene. Man bezeichnete die Darstellung des Innenministeriums bzw. der Polizei, der „Doktor" habe eine führende Rolle in der Organisation gespielt, als lachhaft und weit überzogen. Verständlich, gab es doch Fotos, auf denen der „Doktor" bei Veranstaltungen mit Grünpolitikerinnen zu sehen war.

Wie auch immer. Der „Doktor" wurde nach einiger Zeit aus der U-Haft entlassen, was manche Politiker und Zeitungen prompt als Unschuldsbeweis heranzogen. Dann gab der „Doktor" ein Buch über seine Haft heraus, das unter großen Ehren im Wiener Rathaus präsentiert wurde. Und das zu einer Zeit, als es noch ein schwebendes Verfahren gegen ihn gab.

Bevor es nicht zu einer Entscheidung des Landesgerichtes Wien über das weitere Schicksal dieses Verfahrens gekommen ist, möchte ich nur so viel sagen:

Sollte bewiesen werden, dass der „Doktor" bewusst für die Organisation Geldgeschäfte abgewickelt hat, dann hat das eine gewisse Bedeutung. Geldtransaktionen werden in kriminellen Gruppierungen nur durch Personen getätigt, die eine gewisse Vertrauensstellung einnehmen. Das Vertrauen der „Besucher" des Chinalokals hatte er jedenfalls. Vor einer Demonstration der Hochschülerschaft gegen Polizeirassismus in Zusammenhang mit dem Erstickungstod eines schwarzafrikanischen Drogendealers trat der „Doktor" jedenfalls – wie im Lauschangriff feststellbar – im Chinalokal in Erscheinung und forderte die nigerianische Belegschaft auf, an der Demo teilzunehmen. Und fügte, als nachgefragt wurde, hinzu, sie hätten für diese Veranstaltung frei. Was so viel bedeutet wie: den Verdienstentgang trägt die Firma.

Jeder kann daraus für sich einen Schluss ziehen. Ich hoffe, dass auch die Justiz zu einer fairen und politisch unbeeinflussten Entscheidung in der Causa „Doktor" kommt.

Die „Operation Spring" war für mich insgesamt ein Erfolg. Wir probten erstmals den Großen Lauschangriff – eingeschlossen die notwendigen Lernprozesse in der Verarbeitung der Ergebnisse –, zeigten, dass insbesondere die SEO in der Lage ist, verantwortungsbewusst mit diesem Instrument umzugehen, hatten eine letztendlich doch erfolgreiche neuerliche Bewährungsprobe in der Zusammenarbeit der verschiedensten Organisationseinheiten der Generaldirektion. Die Amtshandlung brachte überdies einen Technikschub vor allem im EDV-Bereich und eine Änderung der Einstellung mancher Einheiten zu modernen Technologien. Ganz abgesehen davon, dass hunderte Tatverdächtige aus dem Drogenmilieu der Justiz überantwortet werden konnten. Wir haben strategisch viel gelernt und immer noch die Hoffnung, dass auch in der Justiz ein gewisser Lernprozess einsetzt.

Die Organisation haben wir nicht zerschlagen. Noch nicht. Aber immerhin wurde der Weg aufgezeigt, auf dem das künftig gelingen könnte, wenn die Lehren gezogen und die Bemühungen beharrlich fortgesetzt werden.

Karlis „Glück" am Ende

Bis April 1999 waren die Dinge im Innenministerium hervorragend gelaufen. Minister Schlögl genoss allgemeines Ansehen, er konnte eine Kette von Erfolgen vorweisen und wurde allgemein „Karli im Glück" genannt. Auch ich konnte mit diesem Jahr zufrieden sein. Immerhin war die Briefbomben-Causa geklärt, der erste Große Lauschangriff war durchgeführt und sollte bald mit Verhaftungen abgeschlossen werden.

Allerdings kannte ich das Geschäft und wusste, dass gerade im Innenressort nicht auf Dauer ein Pakt mit dem Glück geschlossen werden kann. Ich sagte das auch dem Minister und warnte ihn vor Rückschlägen, die noch bei allen Innenministern eingetreten waren. Von Franz Olah bis Franz Löschnak spannte sich der Bogen der in Ungnade gefallenen Ressortchefs, wenn man von einigen wenigen absieht, die entweder zu kurz im Amt oder farblos geblieben waren. Olahs Schicksal ist bekannt. Otto Rösch kam nach dem Händedruck für den gefährlichen Terroristen Carlos ins Gerede. Karl Blecha, lange Zeit strahlender Minister, wurde von den eigenen Mitstreitern fallen gelassen. Franz Löschnak, ein energischer, reformfreudiger Mann, wurde, obwohl in der Bevölkerung sehr angesehen, zuletzt ins Exil geschickt.

Caspar Einem nahm unter allen Innenministern der Zweiten Republik eine Ausnahmestellung ein: Er war vom ersten Tag an umstritten – und durchaus aus eigener Schuld.

Der Mai 1999 brachte den Knickpunkt in Schlögls Karriere und für mich die Frage, ob ich nicht doch besser mit Ende 1998 in Pension gegangen wäre.

In der Nacht zum 2. Mai erfuhr ich durch einen Anruf aus dem Kommandoraum, dass ein Schubhäftling bei der Abschiebung via Sofia verstorben sei. Ich verständigte den Minister, der – als gewiegter Politiker – die Tragweite des Vorfalles sofort erkannte und von einer Katastrophe sprach. Beide konnten wir damals allerdings nicht ahnen, in welch unglaublicher Weise der Tod des Schubhäftlings politisch ausgeschlachtet werden würde.

Unglücklicherweise sollten wir an jenem Tag eine offizielle Reise nach Kanada antreten. Der Minister verschob die Entscheidung, ob wir fahren sollten, bis zum Morgen und dem Eintreffen präziserer Nachrichten aus Sofia. Die ließen allerdings auf sich warten, wie überhaupt die schlechte Kommunikation in der Anfangszeit ein Problem dieses Falles werden sollte. Am frühen Morgen telefonierte ich mit Sofia, anschließend mit dem Minister. Der war gerade beim Laufen und sagte nach meinem Bericht nur: „Oje, ist es also doch wahr, in der Nacht hab' ich geglaubt, es ist ein schlechter Traum." Ich erklärte mich bereit, in Wien zu bleiben. Darauf entschied der Minister, es sollte die gesamte Delegation abreisen, mit Ausnahme seiner und meiner Person.

Auch Manfred Matzka, der Leiter der für Abschiebungen zuständigen Fremdensektion, sollte nach Kanada fliegen. Es war das eine taktische Entscheidung Schlögls, die ich nachvollziehen konnte. Matzka strebte aus dem Haus, hatte verschiedene Optionen, unter anderem die, die Nachfolge des Präsidialchefs im Bundeskanzleramt anzutreten. Es war also eine Art „Kinderlandverschickung", um Matzka aus der Kritik herauszuhalten und ihm jegliche Beschädigung zu ersparen.

Am Vormittag des 2. Mai gab es dann eine Krisensitzung beim Minister. Erik Buxbaum, mein Stellvertreter und Chef der Bundespolizei, war dabei, Polizeipräsident Stiedl, Chefarzt Dr. Mörz, die Fremdenpolizisten Willfried Kovarnik und Stefan Stortecky sowie verschiedene Kollegen aus dem Kabinett. Wir erörterten die Situation, bastelten eine Presseerklärung und berieten über die Frage der sofortigen Suspendierung der drei Beamten, die die Abschiebung durchgeführt hatten. Dazwischen telefonierte der Minister mit dem österreichischen Botschafter in Bulgarien, Georg Potyka, der – wir konnten mithören – im Brustton der Überzeugung sagte, die Beamten seien unschuldig, der Arzt habe einen Herztod konstatiert.

Zu Mittag kam endlich der schon lange erwartete erste Bericht per Fax aus Sofia. Auf zwei Seiten gaben die Beamten eine Darstellung der Geschehnisse. Leider etwas dürftig und in manchen Punkten unvollständig. Einige hielten einer späteren Überprüfung nicht stand. Man musste den Beamten jedoch zugute halten, dass sie unter Schock standen und ihren Bericht unter sehr unerfreulichen Bedingungen zu schreiben hatten. Sie waren zwar nicht in Haft, wurden aber von den bulgarischen Behörden nicht eben freundlich behandelt.

Für unsere Diskussion um die Frage der Suspendierung war der Bericht nur wenig hilfreich. Es bildeten sich zwei Parteien. Die Mehrheit war für eine sofortige Suspendierung der Beamten. Ich war dagegen und Präsident Stiedl schloss sich mir an. Ich plädierte dafür, zu warten, bis die Informationslage ausreichend sei, möglicherweise bereits eine erste Äußerung der Gerichtsmedizin in Sofia vorliege, und verwies auf die Verantwortung, die wir auch gegenüber unseren Beamten hätten. Mit dieser Argumentation konnte ich niemanden überzeugen. Die Beamten waren allen ziemlich egal, sie hatten nur die Wirkung nach außen im Auge: Was kommt gut an, was beruhigt die Medien. Ich telefonierte dann mit Hofrat Dr. Knechtsberger, dem Vorsitzenden der Disziplinarkommission Wien, einem alten Freund und in Suspendierungen sehr erfahrenen Mann. Er stimmte mir zu, dass die Informationslage dünn sei, und schloss sich meiner Meinung, noch nicht zu suspendieren, an.

Der Minister stellte sich schließlich auf meine Seite. In zwei oder drei Tagen, wenn Klarheit herrsche, sollte endgültig entschieden werden.

Ich ahnte damals schon, dass gerade der Punkt „Suspendierung" die schärfste Kritik auslösen würde.

Ich stehe allerdings auch heute noch zu meiner damaligen Haltung in dieser Frage. Solche Dinge sind nach Faktenlage zu entscheiden und nicht nach Opportunität. Und ich halte auch nichts von jenen, die sich heute in die Brust werfen und erklären, damals schon für die Suspendierung gewesen zu sein. Denn ich kenne ihre seinerzeitige Motivation.

Nach der mehrstündigen Sitzung nahm mich der Minister beiseite und ersuchte mich, wieder einmal in einer brisanten Affäre den Hitzeschild fürs Ressort zu machen. Meine knappe Antwort: „Yes, Minister".

Was ich mir damit aufhalste, konnte ich damals nicht ermessen.

Minister Schlögl war über den Tod des Schubhäftlings Omofuma sehr betroffen. Ihm ging das Schicksal dieses unglücklichen Menschen wirklich nahe. Er stoppte unverzüglich alle Abschiebungsflüge und ordnete eine sofortige Überprüfung des Handlings von Abschiebungen an.

Meine Befindlichkeit litt in erster Linie unter der Vorstellung, für etwas den Kopf hinhalten zu müssen, für das ich letztlich nicht verantwortlich war, und darüber hinaus auch noch zum Schweigen verurteilt zu sein.

Politiker und Medien schossen sich voll auf den Minister und mich ein. Was meine Person anbelangt, war es niemandem die Mühe wert, sich mit den Zuständigkeiten im Innenressort zu befassen. Dann hätte man nämlich festgestellt, dass die fachliche Zuständigkeit für Abschiebungen nicht beim Generaldirektor, sondern beim Leiter der Fremdensektion liegt und es daher überhaupt nicht unglaubwürdig ist, wenn der Generaldirektor von gelegentlichen Mundverklebungen bei Abzuschiebenden nichts gewusst hat. Weil er eben mit Abschiebungen nie etwas zu tun hatte und Probleme bei Abschiebungen auch nicht an ihn, sondern an die zuständige Fachabteilung herangetragen wurden.

Aber das alles interessierte niemanden. Man hatte seinen Bösewicht. Und der hieß Sika. Basta!

Die Kampagne, die gegen den Minister und mich geführt wurde, zeitigte natürlich auch Auswirkungen in der Öffentlichkeit. Eines Tages kam mein Sohn aus Graz zurück und berichtete mir sehr betroffen, er habe dort mit Farbe an eine Hauswand geschmiert gelesen: „Sika, du Sau!" Bei Auftritten in der Öffentlichkeit hatte ich oftmals Diskussionen zu bestehen, die bis zu Störaktionen gegen meine Person gingen. Als ich einmal in einem Restaurant saß, befanden sich am Nebentisch drei alte Damen, die sich sehr laut unterhielten. Zeigte die eine in meine Richtung und trompetete: „Dort sitzt der, der nichts gewusst haben will ..."

Im Parlament verlangten die Grünen, der Minister solle den Sika in die Wüste schicken, und die Abgeordnete Terezija Stoisits verfasste eine Anzeige gegen den Minister und mich wegen Verdachts der fahrlässigen Tötung.

Als die drei Kriminalbeamten nach einigen Tagen aus Sofia zurückkehrten, setzte sich die unglückliche Entwicklung der Affäre fort. Sie gaben nämlich an, dass Marcus Omofuma auf der Fahrt zum Flugfeld in Schwechat wild um sich gebissen und dabei zwei von ihnen verletzt habe, was im ersten Bericht nicht erwähnt worden war. Tatsächlich gab es geringe Verletzungsspuren, die vom Amtsarzt befundet und auch fotografiert wurden. Eine neue Erklärung dafür, weshalb dem Schubhäftling der Mund zugeklebt worden war. Die Bulgaren hatten sich, laut Aussage der Beamten, geweigert, die Verletzungen zu dokumentieren.

Nachdem sich die Affäre nun schon in selten erlebter Weise in der Öffentlichkeit aufgeschaukelt hatte, musste ich mit dieser neuen Version in die Medien gehen. Mit dem Erfolg, dass mir viele nicht glaubten und die Version als Schutzbehauptung abtaten.

Der Druck auf den Minister wuchs. Er beschloss, suspendieren zu lassen. Dafür war nun die Disziplinarkommission zuständig. Spezialist Wolfgang Knechtsberger, der Vorsitzende, war allerdings erkrankt und ein Vertreter leitete die Sitzung. Mit dem Resultat, dass sich die Kommission gegen eine Suspendierung aussprach. Jetzt war der Teufel los. Der Minister wurde nun auch vom Koalitionspartner unter Druck gesetzt. Polizeipräsident Stiedl fand eine Zwischenlösung und stellte die drei Beamten von der Arbeit frei, was ein bisschen kurios war, aber eine vorläufige Entspannung brachte. Stiedl ließ die neuen Erkenntnisse aus dem Fall der Disziplinarkommission nachsenden, die auf dieser Basis die Möglichkeit hatte, neuerlich über eine Suspendierung zu befinden. Knechtsberger kam eigens für diese Sitzung aus dem Krankenstand zurück und drückte die Suspendierung durch.

Das Vaterland war gerettet. Doch spätestens jetzt hatten wir die Kritiker auch im eigenen Lager.

Heute, mehr als ein Jahr nach dem tragischen Tod des Marcus Omofuma, ist ein Ende des laufenden Gerichtsverfahrens nicht abzusehen und die drei Beamten gehen noch immer spazieren. Der Behörde, die durch das Verhalten der drei in ihrem Ansehen angeblich so schwer beschädigt wurde, geht es deswegen weder besser noch schlechter, ein Wiederholungsfall hätte ohnehin nicht eintreten können, weil die Beamten schon seit 2. Mai 1999 versetzt worden waren.

Kann mir jemand den Sinn der Sache erklären? Nur findet sich heute niemand, der den Mut hat, eine Aufhebung der Suspendierung anzuregen. Weil wieder Hysterie ausbrechen könnte.

Es ist leider so – und das zeigt sich immer wieder –, dass erst Fehler gemacht werden müssen, um Schwachstellen zu erkennen und zu beheben. In unserem Fall musste ein Mensch sterben. Allerdings wurden neue Kriterien der Abschiebung ausgearbeitet, die für die Zukunft eine

Wiederholung dieses tragischen Ereignisses unwahrscheinlich machen. Sie enthalten unter anderem eine bessere Vorbereitung auf die Abschiebung, eine effizientere Kommunikation zwischen Arzt, Betreuer und der Fremdenpolizei, die Vermeidung von Abschiebungen in Linienmaschinen und das ausdrückliche Verbot des Mundverklebens.

Das Problem der Abschiebung ist europaweit gegeben. Patentlösungen gibt es nicht. Todesfälle waren mehrfach zu verzeichnen, unter anderem in der Schweiz und in Deutschland. Allerdings wurde dort ruhiger und sachbezogener reagiert. Von den Medien wie von den Politikern. Hysterie gab es nur in Österreich.

Als die Diskussion, wer von Knebelungen gewusst haben muss, einsetzte, meldete sich plötzlich auch Ex-Innenminister Caspar Einem zu Wort. Es war eine der vielen überflüssigen Wortmeldungen dieses Mannes, der damit kein anderes Ziel verfolgte, als Matzka und mich zu denunzieren, und dabei gleich auch den ihm sehr ergebenen Wolf Szymanski mitnahm, der dadurch völlig unverdient ebenfalls in die Sache hineingezogen wurde.

Einem stellte im Fernsehen die Behauptung auf, die Sektionschefs müssten von dieser Praktik gewusst haben, weil der Bericht der Antifolterkommission des Europarates (CPT), der im Jahr 1995 an Österreich ergangen ist, das erwähnt habe.

Seine Wortmeldung brachte Einem nicht viel Ehre ein. Sie wurde von Freund und Feind verurteilt.

Was mich an der Sache stutzig machte, war der Umstand, dass Caspar Einem so tat, als spreche er aus seiner Erinnerung. Das hielt ich für unmöglich. Der von ihm angesprochene Passus bestand aus einem einzigen Satz, der sich auf Seite 169 im Text versteckt befand. Ich bin daher sicher, dass Einem einen Hinweis aus dem Haus erhalten hat, der ihn auf diese eher beiläufige Formulierung des CPT aufmerksam machte. Und ich kann mir auch vorstellen, von wem der Hinweis kam. Ich jedenfalls konnte mich an diese Textstelle überhaupt nicht erinnern und weiß, dass sie in den langen Diskussionen über den Bericht beim damaligen Innenminister Einem absolut keine Rolle spielte. Der Satz lautete übrigens: „Der Delegation wurden Angaben (länger zurückliegend) über Mißhandlungen durch die Polizei bei der Eskortierung von Ausländern zu Flugzeugen im Jahr 1993 (Klebebänder im Gesicht und auf Armen, Schläge) zur Kenntnis gebracht." Punktum!

Zur Ergänzung: Es hatte in der Vergangenheit zwei parlamentarische Anfragen zum Thema Mundverkleben gegeben, wie sich im Zuge der Debatten herausstellte. Beide waren – aktenmäßig nachweisbar – nicht über meinen Tisch gegangen. Und warum? Weil ich, wie schon eingangs ausgeführt, fachlich nichts damit zu tun hatte.

Und abschließend zu Caspar Einem: Wenn er damals diesen Satz des CPT so hoch einschätzte, wie er jetzt vorgab, warum beeilte er sich dann nicht, Maßnahmen zu ergreifen?

Es kursierte zu dieser Zeit allerdings auch eine andere Version der Motive für Einems Attacke. Zielscheibe sollte in Wahrheit Schlögl sein, der als eventueller Kanzlernachfolger „angepatzt" werden sollte. Wer verfolgt hat, wie schlecht Schlögl nach den Wahlen vom 3. Oktober in seiner eigenen Partei behandelt wurde und von wem, kann dieser Version nicht jegliche Grundlage absprechen.

Ende Mai dann die nächste Aufregung! Nachforschungen in Deutschland hatten ergeben, dass Marcus Omofuma dort unter dem Namen Marcus Bangurari gelebt hatte und unter diesem Namen fremdenpolizeilich registriert war.

Sein Asylantrag war abgewiesen worden, weshalb er nach Österreich einreiste, um es hier unter einem anderen Namen zu versuchen.

Natürlich sprachen die links orientierten Medien nach kurzer Betroffenheit davon, das Innenministerium versuche einen Befreiungsschlag und warfen uns direkt vor, in der Vergangenheit des Omofuma herumzustochern.

Dann wurde herausgefunden, dass es eine Frau in Deutschland gab, mit der Marcus Omofuma nicht nur zusammengelebt, sondern auch ein Kind hatte. So kam zur politischen Vermarktung des toten Schubhäftlings die kommerzielle hinzu. Ein Anwalt und Menschenfreund lud Frau und Kind nach Wien ein und später noch die Eltern. Niemand wusste, was sie in Wien sollten, denn hier gab es eigentlich keinen wirklichen Bezugspunkt, aber niemand traute sich, das auch offen zu sagen. Und das Innenministerium trug – zumindest was die Eltern betraf – die Kosten.

Karlis „Glück" am Ende

Vor dem Ministeriumsgebäude in der Herrengasse versammelte sich wochenlang täglich die so genannte „Mahnwache". Eines Tages war neben dem Bild des toten Omofuma auch mein Bild zu sehen. Sozusagen „Mörder und Opfer". Mein Chauffeur, der vorbeifuhr, um mich abzuholen, erschrak beim Anblick meines Konterfeis und dachte, wie er mir später gestand: „Jessas, jetzt is' der Sika auch abgekratzt?"

Bei den Mahnwachen versammelten sich die verschiedensten Menschen. Schwarze Drogendealer, Linkspolitiker und solche, denen es wirklich ein Anliegen war.

Ich habe den Tod des Marcus Omofuma wahrlich bedauert und mein Gewissen gründlich erforscht, ob und in welcher Weise ich dazu beitragen hätte können, dieses Schicksal von ihm abzuwenden. Daher setzte ich mich auch sehr für eine Neuordnung der Abschiebepraxis ein, damit derartige Vorfälle für die Zukunft vermieden werden. Ich habe unverdient Anfechtungen aller Art bis hin zu öffentlichen Beschimpfungen über mich ergehen lassen müssen und wahrlich einen Hitzeschild für andere abgegeben. Daher nehme ich auch das Recht für mich in Anspruch, die Art und Weise zu kritisieren, in der Politiker, Medien und Rechtsanwälte mit dem Tod des Marcus Omofuma umgegangen sind. Es ging in erster Linie um politisches Kleingeld, um Auflagen von Zeitungen und Magazinen, um Einschaltziffern – kurz: ums Geschäft. Und dies alles unter dem Mäntelchen von Menschlichkeit und Anteilnahme.

Über den strafrechtlichen Hintergrund der Causa Omofuma schweige ich, sonst würde ich in ein schwebendes Verfahren eingreifen. Doch hoffe ich, dass sich die Justiz in dieser Causa als wirklich unabhängige und unbeeinflussbare Instanz bewährt. Denn wenn dem nicht so wäre, hätte sie vermutlich ein Problem. Die Öffentlichkeit wird diesen Fall nicht aus den Augen verlieren und genau beobachten, auf welche Weise er zu Ende gebracht wird. Ich habe immer ein bisschen Angst vor Opportunität.

Der Fall Omofuma war die „Entjungferung" des Karl Schlögl als Politiker. Im Mai 1999 hat er seine Unschuld verloren und erstmals scharfen Gegenwind verspürt. Einen Gegenwind, der von den Grünen, den Liberalen, von Teilen der SPÖ, aber auch von Gruppen innerhalb der Kirche wie durch Ventilatoren verstärkt wurde. Schlögl befand sich in einer für ihn völlig neuen Situation.

Ich musste beobachten, in welch schlechter psychischer Verfassung Karl Schlögl in diesen Maitagen war. Die ungewohnte Belastung verleitete ihn letztlich dazu, sein Amt zur Verfügung zu stellen. Kanzler Viktor Klima nahm den Rücktritt natürlich nicht an.

Für mich war Karl Schlögl seither ein anderer geworden.

Schon Anfang April war ich aus SPÖ-Kreisen hinter vorgehaltener Hand über Pläne informiert worden, den Innenminister abzulösen und die Wiener Stadträtin Elfriede Brauner auf seinen Sessel zu hieven. Dieser Wunsch kam dem Vernehmen nach aus dem Wiener Rathaus und kann daher kaum an Bürgermeister Michael Häupl vorbeigegangen sein.

Ich informierte Schlögl und der nahm sofort mit dem Bundeskanzler Kontakt auf. Klima verwies diese Nachricht ins Reich der Gerüchte und versicherte dem Minister, dass da nichts dran sei. Trotzdem bewahrte sich Schlögl eine gesunde Portion Skepsis, wenn auch nicht gegenüber dem Kanzler. Er begann über seine Zukunft nachzudenken, über die Zeit nach seiner Ministerschaft. Das war gut so und ließ ihn die Geschehnisse um den Februar 2000 leichter ertragen.

Auch die Tatsache, dass ihm für einen weiteren Aufstieg in der Partei letztlich der Tod des Marcus Omofuma im Weg stand.

Aber nicht nur die Troubles um den Tod des Schwarzafrikaners und die verschiedentlichen Versuche, den Minister in seiner Position als beliebter Politiker zu destabilisieren, erzeugten in jenen Tagen eine nervöse Atmosphäre im Haus. Es waren auch die bevorstehenden Wahlen, die böse Vorahnungen weckten. Einige Kabinettsmitglieder suchten eine Absprungbasis für die Stunde null, Positionskämpfe unter den Spitzenbeamten setzten ein. Jeder trachtete danach, seine Stellung zu verbessern, solange der Wind noch günstig wehte.

Der Wechsel Manfred Matzkas ins Bundeskanzleramt und mein bevorstehendes Ausscheiden aus dem aktiven Dienst eröffneten zudem neue interessante Perspektiven. Wolf Szymanski wollte auch ein „Supersektionschef" werden und streckte die Hand nach dem Fremdenwesen aus. Erik Buxbaum griff, von der Personalvertretung kräftig unterstützt, nach der Generaldirektion. Helmut Prugger, der „Generalinspizierende", gierte nach einer eigenen Sektion und besserer Bewertung. Spitzenleute der nachgeordneten Hierarchiestufe drängten nach.

Der Minister stand allen diesen Wünschen abwartend gegenüber. Er begrüßte und förderte den Abgang Matzkas, der in seiner Frustration immer unberechenbarer agierte und immer schwieriger zu behandeln war. Bei all seiner Brillanz war er für das Haus zur Belastung geworden.

An meinen Abgang wollte Schlögl hingegen nur ungern erinnert werden. Ich habe schon darauf hingewiesen, dass er eher über meine Verjüngung nachzudenken schien als über meine Nachfolge. Noch dazu, wo er weit und breit niemanden sah, dem er eine erfolgreiche Fortsetzung meiner Arbeit zutraute. Und, was schwerer wog, dem er in demselben Maße vertraute wie mir. Der Minister musste daher von seinen Parteifreunden fast gezwungen werden, rechtzeitig eine Nachfolge-Entscheidung zu treffen. Denn der neue Generaldirektor sollte natürlich wieder ein Roter sein und die nachrückenden Spitzenleute auch. Da waren Ausschreibungsfristen zu beachten und die Zustimmung des Koalitionspartners zu erreichen.

Mit der Vorstellung, Erik Buxbaum mir nachfolgen zu lassen, konnte sich Schlögl nur schwer anfreunden. Und wieder, wie schon bei Löschnak, lag es letztlich an mir, den Minister für die Besetzung einer Spitzenfunktion durch Buxbaum zu erwärmen.

Anfang Oktober entschied der Ministerrat in der Nachfolge des Präsidialchefs im Bundeskanzleramt, des Generaltruppeninspektors im Verteidigungsministerium und des Generaldirektors für die öffentliche Sicherheit in koalitionärer Eintracht und fröhlicher Proporzgesinnung. Wie in alten Zeiten. Die Opposition ätzte, einige Zeitungen murrten, doch bald rückten neue Ereignisse die Sache aus dem Blickpunkt öffentlichen Interesses.

Bereits am nächsten Tag stellte Innenminister Schlögl Buxbaum als den neuen Generaldirektor vor, der allerdings erst knappe drei Monate später das Steuer übernehmen sollte.

Wodurch in der Öffentlichkeit vielfach der Eindruck entstand, ich sei schon in Pension, obwohl ich noch fleißig Hitzeschild spielte für andere und den Kopf in den Sturm hielt.

Für Matzka war – dem Vernehmen nach – der Posten im Bundeskanzleramt mehr oder minder gewaltsam freigemacht worden. Der gar nicht so sehr pensionswillige Sektionschef Alfred Mayer soll erst in einem Vieraugengespräch mit Kanzler Klima davon überzeugt worden sein, doch besser den Hut zu nehmen. Mayer war ein Berufsbeamter der alten Schule: integer, loyal, ein Herr. Diese Spezies ist leider im Aussterben begriffen.

Szymanski wurde mit der vorläufigen Leitung der Fremdensektion betraut. Sektionschef Werner Hampel erhielt vom Minister den Auftrag, eine Änderung der Geschäftseinteilung vorzubereiten, in der alle noch anstehenden Wünsche berücksichtigt und fixiert werden sollten. War es doch womöglich die letzte Chance, die Zuständigkeit im Haus aus sozialdemokratischer Sicht neu zu regeln.

Die Nationalratswahlen vom Oktober 1999 brachten dann auch einen politischen Erdrutsch. Die Koalitionspartner SPÖ und ÖVP verloren Mandate bzw. Stimmenanteile, die Freiheitlichen rückten, wenn auch nur um Haaresbreite, auf den zweiten Rang vor. In Anbetracht der vor den Wahlen erfolgten Ankündigung Wolfgang Schüssels, in Opposition zu gehen, sollte seine Partei den zweiten Platz verlieren, herrschte Ratlosigkeit, wie man zu einer Regierung kommen könne. Die SPÖ wollte von vornherein nicht mit Jörg Haider verhandeln, die ÖVP war anfangs durch ihre Oppositionsansage gefesselt. So wusste zunächst niemand, wie es weitergehen solle.

Im Innenministerium hoffte man auf eine Fortsetzung der alten Koalition, die Übernahme des Ressorts durch die ÖVP schien als Kaufpreis für ein Regierungsabkommen in den Spekulationen auf.

Im Rückblick muss ich dem politischen Instinkt Schlögls Beifall zollen. Er zweifelte schon nach kurzer Zeit an dem festen Willen der ÖVP, die Koalitionsverhandlungen positiv abzuschließen, und malte das Bild einer SPÖ in der Oppositionsrolle.

Die Neuverteilung der Macht im Haus wurde von den „Kriegsgewinnlern" und solchen, die es werden wollten, untereinander ausgemacht. Ich wurde nicht eingeladen, an den Überlegungen mitzuwirken, weil ich ein Auslaufmodell war oder weil man Einwände von meiner Seite befürchtete. Ich war nicht böse darüber, wollte ich doch mit der fröhlichen Kuchenverteilung nichts zu tun haben. So wurde Wolf

Szymanski zum Herrn über zwei nun zusammengelegte Sektionen, der „Generalinspizierende", Prugger, Herr über eine Sektion, die durch den Zivildienst mühsam aufgefettet worden war. Auch schuf man einige schwachbrüstige neue Gruppen, um treue Mitarbeiter zu belohnen und sie dafür zu entschädigen, dass man sie bei der Vergabe der Fremdensektion nicht berücksichtigt hatte. Und so fort.

An mir ging alles vorbei. Ab und zu wurde mir hinter vorgehaltener Hand das eine oder andere zugeraunt.

Vom In-Kraft-Treten der neuen Geschäftseinteilung erfuhr ich durch den Anruf eines Kollegen aus dem Haus, der mich am 1. Dezember 1999 um Zustimmung zu einer Entscheidung ersuchte, die nach meinem Verständnis Helmut Prugger zustand. Als ich den Kollegen darauf hinwies, musste ich mich von ihm belehren lassen, dass mit heutigem Tag ich sein Chef sei. Und das für die letzten vier Wochen meiner Amtszeit.

Eine seltsame Vorgangsweise der „Kriegsgewinnler" mir gegenüber, die mir den Abschied leichter machte.

Auch de facto in Pension

Ich war schon auf dem Sprung in den Ruhestand, frei von Befürchtungen und Hoffnungen, die andere im Haus erfüllten. Die offiziellen Abschiede waren vorbei und nach der Hektik der vergangenen Jahre erscheinen mir die ersten Tage in Pension wie ein Traum. Urlaub zum Quadrat! Ich gehe Ski fahren, ordne mein Leben neu, mache Pläne.

Ab und zu ein Termin. Am 12. Jänner 2000 nehme ich abends an einer Diskussion der Wiener Stadtzeitung „Falter" im Kulturzentrum WUK in der Währinger Straße teil.
Es soll über das Spannungsfeld zwischen Medien und Polizei diskutiert werden. Ein interessantes Thema, über das es aus meiner Sicht durchaus etwas zu sagen gäbe. Bei Betrachtung des Auditoriums prophezeit mir allerdings meine Polizeinase nichts Gutes. Tatsächlich wird die Diskussion durch ein paar Wirrköpfe schon in der Anfangsphase derart gestört, dass Armin Thurnherr, Chefredakteur des „Falter", die Veranstaltung abbricht. Eine Verantwortliche für den „Verein zur Schaffung offener Kultur- und Werkstättenhäuser" berichtet irritiert, einige Protestierer hätten Tierblut und Innereien in die Einfahrt geschüttet. Man kann es riechen. Thurnherr wiederum ist irritiert, weil die Wirrköpfe auch bei seinen Wortmeldungen gestört haben. Wenn das nur bei mir der Fall gewesen wäre, hätte er es noch verstehen können.

Am 20. Jänner erreicht mich ein Anruf von Andreas Khol, der mich fragt, ob ich für die angelaufenen Koalitionsgespräche ÖVP-FPÖ als Experte für innere Sicherheit zur Verfügung stehe. Ich sage zu.
Das hat eine Vorgeschichte. Im Dezember 1999 schrieb mir Khol einen sehr netten Brief zu meinem Gang in die Pension, in dem er mich unter anderem fragte, ob er sich bei Sicherheitsthemen auch in Zukunft an mich wenden könne. Ich antwortete ihm, dass das selbstverständlich sei, und gab ihm meine Handynummer.
Ich informiere Minister Schlögl von dem Anruf Khols und bitte ihn, darüber auch mit dem Kanzler zu sprechen.
Schlögl ruft zurück. Kanzler Viktor Klima meint, ich solle nicht dorthin gehen. Schlögl ist eher dafür. Ich selbst sehe eigentlich kein Problem.

Natürlich habe ich im Dezember Khol die Zusage in der Annahme gegeben, dass wieder die alte Koalition zu Stande kommt, doch bin ich als Beamter – ob pensioniert oder nicht – dazu aufgerufen, meine Fachkenntnisse den Politikern aller demokratischen Parteien zur Verfügung zu stellen. Ich habe es auch in meiner aktiven Zeit immer so gehalten. Im Übrigen kann es im konkreten Fall für das Ressort nur gut sein, wenn jemand, der die Probleme kennt, die Situation vor jenen Personen schildert, die am Programm der künftigen Regierung mitarbeiten.

Ich habe die Verpolitisierung des Beamtenapparates immer verurteilt. Meines Erachtens hat Politik in den Amtsstuben nichts verloren. Staatsdiener sollten keine Parteidiener sein. Leider ist das ein frommer Wunsch, der in Österreich – egal, welche politische Richtung gerade das Sagen hat – kaum so schnell in Erfüllung gehen wird.

Ich habe von den meisten meiner Mitarbeiter nicht gewusst, welcher politischen Partei sie angehören, mich auch nicht dafür interessiert und sie nach ihren Leistungen beurteilt. Bei Postenbesetzungen hatte ich dann so meine Schwierigkeiten, weil ich plötzlich erfahren musste, dass die „Farbe" nicht passte. Die Farbe, die zwischen Boden- und Neusiedler See im öffentlichen Dienst nach wie vor eine entscheidende Rolle spielt.

Wie sagte einst Robert Danzinger, mein Vorgänger, als über eine Postenbesetzung diskutiert wurde: „Der ... kann das unmöglich werden, der hat doch außer sachlicher Kompetenz nichts einzubringen!"

Am 25. Jänner halte ich einen Vortrag in der Katholischen Akademie, als mich Schlögl am Handy erreicht und mir den Anruf einer Journalistin vom „Kurier" avisiert. Sie fragt mich unverblümt, ob es wahr sei, dass ich Khol zur Verfügung stehe und Chancen auf den Innenminister habe. Gott sei Dank gibt es nach der Veranstaltung in der Katholischen Akademie wenigstens keine Tiergedärme in der Hauseinfahrt.

Am 26. Jänner gebe ich für das „Kuratorium Sicheres Österreich" im Happel-Stadion eine Pressekonferenz zum Thema „Tragödie Berg Isel. Wie sicher sind Großveranstaltungen in Österreich?" Abends erreicht mich ein Anruf aus dem Büro Fasslabend. Der Minister will mich sprechen. Termin am 29. Jänner. Fasslabend soll die Verhandlungen für die

ÖVP in der Gruppe „Äußere und Innere Sicherheit" führen. Ich informiere ihn, so gut ich kann, über die Probleme und Pläne des Innenressorts, Schwerpunkte künftiger Arbeit und dergleichen.

Am 30. Jänner bittet mich Vizekanzler Schüssel zu sich. Nach einem allgemeinen Gespräch über die verzwickte politische Lage stellt er mir dann die Frage, ob ich für den Fall einer Nichteinigung der beiden Parteien für die Position des Innenministers – damals verhandelten schon ÖVP und FPÖ um die Postenbesetzung in ihrer Regierung – sozusagen als sachlich unanfechtbarer Kompromisskandidat zur Verfügung stünde. Ich verhehle nicht, dass mir jede andere Lösung als diese lieber wäre, bin aber einverstanden, mich im äußersten Notfall ins Spiel zu bringen.

Dann eile ich ins Parlament zu den Koalitionsverhandlungen. Dort treffe ich Elmar Marent, den Sicherheitsdirektor von Vorarlberg, der ebenfalls als Experte geladen ist und dessen Farbe – im Gegensatz zu mir – sogar „stimmt". Meine Aufgabe ist es, das Innenministerium kurz darzustellen, die Probleme, die es hat, anzusprechen sowie die anstehenden Projekte und Pläne zu erläutern. Dann stehe ich noch für Fragen zur Verfügung und bin in Güte entlassen. Soweit ich anwesend bin, verlaufen die Gespräche in einer überaus sachlichen Atmosphäre.

Den Höhepunkt der Geschehnisse um die Person eines Jungpensionisten erlebe ich nicht bewusst. Der Bundespräsident ist nämlich mit der ihm vorgelegten Ministerliste nicht einverstanden, verlangt deren Abänderung in zwei Punkten – betroffen ist auch das Innenministerium – und bringt mich ins Spiel. So nennt der „Kurier" in seiner Abendausgabe vom 3. Februar mich als möglichen neuen Minister. Was ich gottlob nicht mitbekomme. Es ist ehrend, für ministrabel gehalten und als möglicher Minister gehandelt zu werden. Und noch schöner, diese unangenehme Aufgabe letztlich nicht übertragen zu bekommen.

Mit 4. Februar, der Angelobung der Regierung Wolfgang Schüssel, bin ich daher auch de facto in Pension. Am 6. April werde ich zum Präsidenten des „Kuratoriums Sicheres Österreich" gewählt. So ist meine Zukunft klar. Ich werde mich dem Kuratorium widmen und – ein Buch schreiben.

Epilog

Es war ein Balanceakt, dieses Buch zu schreiben. Bei der vollen Wahrheit zu bleiben, ohne die ganze Wahrheit zu sagen. Die Dinge beim Namen zu nennen, ohne immer Namen zu nennen. Kantig zu sein, ohne allzu sehr anzuecken.

Ich habe dieses Buch in Wahrheit zweifach geschrieben: Zeile für Zeile und – zwischen den Zeilen.

Was habe ich zu zeichnen versucht? Eine in Auflösung begriffene Gesellschaft. Eitle und manchmal suspekte Politiker. Skrupellose Journalisten. Kriminalität in sämtlichen Lebensbereichen. Versinkende Institutionen. Brave und böse Bürger. Eine Polizei, die ihrem mitunter schlechten medialen Ruf nicht gerecht wird. Mit einem Wort – die Realität.

Ich habe immer an das Böse im Menschen geglaubt und mich über das Gute in ihm gefreut. Das hat meine Karriere erleichtert und mein berufliches Überleben in so mancher kritischen Situation gewährleistet.

Dieses Buch wurde keineswegs aus einer pessimistischen Sichtweise geschrieben. Dass es nicht gerade zu Optimismus anregt, verdankt es dem verteufelten Stoff, der keine allzu rosigen Prognosen erlaubt.

Denn es wird das Drogenproblem geben, solange es „Suchtmenschen" gibt.

Es werden Kriminelle mit Menschenschlepperei Milliarden verdienen, solange es arme und reiche Kontinente gibt.

Polizei und kriminelle Organisationen werden den Wettlauf zu immer größerer Effizienz fortsetzen.

Politiker werden so bleiben wie sie sind.

Eine Wende kann nur die Gesellschaft bringen, in der wir leben. Wenn sie den Willen und die Kraft dazu hat, sich im guten Sinn zu erneuern, zu den Werten von Anstand und Anständigkeit zurückzufinden, sehe ich eine Chance, den Filz von Intervention, Profitgier, Regellosigkeit, Bereicherung und doppelter Moral zu zerschneiden und die Ehrlosen zu Verlierern zu machen.

Ich habe die Hoffnung nicht aufgegeben.

Chronik der Ereignisse

1991

1. 2. Nach dem plötzlichen Tod von Robert Danzinger wird Michael Sika zum Generaldirektor für die öffentliche Sicherheit ernannt.

15. 2. Konflikt um die Durchfuhr von Bergepanzern im Zusammenhang mit der Golfkrise. Sprengstoffanschlag auf die Westbahnstrecke in Tirol.

16. 6. Sika fordert eine eigene Verkehrsstrafen-Kartei.

3. 7. Ausbruch der Jugoslawien-Krise, Österreichs Grenzen sind bedroht.

6. 9. Der Chef des ostdeutschen Staatssicherheitsdienstes (STASI) Markus Wolf flüchtet von Moskau nach Österreich. Nach fruchtlosen Verhören zur Tätigkeit der STASI in Österreich stellt sich Wolf den deutschen Behörden.

8. 10. Anlässlich einer Tagung des „Kuratoriums Sicheres Österreich" (KÖS) warnt Sika erstmals öffentlich vor den Gefahren der Organisierten Kriminalität.

19. 12. Der Entführungsfall Ragger zeigt markante Schwächen im Polizeisystem auf.

1992

7. 2. Eine Übung der Mobilen Einsatzkommandos in Salzburg fordert Verletzte. Sika zieht personelle Konsequenzen.

27. 2. Jack Unterweger wird in den USA verhaftet, ihm werden elf Frauenmorde angelastet.

19. 8. Die Sondereinheit EDOK zur Bekämpfung der Organisierten Kriminalität wird aufgebaut.

1993

11. 2. Neben den Wiener Stadträten Häupl und Hatzl kandidiert auch Innenminister Franz Löschnak zum Vorsitzenden der Wiener SPÖ und verliert.

25. 2. Die Kriminalabteilung in Linz kommt im Mordfall Foco unter schweren öffentlichen Beschuss, Sika erklärt diesen Kriminalfall zur „Chefsache".

23. 5. Großrazzia in Wien gegen einen nigerianischen Suchtgiftring. 18 Schwarzafrikaner werden verhaftet, große Mengen von Suchtgift sichergestellt.

14. 6. Geiselnahme in Wien-Döbling. Kriminaloberst Friedrich Maringer wurde von dem Täter beschossen, ein Handy lenkte das Projektil jedoch ab. Die Polizei verfeuerte über hundert Schuss gegen die Auslagenscheiben, ohne sie zertrümmern zu können. Die Geisel bleibt unverletzt, der Täter verübt Selbstmord.

3. 12. Beginn des Briefbomben-Terrors.

24. 12. Sika fordert die Möglichkeit des Großen Lauschangriffs.

1994

25. 3. Einbruch in die Villa des Bundeskanzler Franz Vranitzky. Die Täter erbeuten Schmuck im Wert von 200.000 Schilling.

12. 4. Das Innenministerium zerschlägt einen jugoslawische Mafiagruppierung. 35 Verhaftungen, 150 Männer werden als Komplizen ausgeforscht. Die Organisation machte rund 100 Millionen Schilling Umsatz.

5. 6. FBI-Direktor Freeh besucht Österreich. Themen sind die Ausbreitung der Russenmafia, der Uranschmuggel sowie Praxis und Erfahrung des Großen Lauschangriffes.

19. 9. Mord an dem Mitglied der Russenmafia Sergej Hodscha-Achmedow in Wien-Döbling. Sika thematisiert wieder das Problem „Russenmafia" und bezeichnet sie als Gefahr für Politik und Gesellschaft.

30. 9. Innenminister Franz Löschnak setzt in Traiskirchen, Niederösterreich, den Spatenstich für die künftige Sicherheitsakademie. Sein Nachfolger, Caspar Einem, stoppt später dieses Projekt.

19. 10. Der Rechtsextremist Gottfried Küssel wird wegen nationalsozialistischer Wiederbetätigung zu zehn Jahren Haft verurteilt.

1995

8. 1. Sika fordert für die Umsetzung des Schengen-Abkommen 100 Millionen Schilling und 2.000 Beamte zusätzlich.

25. 1. Lauschangriff im Parlament, beteiligt sind SPÖ-Bundesgeschäftsführer Peter Marizzi und ÖVP-Wehrsprecher Hermann Kraft. Es ging um Provisionen bei Waffenkäufen für das österreichische Bundesheer.

28. 1. Sika stellt fest, dass durch die Kriminalität aus dem Osten Milliardenbeträge nach Österreich fließen. Er tritt deshalb für den Großen Lauschangriff und für die elektronische Beweissicherung ein.

14. 2. Handgranaten-Anschlag auf das Büro der „Österreichisch-Russischen Medizinischen Gesellschaft" in Wien-Wieden.

20. 2. Mord an dem Polizisten Christian Gillinger in Zusammenhang mit der „Feneberg-Affäre". Renate Feneberg tritt – steckbrieflich

gesucht – in der TV-Sendung „Vera" auf und sorgt damit für Diskussionen.

8. 3. Gustav Hochenbichler, mutmaßlicher STASI-Spion, stirbt, ehe er noch vor Gericht gestellt werden kann, im Alter von 58 Jahren an Kehlkopfkrebs.

20. 3. STAPO-Chef Oswald Kessler wird von Hein-Jürgen Mastalier abgelöst, Wiens Polizeipräsident Günther Bögl später von Peter Stiedl, ehemals Leiter der Wirtschaftspolizei.

1. 4. Caspar Einem, Staatssekretär im Bundeskanzleramt, löst Franz Löschnak als Innenminister ab.

19. 4. Ein versuchter Sprengstoffanschlag auf einen Strommast in Ebergassing, Niederösterreich, fordert zwei Tote aus der linksradikalen Szene.

20. 6. Unter dem Eindruck des Briefbomben-Terrors erneuert Sika die Forderung nach der Rasterfahndung und dem Großen Lauschangriff. Datenschutzbeauftragter Eugen Veselsky kontert: „Nur weil die Exekutive bisher lahmarschig operiert hat, soll ein Grundrecht der Staatsbürger geopfert werden?"

5. 7. Immer häufiger fordern die Grünen und das Liberale Forum, aber auch Teile der ÖVP und SPÖ den Rücktritt Sikas. Die Sicherheits- und Polizeidirektoren stellen sich jedoch in der Öffentlichkeit geschlossen hinter Sika.

2. 9. Der Sohn des slowakischen Präsidenten Michal Kovač wird gekidnappt, nach Österreich verschleppt und schließlich in seinem Mercedes in Hainburg gefunden. Gegen Kovač jun. lag ein internationaler Haftbefehl wegen Wirtschaftsbetrügereien vor und er wurde in das Landesgericht Wien eingeliefert.

21 . 12. Freispruch für Peter Binder und Franz Radl von Mordanklage.

Chronik der Ereignisse

1996

11. 1. Die Kriminalabteilung Niederösterreich verhaftet die Pensionistin Elfriede Blauensteiner unter dem Verdacht des mehrfachen Mordes. Sie wird später zu lebenslanger Haft verurteilt.

20. 1. US-Botschafterin Swanee Hunt teilt mit, dass die CIA in den fünfziger Jahren Waffenlager in Österreich angelegt hatte.

20. 2. Der Ministerrat nimmt den von Justizminister Nikolaus Michalek vorgelegten Entwurf über besondere Ermittlungsmethoden zur Bekämpfung der Organisierten Kriminalität an.

19. 3. Staatspolizist Erwin Kemper veröffentlicht sein Zeitschriftenbuch „Verrat an Österreich" und kritisiert die Staatspolizei.

17. 6. Diskussion um ERNK-Kontakte von Innenminister Einem. Nationalratsabgeordneter Kiss (ÖVP) erstattet Anzeige gegen den Minister.

11. 7. Mord an dem georgischen Mafiapaten David Sanikidze in der Wiener Innenstadt auf offener Straße.

14. 11. Geiselnahme in der Strafanstalt Karlau. Anführer ist der Stein-Ausbrecher Adolf Schandl.

29. 11. Sika präsentiert das Zeitschriftenbuch „Der Briefbomber ist unter uns". Das Buch vertritt die „Einzeltäter-Theorie" und gibt ein ziemlich genaues Täterprofil des Briefbombers.

1997

28. 1. Regierungsumbildung unter der SPÖ. Viktor Klima löst Franz Vranitzky als Bundeskanzler ab, Karl Schlögl wird Nachfolger Caspar Einems als Innenminister.

14. 4.   Im Wiener Hotel Marriott werden modernste Abhörgeräte entdeckt. Die Herkunft ist bis heute ungeklärt.

26. 4.   Gerhard Praschak, Vorstandsmitglied der „Österreichischen Kontrollbank", verübt in seinem Büro Selbstmord. Später dringen bisher Unbekannte in die Wohnung der Witwe ein und erbeuten einen Aktenkoffer mit Bankunterlagen.

10. 7.   Der Nationalrat beschließt die neuen Ermittlungsmethoden. Der Lauschangriff ist auf zwei Jahre befristet. Die Rechte der Betroffenen sollen von einem „Rechtsschutzbeauftragten" gewahrt werden.

1. 10.   Der Briefbomber Franz Fuchs wird in Gralla, Steiermark, festgenommen.

1998

1. 7.   Die Sondereinheit Observation (SEO) nimmt ihre Tätigkeit auf. Der Große Lauschangriff ist auf zwei Jahre limitiert.

25. 10.   Helmut Zilk wird beschuldigt, zwischen 1965 und 1968 für den tschechoslowakischen Geheimdienst gearbeitet zu haben.

13. 11.   Im Innenministerium platzt ein Datenklau-Skandal. Über ein Dutzend Privatdetektive haben in den letzten Jahren datengeschützte Auskünfte erhalten. Zwei Beamte werden suspendiert.

25. 11.   Erstmals wird ein „Staatsschutzbericht" veröffentlicht. Gerügt wird darin der „gemäßigte" Kurs der Justiz gegenüber Spionen der ehemaligen DDR.

2. 12.   Das Computersystem ViCLAS (Virolent Crime Linkage Analysis System) wird von Minister Schlögl, Sika und dem Kriminalpsychologen Thomas Müller präsentiert.

1999

25. 1. Das Wiener Sicherheitsbüro beantragt erstmals einen Großen Lauschangriff gegen eine nigerianische Suchtgiftmafia.

15. 2. Nach der Entführung des PKK-Chefs Öçalan durch den griechischen Geheimdienst kommt es in Wien zu Botschaftsbesetzungen. Sika verhandelt unter Mithilfe des Grün-Politikers Peter Pilz.

1. 5. Der Nigerianer Omofuma stirbt bei seiner Abschiebung im Flugzeug. Kriminalbeamte hatten ihn gefesselt und ihm den Mund verklebt.

27. 5. Die „Operation Spring" wird abgeschlossen. Großrazzien in Wien, Niederösterreich, Oberösterreich und der Steiermark. Rund 100 Verhaftungen, über 900 Anzeigen gegen ausländische Drogendealer.

7. 7. Im Innenministerium platzt neuerlich eine Datenklau-Affäre. Ein Spitzenbeamter hat einem Privatdetektiv vertrauliche Daten verkauft.

6. 10. Erik Buxbaum wird der Öffentlichkeit als Nachfolger von Sika vorgestellt.

Personenregister

Personenregister

Aigner, Hans	231, 258
Ainedter, Manfred	203
Al Taher, Bassam	140, 148
Anschober, Rudolf	79
Averin, Viktor	211, 216
Bachheimer, Heinz	126
Bachinger, Ewald	164f.
Barannikow, Viktor	55
Bayar, Celal	197f., 201
Benda, Vaclav	286
Bensdorp, Hans	61
Beranek, Christina	74
Berenda, Willibald	182
Beuchert, Herbert	69, 71, 73
Binder, Peter	90ff., 94, 96-99, 103, 106f., 110, 122, 167f., 170, 173f., 245f., 254, 341
Blauensteiner, Elfriede	342
Blecha, Karl	16, 24, 32, 82, 159, 210ff., 320
Bloch, Felix	152
Bockova, Blanka	65
Bögl, Günther	14, 34, 54, 68, 119, 125ff., 158f., 341
Böhm, Lotte	61
Böhm, Tassilo	15f.
Bonev, Bogumil	271
Borneman, Ernest	64
Brauner, Elfriede	328
Broda, Christian	14
Burger, Norbert	82f.
Busek, Erhard	113
Buxbaum, Erik	8, 15, 126, 321, 329, 344

Campregher, Brigitte	282, 285
Cap, Josef	158
Czernin, Hubertus	114
Danich, Karl	67
Danzinger, Robert	9, 13f., 24, 333, 338
Dick, Josef	32, 93, 99, 301
Dirnhofer, Joachim	69
Dohnal, Johanna	18, 129
Drumbl, Willi	144
Eckbrecht, Klothilde	104
Edelbacher, Max	66, 69, 74, 249
Einem, Caspar	7f., 21, 27f., 33, 86, 114, 130f., 134, 136-148, 156-174, 179, 182, 186-191, 222ff., 228, 230, 233-240, 246, 257, 320, 325f., 340ff.
Einem, Gottfried von	144
Einzinger, Franz	15
Elmecker, Robert	79f.
Eroğlu, Karin	66, 68
Exley, Shannon	66
Fasching, Sepp Dieter	98, 103
Fasslabend, Werner	39, 179, 333
Feneberg, Renate	340
Fischer, Heinz	130, 152, 209, 249
Fleissner, Peter	152
Flick, Karl Friedrich	59, 61
Foco, Tibor	76f., 339
Fontanyi, Gábor	54
Foregger, Egmont	64, 242
Förstel, Hilmar	231, 264

Personenregister

Fuchs, Ernst 109
Fuchs, Franz 88, 117, 121, 237, 255-267, 343
Fuchs, Herbert 52f., 84, 99
Fuchs, Johann 201f.
Fuhrmann, Willi 212f., 249, 280

Ghassemlou, Abdul Rahmann 242f.
Gillinger, Christian 340
Goluch, Siegfried 269
Goritschnigg-Fritsch, Anneliese 107
Graff, Michael 202f.
Grassl-Kosa, Michael 177, 241, 257
Gridling, Peter 169f., 258f., 289

Haider, Jörg 18, 92f., 133, 141, 189, 270, 330
Hammerer, Heidemarie 65
Hampel, Werner 15, 138, 330
Häupl, Michael 120, 131, 143, 328, 339
Havel, Vaclav 286
Heindl, Peter 33, 134, 156, 164, 174, 188, 224f., 277, 289f.
Helige, Barbara 277, 312
Herold, Lynne 68
Hesoun, Josef 129
Hlavac, Andrea 147, 156, 228
Hochenbichler, Gustav 33-36, 150, 152, 155, 188, 341
Hochgatter, Elfi 76f.
Hochmeister, Manfred 69
Hochner, Robert 158, 269f.
Hodscha-Achmedow, Sergej 205, 340
Hoffmann, Klaus 218

Honsik, Gerd 82f.
Hummelbrunner, Walentina 197-204, 300
Hunt, Swanee 179, 182, 342

Ingrisch, Lotte 235
Ivankov, Vyacheslav 211
Ivis, Slavko 60f.
Janisch, August 85
Javakhadse, Akaki 273
Jiang Zemin 293

Kaczynski, Theodore 111
Kalal, Franz 197-204
Kandov, Avner 210f., 216, 300
Kandov, Boris 210f., 216
Kelz, Theodor 103
Kemper, Erwin 34, 188f., 342
Kessler, Oswald 32ff., 46f., 55, 86, 88, 90-93, 95f., 104, 107, 113f., 117, 119, 123ff., 127, 133f., 341
Khol, Andreas 158, 249, 332f.
Kiesbauer, Arabella 156f.
Kiss, Paul 159, 165, 249, 342
Klaus, Vaclav 286
Klestil, Thomas 28f., 31, 150, 158f., 195, 221, 291
Klima, Viktor 101f., 138, 238, 257, 271, 293, 328, 330, 332, 342
Knechtsberger, Wolfgang 322, 324
Konicek, Peter 21f., 139f., 142
Koppel, Ted 83
Korsche, Alfred 290
Kostelka, Peter 39, 12, 249, 276

347

Personenregister

Kovač, Michal 341
Kovarnik, Willfried 321
Kraft, Hermann 113ff., 340
Kratzer, Walter 86, 129
Kučan, Milan 38
Kuntner, Wilhelm 181
Küssel, Gottfried 83f., 90, 92, 97, 104, 340

Lacina, Ferdinand 129, 294
Lanc, Erwin 20, 132
Lansky, Gabriel 284
Laster, Izrael 205
Li Peng 109
Lichal, Robert 115
Liebhart, Werner 34
Lingens, Peter Michael 197ff., 202, 204, 280
Loley, Maria 147, 168
Long, Sherri 66
Löschnak, Franz 8, 12-16, 25, 32, 34, 38, 40, 42ff., 52, 55, 60, 62f., 79ff., 86, 90, 92, 94ff., 104, 107, 110, 119ff., 123-132, 134-137, 157, 161, 210, 213, 217, 239, 242ff., 320, 329, 339ff.

Machacek, Rudolf 308
Mader, Gerald 151, 196
Maderthaner, Leopold 196
Mahr, Josef 294
Majcen, Karl 28
Marent, Elmar 63, 334

Maringer, Friedrich 258ff., 339
Marizzi, Peter 113ff., 125, 340
Masser, Brunhilde 65
Mastalier, Hein-Jürgen 33, 127, 134, 139, 156-159, 174, 341
Matzka, Manfred 13, 136f., 223, 291f., 321, 325, 328ff.
Mayer, Alfred 330
Mayer, Rudolf 167, 273
McDonald, Alan R. 249
Meixner, Silvana 85, 95
Mekis, Wolfgang 197ff., 201-204, 216, 280
Mensdorff-Pouilly, Alfons 113ff.
Michailov, Wladimir 210f., 216, 219
Michalek, Nikolaus 227, 248, 290, 308, 315, 342
Miklau, Roland 73, 247
Mitrochin, Wassili 35f.
Mitterberger, Kurt 252f., 307
Mock, Alois 38, 242
Mogilevich, Semion 211
Moitzi, Sabine 65f., 68
Molden, Fritz 181
Mörz, Reinhard 321
Möser, Gerhard 60
Moser, Hans Helmut 127
Müller, Thomas 69ff., 75, 88, 91, 121f., 170, 177, 192, 232, 241, 257-260, 343

Naschmann, Maurice 46
Nauta, Erik 258-262
Nenning, Günther 64
Neugebauer, Wolfgang 98, 241

Personenregister

Öçalan, Abdullah 289, 191, 344
Ochensberger, Walter 83
Olah, Franz 181, 320
Olschak, Georg 34
Omofuma, Marcus 312, 322ff., 326ff., 344
Oniani, Georgio 273
Ott, Egisto 144

Palmers, Walter Michael 61
Partik-Pablé, Helene 79
Pawlikowsky, Gerhard 245, 258
Pechter, Johannes 101, 160, 192
Peterle, Lojze 106
Petrovic, Madeleine 170f.
Pilz, Peter 92, 95, 141, 151, 196, 221, 289f., 344
Pirker, Hubert 79
Potyka, Georg 321
Prader, Thomas 145f., 189
Praschak, Gerhard 343
Prem, Regina 66
Pretterebner, Hans 47, 98, 135
Prugger, Helmut 329, 331
Purtscheller, Wolfgang 112, 117ff., 139, 146

Radl, Franz 83f., 92, 94, 97ff., 103, 106f., 110, 122, 167f., 170, 173f., 341
Ragger, Günther 59f., 338
Rank, Dieter 264
Rauchensteiner, Manfried 182
Rauch-Kallat, Maria 113f.

Redl, Josef 47
Rehak, Günter 158, 254
Reinthaler, Günther 104
Rieger, Wolfgang 280-285
Rodriques, Irene 66
Rösch, Otto 14, 320
Roth, Jürgen 211f., 269f.

Sanikidze, David 205, 209, 2111, 215f., 272, 300, 315, 342
Schachter, Herbert 47
Schäfer, Margret 64
Schandl, Adolf 233f., 342
Schewardnadse, Edward 209
Schießl, Bernhard 125ff.
Schifferl, Wolfgang 103
Schimanek, Hans Jörg jun. 83
Schindler, Friedrich 290
Schlögl, Karl 7f., 26, 33, 121f., 173, 238ff., 251, 255, 261, 268, 270f., 275, 277, 287, 289f., 293, 320ff., 326-330, 332f., 342f.
Schmetterer, Leopold 151
Scholten, Rudolf 196
Schön, Walter 115
Schrempf, Elfriede 65
Schriefl, Alexandra 74
Schuhmeister-Schmatral, Theresia 272
Schüller, Helmut 86
Schulz, Anton 245
Schüssel, Wolfgang 102, 137, 164, 173, 179, 195f., 258, 330, 334
Schuster, Helmut 217
Schwarz, Hannes 199, 204

Personenregister

Schweiger, Karl 63
Schweisgut, Hans Dieter 58
Schwenn, Johann 46f.
Seiser, Johann 43f.
Siegl, Heimo 63
Skorzeny, Otto 82f.
Sohmen, Helmut 81
Soronics, Franz 286f.
Stadler, Ewald 140, 144
Steiner, Hans 177
Steiner, Josef 280f., 285
Steinert, Reinhard 26
Stenitzer, Anton 62f.
Stephanopoulos, Konstantinos 291
Stiedl, Peter 126f., 164f., 203, 302, 321f., 324, 341
Stoisits, Terezija 250, 323
Stoppacher, Robert 16, 85
Stortecky, Stefan 321
Strasser, Ernst 33, 62f.
Strau, Nicole 74
Streicher, Rudolf 28
Strohmeyer, Oskar 27
Stübler, Herbert 314f.
Sturm, Robert 116f., 169, 259
Szymanski, Wolf 162, 247, 277, 325, 328, 330f.

Tamm, Arnold 211, 216
Tellian, Emil 238
Thaler, Gregor 21f., 139f., 142
Thurnherr, Armin 332
Tretter, Sigrun 169, 258f.
Türk, Helmut 53

Ungar, Regina 76ff.
Unterweger, Jack 64-69, 168, 257, 338

Van der Bellen, Alexander 151f.
Vasek, Thomas 174, 203, 246
Veselsky, Eugen 341
Voronine, Alexander 198
Vranitzky, Franz 147f., 149f., 158f., 164, 166, 173, 195, 211f., 233f., 238f., 249, 266, 270, 293, 339, 342

Wala, Adolf 71, 281
Walter, Gerhard 236
Weissenburger, Christian 225
Wendl, Karl 282-285
Westenthaler, Peter 270
Wolf, Andrea 46f.
Wolf, Markus 36, 46ff., 149f., 338
Wolfert, Alexander 90f., 97, 167
Woratsch, Günter 309, 312
Worm, Alfred 285, 309
Wyss, Rudolf 84

Zagler, Silvia 65
Zilk, Helmut 86, 117f., 120, 241, 286-288, 343
Zojer, Hans 264
Zoppoth, Cornelia 129
Zwettler, Erich 99, 156, 169